高级财务管理

（第五版）

主 编 阮萍

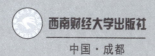

西南财经大学出版社

中国·成都

图书在版编目(CIP)数据

高级财务管理/阮萍主编.--5 版.--成都:西南财经
大学出版社,2025.5. --ISBN 978-7-5504-6696-8

Ⅰ.F275

中国国家版本馆 CIP 数据核字第 2025QM7446 号

高级财务管理(第五版)

GAOJI CAIWU GUANLI

阮萍　主编

策划编辑:孙婧

责任编辑:乔雷

责任校对:余尧

封面设计:张姗姗

责任印制:朱曼丽

出版发行	西南财经大学出版社(四川省成都市光华村街55号)
网　址	http://cbs. swufe. edu. cn
电子邮件	bookcj@ swufe. edu. cn
邮政编码	610074
电　话	028-87353785
照　排	四川胜翔数码印务设计有限公司
印　刷	郫县犀浦印刷厂
成品尺寸	185 mm×260 mm
印　张	18.375
字　数	435 千字
版　次	2025 年 5 月第 5 版
印　次	2025 年 5 月第 1 次印刷
印　数	1— 2000 册
书　号	ISBN 978-7-5504-6696-8
定　价	45.00 元

▶▶ 第五版前言

高级财务管理是财务管理专业的主干课程，是根据财务管理专业人才培养目标、财务管理理论和实践发展的需要以及社会的需求而设置的课程，是财务管理专业的核心课程。

高级财务管理主要研究特殊的、扩展的财务问题，信息量较大，涵盖了初级、中级财务管理无法容纳但在经济活动中又经常发生的财务管理业务。通过本门课程的学习，学生能够掌握财务战略管理、企业设立的财务管理、企业并购财务管理、企业集团财务管理、中小企业财务管理、非营利组织财务管理以及企业重整与清算财务管理等基本理论和基本方法，把握高级财务管理各个关键环节，并能从实践中实事求是地研究和探讨高级财务管理的发展。本课程同时要求引导学生从社会主义市场经济的实际情况出发，运用高级财务管理的基本理论和基本方法，去思考、研究和回答高级财务管理中的新情况、新问题，培养学生分析问题和解决问题的能力，以适应高级财务管理业务的客观需要，达到培养素质高、业务精、善管理的财务管理专业人才的目的。

本书主要涉及一些财务管理专题性的内容，充分吸收当代国外财务研究的理论成果和实践案例。全书共十章，主要内容包括：第一章导论；第二章企业设立的财务管理；第三章企业并购财务管理的基本理论；第四章企业并购的财务规划；第五章企业重整与清算财务管理；第六章企业集团财务管理；第七章企业集团的业绩评价；第八章国际财务管理；第九章中小企业财务管理；第十章非营利组织财务管理。本书既可作为高等院校财务管理、会计学、投资经济等相关专业师生的教学用书，也可作为实际从事理财工作人员的参考用书。

参加本书编写的人员分工如下：第一章由阮萍、王帧、祝媛媛撰写；第二章由苏红敏撰写；第三章由阮萍、王蓬撰写；第四章由阮萍、管敏、马麟撰写；第五章、第十章由王帧、陈志敏撰写；第六章、第七章由成杭、潘万春撰写；第八章由张锐撰写；第九章由葛桓志撰写。全书由阮萍修改及定稿。对于本书中存在的疏漏和不足之处，恳请读者批评指正。

云南财经大学　阮　萍

2025 年 2 月

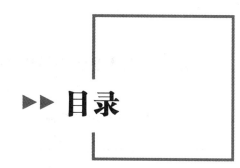

目录

第一章

导论

第一节　财务管理课程体系的设计

　　财务管理是理财人员在特定环境下，依据各种信息，对筹资、投资、资金运营、利润分配以及特殊财务问题进行财务计划、财务控制和财务分析，以达到特定管理目标的活动。财务管理是组织企业财务活动、处理财务关系的一项综合性的经济管理工作。财务管理是利用价值形式对社会再生产过程中客观存在的资本活动和财务关系进行的综合性管理，是现代管理的一个重要的组成部分，属于管理学的一个分支。

　　财务管理专业是将"理财学"和"资产评估"两个本科专业归并后形成的，属于管理学学科门类下的工商管理类专业。过去，财务管理专业往往作为某一学科下的一个专业方向，现在则作为独立的本科教育专业进行建设。如何优化财务管理教学内容与课程体系以适应 21 世纪的要求，已成为财经类高等院校亟待解决的问题。

一、财务管理课程体系设计的依据

　　财务管理课程体系的设计，应依据现阶段财务理论的发展及财务实践的客观需要，着重从以下几个方面来考虑。

（一）财务学科体系

　　财务学科体系是对财务实践的高度理论概括。传统计划经济体制下的财务理论与市场经济体制下的财务理论迥然不同，财务学科的内容亦发生了相应的变化。借鉴西方国家的财务理论，结合我国市场经济体制下的各种财务实践，在此基础上总结出来的财务理论，就是财务管理专业课程体系设计的主要和直接依据。

　　财务学科体系是设计财务课程体系的基本依据之一。它由一系列分支学科组成，是对财务学科的科学划分。财务学科体系系统地包括了本学科现阶段的所有知识，反映了学科发展的水平和趋势。按现阶段认可的财务学科体系设计财务课程体系，课程的理论基础稳定，能保证财务课程体系的科学性。按财务分支学科设计主干课程，便于各门课程之间的合理衔接与安排。

（二）专业培养目标

专业培养目标是设置专业课程体系、开展教学活动的依据。为适应我国高等教育"厚基础、宽口径、高素质、强能力"的总体要求，1998年教育部颁布的《普通高等学校本科专业目录》提出财务管理专业的培养目标是"培养具备管理、经济、法律、理财和金融等方面的知识、能力，能在商业、金融业、事业单位及政府部门从事财务、金融管理以及教学、科研等方面工作的工商管理学科高级专门人才"；2000年，教育部高等学校工商管理类专业教学指导委员会在关于财务管理专业的指导性教学方案中又提出财务管理专业的培养目标，"培养德、智、体、美全面发展，适应21世纪社会发展和社会主义市场经济建设需要，基础扎实、知识面宽、综合素质高，富有创新精神，具备财务管理及相关的管理、经济、法律、会计和金融等方面知识和能力，能够从事财务管理工作的工商管理高级专门人才"；2018年，教育部高等学院工商管理类专业教学指导委员会对工商管理类专业提出的培养目标，"培养践行社会主义核心价值观，具有社会责任感、公共意识和创新精神，适应国家经济需要，掌握现代经济管理理论及管理方法，具有国际视野、本土情怀、创新意识、团队精神和沟通技能，能够在企事业单位、行政部门等机构从事经济管理工作的应用型、复合型、创新型人才"。

上述目标明确了财务管理专业的基本培养目标和总体要求，但不同层次、不同区域的财务管理专业培养目标应有所侧重。在在职干部岗位培养、高职教育、本科教育、研究生教育的不同层次上，要考虑不同类型的需要和不同教育层次的差别，这需要在设计财务课程体系时妥善处理。而财务课程体系的主干课程应侧重于公司财务、金融市场业务方面，以保证在实现基本培养目标的同时，更好地满足各类人才未来职业发展的需要。

（三）财务学科面向未来的综合化发展趋势

随着互联网环境下的大数据时代的到来，财务管理实践将不断出现新问题，相应的财务理论将不断更新，财务管理方法和手段将更加科学，财务管理范围的扩大和综合化趋势将日益明显地表现出来。财务课程体系的设计要考虑这种趋势，一方面要加强学科基础课程的比重，另一方面要开设一些财务管理学科的新课程，如对财务数据的挖掘、财务共享中心的构建等。

此外，科学、合理、实用的财务课程体系，不仅要适应财务管理专业的教学要求，还应便于教师讲授及学生学习，并且能促进教学环节的改善。这涉及各高校财务管理专业教师的财务理论教学水平、财务理论研究水平，以及由此形成的教学特点及教研实力。

二、财务管理课程体系设计的内容和特点

有关财务管理课程体系的设计，大致可分为以下五种。

（一）按阶段设计

按资金运动的阶段（筹资、投资、资金运营、收益分配）设计课程体系，主干课程有财务学原理、企业筹资管理学、企业投资管理学、成本费用管理学、企业收益分配管理学等。这种课程体系的特点表现为：

（1）按资金运动的阶段设计，能根据财务学研究的对象，开拓新的研究领域；对各阶段的财务研究能够深入下去，能较好地将理论联系实际。

（2）较适宜初、中级层次教育，如岗位培训和在职教育等，短期收效快。

（3）按阶段设计的现成经验不多，由于资金运动各阶段更迭速度快，不易把握其中的财务理论，因而按阶段设计的创建难度较大。

（4）课程体系的依托和资金运动阶段是紧密相连的。但这种课程体系设计办法会割裂财务管理的内在联系，助长学科的分离倾向。另外，有的阶段课程内容偏少，不易单独设计。

（二）按财务主体设计

按不同财务主体设计，主干课程有财务学原理、企业财务管理、行政事业单位财务、国际财务管理、财务学比较等。这种课程体系的特点表现为：

（1）比较符合我国现阶段的经济发展实情，课程设置比较容易。

（2）有利于针对不同行业的特点和需要，培养专门人才。但这种课程体系设计侧重实际操作，欠缺财务理论深度，不利于培养较高层次的财务管理人才。

（3）各门主干课程之间，在基本理论和主要方法上容易出现重复。

（三）按管理环节设计

按客观存在的财务管理环节（预测、决策、计划、控制、分析）设计，主干课程有财务学原理、财务预测学、财务决策学、财务计划学、财务控制学、财务分析学等。这种课程体系的特点表现为：

（1）着重于开发财务管理的技术、方法和手段，有利于财务管理学科应用方面的发展。

（2）偏重管理技术、方法的开发和应用，但财务理论、财务制度在课程结构中体现不够。

（3）财务管理学科体系的课程结构建设难度大。

（四）按层次设计

按财务管理层次设计，主干课程有初级财务管理、中级财务管理、高级财务管理、财务专题等。这种课程体系的特点表现为：

（1）理论性强，课程体系理论联系实际。

（2）便于学生从低到高、分层次地、循序渐进地学习财务管理知识，有利于教师教学。

（3）在财务制度、财务实践方面显得薄弱一些。

（4）财务理论发展只有近百年的历史，用初级、中级、高级三个层次划分不容易把握，并且课程内容和教材设计的难度大。

（五）并列式设计

根据现阶段财务理论和财务实践的发展情况，按一种并列式课程体系设计课程。这种课程体系的特点表现为：

（1）并列式设计有多种形式，能根据财务理论、财务实践的发展状况设计，并且相应地可以增加新的课程。

（2）能根据所培养学生的不同层次进行教学。

（3）并列式设计对课程体系组合的科学性要求高，如把握不当，则随意性较大。

三、财务管理课程体系设计的思路

从以上对五种财务课程体系设计的分析可以看出，它们都在一定程度上体现了财务管理专业的培养目标和教学要求。我国不同地区高等学校的财务管理专业也在不同程度上按上述某一种财务课程体系设课、编写教材并进行教学。我们认为按层次设课并结合并列式设课，比较适应现阶段财务管理本科专业的教学。按这种组合设计的课程应包括以下两类。

（一）专业必修课程

专业必修课程的设置应少而精，充分体现财务管理专业的特色，包含本专业特殊的知识点，在内容上应区别于相近或相关专业。我们认为应开设如下课程：初级财务管理、高级财务管理、资产评估学、国际财务管理及财务信息系统等。

1. 初级财务管理

该课程比较全面地阐明了财务学的基本理论和主要管理技术方法；侧重于资金运动各环节上的基本理论及实务，包括投资决策、筹资决策、营运资金管理及利润分配；介绍了资金的时间价值、现金流量分析、资本结构理论、股利政策等。

2. 高级财务管理

该课程主要介绍了财务领域不断出现的特殊问题。高级财务管理主要研究特殊的、扩展的财务问题，涵盖了初级、中级财务管理无法容纳但在经济活动中又经常发生的财务管理业务。该课程具体包括财务战略管理、企业设立财务管理、企业并购财务管理、企业集团财务管理、中小企业财务管理、非营利组织财务管理以及企业重整与清算财务管理等基本理论和基本方法。

3. 资产评估学

该课程主要对不同类别资产所涉及的价格范畴进行系统的研究和探讨，着重研究和比较资产评估的方法及其具体运用。具体包括机器设备评估、房地产评估、流动资产评估、无形资产评估、长期投资评估以及整体资产评估等内容。

4. 国际财务管理

该课程的主要内容是跨国公司的财务运作，具体包括国际金融市场筹资、跨国公司投资决策和跨国公司的外汇风险管理等。

5. 财务信息系统

该课程的主要内容是财务信息系统模型及技术处理，具体包括利用财务信息系统模型进行财务计划（包括财务预测和财务决策）、财务控制和财务分析等。

（二）专业选修课程

专业选修课程是指与财务管理相近的专业的相关课程，即会计专业和金融专业的相关课程，包括证券投资学、财务工程学、商业银行经营与管理、成本管理会计、财务会计学等课程。专业选修课程是对专业必修课程的补充，主要开设财务类及管理类课程，包括财务案例分析、国际贸易、投资项目管理与评估、国际会计、企业战略管理、国际企业管理、审计学、税收筹划等。

财务管理本科专业课程主要分为财务管理、高级财务管理、资产评估学、国际财务管理、财务信息系统等；此外，还有一些与专业有关的会计方面的课程及金融方面的课程。将按层次设计与并列式设计相结合，进行财务管理专业课程体系的设置，其主要思路是：主要课程按层次设计，符合教学规律，课程理论体系的内在联系较紧密，有利于财务学科的长远建设，能面向未来并适应财务学科的发展，也有利于本科学生的学习和教师的教学。部分课程按管理客体设计，符合我国现阶段经济体制转轨条件下企业财务管理环境的变化及企业财务范围扩大等现状。

随着我国经济体制改革的深入和资本市场的发展以及对外开放范围的扩大，企业的资金运动已从内部延伸到整个社会经济运动过程中，企业的财务活动处在充满风险和不确定性的环境里，企业的筹资和投资与金融市场的联系将越来越紧密。尤其是党的二十大提出推进高水平对外开放后，跨国公司、外资银行将更快地、大规模地进入我国内地；同时，中国的企业也将大量地走出国门，我国经济国际化的速度亦会加快。像国际财务管理、财务工程学、国际会计、国际贸易等课程，不仅能适应国内外经济形势发展的需要，而且能丰富财务学科的内容。当然，我国企业的财务实践也需要引进西方的财务理论，以此提高财务管理工作的水平。按层次设计，课程空间度大，能解决引进西方财务理论的问题，再结合我国的财务实践和财务理论研究，逐步增加课程内容，有利于财务学科的发展和教学的需要。总之，这种将按层次设计与并列式设计相结合，组合设计而成的财务管理专业课程体系，既有利于吸纳中外财务理论和财务实践，又有利于财务学科的综合化发展。

第二节　财务管理的理论结构

财务管理理论是根据财务管理的假设进行的科学推理或对财务管理实践的科学总结，其目的是指导和开拓财务管理实践。财务管理的理论结构是指财务管理理论各组成部分以及这些部分之间的关系。

基于财务管理环境构建的财务管理理论结构包括财务管理的基本理论和应用理论，基本理论主要包括财务管理的环境、假设、目标、内容、原则、方法等问题，应用理论包括资金结构理论、投资理论、分配理论等。本节将重点介绍财务管理的基本理论。

一、财务管理环境

财务管理环境又称理财环境，是指对财务管理产生各种影响的企业内外因素的集合，包括宏观环境和微观环境，如经济环境、法律环境和金融环境等。经济环境包括经济周期、经济发展水平和经济政策；法律环境包括企业组织法规、税务法规和财务法规等；金融环境包括金融机构、金融市场和利率等。

（一）经济环境

影响经济环境的主要因素有经济周期、经济发展水平和经济政策等。

1. 经济周期

在市场经济条件下，经济发展与运行有一定的波动性，会经历复苏、繁荣、衰退和萧条四个阶段循环，该循环叫作经济周期。企业的筹资、投资和资金运营等财务管理活动都要受经济周期的影响，此外，由于国际经济交流与合作的发展，西方的经济周期影响也在不同程度地波及我国。因此，企业财务管理人员必须在不同的经济周期采用不同的财务管理策略。

2. 经济发展水平

近年来，虽然我国的国民经济保持持续高速增长，但是企业财务管理仍然面临严峻的挑战，主要原因是高速发展过程中的资金短缺问题将长期存在。因此，企业财务管理人员要积极探索与经济发展水平相适应的财务管理新模式。

3. 经济政策

我国经济体制改革的目标是建立社会主义市场经济体制，以进一步解放和发展生产力。我国已进行财税制度、金融制度、外汇制度、投资制度、社会保障制度、会计准则体系等多项制度改革。针对经济政策对企业财务的影响，企业财务管理人员必须把握经济政策以更好地为企业的经营活动服务。

（二）法律环境

财务管理的法律环境是指企业和外部发生经济关系时所应遵守的各种法律，主要包括企业组织法规、税务法规和财务法规等。

1. 企业组织法规

企业必须依法成立，企业的组建和管理必须依照不同的法律法规。这些法规主要有《中华人民共和国公司法》《中华人民共和国合伙企业法》等。这些法律法规既是企业组织法，又是企业行为法。各种不同形式的企业应该按照相应的组织法律法规进行经营活动。

2. 税务法规

税收是国家为了实现其职能，按照法律预先规定的标准，强制地、无偿地征收货币或实物的一种经济活动，也是国家参与国民收入分配和再分配的一种方法。税收具有强制性、无偿性和固定性三个显著特征。国家各种税种的设置、税率的调整还具有调节生产经营的作用。国家的税收制度是企业重要的外部条件。

3. 财务法规

企业的财务法规是指规范企业财务活动、协调企业财务关系的规章制度。目前我国企业财务管理法规有企业财务通则、行业财务制度和企业内部财务制度三个层次。

我国企业财务法规包括成本管理、专项资金管理、固定资产和流动资金管理等各项财务法规。

（三）金融环境

企业从事投资和经营活动总是需要资金的，除自有资金以外，资金主要从金融机构和金融市场取得。影响财务管理的金融环境因素主要有金融机构、金融市场和利率。

1. 金融机构

银行类金融机构是指经营存款、发放贷款、汇兑、储蓄等金融业务，承担信用中介的金融机构。我国银行主要包括各种商业银行和政策性银行。商业银行包括国有商业银行（如中国工商银行、中国农业银行、中国银行和中国建设银行）和其他商业银行（如交通银行、招商银行、民生银行等）；国家政策性银行主要包括中国进出口银行、中国农业发展银行、国家开发银行等。其他金融机构包括金融资产管理公司、信托投资公司、财务公司和金融租赁公司等。

2. 金融市场

金融市场是指资金供应者和资金需求者通过金融工具进行交易的场所。金融市场按组织方式的不同可划分为两部分：一是有组织的、集中的场内交易市场，即证券交易所，它是证券市场的主体和核心；二是非组织化的、分散的场外交易市场，它是证券交易所的必要补充。

3. 利率

利率也称利息率，是利息占本金的百分比指标。从资金的借贷关系看，利率是一定时期内运用资金资源的交易价格。利率的一般计算公式可表示如下：

$$利率＝纯利率+通货膨胀补偿率+风险收益率 \tag{1.1}$$

纯利率是指没有风险和通货膨胀情况下的社会平均资金利润率；通货膨胀补偿率是指由于持续的通货膨胀会不断降低货币的实际购买力，为补偿其购买力损失而要求提高的利率；风险收益率包括违约风险收益率、流动性风险收益率和期限风险收益率。其中，违约风险收益率是指为了弥补因债务人无法按时还本付息而带来的风险，由债权人要求提高的利率；流动性风险收益率是指为了弥补因债务人资产流动性差而带来的风险，由债权人要求提高的利率；期限风险收益率是指为了弥补因偿债期限长而带来的风险，由债权人要求提高的利率。

二、财务管理假设

财务管理假设是根据财务活动内在规律和理财环境要求而提出的，具有一定事实依据的假定或设想。财务管理假设主要分为理财主体假设、持续经营假设、有效市场假设、资金增值假设、理性理财假设等。

（一）理财主体假设

理财主体假设指企业的财务管理工作应限制在每一个在经济和经营上具有独立性的组织之内。该假设明确了财务管理工作的空间范围。理财主体必须有独立的经济利益、独立的经营权和财权；另外，理财主体一定是法律实体，但是法律实体不一定是理财主体。一个组织必须具备以上特点，才能成为真正的理财主体。

（二）持续经营假设

持续经营假设是指理财主体是持续存在并且能执行其预计经济活动的，它明确了财务管理工作的时间范围。在财务管理上，除非有证据表明企业将破产、关闭，否则都假定企业在可以预见的将来持续经营下去。持续经营假设可以派生出理财分期假设。按照理财分期假设，可以把企业人为地分为一定期间，以便分阶段考核企业的经营状况和财务成果。

（三）有效市场假设

有效市场假设是指财务管理所依据的资金市场是健全而有效的。中国的有效市场主要是指当企业需要资金时，能以合理的价格在资金市场筹集到资金；当企业有闲置的资金时，能在市场上找到有效的投资方式；企业理财上任何投资的成败，都能在资金市场上得到反映。有效市场假设的派生假设是市场公平假设，它是指理财主体在资金市场筹资和投资等完全处于市场经济条件下的公平交易状态。

（四）资金增值假设

资金增值假设是指通过财务管理人员的合理运营，企业资金的价值可以不断增加。资金增值假设派生了财务管理的风险与报酬同增假设。此项假设是指风险越高，获得的报酬也越高。风险与报酬同增假设要求财务管理人员不能盲目地追求资金增值，因为过高的报酬会带来巨大的风险。此两项假设为科学地确立财务管理目标、合理安排资金结构、不断调整资金投向奠定了理论基础。

（五）理性理财假设

理性理财假设是指从事财务管理工作的人员都是理性的理财人员，其理财行为也是理性的。他们会在众多的方案中选择最有利的方案。理性理财假设可以派生出另外一项假设，即资金再投资假设。该假设是指当企业有了闲置的资金或产生了资金的增值，都会用于再投资。理性理财行为是确立财务管理目标、建立财务管理原则、优化财务管理方法的理论前提。

三、财务管理目标

企业财务管理目标是企业财务管理活动预期实现的结果。它是评价企业理财活动是否合理有效的基本标准，是企业财务管理工作的行为导向，也是财务人员工作实践的出发点和归宿。财务管理目标制约着财务工作运行的基本特征和发展方向。不同的财务管理目标，会产生不同的财务管理运行机制。因此，科学设置财务管理目标，对优化理财行为、实现财务管理的良性循环具有重要的意义。财务管理的目标主要包括以下三种。

（一）利润最大化

利润最大化目标是在投资预期收益确定的情况下，财务管理行为以追逐利润的最大化作为财务管理的目标。主要有三点原因：一是人类从事生产经营活动的目的是创造更多的剩余产品，剩余产品的多少可以用利润这个价值指标来衡量；二是在自由竞争的资本市场中，资本的使用权最终属于获利最多的企业；三是只有每个企业都最大限度地获得利润，整个社会的财富才可能实现最大化，从而带来社会的进步和发展。因此，以利润最大化为理财目标是有一定的道理的。利润最大化目标在实践中存在以下几个难以解决的问题：①这里的利润是指企业在一定时期内实现的税后净利润，它没有考虑资金的时间价值；②没有反映创造的利润与投入的资本之间的关系；③没有考虑风险因素，高额利润往往要承担更大的风险；④片面追求企业利润最大化会导致企业的短期行为；⑤利润容易被操纵。

（二）股东财富最大化

股东财富最大化是指通过财务的合理经营，为股东带来最多的财富。在股份经济条件下，股东财富由其所拥有的股票数量和股票市场价格两方面决定，股价代表了大众对公司价值的客观评价。在股票数量一定的前提下，当股票价格达到最高时，股东财富也达到最大，所以股东财富又可以表现为股票价格最大化。

与利润最大化目标相比，股东财富最大化目标作为财务管理的目标有以下优点：①股东财富最大化目标考虑了取得收益的风险与时间因素；②股东财富最大化能够在一定程度上克服企业在追求利润上的短期行为，保证了企业的长期发展；③股东财富最大化能够充分体现企业所有者对资本保值增值的要求。

股东财富最大化的缺点：①股东财富最大化只适用于上市公司；②股票价值的高低不能完全反映股东财富或价值的大小；③股东财富最大化目标在实际工作中可能导致公司所有者与其他利益主体之间的矛盾。

（三）企业价值最大化

投资者建立企业的重要目的在于创造尽可能多的财富。这种财富首先表现为企业的价值。企业价值就是企业的市场价值，是企业所能创造的预计未来现金流量的现值，反映了企业潜在的或预期的获利能力和成长能力。

以企业价值最大化作为财务管理的目标，其优点主要表现在：①考虑了资金的时间价值和风险价值，有利于统筹安排长短期规划，合理选择投资方案，有效筹措资金，合理制定股利政策等；②反映了对企业资产保值增值的要求，从某种意义上说，股东财富越多，企业市场价值就越大；③有利于克服管理上的片面性和短期行为；④有利于合理配置社会资源。

以企业价值最大化作为财务管理的目标也存在以下缺点：①对于上市企业，尽管股票价格的变动在一定程度上揭示了企业价值的变化，但是股价是受多种因素影响的结果，特别是在资本市场效率低下的情况下，股票价格很难反映企业所有者权益的价值；②对于非上市企业，只有对企业进行专门的评估才能真正确定其价值，而在评估企业的资产时，由于受评估标准和评估方式的影响，这种估价不易做到客观和准确，容易导致企业价值难以确定。

四、财务管理内容

企业的筹资管理、投资管理、营运资金管理、利润分配管理是相互联系、相互依存的，它们共同构成了企业财务活动的完整过程，同时也成为财务管理的基本内容。

（一）筹资管理

所谓筹资，是指企业为了满足投资及资金使用的需求，筹集所需资金的过程。在筹资过程中，一方面，企业要确定筹资的总规模，以保证投资及资金使用需求；另一方面，企业通过对筹资渠道、筹资方式或工具的正确选择，合理确定筹资结构，从而降低筹资成本和风险，提高企业价值。筹资管理的目标是采用适当的筹资方式进行筹资决策，以较低的资金成本与财务风险，筹集到企业正常经营和投资所需要的资金。筹资管理的主要内容有筹资渠道和筹资方式的选择、筹资数量的确定、最佳资本结构的决策与运用等。

（二）投资管理

广义的投资是指企业将筹集的资金投入使用的全部过程，既包括企业内部使用资金的过程（如购买流动资产、固定资产、无形资产等），又包括对外投放资金的过程（如购买其他企业的股票、债券或与其他企业联营等）。狭义的投资仅指对外投资。无论是企业购买内部所需资产，还是购买外部各种证券，都需要支付资金。投资管理的目标是合理衡量投资收益与投资风险，选择最佳的投资方案，合理配置资金，优化资金结构，以获取最大投资收益。

（三）营运资金管理

营运资金是指一个企业维持日常经营所需要的资金，一般是指用于流动资产上的资金，包括现金、应收账款、存货等。营运资金管理的目标是对企业的营运资金进行有效控制与决策。营运资金管理的主要内容是确定营运资金的筹资政策和投资政策等。

（四）利润分配管理

利润分配是指企业通过投资或营运资金活动可以取得相应的收入，并实现资金的增值。企业取得的各种收入在补偿成本和缴纳税费后还应根据现行法律法规对剩余收益予以分配。利润分配管理的目标是正确确定分配原则和制定股利分配政策，合理进行利润的分配。

五、财务管理原则

财务管理原则也称理财原则，是组织财务活动和协调财务关系的基本准则，是体现理财活动规律性的行为规范，是对财务管理的基本要求。财务管理的原则有科学性原则、依法理财原则、风险—收益平衡原则、成本—效益原则、变现能力与营利能力平衡原则、权责结构和利益关系协调原则。

（一）科学性原则

财务管理的对象及财务管理所面临的环境是客观的，它要求人们在开展财务管理活动、处理财务关系时当遵守财务活动规律；财务管理主体的意志具有主观性，所以开展财务管理活动时应当尊重财务管理活动规律，发挥主观能动性。坚持科学性原则，就是要科学理财，要尊重客观经济规律，要发挥人的主观能动性。科学性原则不仅是开展财务管理活动的行为规则，也是我们从事其他一切实践活动必须遵循的原则。

（二）依法理财原则

市场经济是法治经济，财务管理人员必须依法办事，贯彻依法理财原则。在我国当前的财务管理环境下，各类企业必须以《企业财务通则》和财务制度为依据，根据生产经营的特点合理组织财务活动，建立健全财务管理制度，做好财务管理基础工作。

（三）风险—收益平衡原则

在财务管理活动中，权衡风险与收益是每个财务管理主体必须认真面对的课题。风险—收益平衡原则要求企业不能只顾收益不顾风险，而应当在风险与收益的比较中做出正确而谨慎的抉择，趋利避害，确保财务管理目标的实现。

（四）成本—效益原则

成本—效益原则要求财务管理主体在开展财务管理活动时讲求投入和产出的比较，要求以尽可能少的资源，创造出尽可能多的财富。财务管理的内容包括资金的筹措、运用和分配，其中每一项都要充分考虑成本和效益的权衡。

（五）变现能力与营利能力平衡原则

变现能力是指企业支付到期债务的能力，而营利能力是指企业获取利润的能力。提高变现能力和营利能力是企业财务管理的两个子目标，这两个子目标作用的方向有时一致，有时相互矛盾。在财务管理活动中，必须合理安排各种资金的比例以实现变现能力与营利能力的平衡，达到既能提高营利能力，又能确保达到偿还各种到期债务的目的。

（六）权责结构和利益关系协调原则

正确处理财务关系是现代财务管理学的基本内容之一。要恰当地处理好财务关系，应当从权利与责任的安排和利益分配两个方面着手。权利与责任的安排体现在企业内部经营管理职能的划分上和由现代产权制度引发的财产权与经营权的划分上。利益分配主要体现在财务成果的分配上，实现财务成果在国家、企业、投资者、劳动者等相关利益主体之间合理的分配。

六、财务管理方法

财务管理方法是指财务管理人员为了实现财务管理目标，处理好因财务活动而发生的各种经济关系，完成财务管理任务，在进行理财活动时所采取的各种技术和手段。它通常包括财务预测、财务决策、财务预算、财务控制、财务分析等方法。

（一）财务预测

财务预测是指根据财务活动的历史资料，依据现实的条件和今后的要求，对企业未来一定时期内的财务活动和财务成果进行全面的分析，并做出各种不同的科学预计和推断的过程。财务预测的主要内容有筹资预测、投资收益预测、成本预测、收入预测和利润预测等。财务预测所采用的具体方法主要有属于定性预测的集合意见法和专家意见法，属于定量预测的趋势分析法和因果预测法等。

（二）财务决策

财务决策是指在财务预测的基础上，从若干可以选择的方案中，对不同财务数据进行分析比较，全面权衡利弊，从中选择最优方案的过程。财务决策的主要内容有筹资决策、投资决策、成本费用决策、收入决策和利润决策等。财务决策所采用的具体方法主要有优选对比法、数学微分法、线性规划法和概率决策法等。

（三）财务预算

财务预算是指以财务决策的结果为依据，对企业生产经营活动的各个方面进行规划的过程。它是组织和控制企业财务活动的依据。财务预算的主要内容有筹资预算、投资预算、成本费用预算、销售收入预算和利润预算等

（四）财务控制

财务控制是指在管理过程中，以财务制度和财务预算为依据，对财务活动施加影响或调节，以实现计划规定目标的方法。财务控制的内容主要有筹资控制、投资控制、货币资金收支控制、成本费用控制和利润控制。财务控制所采用的具体方法主要有防护性控制、前馈控制、反馈控制等。

（五）财务分析

财务分析是指以会计信息和财务预算为依据，对一定期间的财务活动过程及其结果进行分析和评价的一项工作。通过财务分析，企业可以掌握财务活动的规律和财务分析的内容，进行有偿债能力分析、营运能力分析、获利能力分析和综合财务分析等。财务分析所采用的具体方法有比较分析法、比率分析法、平衡分析法、因素分析法等。

第三节　财务管理的历史演进

基于财务管理的发展历程，不同的财务管理环境有不同的财务管理目标、财务管理方法和财务管理活动。财务管理环境对财务管理假设、财务管理方法、财务管理活动等具有决定性的作用。20 世纪以来，财务管理的发展共经历了五次浪潮。

一、第一次浪潮——筹资管理理财阶段

在这一阶段，财务管理的主要职能是预测公司资金的需求量和筹集公司所需要的资金。随着经济的持续发展和企业的大量建立，企业普遍关注如何筹资以扩大企业的生产和经营规模，筹集资金便成为财务管理的最主要问题。这一阶段，筹资理论和方法发展迅速，为现代财务管理理论的产生奠定了基础。

二、第二次浪潮——资产管理理财阶段

由于筹资阶段的财务管理忽视了企业资金的日常周转和内部控制，企业不能够正常运营与发展。随着科技的发展和企业的市场竞争加剧，财务管理的主要问题不仅在于筹集资金，更在于如何有效地进行内部控制。于是，在这一阶段，资产管理引起财务管理人员的高度重视。各种计量模型逐渐应用于存货、应收账款、固定资产等项目，财务分析、财务计划、财务控制等得到广泛应用。

三、第三次浪潮——投资管理理财阶段

20 世纪 60 年代中期以后，随着企业的发展，资金运营越来越复杂，各种投资项目风险不断增大，投资管理受到了极大关注。这一时期的财务管理表现为：确定了比较合理的投资决策程序，建立了科学的投资决策指标和投资决策方法，创立了投资组合理论和资本资产定价理论。马科维茨提出了投资组合理论，夏普提出的资本资产定价模型揭示了风险与报酬的关系。

四、第四次浪潮——通货膨胀理财阶段

20 世纪七八十年代，西方国家持续的通货膨胀给财务管理带来了许多问题，在通货膨胀条件下如何有效地进行财务管理便成为主要问题。为此，西方财务管理理论根据通货膨胀的状况，对企业筹资决策、投资决策、资金运营决策、股利分配决策进行了相应的调整。

五、第五次浪潮——国际经营理财阶段

20 世纪 80 年代中后期，随着经济全球化和市场竞争的加剧，跨国公司数量逐年增多，国际企业财务管理的地位日趋重要。由于跨国公司需要在不同制度、不同环境下做出决策，于是外汇风险问题、国际融资问题、跨国资本预算问题、内部转移价格问题等成为亟待解决的财务管理问题。

20 世纪 80 年代以后，国际财务管理的理论和方法在财务管理实务中得到广泛应用。进入 21 世纪以来，随着网络经济和大数据时代的到来，许多网上企业和虚拟企业应运而生，财务管理的环境发生了翻天覆地的变化。财务管理呈现出新的发展趋势及特点，包括财务管理组织结构扁平化、财务资本向知识资本扩展、个性化生产对资本配置提出新的挑战、投资管理出现新领域、财务资本与知识资本共享资本收益等。企业需要对财务管理的目标、财务管理的模式和财务管理的内容等进行进一步创新。从财务管理的发展过程可以看出，财务管理理论的变化是财务管理环境综合作用的结果。有什么样的财务管理环境，就会产生相应的财务管理模式和财务管理理论体系。

第四节　高级财务管理的研究内容

高级财务管理主要研究特殊的、扩展的财务问题，涵盖了初级、中级财务管理无法容纳但在经济活动中又经常发生的财务管理业务，主要包括财务战略管理、企业设立的财务管理、企业并购的财务管理、企业重整与清算财务管理、企业集团财务管理、国际财务管理、中小企业财务管理以及非营利组织财务管理等基本理论和基本方法。

一、财务战略管理

根据财务管理基本内容的不同，财务战略可分为筹资战略、投资战略、营运资金战略和股利分派战略等；根据财务管理的派生内容，财务战略可分为投资规模战略、投资方向战略、并购战略等；根据企业自身特征的不同，财务战略可分为不同企业组织形式的财务战略、不同行业的财务战略、不同企业生命周期的财务战略等；根据财务活动涉及范围的不同，财务战略可分为整体财务战略和分项财务战略；此外，根据资金筹措与使用特征的不同，财务战略可分为快速扩张型财务战略、稳健发展型财务战略和防御收缩型财务战略等。

财务战略管理是指对企业财务战略的管理，即对战略性财务活动的管理。财务战略管理的关键是对筹资战略、投资战略的财务规划及财务评价，财务战略管理是企业财务管理的重要内容。

二、企业设立的财务管理

企业是人的要素和物的要素相结合的、以营利为目的从事生产经营或服务性活动的、具有法律主体资格的经济组织。企业是国民经济的基本单位，包括独资企业、合伙企业和公司制企业。

企业的设立，是指企业的创办人为使企业具备从事生产经营或服务性活动的能力，并且取得合法的主体资格，而依照法律规定的条件和程序所实施的一系列经济上和组织上的法律行为。

企业的设立要求企业的创办人根据所要设立的企业种类、规模、生产经营或服务性活动的内容，合理地组织各种生产要素，进行人力、物力和资产的投资，进行基本建设或其他方面的组建工作，形成企业的生产经营能力或从事服务性活动的能力。同时，企业的创办人要制定企业的章程，确定自己的生产经营范围，组建法律规定的相应机构，并依照法律规定的申报、审批和登记程序，依法取得生产经营或服务提供主体的资格。

三、企业并购的财务管理

企业并购是市场经济发展的产物。并购是兼并与收购的简称，泛指在市场机制作用下企业为了获得其他企业的控制权而进行的产权交易活动。兼并（merger）与收购（acquisition）在国外常缩写为 M&A。兼并和收购是企业外部扩展的主要形式，其实质是一种商品的交易活动，是在公开市场上对企业的控制权进行的一种商品交易活动。交易的对象是企业产权，交易的目的是获得对一个企业的控制权。狭义的并购仅指兼并。兼并等同于《中华人民共和国公司法》（以下简称《公司法》）中的吸收合并，而兼并只是合并的形式之一。广义的并购则包括兼并、合并和收购。并购按不同的划分标准可以划分为不同的类型。按照并购双方所处行业的性质来划分，企业并购方式有纵向并购、横向并购、混合并购。按照并购程序来划分，企业并购方式有善意并购和非善意并购。按照并购方的支付方式和购买对象来划分，企业并购方式可以划分为现金购买资产或股权、股票换取资产或股权以及通过承担债务换取资产或股权。

企业并购中的财务问题通常会涉及：在企业战略目标和并购标准的指导下，对候选目标企业进行并购可行性分析；确定目标企业的价值和并购溢价的允许范围，从而确定并购价格区间；确定支付方式（包括现金支付、股票支付和混合证券支付三种方式）；确定筹资方案；评价并购成功与否。

四、企业重整与清算财务管理

一个已达到破产界限的企业能否继续存在，取决于企业的重整价值是否大于清算价值。如果企业在可预见的未来具有较好的发展前景，其重整价值大于清算价值，债权人就会认为企业价值可以重整，并且通过重整使企业继续生存下去；否则，企业将被迫转入清算。因此，破产财务管理包括企业重整财务管理和企业破产清算财务管理。

但企业重整和企业破产清算是不同的经济事件，二者的区别在于前提条件不同、目的不同、执行机构不同。

企业重整与清算财务管理包括企业破产、企业财务重整、解散清算和破产清算等主要内容及其相互关系，以及如何建立财务预警系统等。

五、企业集团财务管理

企业集团是以一个或少数几个大型企业为核心，凭借资本、契约、产品、技术等不同的利益关系，将一定数量的受核心企业不同程度控制和影响的法人企业联合起来，组成的具有共同经营战略和发展目标的多级法人结构的经济联合体。

企业集团财务管理通常包括企业集团财务的组织安排和选择、机构的设立和管理权限的划分、企业集团财务活动的组织框架和管理机制、企业集团的资本运作等。企业集团财务管理的具体研究内容包括企业集团的组织结构、企业集团的财务公司、企业集团的内部转移价格以及企业集团的财务管理体制等问题。

六、国际财务管理

国际财务管理是国际企业所进行的理财活动，是在经济全球化进程中出现的财务管理新内容。国际财务管理是指国际企业组织财务活动、处理财务关系的经济管理工作。国际财务管理的内容是建立在国际财务活动的基础之上的，主要包括筹资管理、投资管理、营运资金管理。因为国际企业在生产经营中还要涉及外汇交易，因此财务管理的内容还包括外汇风险管理。

企业进行跨国经营必然会涉及外汇，而汇率受多种因素的影响变动较大，容易产生外汇风险。外汇风险可以使企业获得预期之外的收益，也可能造成意外损失。外汇风险管理力图通过对外汇风险性质的研究，掌握规避和减少外汇风险的方法。

七、中小企业财务管理

我国的中小企业，根据企业组织形式不同，可以分为独资企业、合作企业、股份合作制企业和有限责任公司。中小企业对经济具有特殊作用，主要表现在：提供新的就业机会；技术创新；刺激竞争；给大企业以帮助；提高生产和服务的效率。

中小企业财务管理内容包括中小企业财务管理的特殊性、中小企业的融资方式与结构管理、中小企业的投资战略管理、中小企业的资本运营方法以及如何利用相关政策加快中小企业的发展速度等。

八、非营利组织财务管理

非营利组织是指提供有偿服务并且希望可以获得足够的收入来补偿它们提供服务所耗费的成本的组织，但这些组织既没有流通股份也没有股东。一般来说，非营利组织包括学校、医院、慈善机构、宗教机构、合作团体、社区组织、市民俱乐部以及其他组织。为了保证经营效率，这些非营利组织同样需要进行财务管理。但是，非营利组织没有股东，因此，它们的财务管理目标不是股东财富的最大化。也就是说，非营利组织的财务管理目标主要不是资金增值，而是提供社会服务。

第五节　财务战略管理

一、企业战略与企业战略管理

（一）企业战略的内涵及特征

1. 企业战略的内涵

对于企业战略的定义有很多种描述，比较有代表性的主要有以下几种观点：泰勒斯（Tillers）认为，企业战略是企业的一组目标和企业的各种政策。钱德勒（Chandler）认为，企业战略涉及企业长期目标的确定、行动路线的采用以及为完成这些目标而进行的各种资源的分配。波特（Porter M.）认为，企业战略是公司为之奋斗的重点和公司为达到它们而寻求的途径的结合物。明茨伯格（Mintzberg H.）认为，企业战略是一系列或整套的决策或行动的方式，该方式既包括计划性的战略又包括非计划性的战略。同时，他认为战略是一种计划、一种模式、一种定位、一种对未来的期望和预期、一种手段（5P观点）。

综上所述，企业战略是如何获得竞争优势的理论，即在对外部环境和内部条件深入分析和准确判断的基础上，为了提高企业的竞争力，对企业全局和未来进行的总体和长远的谋划。企业战略按照组织结构不同，分为三个层次。

（1）总体战略。总体战略又称为公司层战略，它是企业最高层次的战略，需要根据企业的目标，选择企业可以竞争的经营范围，合理配置企业经营所必需的资源，使各项经营业务相互支持、相互协调。

（2）业务单位战略。业务单位战略又称为竞争战略，业务单位战略涉及各业务单位主管以及辅助人员。它所解决的问题是应该开发哪些产品或服务，以及将这些产品或服务提供给哪些市场，这些产品或服务满足顾客的程度，以达到企业的目标，如企业保持长期营利能力、加快市场增长速度或提高效率等。

（3）职能战略。职能战略又称为职能层战略，主要涉及企业内部各职能部门如营销、生产、财务、研发、人事等部门如何为各级战略服务，提高组织效率。在职能战略中，协同作用具有非常重要的意义，它不仅体现在单个职能的各个活动中，而且体现在各个不同职能战略和业务流程或活动之间。

2. 企业战略的特征

从以上各学者对企业战略的不同观点可以看出，企业战略的特点在不断变化，逐步完善。企业战略的特征主要包括六个方面。

（1）指导性：企业战略界定了企业的经营方向、远景目标，明确了企业的经营方针和行动指南，并确定了实现目标的发展轨迹及指导性的措施和对策，在企业经营管理活动中起着导向的作用。

（2）全局性：企业战略是对企业全局的总体谋划，涉及企业生产经营活动的各个环节和各个方面，而不是一般的操作性管理方法。

（3）长期性：企业战略的目的不是只考虑眼前利益与维持现状，而是为了创造企业的未来，立足于企业的长远利益。

（4）应变性：企业战略重视的是企业与其所处的外部环境的关系，其目的是使企业能够适应、利用环境的变化。

（5）竞争性：竞争是市场经济不可回避的现实，正是因为有了竞争才确立了"战略"在经营管理中的主导地位。面对竞争，企业战略需要进行内外环境分析，明确自身的资源优势，通过设计适当的经营模式，形成具有核心竞争力的特色经营，推动企业长远、健康地发展。

（6）风险性：企业做出任何一项决策都存在风险，若市场研究深入，行业发展趋势预测准确，设立的远景目标客观，各战略阶段人、财、物等资源调配得当，战略形态选择科学，制定的战略就能引导企业健康、快速发展。反之，仅凭主观判断市场，设立目标太理想化或对行业的发展趋势预测存在偏差，制定的战略就会产生管理误导，甚至给企业带来破产风险。

（二）企业战略管理

1. 企业战略管理的内涵及特征

企业战略管理是确定企业的使命，根据企业的外部与内部环境的经营要素确定企业的目标，保证目标的正确落实并使企业使命最终得以实现的一个动态过程。战略管理不仅涉及战略的制定和规划，而且也包括战略执行的管理，所以是一个全过程和全面的管理；同时，战略管理还是不间断的管理过程。

与传统的职能管理相比，企业战略管理具有以下特点：

（1）企业战略管理具有全局性。企业战略管理是以企业全局为对象，根据企业总体发展需要而制定的。它所管理的是企业的总体活动，所追求的是企业的总体效果。所以，企业战略管理具有综合性和系统性的特点。

（2）企业战略管理涉及大量资源配置问题。在任何一种情况下企业的战略决策都需要在相当长的时间内实施一系列的活动，而实施这些活动需要有足够的资源作保证。因此，为了保证战略目标的实现，需要对企业的资源进行统筹规划、合理配置。

（3）企业战略管理在时间上具有长远性。战略管理是面向未来的管理，战略决策需要以管理者所期望或预测将要发生的情况为基础。在迅速变化和竞争性的环境中，企业要取得成功必须对未来的变化采取未雨绸缪的态度，这就需要企业做出长期性的战略计划。

（4）企业战略管理还需要考虑企业外部环境中的诸多因素。在未来竞争性的环境中，企业要使自己占据有利地位并取得竞争优势，就必须考虑与之相关的因素，这包括竞争者、顾客、资金供给者、政府等外部因素，以使企业的行为适应不断变化的外部环境。

2. 企业战略管理的作用

企业战略管理在企业管理中处于统领性和指导性的地位。其主要的作用有：

（1）企业战略管理可以促进企业管理当局重视对经营环境的研究，正确地选择公司合适的经营领域与发展方向，从而更好地把握外部环境所提供的机会，增强企业经营活动对外部环境的适应性。

（2）企业战略管理可以促进企业管理当局改进决策方法，优化组织结构，把日常管理建立在系统与有序的基础上，以增强企业的协调沟通与控制能力，不断提高管理的效率与水平。

（3）企业战略管理可以促使企业当局增强企业的凝聚力，最大限度地激发员工的情感与智慧，从而确保战略目标的实现。

3. 企业战略管理的过程

一个规范和全面的战略管理过程大体分为三个阶段：战略分析阶段、战略选择及评价阶段、战略实施与控制阶段。

（1）战略分析阶段。战略分析是指对企业的战略环境进行分析、评价，并预测这些环境未来发展的趋势，以及这些趋势可能对企业造成的影响。一般来说，战略分析包括企业的外部环境分析和内部环境分析两部分。企业的外部环境分析主要是对政治—法律因素、经济因素、技术因素、社会因素以及企业所处行业中的竞争状况进行分析，目的是寻找和发现有利于企业的发展机会；内部环境分析是分析企业所具备的条件，它包括企业的有形和无形资源，企业的财务能力、营销能力、生产管理能力、组织效能、企业文化、企业的核心竞争能力等。

（2）战略选择及评价阶段。战略选择及评价过程的实质就是战略决策的过程。在这一阶段，企业要考虑到可以选择的战略类型，战略选择过程，战略方案的鉴别、评价三方面问题。

（3）战略实施与控制阶段。战略的实施首先要将企业的总体战略分解为各层次和各方面的具体战略，如经营、财务、营销、人力等多种战略，然后通过发挥操作管理的各种职能，运用计划或预算等方法，分阶段、分步骤地实施战略。战略控制是对战略实施的整个进程进行跟踪控制，及时发现差异，查明原因，采取措施，消除不利差异和扩大有利差异。如果在战略实施过程中，发现企业内外环境有重大变化，则应对战略目标或方案做出必要的修正与调整。

二、财务战略与财务战略管理

（一）财务战略

1. 财务战略的内涵与特点

企业的财务战略属于职能层的战略，财务战略主要考虑资金的使用和管理的战略问题。财务战略可以定义为：在公司战略的统筹下，在分析内、外部环境对公司价值创造活动影响的基础上，为谋求公司现金均衡地流动并最终实现公司长期财务价值的最大化，而对企业现金流转和资本运作所进行的全局性、长期性和创造性的筹划。

财务战略与其他职能战略之间是一种既彼此相对独立，又密切联系的关系。由于资金的筹集取决于企业发展和生产经营的需要，资金的投放和使用更是与企业再生产过程不可分割，即便是股利分派，也绝不是单一、纯粹的财务问题，而是一定程度上取决于企业内部的需要。

财务战略与一般企业财务活动的主要区别在于企业财务战略必须具有"对企业全局（尤其是指企业总体财务状况）的长期发展有着重大影响"的特征，而一般财务问题，通常不具有"全局"和"长期"的特征。

2. 财务战略的分类

按照不同的角度，财务战略分为不同的类型。①从企业基本财务活动即财务管理基本内容看，企业财务战略包括融资战略、投资战略、营运资金战略和股利分配战略等。②从派生财务活动角度来看，企业财务战略包括筹资规模战略、投资方向战略、特殊条件（如通货膨胀）之下的财务战略等。③从企业状况特征角度看，企业财务战略包括不同行业企业的财务战略、不同规模企业的财务战略、不同生命周期阶段企业的财务战略、不同组织形式企业的财务战略等。④从财务活动本身直接涉及的范围来看，企业财务战略包括整体财务战略和分项财务战略。

（二）财务战略管理

财务战略管理又称战略财务管理，是指对企业财务战略进行的管理，即对战略性财务活动的管理。财务目标的明确，为战略财务管理提供了最高行为准则。环境分析是财务战略管理的重心和难点。任何财务管理都离不开环境分析，不符合环境要求的财务管理体制难以取得真正的成功。财务战略管理一般包括环境分析、财务战略制定、财务战略的实施与控制、财务战略评价四个部分。

1. 环境分析

环境分析就是企业对所处的政治经济社会环境与企业内部资源和能力进行分析评估，以确定企业的优势和劣势，以此作为企业制定财务战略决策的依据。企业环境分析是企业制定财务战略的关键环节，其内容一般包括企业外部环境分析和企业内部环境分析。

企业的外部环境一般包括以下的内容：①政治环境，主要包括政治制度与体制、政局、政府的态度等；②法律环境，主要包括政府制定的法律、法规；③经济环境，构成经济环境的关键战略要素如国内生产总值（GDP）、利率水平、财政货币政策、通货膨胀、失业率水平、居民可支配收入水平、汇率、能源供给成本、市场机制、市场需求等；④社会与文化环境，影响最大的是人口环境和文化背景；⑤人口环境，主要包括人口规模、年龄结构、人口分布、种族结构以及收入分布等因素；⑥技术环境，技术环境不仅包括发明，而且还包括与企业市场有关的新技术、新工艺、新材料的出现和发展趋势以及应用前景。

企业内部环境分析的主要内容有企业资源分析和企业能力分析。企业资源是指企业从事生产经营活动和提供服务所需要的人、财、物等。企业能力分析按照经营活动可以划分为企业财务状况分析、营销能力分析、管理水平分析和其他能力分析。财务状况分析的内容包括对企业现有资产的规模和状态分析、盈利水平分析、成长性分析和风险分析四个部分。企业营销能力分析包括对市场环境、产品竞争能力、销售活动能力、新产品开发能力的分析。企业营销能力的分析，以及相关业务数据的收集，对分析企业的财务状况及经营水平的发展变化情况有很重要的意义。其他能力分析主要包括生产能力分析和技术优势能力分析等。

2. 财务战略制定

（1）基于产品生命周期的财务战略的制定。

产品的生命周期理论假设产品都要经过引入期、成长期、成熟期和衰退期四个阶段。在引入期，由于顾客的犹豫，销售额增长平缓，一旦产品被证明是成功的，顾客数量开始进入成长期，此时销售额快速增长，当购买力与市场供应基本平衡后，销售额增长放慢，产品进入成熟期；当新的替代产品出现以后，产品逐步走向衰退，直至完全退出市场。基于产品生命周期的企业发展各阶段的特征如表1-1所示。

表1-1　基于产品生命周期的企业发展各阶段的特征

	引入期	成长期	成熟期	衰退期
顾客	需要培训；早期采用者	更广泛接受；效仿购买	巨大市场；重复购买；品牌选择	有见识；挑剔
产品	试验阶段，质量没有标准，也没有稳定的设计，设计和发展带来更大的成功	可靠性、质量、技术性和设计产生差异	各部门之间标准化的产品	范围缩减；质量不稳定
风险	高	增长掩盖了错误的决策	重大	广泛波动

表1-1（续）

	引入期	成长期	成熟期	衰退期
利润率	高价格； 高毛利率； 高投资； 低利润	利润最高； 公平的高价和高利润率	价格下降； 毛利和利润下降	降低流程和毛利； 选择合理的高价和利润
竞争者	少	参与者增加	价格竞争	一些竞争者退出
投资需求	最大	适中	减少	最小或者没有
战略	市场扩张，研发是关键	市场扩张，市场营销是关键	保持市场份额	集中于成本控制或者降低成本

①引入期的财务战略。

企业生命周期的初始阶段是经营风险最高的阶段。经营风险高意味着这一时期的财务风险可能比较低，因此权益融资是最合适的。

低风险财务战略：财务风险是指公司财务结构不合理、融资不当等原因使公司可能丧失偿债能力而导致投资者预期收益下降和陷入财务困境甚至破产的风险。从企业角度看，由于引入期企业大都处于亏损之中，抵税作用几乎无法发挥，使得债务融资的资本成本与吸收风险投资的权益资本成本不相上下，低资本成本的债务融资优点在引入期企业中已基本丧失。所以，引入期企业应采用低财务风险战略。

零股利分配战略：引入期企业的研究、开发、生产、市场开拓等方面都需要投入大量资金以维持企业正常运转，引入期企业的经营管理重点是加快发展步伐。引入期企业资金需求量大，企业在融资时应优先考虑内部融资方式即净利润留存方式，采取零股利分配战略，然后进行外部融资。外部融资主要考虑权益融资方式即吸收风险投资，采取低财务风险战略，即"低负债、低收益、不分配"的稳定成长型财务战略。

②成长期的财务战略。

扩张财务战略：企业成长期应实行扩张财务战略。企业核心竞争力处于成长期时，企业资产规模需要快速扩张，这往往使企业的资产收益率在一个较长时期内表现为相对较低的水平。为了满足企业核心竞争力成长的需要，企业要在利润留存的同时筹集外部资金。因此，在筹资方式上，相对于引入期来说，处于成长期的企业可以更多地利用负债筹资。因此，企业成长期采取扩张财务战略一般会表现出"高负债、高股本、低收益、少现金分红"的特征。另外，成长期企业财务战略的选择必须与企业经济增长方式相适应。

③成熟期的财务战略。

成熟期的财务战略：提高效率，降低成本。成熟期的经营风险进一步降低，达到中等水平。在企业的成熟期，为了避免行业进入成熟阶段后对企业发展速度的制约，企业一般会采取折中的财务战略，采用多元化的投资战略以避免资本全部集中在一个行业可能产生的风险。

④衰退期的财务战略。

企业衰退期的特点：产品需求持续减少，销售量急剧下降，利润减少甚至出现亏损，竞争者退出市场，企业设备和工艺老化。此时，企业应该对不符合企业整体目标的现有部门或子公司，适时抽回在外投资的股权，或者完全变卖其股权，从而集中财务资源；另外，对需要进入的投资领域，进行重点投资，以促进企业的再生与发展。

（2）基于基本财务活动的财务战略的制定。

企业的基本财务活动一般包括筹资活动、投资活动、资金运营活动和收益分配活动。因此，基于企业基本的财务活动，企业的财务战略主要包括筹资战略管理、投资战略管理和收益分配战略管理。

①筹资战略管理。

企业筹资战略就是根据企业内外部环境的状况和变化趋势，对企业资金筹措的目标、结构、渠道和方式等进行长期和系统的谋划，旨在为企业战略实施和提高企业的长期竞争力提供可靠的资金保证，并不断提高企业筹资效益。筹资战略管理的首要内容，是对资本结构的合理安排。其中，经营风险和财务风险是决定企业资本结构的两个基本因素。

经营风险指企业固有的预期未来经营收益的不确定性。这是决定企业资本结构的一个最重要的因素。预期未来经营收益的不确定性源于诸多因素，如宏观经济景气状况、公司以及竞争对手成功开发新产品情况、公司对价格调整的控制能力等。一般来说，在其他条件既定时，市场对企业产品的需求越稳定，其经营风险越小；售价变动性越大，经营风险越大；固定成本比重越大，且在需求下降时难以减少固定成本，则其经营风险越大。

财务风险是指由举债而产生的、由普通股东承担的附加风险。利息固定而导致的净收益变动率大于经营收益变动率的现象，被称为财务杠杆。财务杠杆系数反映的就是净收益变动率与营业收益变动率的相对关系。当企业预期可实现的息税前利润既定时，固定利息支付额越大，财务杠杆系数就越大，意味着企业财务风险越大；反之则相反。

②投资战略管理。

投资战略是企业为了确保企业价值最大化，在充分预测企业外部环境和掌握企业内部条件的基础上，对企业长期投资行为所做的整体规划。一般而言，企业投资战略具有如下一些基本特征：a. 从属性。企业投资战略是企业战略的一个组成部分，它必须服从企业整体战略目标的需要。b. 方向性。企业投资战略规定了企业投资的根本方向，这是企业进行投资活动的行动指南。c. 系统性。为了保证企业整体投资效益的最大化，企业必须全面、系统地优化各种资源配置，尽可能减少资源闲置，使企业投资结构最优化。d. 长期性。企业投资战略注重的是如何通过约束投资活动使企业的投资活动与企业的长远发展战略相符，投资战略的长期性有助于企业的持续性发展。e. 防范性。企业投资战略可以防止企业投资活动出现重大失误，将投资风险降至最低。

企业投资战略的基本类型主要有一体化战略、密集型战略、多元化经营战略以及防御型战略。一体化战略是指企业对具有优势和增长潜力的产品或业务，沿其经营链条的纵向或横向扩大业务的深度和广度，扩大经营规模，实现企业成长。一体化战略包括纵向一体化和横向一体化，纵向一体化又进一步分为前向一体化和后向一体化。密集型战略包括市场渗透、产品开发、市场开发战略。市场渗透战略是通过各种方法来增加现有产品或服务的市场份额，或增长现有市场中正在经营的业务。产品开发战略是指通过改进或改变产品或服务以增加产品的销售量的战略。市场开发战略是指将现有产品或服务打入新市场的战略。该战略的风险与成本也相对较低。

多元化经营战略是指企业进入与现有产品和市场不同的领域。它包括相关多元化战略和非相关多元化战略。相关多元化战略是指企业以现有业务为基础进入相关产业的战略。相关多元化战略的相关性可以是产品、生产技术、管理技能、营销技能以及用户等方面的类似属性。非相关多元化战略是指企业进入与当前产业不相关的产业的战略。

防御战略主要包括收缩、剥离和清算等战略。收缩战略是指企业通过采取缩小产销规模、削减成本费用、重组等方式来扭转销售和盈利下降趋势的战略。剥离战略是指企业出售或停止经营下属经营单位的战略。清算战略是指将企业的全部资产出售，从而停止经营的战略，一般来说，及时清算要比继续经营以致巨额亏损更为有利。

③收益分配战略管理。

收益分配战略是依据企业战略的要求和内外部环境状况，对收益分配所进行的全局性和长期性谋划，它关系到企业内部资金来源数量的多少。如果企业不进行收益分配，其内部资金来源就等于其现金净流量，即：内部资金来源=现金净流量=净收益+折旧。如果企业发放收益分配，内部资金来源=留存收益+折旧。其中：留存收益=净收益−收益分配。

收益分配战略的制定一般按照以下步骤进行：第一，分析影响收益分配的外部和内部因素。第二，在综合分析以上各种因素对收益分配影响的基础上，拟订可行的收益分配战略的备选方案。常用的股利分配政策主要有：

a. 剩余股利政策。剩余股利政策是指净利润首先满足公司的资金需求，如果还有剩余，就派发股利；如果没有，则不派发股利。剩余股利政策的优点是留存收益优先保证再投资的需要，有助于降低再投资的资金成本，保持最佳的资本结构，实现企业价值的长期最大化；缺点是股利发放额会每年随着投资机会和盈利水平的波动而波动，一般适用于公司初创阶段。

b. 固定或稳定增长的股利政策。固定或稳定增长的股利政策是指公司将每年派发的股利额固定在某一特定水平或在此基础上维持某一固定比率逐年稳定增长。一般来说，公司确定的固定股利额不宜太高，以免陷入无力支付的被动局面。固定或稳定增长的股利政策通常适用于经营比较稳定或正处于成长期的企业。

c. 固定股利支付率政策。固定股利支付率政策是指公司将每年净利润的某一固定百分比作为股利分派给股东。这一百分比通常称为股利支付率，股利支付率一经确定，不得随意变更。固定股利支付率越高，公司留存的净利润越少。由于股利的信号传递作用，波动的股利很容易给投资者带来经营状况不稳定、投资风险较大的不良印象，成为公司的不利因素。

另外，由于公司实现的盈利并不能代表公司有足够的现金流用来支付较多的股利额，因而这种政策会使公司面临较大的财务压力。

d. 低正常股利加额外股利政策。低正常股利加额外股利政策是指公司事先设定一个较低的正常股利额，每年除了以正常股利额向股东发放股利外，还在公司盈余较多、资金较为充裕的年份向股东发放额外股利。公司可根据每年的具体情况选择不同的股利发放水平，以稳定和提高股价，实现公司价值的最大化。其缺点是由于年份之间公司盈利的波动使得额外股利不断变化，造成分派的股利不同，容易带给投资者收益不稳定的感觉。

（3）基于企业价值创造的财务战略的制定。

创造价值是企业财务管理的目标，也是财务战略管理的目标。从战略上看，管理者为增加企业价值可以操控的管理杠杆十分有限。为了实现财务目标，必须找到影响创造价值的主要因素，以及它们与创造价值之间的内在联系。

根据以上的分析，我们可以通过一个矩阵，把价值创造（投资资本回报率-资本成本）和现金余缺（销售增长率-可持续增长率）联系起来。该矩阵被称为财务战略矩阵，可以作为评价和战略分析的工具，具体如图1-1所示。

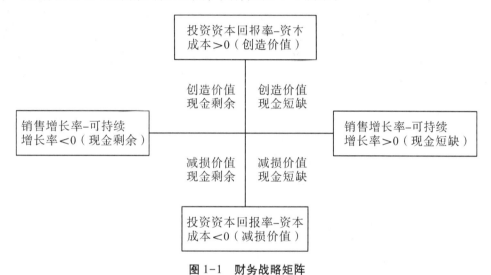

图1-1 财务战略矩阵

财务战略矩阵假设一个企业有一个或多个业务单位。纵坐标是一个业务单位的投资资本回报率与其资本成本的差额，当差值为正数时，该业务单位为股东创造价值。当差值为负数时，该业务单位减损股东价值。横坐标是销售增长率与可持续增长率的差额，当差额为正数时，企业现金短缺；当差额为负数时，企业有剩余现金。

据此建立的矩阵有四个象限：处于第一象限的业务，属于增值型现金短缺业务；处于第二象限的业务，属于增值型现金剩余业务；处于第三象限的业务，属于减损型现金剩余业务；处于第四象限的业务，属于减损型现金短缺业务。处于不同象限的业务单位（企业）应当选择不同的财务战略。

处于第一象限的业务可以为股东创造价值，但自身经营产生的现金不足以支持销售增长，会遇到现金短缺的问题。处于第二象限的业务可以为股东创造价值，但是增长缓慢，自身经营产生的现金超过销售增长的需要，出现现金剩余。处于第三象限的单位（企业）盈利能力差，而不是增长率低，简单的加速增长很可能有害无益。处于第四象限的业务单位（企业）会减损股东财富，并且由于增长缓慢遇到现金短缺问题。这种业务不能通过扩大销售得到改变。

3. 财务战略的实施与控制

财务战略的实施与控制包括制订实施计划、拟订行动方案、编制财务预算、确定工作程序、实施战略控制等内容。主要步骤为：①制订介于长期战略与行动方案之间的计划；②进一步细化拟订中间计划的行动方案，实施某一计划或从事某项活动；③编制以货币形式反映企业未来时期内财务活动和成果的预算；④确定完成某一任务的工作程序，合理安排人力、财力、物力；⑤实施战略控制，将财务战略的实际情况与预定目标进行比较，检测二者的偏离程度，并采取有效措施进行纠正，使之保持协调一致。

4. 财务战略评价

财务战略评价是对财务战略实施效果进行分析、检查的过程。在财务战略管理过程中起着承上启下的作用。财务战略绩效评价体系主要包括：①财务战略、财务控制与价值评价的衔接程度；②关键绩效指标体系与权数；③价值管理与经济增加值（EVA）、市场附加值（MVA）、平衡计分卡（BSC）等评价工具的有机融合；④业绩考核与业绩管理，即选择什么样的标准来评价业绩并奖励经营者和员工。财务战略评价可供选择的标准包括预算标准、资本成本标准和市场预期标准。

第二章

企业设立的财务管理

第一节　企业的类别

一、企业的含义

企业是一个契约性组织，是从事生产、流通、服务等经济活动，以生产和服务的形式满足社会需要，实行自行经营、独立核算、依法设立的一种营利性的经济组织。企业的目标是创造财富，当今社会，企业作为国民经济的细胞，发挥着越来越重要的作用。

（一）企业是从事生产经营或服务性活动的经济组织

企业是从事生产经营或服务性活动的组织。企业作为经济组织从事的是经济活动，包括物质资料的生产、经营和销售，即生产经营活动，也包括能满足人们生产和生活需要的各种服务活动。就这一点来说，企业不是享有和行使立法、行政和司法权力的国家机关，也不是从事社会公益活动的事业单位和社会团体。在生产领域，企业是生产现场。企业通过对各种生产要素的组织和有效利用，生产出各类商品或者提供各类服务。在分配领域，企业是劳动者—企业—国家（社会）这个链条的中间环节。现代社会的分配、再分配均要通过企业这个中间环节来进行。在交换领域，企业是实现交换的基本环节。商业企业专门从事商品交换活动，理所当然是实现交换的基本环节。其他企业既是商品的生产者，又是商品的供应者，还是商品的消费者。它们要与社会上的原材料、机械设备生产供应单位、交通运输单位、科研设计单位及其他服务性单位，通过各类合同相互联系起来。在消费领域，企业又是社会的基本消费单位。任何一个企业，它既是生产者或服务者，又是消费者，它的生产经营或服务性活动是通过消费各类商品而实现的。企业的经营状况和效益，直接关系到整个国民经济和社会的发展及人民生活的现状。

（二）企业是市场经济活动的主要参与者

市场经济活动的顺利进行离不开企业的生产和销售活动，离开了企业的生产与销售活动，市场就成了无源之水，无本之木。创造价值是企业经营行为的内在要求，企业的生产状况和经济效益直接影响社会经济实力的增长和人民物质生活水平的提高，只有培育大量充满生机与活力的企业，社会才能稳定、和谐、健康地发展。

（三）企业是营利性的经济组织

企业是营利性的经济组织，这是从企业的性质和企业设立的宗旨来分析的。以营利为目的是企业的重要本质属性。所谓营利，是指企业及其投资者以投资者的投资所形成的企业资本来经营某项事业，通过生产、经营活动来达到资本增值的目的。企业就是出于这种目的而从事某项生产经营或服务性活动的经济组织。任何企业都要根据市场的需要，按照经济规律的要求生产社会所需要的、适销对路的商品，或者为社会提供各类经济技术服务，并努力提高经济效益，增加利润。企业在为社会、消费者提供服务的同时，也为投资者创造了更多的收入，增强了企业自我发展、自我改造的经济实力。我们在明确企业设立的目的就是营利时，还应该强调企业同样担负着重要的社会责任，即企业"在为自身及其投资者谋取最大经济利益的同时，从促进国民经济和社会发展的目标出发，为其他利害关系人履行某方面的社会义务"。

（四）企业是具有法律主体资格的经济组织

企业是具有法律主体资格的经济组织，这是对企业在法律上的主体资格及其法律的地位而言的。任何企业均在法律上具有一定的主体资格。一般来讲，具有法人资格的企业是在法律上具有独立主体资格的经济组织。从企业的法律地位、主体资格来考察，企业可分为以下两类：一类是具备法人条件、具有法人资格的企业法人；另一类是从事生产经营或服务性活动，但不具备法人条件、不具有法人资格的其他经济实体，如合伙企业和不具备法人资格的其他经济组织。它们作为经济主体主要从两方面体现出来：一是它们作为独立的生产者、经营者依法从事各类生产经营活动，在它们与其他经济组织或其他社会组织形成的经济法律关系中作为主体一方，具有主体资格；二是它们在国家经济管理机关进行经济管理活动时，以被管理者的身份而形成的法律关系中，具有相对人的主体资格。

二、企业的三种类型

世界各国对企业类型的法律划分主要分为独资企业、合伙企业和公司。法律对这三种企业划分的内涵基本作了概括，即企业的资本构成、企业的责任形式和企业在法律上的地位。

（一）独资企业

独资企业是指依法设立，由一个自然人投资，财产为投资人个人所有，投资人以其个人出资对公司债务承担无限责任的经营实体。独资企业具有如下特点：

（1）独资企业只有一个出资者。

（2）出资人对企业债务承担无限责任。在个人独资企业中，独资人直接拥有企业的全部资产并直接负责企业的全部债务，也就是说独资人承担无限责任。

（3）独资企业不作为企业所得税的纳税主体。一般而言，独资企业并不作为企业所得税的纳税主体，其收益纳入所有者的其他收益一并计算缴纳个人所得税。

独资企业具有结构简单、容易开办、利润独享、限制较少等优点。但其也存在无法克服的缺点：一是出资者负有无限偿债责任；二是筹资困难，个人财力有限，企业往往会因信用不足、信息不对称而存在筹资障碍。我国的国有独资公司不属于本类企业，而是按有限责任公司对待。

（二）合伙企业

合伙企业是依法设立，由各合伙人订立合伙协议，共同出资，合伙经营，共享收益，共担风险，并对合伙企业债务承担无限连带责任的营利组织。合伙企业具有如下法律特征：

（1）合伙企业有两个以上的合伙人，并且都是具有完全民事行为能力、依法承担无限责任的人。

（2）合伙企业有书面合伙协议。合伙人依照合伙协议享有权利，承担责任。

（3）合伙企业拥有各合伙人实际缴付的出资。合伙人可以用货币、实物、土地使用权、知识产权或其他属于合伙人的合法财产及财产权利出资，经全体合伙人协商一致；合伙人也可以用劳务出资，其评估作价由全体合伙人协商确定。

（4）有关合伙企业改变名称、向企业登记机关申请办理变更登记手续、处分不动产或财产权利、为他人提供担保、聘任企业经营管理人员等重要事务，均需经全体合伙人一致同意。

（5）合伙企业的利润和亏损，由合伙人依照合伙协议约定的比例分配和分担；合伙协议未约定利润分配和亏损分担比例的，由各合伙人平均分配和分担。

（6）各合伙人对合伙企业的债务承担无限连带责任。合伙企业具有开办容易、信用相对较佳的优点，但也存在责任无限、权力不易集中、有时决策过程过于冗长等缺点。

（三）公司制企业

公司（公司制企业）是指由投资人（自然人或法人）依法出资组建，有独立法人财产，自主经营、自负盈亏的法人企业。公司是经政府注册的营利性法人组织，并且独立于所有制和经营者。

根据我国现行公司法，其形式分为有限责任公司和股份有限公司两种。有限责任公司简称有限公司，是指股东以其认缴的出资额为限对公司承担责任，公司以其全部财产为限对公司债务承担责任的企业法人。根据公司法规定，必须在公司名称中标明"有限责任公司"或者"有限公司"字样。其中，国有独资公司是有限责任公司的一种特殊形式，具体指国家单独出资、由国务院或者地方人民政府授权本级人民政府国有资产监督管理机构履行出资人职责的有限责任公司。国有独资公司的公司章程由国有资产监督管理机构制定，或者由董事会制定报国有资产监督管理机构批准。国有资产监督管理机构可以授权公司董事会行使股东会的部分职权，决定公司的重大事项，但公司的合并、分立、解散、增加或减少注册资本和发行公司债券由国有资产监督管理机构决定。股份有限公司简称股份公司，是指其全部资本分为等额股份，股东以其所持股份为限对公司承担责任，公司以其全部财产对公司债务承担责任的企业法人。

有限责任公司和股份有限公司的区别：

（1）公司设立时对股东人数要求不同。设立有限责任公司的股东人数可以为1人或50人以下；设立股份有限公司，应当有2人以上200人以下为发起人。

（2）股东的股权表现形式不同。有限责任公司的权益总额不作等额划分，股东的股权是通过投资人拥有的比例来表示的；股份有限公司的权益总额平均划分为相等的股份，股东的股权是用持有多少股份来表示的。

（3）股份转让限制不同。有限责任公司不发行股票，对股东只发一张出资证明书，股东转让出资需要由股东会或董事会讨论通过；股份有限公司可以发行股票，股票可以依法转让。

公司制企业的优点：①容易转让所有权。公司的所有者权益被划分为若干股权份额，每个份额可以单独转让。②有限债务责任。公司债务是法人的债务，不是所有者的债务。所有者对公司承担的责任以其出资额为限。当公司资产不足以偿还其所欠债务时，股东无须承担连带清偿责任。③公司制企业可以无限存续，一个公司在最初的所有者和经营者退出后可以继续存在。④公司制企业融资渠道较多，更容易筹集所需资金。

公司制企业的缺点：①组建公司的成本高。公司法对设立公司的要求比设立独资或合伙企业复杂，并且需要提交一系列法律文件，花费的时间较长。公司成立后，政府对其监管比较严格，需要定期提交各种报告。②存在代理问题。所有者和经营者分离后，所有者成为委托人，经营者成为代理人，代理人可能为了自身利益而伤害委托人利益。③双重课税。公司作为独立法人，其利润需缴纳企业所得税，企业利润分配给股东后，股东还需缴纳个人所得税。

第二节　企业设立的基本条件和程序

一、企业设立的概念和特征

（一）企业设立的概念

企业设立是指企业的创办人为使企业具备从事生产经营或服务性活动的能力，取得合法的主体资格，依照法律规定的条件和程序所实施的一系列经济上和组织上的法律行为。企业的创办人须根据所要设立企业的种类、规模、生产经营或服务的内容，合理地组织各种生产要素，进行人力、物力和资产的投资，进行基本建设或其他方面的组建工作，以具备生产经营能力或从事服务性活动能力。同时，企业的创办人要制定企业的章程，确定自己的生产经营范围，组建法律规定的相应机构，并依照法律规定的申报、审批和登记程序，依法取得生产经营或服务提供主体的资格。这一系列的工作均要求依法进行，整个过程既有企业创办人的意思表示，也有创办人之间以及创办人与其他当事人的合意，还必须经过国家有关主管部门的认可、确认和批准。这一过程的直接法律后果就是使组建的企业取得合法的主体资格。本节所介绍的企业设立，主要是指企业法人设立应具备的法定条件和应遵循的法定程序。根据《中华人民共和国企业法人登记管理条例》的规定，企业法人设立不能独立承担民事责任的分支机构，由该企业法人申请登记，经登记主管机关核准，领取营业执照，并在核准登记的范围内从事经营活动。对于设立不具备法人条件的企业，由该单位申请登记，经登记主管机关核准，领取营业执照，并在核准登记的范围内从事经营活动。该条实施细则中对非独立法人的分支机构和企业的设立条件和程序又进一步做了规定，其内容与对法人的要求基本相同，但设立条件相对宽松，程序相对简化。

（二）企业设立的法律特征

1. 规范性

企业设立是法律行为，具有规范性。企业的设立是以企业创办人有设立企业的意思表示为前提。企业设立行为的实施，诸如设立的可行性研究、设立的申请、设立人的意思表示和有关行为的实施形成一定的法律事实。这一切活动均应是合法的行为，即该企业的设立必须依照法律规定的条件和程序来进行。各国对企业的设立均通过立法加以规范，我国企业的设立也必须按照有关法律、法规的规定来进行。在整个设立过程中，无论是创办人还是其他相关人，如有关的主管部门或其他关系人都要严格依法进行此项工作。

2. 连续性

企业设立是一系列的法律行为，具有连续性。企业的设立不是单项的法律行为，而是包括从设立申请的提出到营业执照的取得并公告的企业组建的全过程。特别是对具有一定生产经营规模的企业，企业的设立就是造就一个从事生产经营活动的法律关系主体，涉及资本的募集，项目和投资的审批，土地的征用，基本建设的进行，各类设备的购置，劳动力的招募和培训，以及与相关部门（如环保部门、工商行政管理部门）的联系、衔接等一系列经济上、行政上和组织上的工作。

3. 强制性和权威性

设立行为对所有企业具有普遍的强制性和权威性。企业设立的方式很多，如特许设立、准则设立、核准设立、严格准则设立和自由设立等。不管特定国家采取何种方式设立企业，任何企业的设立以及取得生产经营活动的资格，毫无例外地要通过设立行为，进行企业注册登记，经有关主管机关认可，方能正式开业，否则该企业就没有从事生产经营活动的资格。如果经济组织未经注册登记就擅自从事经营活动，一经发现就会被取缔，受处罚。所以，企业的设立行为具有普遍的强制性。同时，对企业设立申请的审查与批准是由法律规定的专责机关来进行的，我国企业登记的主管机关是国家市场监督管理总局和地方各级人民政府市场监督管理局。各级登记主管机关在上级登记主管机关的领导下依法履行职责，不受非法干预。经各级登记主管机关核准登记注册的企业即为法律所承认。

4. 集合性或社团性

企业作为典型的社团法人，具有资本集合体的性质，需要从事经营行为的物质基础——资本，因而企业发起人应通过出资促成物质基础的形成。企业的社团性体现在能够以自己的名义去享受权利和承担义务，能够以自己的名义持有财产、取得财产和处置财产，能够以自己的名义到法院起诉和应诉。

5. 营利性

营利性，即企业必须是以营利为目的的组织。企业的营利性表现在两个方面：一方面，企业应直接从事商品生产经营活动，独立核算，自负盈亏，以收抵支，并对其经营行为承担责任；另一方面，企业对经营所产生的利益，有分配和处置的权利。

二、企业设立的方式

（一）企业设立方式的类别

企业设立的方式，是指企业根据什么法定原则，通过何种具体途径达到企业设立的目的。企业设立的方式又称为企业设立的原则。由于各个国家不同历史时期政治经济状况的发展情况不同，各国又有着自己的文化和法律传统，因此，在企业设立方式的采用上，不同时期、不同国家均有很大的区别，就是说，同一个国家的不同历史阶段，企业设立的方式也不完全相同。概括起来，企业设立的方式有以下几种类型。

1. 自由设立

自由设立又称设立自由主义，指企业的创办人可根据自己的意愿，自由设立企业并从事生产经营活动，无须履行法律上的手续的一种设立方式。这是在资本主义萌芽和上升时期西欧各国创立商事公司所采取的一种企业设立方式。这种方式的基本内容就是企业的设立完全由企业创办人的意志决定，不必满足任何具体条件，国家对企业的设立也不加限制和干涉。如今世界各国已基本不再采用这种企业设立方式。

2. 特许设立

特许设立又称特许设立主义，指企业的设立要由国家元首或国家法令特殊批准的一种设立方式。这种设立方式始见于 17 世纪初叶，如由英国女王伊丽莎白一世特别批准设立的东印度公司就是如此。此后，荷兰、丹麦等国也纷纷效仿。这种做法现代诸国已很少采用。但在特定情况下，对某些涉及国家经济命脉的特殊企业，还在采取这种方式。按照特许设立主义设立的企业通常是实现国家特定产业政策，承担特殊公共职能或具有公用性的企业。

3. 核准设立

核准设立又称核准设立主义或许可设立主义，指企业设立时，不仅要具备法律规定设立企业的各项条件，同时要通过法定的主管行政机关对其设立进行审查，做出批准决定，才能进行注册登记的一种设立方式。在相当长的时间里，我国企业采取的基本都是这种设立方式。

4. 准则设立

准则设立又称登记设立主义或准则设立主义，指法律规定了企业设立的条件，企业在设立时按法律规定的各项条件进行筹备并载入企业章程，不需要行政主管部门的事先批准，即可直接向企业登记注册机关登记注册并成立的一种设立方式。这是 19 世纪末，西方国家为了适应商品经济发展的需要而采取的一种企业设立方式。单纯的准则设立方式虽然克服了许可设立的一些弊端，但是可能会像自由设立方式一样导致企业滥设。

5. 严格准则设立

严格准则设立，指法律严格规定了企业设立应具备的条件以及企业对设立行为应承担的责任，同时由国家行政或司法机关加强对企业设立的管理和监督的一种设立方式。这种设立方式是世界上大多数国家普遍采用的做法，它既能实现企业设立的规范化、平等化，又能防止企业设立人滥设企业以及设立过程中的各种不法行为。

（二）我国企业设立的方式

我国企业设立的方式是与我国的经济管理体制相适应的。改革开放以前，我国实行高度集中、政企不分的经济管理体制，企业是行政机关的附属物，谈不上独立的企业法人资格。这种管理体制反映在企业设立的方式上，是实行严格的许可（核准）设立方式和特许设立的方式。这两种方式充分体现了行政权力在企业设立问题上的突出地位。随着体制改革的深化，企业法人制度初步建立，企业设立的方式虽然有所改变，但实行的基本上还是一种程序复杂、环节众多的企业设立核准（审批）制度。1993年我国首次颁布《中华人民共和国公司法》，至今为止共修改六次，其中四次修正和两次修订，最新公司法修订是在 2023 年 12 月 29 日，自 2024 年 7 月 1 日起施行。《中华人民共和国市场主体登记管理条例》自 2022 年 3 月 1 日起实施。新的"公司法"和"市场主体登记管理条例"对原有的严格审批制度进行了修改。随着社会主义市场经济体制的逐步建立与完善，企业设立的方式也必须进一步充分体现设立人的意志。国家通过对企业设立行为的监管，强化设立人的责任，建立起一套科学、合理的企业设立方式。严格的准则主义是我们的基本选择。当前，我国企业设立的基本方式仍然是以核准设立主义为主，辅之以特许设立和严格准则主义设立方式。具体表现为：①由行业主管部门核准设立。目前，我国大多数企业的设立，首先要经过有关主管部门的批准。②由国务院批准特许设立。对某些特大型企业、金融性企业以及全国性总公司，均由国务院做出专门规定，特别批准，采取"特许权"的形式设立某些企业。③法律规定具体条件，依法登记设立。对没有主管部门的企业，则根据法律规定的条件，依法登记设立。随着经济体制改革的深化，个人独资企业、合伙企业、公司制企业等的设立只要符合法律规定的设立条件，即可办理注册登记。④规范公司的设立，采取严格的准则主义。《中华人民共和国公司法》第二十九条规定"设立公司，应当依法向公司登记机关申请设立登记"。

三、企业设立的基本条件

企业设立的基本条件，是指任何类型企业的设立都必须具备法律规定的物质方面和组织方面的条件。为了叙述方便，下述条件主要是指具备法人资格的企业设立应具备的基本条件。

1. 企业要有符合法律规定的名称

企业的名称就是企业的称谓。任何企业必须有自己的名称。企业名称既是企业章程绝对必要的记载事项，也是企业注册登记的绝对必要事项。企业的名称是企业设立、开展经营活动、签订合同、起诉应诉必须具备的条件。为了规范企业名称的使用，企业选用名称时只能在法定的范围内选定，而不能超出法定标准。企业依法取得的名称为企业所专有，其名称权受法律保护。一个企业只能使用一个名称。企业名称的使用必须与本企业的性质相一致，必须与自己生产经营和服务范围相适应；企业名称标明的责任类型应与企业自身的责任形式一致。

2. 企业要有自己的章程

企业章程是企业依法制定的，表明企业设立人的愿望和目的，明确企业的宗旨和组织原则，规范企业行为的自律性准则。企业必须有自己的章程，这是企业设立必须具备的条件。有关的企业法律、法规对企业章程的内容、必备条款均有明确规定，企业制定自己的章程时必须根据法律要求逐一载明。企业章程要明确、具体、清晰、严谨。有些国家的企业法还把章程格式作为企业法的附录加以载明，以便遵循。企业章程要把企业的种类、宗旨、名称、地址、资本、经营范围、法定代表人等以书面形式载明，其实质是企业组织和行为的纲领。企业章程是一种公开性文件，一般要以公告的形式发布，供社会公众查阅，因而又是企业对社会的一种宣言书。企业章程对企业的全部活动起着统帅、指导作用，对国家起着保障作用，对社会和投资者起着信用作用。

3. 企业要有符合法律规定的资本

企业的资本，是指企业的投资者实际认缴的、向企业投入的财产总额。它是企业进行生产经营活动的物质基础，是企业对外承担经济责任的物质保证，是企业设立必须具备的法定条件。企业资本的形成来源于出资者的出资。这里所讲的符合法律规定的资本，有以下三重含义：

首先，投资者投入资本的来源要合法。企业的资金来源渠道主要有银行贷款、自筹资金、引进外资。无论是通过哪种途径取得的资金均应符合法律的规定。企业资本来源的合法性主要表现在：投资者的资本属于投资者所有的资产，或者投入的资本虽不属于投资者所有，但投资者依法享有其支配权。

其次，资本的数额要符合法律规定。对资本数额的规定，立法上主要有两种规定方式：一种方式是法律明确规定企业资本数额的最低要求；另一种方式是法律对设立企业的资本数额只作原则性规定，未规定具体数额。

最后，出资的方式要符合法律规定。法律一般规定企业的投资者可以用货币出资，也可以用实物、工业产权、非专利技术和土地使用权等出资。但对非货币出资必须评估作价，核实财产，不得高估或者低估作价。以无形资产出资时，其作价金额不得超过企业注册资本的法定比例。出资者的出资标的、作价、所占比例、出资方式等应当合法。

4. 企业要有健全的组织机构和从业人员

企业的组织机构是企业进行生产经营活动的指挥管理系统。不同的企业要根据法律的要求和自己生产经营的需要组建自己的决策机构（权力机构）、经营管理机构、监督机构及民主参与机构，以及与企业生产经营相适应的财务核算机构、劳动组织机构和法律与企业章程规定应建立的其他机构。这些机构是企业进行生产经营活动的组织保证，也是企业设立应具备的条件。法律对不同企业组建何种组织机构有不同要求。比如，规范化的公司应组建股东大会（股东会）、董事会、监事会，并且聘用经理人员。

5. 企业要有生产经营场所

企业必须有自己的生产经营场所，这是企业设立必须具备的重要条件。生产经营场所有两重含义：一是企业直接从事生产经营活动的厂房所在地、经营服务场所、分支机构所在地以及办事机构的处所等；二是企业的住所。我国企业必须在中国境内有住所。企业的住所是企业的主要办事机构所在地，是企业的生产经营活动中心。企业住所要在企业章程中载明并进行核准登记。住所的确定有其重要的法律后果和法律意义：住所的确定，明确了工商行政管理部门对企业监督的归属；明确了企业纳税申报及缴纳税金的归属；明确了企业的司法管辖，即诉讼和审判的管辖，进而也明确了法律文件送达的住所。

6. 企业要有符合法律规定的生产经营范围

企业生产经营范围，是指企业生产经营商品的范围或提供服务的范围。生产经营范围的确定必须符合法律、法规的规定。企业生产经营范围的主要含义：首先，企业不得从事法律所禁止的生产经营或服务性活动，如淫秽色情音像制品的生产与销售；其次，生产经营特殊产品的企业，必须经过有关主管部门的特殊批准和许可，如军工产品的制造与销售；最后，对于生产或经营必须具有生产许可证或经营许可证的商品，企业必须在取得生产许可证或经营许可证后方可进行生产和经营。

7. 企业设立必须满足法律、法规规定的其他条件

企业作为一个生产经营和服务单位而设立，涉及社会经济生活的各个方面，如城市规划、土地征用、自然资源的利用和开发、环境保护、财政、税收、金融、物价等诸多方面的因素，而与这些因素有关的法律、法规有许多关于企业设立的具体规定。因此，企业在设立时，除了要具备上述各项条件外，还要满足有关法律、法规的具体要求。

我国现行的企业法律、法规还对各类企业设立的具体条件做了规定。这些企业的设立除了要具备上述基本条件外，还应该符合法律对该类企业设立的具体规定。这里不再赘述。

四、企业设立的基本程序

企业的类型、规模不同，其设立的程序也不完全相同。小型企业的设立程序简单一些，大型企业的设立程序复杂一些。但是，一般来说，企业的设立都要经过发起、论证、报批、筹建、申请设立登记、批准注册等几个环节。

（一）发起

企业的设立首先必须要有发起人的发起，发起人可以是自然人，也可以是企业法人。一般来说，发起人应当对未来的企业有一个整体的设想和规划，对企业的经营目标、经营范围、经营策略、资金筹集、经营规模等各种问题都要有具体的策划，并且为企业确定名称。发起人可以是一个（如设立国有独资公司），也可以是两个及以上。只有一个发起人的企业，其发起人必须承担全部出资额并在企业批准成立之后，筹集经营资金；有两个以上发起人的企业，发起人之间要签订发起协议，规定各发起人在企业筹建过程中应承担的责任，并确定各自的出资额，共同为企业筹集经营资金。

发起是设立企业非常关键的一步，它关系到企业以后的生产经营活动能否有效地进行，企业能否在激烈的市场竞争中立于不败之地。因此，发起人在发起成立企业时，必须充分考虑各种因素的影响，做好调查研究，尤其要对产品的市场需求、产品的寿命周期以及未来的发展趋势、企业的技术力量、同行业竞争能力、国家产业政策、原材料的供应等问题进行深入细致的调查和研究。发起人必须做到高瞻远瞩，具有战略眼光。无数成功与失败的例子都证明了企业发起的重要性。我国国有企业存在许多重复建设的问题，有的企业耗资几十亿元设立之后，生产出的产品没有市场，造成国家

财产的严重浪费。这里虽然有投资体制上的弊端，但是企业发起的失误是不容忽视的。

（二）论证

论证是对发起设立的企业进行可行性研究。发起人确定成立企业的申请报经有关主管机关批准之后，就要对企业的未来运作进行可行性研究。进行可行性研究需要聘请有关专家从经济、技术、财务等方面分析论证投资是否可行，要进行深入、全面的调查研究，预测企业未来的投资收益与风险。一般而言，企业设立的可行性分析应从以下几个方面入手。

1. 市场需求预测

市场需求预测是在市场调查的基础之上，利用一定的技术手段测算出在未来一定时期内市场对本企业所提供的商品或劳务的需求量。市场需求预测实际上是对企业未来的销售情况进行预测。市场需求预测不仅要预测市场的现实需求，更要预测市场的潜在需求。其商品或劳务没有潜在市场需求的企业，在市场竞争中是没有发展前途的。这要求预测者能够以长远的、战略的眼光来预测市场的消费倾向，从而使预测更具有前瞻性。

在市场需求预测的基础上，企业还应进一步预测本企业的市场占有率。企业要调查研究国家的产业布局政策、竞争对手的情况、国家的进出口政策、商品或劳务的可替代性、商品或劳务的需求价格弹性等各种外在因素，并结合本企业成立之后商品或劳务的功能、价格、质量、市场营销策略等内在因素，来测算本企业的市场竞争能力和占有率。企业在进行市场需求和占有率预测的基础之上，就可以预测出本企业成立之后的收益和风险，从而在经济上对企业设立的可行性进行论证。

2. 企业工艺、技术的可行性分析

（1）研究工艺和技术的适用性。工艺和技术的适用性是企业今后成败的关键，企业在设立之前必须对此进行充分的论证。企业应主要研究未来所使用的技术、设备能否满足生产经营的需要；员工的构成、素质和能力能否适应未来发展的需要；所需的原料、能源和运输是否有可靠的保障；企业生产可能带来的环境污染问题是否在国家的限定标准之内，或者能否得到有效的治理等。

（2）研究工艺和技术的先进性。只有工艺和技术保持同行业领先水平的企业，才能在未来的市场竞争中占有优势。对于一个新成立的企业来说，这一点尤其重要。工艺和技术的先进性主要表现在投产之后能否显著改进市场现有产品的性能、质量；能否显著提高生产效率；能否比原有的技术节约原料和减少能源消耗，并明显降低生产成本等。

3. 财务分析和效益评价

财务分析的内容主要是分析投资的资金来源是否有可靠的保证，发起人认缴的资金是否足额，能否及时到位；企业的目标资本结构是否合理；发起投资的资产作价是否合理等。效益评价主要是分析预测企业未来的现金流量、投资回收期、投资收益率等。

（三）报批

按照我国现行制度的规定，一般企业的设立不需报经有关机关批准，可以由发起人直接向企业登记机关申请登记。但是，如果成立外商投资企业、股份有限公司、金

融性企业等，仍需报经国家指定的主管部门的批准。因此，发起人如果要成立需要报批的企业，应当在进行企业设立论证之后，报经有关部门批准，经批准之后，再进行企业的筹建工作。

（四）筹建

经过论证和有关部门的批准之后，发起人就可进行企业的筹建工作。一般来说，企业的筹建工作主要包括：

（1）开设临时账户，筹集所需资金。在企业筹建期间，企业的发起人应按协议的规定将认缴的出资额汇入企业的临时账户；以机器设备、土地使用权、房屋建筑物等出资的，应将相应的资产及时投入企业；需要向社会募集资金的，应当及时开展资本的募集工作。

（2）招聘员工。在筹建期间，企业还要根据未来经营业务的需要向社会公开招聘管理人员、技术人员和一般工作人员。企业向社会公开招聘人员一般需要报经政府劳动人事主管机关的批准。

（3）购置生产所需的原材料、燃料、设备等生产资料。生产经营性企业在开业之前必须准备好基本的生产物资，以便在成立之后顺利地进行生产活动。

（4）向企业登记机关办理企业名称的预先核准手续。

（5）进行施工建设。一般来说，生产性企业都需要建造厂房，安装设备，这是企业开业前必须完成的工作。商贸公司也可以根据自身的需要租赁办公用房，无须进行施工建设。

（五）申请设立登记

企业筹建工作结束之后，应由企业发起人或其委托的代理人向当地市场监督管理部门申请办理注册登记手续。按照有关规定，企业在办理注册登记时，需要向市场监督管理部门提交的文件有：

（1）企业发起人签署的登记申请书。

（2）全体股东指定代表或共同委托代理人的证明。

（3）主管部门或审批机关的批准文件。

（4）企业章程。

（5）具有法定资格的验资机构出具的验资证明。

（6）发起人的法人资格证明或自然人身份证明。

（7）企业主要负责人（法人企业的法定代表人）的身份证明及任职文件等。

（8）企业名称预先核准通知书。

（9）企业住所和经营场所使用证明。所出具的以上文件完全符合有关规定之后，市场监督管理部门才能准予企业登记注册。

（六）批准注册

市场监督管理部门对企业提交的申请材料进行审查后，对符合国家相关登记规定的企业，应当在受理申请后的 30 日内准予其注册。企业的登记注册事项主要有企业名称、住所、法定代表人、注册资本、企业类型、经营范围、营业期限、股东或发起人姓名或名称等。企业经批准注册、领取营业执照后，即宣告正式成立，可以开展生产经营活动。

第三节　有限责任公司和股份有限公司的设立

一、有限责任公司的设立

（一）有限责任公司的设立条件

我国最新公司法于 2023 年 12 月 29 日修订，自 2024 年 7 月 1 日起施行。

根据现行《中华人民共和国公司法》规定，有限责任公司设立应当具备以下条件：

1. 股东符合法定人数

现行《中华人民共和国公司法》规定，有限责任公司由一个以上五十个以下股东出资设立。股东可以是自然人，也可以是法人。有限责任公司的出资人既规定了下限也规定了上限。

2. 注册资本的认缴与登记

有限责任公司的注册资本为在公司登记机关登记的全体股东认缴的出资额。全体股东认缴的出资额由股东按照公司章程的规定自公司成立之日起五年内缴足。法律、行政法规以及国务院决定对有限责任公司注册资本实缴、注册资本最低限额、股东出资期限另有规定的除外。新《中华人民共和国公司法》取消了关于公司股东（发起人）应自公司成立之日起两年内缴足出资，投资公司在五年内缴足出资的规定；取消了一人有限责任公司股东应一次足额缴纳出资的规定，转而采取公司股东（发起人）自主约定认缴出资额、出资方式、出资期限等，并记载于公司章程的方式。同时新《中华人民共和国公司法》放宽了注册资本登记条件。除对公司注册资本最低限额有另行规定的以外，取消了有限责任公司、一人有限责任公司、股份有限公司最低注册资本分别应达 3 万元、10 万元、500 万元的限制，不再限制公司设立时股东（发起人）的首次出资比例以及货币出资比例。另外，新《中华人民共和国公司法》简化了登记事项和登记文件。

3. 股东共同制定公司章程

公司章程是记载公司组织、活动基本准则的公开性法律文件。设立有限责任公司必须由股东共同依法制定公司章程。股东应当在公司章程上签名、盖章。公司章程对公司、股东、董事、监事、高级管理人员具有约束力。

按现行《中华人民共和国公司法》规定，有限责任公司章程应当载明下列事项：①公司名称和住所；②公司经营范围；③公司注册资本；④股东的姓名或者名称；⑤股东的出资额、出资方式和出资日期；⑥公司的机构及其产生办法、职权、议事规则；⑦公司法定代表人的产生、变更办法；⑧股东会认为需要规定的其他事项。

4. 有公司名称，并建立符合有限责任公司要求的组织机构

公司名称是公司的标志，公司确定自己的名称时，必须符合法律、法规的规定，并应当经过公司登记管理机关预先核准登记。公司应当设立符合有限责任公司要求的组织机构，即股东会、董事会或执行董事、监事会或监事等。

有限责任公司股东会由全体股东组成。股东会是公司的最高权力机构，依照《中

华人民共和国公司法》行使职权。股东会职权如下：①选举和更换董事、监事，决定有关董事、监事的报酬事项；②审议批准董事会的报告；③审议批准监事会的报告；④审议批准公司的利润分配方案和弥补亏损方案；⑤对公司增加或者减少注册资本作出决议；⑥对发行公司债券作出决议；⑦对公司合并、分立、解散、清算或者变更公司形式作出决议；⑧修改公司章程；⑨公司章程规定的其他职权。股东会可以授权董事会对发行公司债券作出决议。只有一个股东的有限责任公司不设股东会。

首次股东会会议由出资最多的股东召集和主持，依照《中华人民共和国公司法》规定行使职权。股东会会议分为定期会议和临时会议。定期会议应当按照公司章程的规定按时召开。代表十分之一以上表决权的股东、三分之一以上的董事或者监事会提议召开临时会议的，应当召开临时会议。股东会会议由董事会召集，董事长主持，

股东按照出资比例行使表决权。股东会的议事方式和表决程序，除《中华人民共和国公司法》有规定的外，其余由公司章程规定。股东会作出决议，应当经代表过半数表决权的股东通过。但对于修改公司章程、增加或者减少注册资本、公司合并、分立、解散或者变更公司形式等重大事项的决议，应当经代表三分之二以上表决权的股东通过。

董事会是公司的经营决策机构，由股东大会选举产生的董事会组成，代表公司行使经营决策权并对股东会负责。有限责任公司董事会成员为3人至13人。董事会设董事长一人，也可以设副董事长。规模较小或股东人数较少的有限责任公司可以不设董事会，只需设置一名执行董事行使董事会职权。董事长、副董事长的产生办法由公司章程规定。董事会一般行使下列职权：①召集股东会会议，并向股东会报告工作；②执行股东会的决议；③决定公司的经营计划和投资方案；④制订公司的利润分配方案和弥补亏损方案；⑤制订公司增加或者减少注册资本以及发行公司债券的方案；⑥制订公司合并、分立、解散或者变更公司形式的方案；⑦决定公司内部管理机构的设置；⑧决定聘任或者解聘公司经理及其报酬事项，并根据经理的提名决定聘任或者解聘公司副经理、财务负责人及其报酬事项；⑨制定公司的基本管理制度；⑩公司章程规定或者股东会授予的其他职权。

有限责任公司可设监事会，监事会是对公司业务活动进行监督和检查的常设机构，是公司法人治理结构的重要组成部分。监事会成员为三人以上。监事会成员应当包括股东代表和适当比例的公司职工代表，其中职工代表的比例不得低于三分之一，具体比例由公司章程规定。监事会中的职工代表由公司职工通过职工代表大会、职工大会或者其他形式民主选举产生。监事会设主席一人，由全体监事过半数选举产生。监事会主席召集和主持监事会会议，公司董事、高级管理人员不得兼任监事。

监事会一般行使以下职权：①检查公司财务；②对董事、高级管理人员执行职务的行为进行监督，对违反法律、行政法规、公司章程或者股东会决议的董事、高级管理人员提出解任的建议；③当董事、高级管理人员的行为损害公司的利益时，要求董事、高级管理人员予以纠正；④提议召开临时股东会会议，在董事会不履行《中华人民共和国公司法》规定的召集和主持股东会会议职责时召集和主持股东会会议；⑤向股东会会议提出提案；⑥依照《中华人民共和国公司法》第一百八十九条的规定，对董事、高级管理人员提起诉讼；⑦公司章程规定的其他职权。

监事会每年度至少召开一次会议，监事可以提议召开临时监事会会议。监事会的议事方式和表决程序，由公司章程规定。监事会决议的表决，应当一人一票，各项决议应当经全体监事过半数通过。监事会应当对所议事项的决定作成会议记录，出席会议的监事应当在会议记录上签名。

5. 有公司住所

公司住所是企业开展各类经营活动的必要条件，设立有限责任公司必须要有住所，公司应以其主要办事机构所在地为其住所。没有住所不能设立公司。

（二）有限责任公司设立的程序

1. 发起人发起并签订设立协议

有限责任公司设立时，股东可以签订设立协议，用以明确各自在公司设立过程中的权利和义务。公司设立过程中，股东作为设立公司从事民事活动的主体，其法律后果由公司承受。公司未成立的，其法律后果由公司设立时的股东承受；设立时的股东为二人以上的，享有连带债权，承担连带债务。公司设立时，股东为设立公司以自己的名义从事民事活动产生的民事责任由公司设立时的股东承担。

2. 订立公司章程

设立公司应当依法制定公司章程。公司章程对公司、股东、董事、监事、高级管理人员均具有约束力。公司的经营范围应由公司章程规定。经营范围中属于法律、行政法规规定须经批准的项目，应当依法经过批准。公司从事经营活动，应当遵守法律法规，遵守社会公德、商业道德，诚实守信，接受政府和社会公众的监督。公司可以修改公司章程，变更经营范围，但需要得到全体股东同意。公司的法定代表人应按照公司章程规定，由代表公司执行公司事务的董事或者经理担任。

3. 申请公司名称并预先核准

公司名称是公司的标识符，是公司在市场中塑造形象的重要元素，它不仅能够确立公司的品牌形象，还能体现公司的企业文化和经营理念。公司应当有自己的名称并预先核准，公司名称应当符合国家有关规定，如不得违反商标法、不得侵犯他人名称权、不能涉及敏感词汇等。公司的名称权受法律保护。依照《中华人民共和国公司法》设立的有限责任公司，应当在公司名称中标明有限责任公司或者有限公司字样。设立股份有限公司的，应当在公司名称中标明股份有限公司或者股份公司字样。

4. 股东缴纳出资

有限责任公司的注册资本为在公司登记机关登记的全体股东认缴的出资额。全体股东认缴的出资额由股东按照公司章程的规定自公司成立之日起五年内缴足。有限责任公司的股东以其认缴的出资额为限对公司承担责任；股份有限公司的股东以其认购的股份为限对公司承担责任。公司股东对公司依法享有资产收益、参与重大决策和选择管理者等权利。

股东可以用货币出资，也可以用实物、知识产权、土地使用权、股权、债权等可以用货币估价并可以依法转让的非货币财产作价出资；但是，法律、行政法规规定不得作为出资的财产除外。对作为出资的非货币财产应当评估作价，核实财产，不得高估或者低估作价。股东应当按期足额缴纳公司章程规定的各自所认缴的出资额。股东以货币出资的，应当将货币出资足额存入有限责任公司在银行开设的账户；以非货币财产出资的，应当依法办理其财产权的转移手续。股东未按期足额缴纳出资的，除应当向公司足额缴纳外，还应当对给公司造成的损失承担赔偿责任。公司成立后，股东不得抽逃出资。

有限责任公司成立后，应当向股东签发出资证明书，并记载下列事项：①公司名称；②公司成立日期；③公司注册资本；④股东的姓名或者名称、认缴和实缴的出资额、出资方式和出资日期；⑤出资证明书的编号和核发日期。出资证明书应由法定代表人签名，并由公司盖章。

5. 设立审批

待股东缴纳出资后，由公司登记机关负责审批并签发营业执照。营业执照签发日期为公司成立日期。公司营业执照应当载明公司的名称、住所、注册资本、经营范围、法定代表人姓名等事项。公司登记机关也可以发给电子营业执照。电子营业执照与纸质营业执照具有同等法律效力。

6. 申请设立登记

设立公司，应当依法向公司登记机关申请设立登记。申请登记时，应当提交设立登记申请书、公司章程等文件，提交的相关材料应当真实、合法和有效。申请设立公司，符合《中华人民共和国公司法》规定的设立条件的，由公司登记机关分别登记为有限责任公司或者股份有限公司；不符合《中华人民共和国公司法》规定的设立条件的，不得登记为有限责任公司或者股份有限公司。公司登记事项一般包括以下内容：①名称；②住所；③注册资本；④经营范围；⑤法定代表人的姓名；⑥有限责任公司股东、股份有限公司发起人的姓名或者名称。登记完成后，公司登记机关会将公司登记事项通过国家企业信用信息公示系统向社会公示，并确保公示信息真实、准确、完整。其公示内容如下：①有限责任公司股东认缴和实缴的出资额、出资方式和出资日期，股份有限公司发起人认购的股份数；②有限责任公司股东、股份有限公司发起人的股权、股份变更信息；③行政许可取得、变更、注销等信息；④法律、行政法规规定的其他信息。

公司在申请登记时，如果存在虚报注册资本、提交虚假材料或者采取其他欺诈手段隐瞒重要事实取得公司设立登记的，公司登记机关应当依照法律、行政法规的规定予以撤销。

二、股份有限公司的设立

（一）股份有限公司的设立条件

1. 发起人符合法定人数

设立股份有限公司，应当有一人以上二百人以下为发起人，其中应当有半数以上的发起人在中华人民共和国境内有住所。

2. 发起人共同制定公司章程

设立股份有限公司，应当由发起人共同制订公司章程。公司章程应当载明下列事项：①公司名称和住所；②公司经营范围；③公司设立方式；④公司注册资本、已发行的股份数和设立时发行的股份数，面额股的每股金额；⑤发行类别股的，每一类别股的股份数及其权利和义务；⑥发起人的姓名或者名称、认购的股份数、出资方式；

⑦董事会的组成、职权和议事规则；⑧公司法定代表人的产生、变更办法；⑨监事会的组成、职权和议事规则；⑩公司利润分配办法；⑪公司的解散事由与清算办法；⑫公司的通知和公告办法；⑬股东会认为需要规定的其他事项。

3. 发起人对股本的认购与缴纳

股份有限公司的注册资本是指在公司登记机关登记的已发行股份的股本总额，它是企业开展经营活动和承担债务的最低保障。发起人应当在公司成立前按照其认购的股份全额缴纳股款，法律、行政法规以及国务院决定对股份有限公司注册资本最低限额另有规定的，应从其规定。在发起人认购的股份缴足前，不得向他人募集股份。对股本的认购与缴纳的其他要求与设立有限责任公司要求相同。

4. 股份的发行、筹办事项符合法律规定

发起人为了设立股份有限公司而发行股份时，以及在进行其他的筹办事项时，都必须符合法律规定的条件和程序，不得违法违规。股份的发行，实行公平、公正的原则，同类别的每一股份应当具有同等权利。同次发行的同类别股份，每股的发行条件和价格应当相同；认购人所认购的股份，每股应当支付相同价额。公司也可以按照公司章程的规定发行下列与普通股权利不同的类别股：①优先或者劣后分配利润或者剩余财产的股份；②每一股的表决权数多于或者少于普通股的股份；③转让须经公司同意转让受限的股份；④国务院规定的其他类别。发行类别股的公司，应当在公司章程中载明以下事项：①类别股分配利润或者剩余财产的顺序；②类别股的表决权数；③类别股的转让限制；④保护中小股东权益的措施；⑤股东会认为需要规定的其他事项。

如果发起人要向社会公开募集股份，应当依法报国务院证券监督管理机构核准，并公告招股说明书、认股书。招股说明书应当附有公司章程，并载明下列事项：①发行的股份总数；②面额股的票面金额和发行价格或者无面额股的发行价格；③募集资金的用途；④认股人的权利和义务；⑤股份种类及其权利和义务；⑥发起人认购的股份数，及本次募股的起止日期及逾期未募足时认股人可以撤回所认股份的说明。销售股票时，应当同依法设立的证券公司签订承销协议，通过证券公司承销其发行的股份；应当在法定的期限内召开创立大会，依法决定有关事项；应当在法定的期限内依法向公司登记机关申请设立登记。

5. 采用募集方式设立的股份有限公司，其公司章程应经创立大会通过

发起人向社会公开募集股份，应当公告招股说明书，并制作认股书。认股书应当载明面额股的票面金额和发行价格或者无面额股的发行价格与募集资金的用途，并由认股人填写认购的股份数、金额、住所，并签名或者盖章。认股人应当按照所认购股份足额缴纳股款。向社会公开募集股份的股款缴足后，应当经依法设立的验资机构验资并出具证明。

募集设立股份有限公司的发起人应当自公司设立时应发行股份的股款缴足之日起三十日内召开公司成立大会。发起人应当在成立大会召开十五日前将会议日期通知各认股人或者予以公告。成立大会应当有持有表决权过半数的认股人出席，方可举行。

股份有限公司成立大会的召开和表决程序由公司章程或者发起人协议规定。

公司成立大会行使下列职权：①审议发起人关于公司筹办情况的报告；②通过公

司章程；③选举董事、监事；④对公司的设立费用进行审核；⑤对发起人非货币财产出资的作价进行审核；⑥发生不可抗力或者经营条件发生重大变化直接影响公司设立的，可以作出不设立公司的决议。成立大会对上述事项作出决议，应当经出席会议的认股人所持表决权过半数通过。发起人、认股人缴纳股款或者交付非货币财产出资后，不得抽回其股本。

6. 有公司名称，并建立符合股份有限公司要求的组织机构

公司的名称是公司的标志。公司确定自己的名称时，必须符合法律、法规的规定，并应当经过公司登记管理机关预先核准登记。公司应当设立符合股份有限责任公司要求的组织机构，即股东会、董事会或执行董事、监事会或监事等。

股份有限公司股东会由全体股东组成。股东会是公司的权力机构，依照《中华人民共和国公司法》行使职权。股东会行使的职权与有限责任公司相同。股东会应当每年召开一次年会。有下列情形之一的，应当在两个月内召开临时股东会会议：①董事人数不足本法规定人数或者公司章程所定人数的二分之二时；②公司未弥补的亏损达股本总额三分之一时；③单独或者合计持有公司百分之十以上股份的股东请求时；④董事会认为必要时；⑤监事会提议召开时；⑥公司章程规定的其他情形。

股东出席股东会会议，所持每一股份有一表决权，类别股股东除外。公司持有的本公司股份没有表决权。股东会作出决议，应当经出席会议的股东所持表决权过半数通过。涉及修改公司章程、增加或者减少注册资本的决议，以及公司合并、分立、解散或者变更公司形式的决议，应当经出席会议的股东所持表决权的三分之二以上通过。

股份有限公司应设董事会，董事会行使的职权与有限责任公司相同。股份有限公司可以按照公司章程的规定在董事会中设置由董事组成的审计委员会，行使《中华人民共和国公司法》规定的监事会的职权，而不设监事会或者监事。审计委员会成员为三名以上，过半数成员不得在公司担任除董事以外的其他职务，且不得与公司存在任何可能影响其独立客观判断的关系。公司董事会成员中的职工代表可以成为审计委员会成员。审计委员会作出决议，应当经审计委员会成员的过半数通过。审计委员会决议的表决，应当一人一票。审计委员会的议事方式和表决程序，由公司章程规定。公司可以按照公司章程在董事会中设置其他委员会。

股份有限公司应设监事会，监事会行使的职权与有限责任公司相同。监事会成员为三人以上。监事会成员应当包括股东代表和适当比例的公司职工代表，其中职工代表的比例不得低于三分之一，具体比例由公司章程规定。监事会中的职工代表由公司职工通过职工代表大会、职工大会或者其他形式民主选举产生。监事会设主席一人，可以设副主席。监事会主席和副主席由全体监事过半数选举产生。监事会决议的表决，应当一人一票。董事、高级管理人员不得兼任监事。规模较小或者股东人数较少的股份有限公司，可以不设监事会，设一名监事，行使《中华人民共和国公司法》规定的监事会的职权。

7. 有公司住所

设立股份有限公司必须要有住所。没有住所的公司，不得设立。公司应以其主要办事机构所在地为住所。

（二）股份有限公司的设立方式

设立股份有限公司，可以采取发起设立或者募集设立的方式。发起设立是指由发起人认购设立公司时应发行的全部股份而设立公司。发起设立不向发起人之外的任何社会公众发行股份。因此，以发起设立方式设立的股份有限公司，在其发行新股之前，其全部股份都由发起人持有，公司的全部股东都是设立公司的发起人。

募集设立，是指由发起人认购设立公司时应发行股份的一部分，其余股份向特定对象募集或者向社会公开募集而设立公司。以募集设立方式设立股份有限公司的，在公司设立时，认购公司应发行股份的人不仅有发起人，而且还有发起人以外的人。因此，法律对采用募集设立方式设立公司规定了较为严格的程序，以保护广大投资者的利益，保证正常的经济秩序。

（三）股份有限公司的设立程序

1. 以发起设立方式设立股份有限公司的程序

（1）以发起设立方式设立股份有限公司的，发起人应当认足公司章程规定的公司设立时应发行的股份。

（2）缴纳出资。发起人应当在公司成立前按照其认购的股份全额缴纳股款。发起人的出资方式与有限责任公司相同。发起人不按照其认购的股份缴纳股款，或者作为出资的非货币财产的实际价额显著低于所认购的股份的，其他发起人与该发起人在出资不足的范围内承担连带责任。

（3）组建公司董事会和监事会

发起人首次缴纳出资后，应当组建董事会和监事会，建立公司的组织机构。

（4）申请设立登记

发起人在组建董事会和监事会后，董事会应当向公司登记机构报送公司章程，由依法设立的验资机构出具的验资证明以及法律、行政法规规定的其他文件，申请设立登记。一旦登记机关依法予以登记，发给公司营业执照，公司即告成立。

2. 以募集设立方式设立的股份有限公司的程序

（1）发起人认购股份。采用募集设立方式设立股份有限公司的，发起人认购的股份不得少于公司章程规定的公司设立时应发行股份总数的百分之三十五；但是，法律、行政法规另有规定的除外。

（2）向社会公开募集股份。发起人向社会公开募集股份，应当公告招股说明书，并制作认股书。向社会公开募集股份的股款缴足后，应当经依法设立的验资机构验资并出具证明。

（3）召开成立大会。募集设立股份有限公司的发起人应当自公司设立时应发行股份的股款缴足之日起三十日内召开公司成立大会，成立大会由发起人、认购人组成。发起人应当在成立大会召开十五日前将会议日期通知各认股人或者予以公告。成立大会的召开和表决程序由公司章程或者发起人协议规定。

（4）申请设立登记。董事会应于创立大会结束后三十日内，向公司登记机关申请设立登记，并报送下列文件：公司登记申请书；创立大会的会议记录；公司章程；验资证明；法定代表人、董事、监事的任职文件及其身份证明；发起人的法人资格证明或自然人身份证明；公司住所证明。

第三章

企业并购财务管理的基本理论

第一节　企业并购的含义和类别

一、兼并与收购的含义

英国《大不列颠百科全书》对兼并的解释为："两家或更多的独立企业合并成一家企业，通常是由一家占优势的公司吸收一家或更多的公司。"

1989 年我国颁布的《关于企业兼并的暂行办法》对于兼并做了以下规定："企业兼并是指一个公司购买其他公司的产权，使其他公司失去法人资格或改变法人实体的一种行为。"

因此，企业兼并是指企业通过购买或有偿转让的形式获得其他法人的资产，从而实现产权向优势企业转移的经济行为。

2002 年中国证监会颁布了《上市公司收购管理办法》，对于收购做了以下规定："上市公司收购是指收购人通过在证券交易所的股份转让活动持有一个上市公司的股份达到一定比例，通过证券交易所股份转让活动以外的合法途径控制一个上市公司的股份达到一定程度，导致其获得或者可能获得该公司的实际控制权的行为。"

因此，收购是指一个企业用现金或有价证券购买另一家企业的股票或资产，以获得该企业的全部资产或某项资产的所有权，或者获得该企业控制权的一种经济行为。

狭义的并购仅指兼并。兼并等同于《中华人民共和国公司法》中的吸收合并。合并包括控股合并、吸收合并和新设合并。兼并只是合并的形式之一。

广义的并购则包括兼并、合并和收购。

二、兼并与收购的联系和区别

兼并与收购既有联系，又有区别。

兼并与收购的联系表现为：①兼并与收购都是以企业产权交易为对象，是企业资本运营的基本方式。②兼并与收购都是为谋求获得目标公司的控制权，是增强企业实力的对外扩张战略。

兼并与收购的区别表现为：①兼并中，兼并方接受被兼并公司的产权后，被兼并公司丧失了法人资格或改变法人实体，其作为法律实体不复存在；收购中，收购方获得被收购方的部分产权，被收购企业的法律实体资格仍然保留。②兼并后，被兼并企业的资产、债权、债务一同转移给兼并方，兼并企业成为被兼并企业债权、债务的承担者；而在收购后，收购方对被收购企业的债务不承担连带责任，以收购出资额为限承担风险。③兼并一般发生在被兼并企业的财务状况欠佳、生产经营不善之时；而收购一般发生在被收购企业正常营运的情况下。

综上所述，并购是兼并与收购的简称，泛指在市场机制作用下企业为了获得其他企业的控制权而进行的产权交易活动。兼并（merger）与收购（acquisition）在国外常缩写为 M&A。兼并和收购是企业外部扩展的主要形式，其实质是一种商品的交易活动，是在公开市场上对企业的控制权进行的一种商品交易活动。交易的对象是企业产权，交易的目的是获得对一个企业的控制权。在企业并购活动中，并购方又称为主并企业，被并购方又称为目标公司。

三、企业并购的主要类型

企业并购的种类有很多，按不同的分类标准可以划分为许多不同的类型。

（一）按并购双方的产业划分

按收购方与被收购方之间的产业划分，并购可以划分为横向并购、纵向并购和混合并购。

（1）横向并购。横向并购又称水平并购，是指具有竞争关系的、经营领域相同或相近的同一行业之间的并购。

（2）纵向并购。纵向并购又称垂直并购，是指发生在生产经营处于不同阶段的两个或多个企业之间的并购。

（3）混合并购。混合并购是指在生产和职能上无任何联系的两个或多个企业间的并购。

（二）按并购的实现方式划分

按并购的实现方式，并购可以划分为承担债务式并购、现金购买式并购和股份交易式并购。

（1）承担债务式并购。承担债务式并购是指在被并购方企业资不抵债或资产债务相等的情况下，并购方以承担被并购方的全部或部分债务为条件，取得被并购企业的资产所有权和经营权。

（2）现金购买式并购。现金购买式并购是指并购方通过使用现金购买目标公司的财产或者收购目标公司的股票以实现并购。

（3）股权交易式并购。股权交易式并购包括以股票交换资产式并购和以股票交换股票式并购两种情况。以股票交换资产式并购是指并购方向被并购企业发行自己的股票以交换被并购企业的资产从而实现并购；以股票交换股票式并购是指并购方直接向被并购企业的股东发行并购企业的股票，以换取被并购企业的股票。

（三）按并购的意图划分

按并购意图的不同，并购可以划分为善意并购和敌意并购。

（1）善意并购。善意并购是指并购方与被并购方之间通过友好协商的方式来完成收购行为的过程。这种情况下并购方一般能够得到被并购企业管理层和股东的配合和支持，可以降低并购成本和风险，并购的成功率较高。

（2）敌意并购。敌意并购是指并购方对目标企业强行并购的行为。在这种情况下被并购企业一般不知道并购方的并购意图或者对并购行为持反对态度。并购方的风险较大，而且并购价格往往很高。

（四）按并购资金的来源划分

根据是否利用目标公司资产来支付并购资金，可以将并购划分为杠杆并购和非杠杆并购。

（1）杠杆并购。杠杆并购是指并购企业只支付少量的自有资金，并购企业以目标公司的资产及营运所得作为融资担保和还贷资金获得目标公司的产权。

（2）非杠杆并购。非杠杆并购是指并购企业不以目标企业的自有资金及未来收益作为融资担保来完成收购，而主要以自有资金来完成收购的方式。

第二节　企业并购的历史演进

在西方的企业并购发展进程中，其企业并购共经历了五次发展浪潮。

一、西方企业的五次并购浪潮

（一）以横向并购为特征的第一次并购浪潮

19 世纪末到 20 世纪初，西方企业发生了第一次企业并购浪潮。此时，科学技术取得巨大进步，大大促进了社会生产力的发展，为以铁路、冶金、石化、机械等为代表的行业大规模并购创造了条件，各个行业中的许多企业通过资本集中组成了规模巨大的垄断公司。

在 1899 年美国并购高峰时期，公司并购达到 1 208 起，是 1896 年的 46 倍，并购的资产额达到 22.6 亿美元。1895—1904 年的并购高潮中，美国有 75% 的公司因并购而消失。也就是说在这次并购浪潮中，美国 3/4 的企业被并购，另外 1/4 成为并购者。

在工业革命发源地英国，并购活动也大幅增长。1880—1981 年，有 665 家中小型企业通过兼并组成了 74 家大型企业，垄断着主要的工业部门。

后起的资本主义国家德国的工业革命完成得比较晚，但企业并购重组的发展也很快。1875 年，德国出现第一个卡特尔。通过大规模的并购活动，德国的卡特尔的数量在 1911 年就增加到 550~600 家，控制着德国国民经济的主要部门。在这股并购浪潮中，大企业在各行各业中的市场份额迅速提高，形成了较大规模的垄断。

1904 年美国股市狂跌，标志着这次并购高峰的结束。

【例 3-1】摩根垄断美国钢铁业，以及美国钢铁公司的系列并购案。1898 年由大银行家摩根出资成立了联邦钢铁公司。该公司成立以后首先合并了美国中西部的一系列中小型钢铁公司，接着通过投资控股的方式控制了美国实力雄厚的卡内基钢铁公司。最后，该公司用换股的形式成功地收购了全美 3/5 的钢铁企业，从而组建了美国钢铁公司。据统计，1901 年美国钢铁公司的产量占美国钢铁总产量的 95%。

（二）以纵向并购为特征的第二次并购浪潮

20 世纪 20 年代（1922—1929 年）西方企业发生了第二次并购浪潮。那些在第一次并购浪潮中形成的大型企业继续进行并购，进一步增强经济实力，扩展对市场的垄断地位。这一时期并购的典型特征是以纵向并购为主，即把一个部门的各个生产环节统一在一个企业联合体内，形成纵向托拉斯组织，行业结构转向寡头垄断。第二次并购浪潮中有 85% 的企业并购属于纵向并购。通过这些并购，主要工业国家普遍形成了主要产品或服务的市场被一家或几家企业垄断的局面。例如，在第二次并购浪潮中，美国钢铁公司通过纵向并购，形成了涉及采掘、炼铁、炼钢、轧钢、运输等环节的大型钢铁联合企业。这次并购主要发生在汽车制造业、石油工业、冶金工业及食品加工业，它加强了第一次并购浪潮所形成的集中，也加强了企业之间的竞争程度。1929 年爆发的美国经济危机导致了该次并购浪潮的终结。

（三）以混合并购为特征的第三次并购浪潮

20 世纪 50 年代中期，各主要工业国出现了第三次并购浪潮。第二次世界大战后，各国经过 20 世纪 40 年代后期和 50 年代的逐步恢复，在 60 年代迎来了经济发展的黄金时期，主要发达国家都进行了大规模的固定资产投资。随着第三次科技革命的兴起，一系列新的科技成就得到广泛应用，社会生产力迅猛发展。在这一时期，以混合并购为特征的第三次并购浪潮来临，其规模、速度均超过了前两次并购浪潮。这次并购浪潮终结于 20 世纪 70 年代爆发的石油危机。

【例 3-2】20 世纪 60 年代，在第三次并购浪潮中，可口可乐公司开始了多元化的收购，希望提高自身形象，产生更大的影响。该公司 1960 年收购了梅得冷冻果汁公司；1961 年收购了邓根食品公司；1970 年收购了化学溶液公司；1982 年以 2.5 亿美元的高价买下哥伦比亚电影公司。可口可乐公司除了向工业领域拓展外，还向文化娱乐业、体育业以及社会公用事业延伸。

（四）以融资并购为特征的第四次并购浪潮

20 世纪 70 年代中期兴起的第四次并购浪潮的显著特点是以融资并购为主，规模巨大，数量繁多。1980—1988 年企业并购总数达到 20 000 起，此次并购在 1985 年达到顶峰。此次并购不再像第三次并购浪潮那样进行单纯的不相关产品的并购，多元化的相关产品间的"战略驱动并购"取代了"混合并购"。此次并购的特征：企业并购以融资并购为主，交易规模空前；并购企业范围扩展到国外企业；产生了杠杆并购，出现小企业并购大企业的现象；金融界为并购提供了方便。美国从 1990 年起开始陷入经济衰退，轰轰烈烈的第四次并购浪潮也进入暂时的低潮。

【例 3-3】杜拉赛尔是美国规模巨大的食品加工巨头克拉夫特的子公司，其主要产品是各种电池。KKR 投资银行出资 18 亿美元，并且以 1 股换 5 股期权的方式赢得了杜拉赛尔公司的控股权。收购后，杜拉赛尔公司把重点放在激励公司的管理层上。杜拉赛尔公司准许公司 35 位管理者共投入 630 万美元，以每股 5 美元的价格购买了 126 万股。1991 年 5 月，杜拉赛尔公司发行股票上市，以每股 15 美元的价格发行 2 350 万股，获得 4.88 亿美元的收入，以此偿还了 3.47 亿美元的债务。5 个月以后，杜拉赛尔公司又以每股 28.75 美元的价格发行了 1 200 万股，获得 3.45 亿美元的收入。

（五）第五次全球跨国并购浪潮

20 世纪 90 年代以来，经济全球化和一体化发展日益深入。在此背景下，跨国并购作为对外直接投资的方式之一逐渐代替跨国创建而成为跨国直接投资的主导方式。从统计数据看，1987 年全球跨国并购额仅有 745 亿美元，1990 年就达到了 1 510 亿美元。1995 年，美国企业并购价值达到 4 500 亿美元，1996 年上半年这一数字就达到 2 798 亿美元。例如，1996 年 12 月，美国波音公司并购麦道飞机制造公司，并购额达到 133 亿美元，并购方式是麦道公司每股换波音公司 0.65 股。合并而成的新波音公司成为世界上规模最大的航空公司，也是美国最大的出口商。2000 年全球跨国并购额达到 11 438 亿美元。但是从 2001 年开始，由于受欧美等国经济增长速度停滞和下降以及"9·11"事件的影响，全球跨国并购浪潮出现了减缓的迹象。但从中长期的发展趋势来看，跨国并购还将继续发展。

在西方企业的并购发展中，美国企业的并购最具有代表性。表 3-1 简要列出了美国企业并购的发展历史。

表 3-1　美国企业并购简史

第一次并购浪潮 （客观要求）	第二次并购浪潮 （比第一次更大）	第三次并购浪潮 （规模空前）	第四次并购浪潮 （超过前三次并购）	第五次并购浪潮 （上升势头）
1895—1904 年 1899 年（高峰） 1903 年（低谷） 特征： 1. 横向并购为主，即同行业的优势企业对劣势企业的并购； 2. 组成横向托拉斯，对市场追求垄断地位。 动因： 追求规模经济 1. 获得一定的控制力； 2. 企业扩大生产规模，取得规模经济效益 3. 并购产生的垄断组织，降低了市场竞争的激烈程度，垄断组织可以凭借其垄断地位获得超额的垄断利润	1922—1929 年两次世界大战之间（高峰） 始：1922 年经济上升阶段 终：1929 年经济衰退阶段 特征： 1. 并购形式呈现多样化，其中以纵向并购居多，加强垄断，形成更多的行业壁垒； 2. 产业资本与银行资本开始相互渗透、相互融合，产生了金融寡头，形成雄厚的资本实力。 动因： 追求规模经济和寡头垄断地位	20 世纪五六十年代 始：第二次世界大战后经济恢复之时 终：1969 年美国经济衰退之时。 特征： 1. 以混合并购为主要形式。100 万美元以上的并购中，80%以上采用混合并购形式。 2. 银行之间的同业并购增加，使银行资本更加集中。 动因： 追求企业经营上的安全保障，进行多元化经营，降低经营风险	20 世纪 70 年代中期至 80 年代末 始：美国经济进入复苏阶段的1975年 终：美国经济进入衰退阶段的 20 世纪 80 年代末。 特征： 1. 大企业进行内部结构调整。即在企业内部进行大规模的优化重组，将非主导产业转让，以提高主导产业的资产质量 2. 出现杠杆并购，即举债收购，这便使得小企业得以并购大企业。 动因： 以追求高附加值为目标，提高投资回报率，将经营资源配置到能够发挥企业优势的部门，放弃那些无利可图且又与企业长远利益无关或相矛盾的子公司及经营业务	1990 年以来 特征： 1. 企业规模大； 2. 产业特征强； 3. 并购方式多（以巨型企业之间的横向并购为主）连环并购、强强联合。美国大企业面对信息革命的新形势和国际市场的新格局，进行了大规模功能性重组。 动因： 追求全球竞争优势，进行跨国并购活动

二、我国企业并购的发展历程

我国企业并购的发展，大致可以分为两个阶段：第一阶段（1993年以前）为我国企业并购的起步阶段；第二阶段（1993年以来）为我国企业并购的快速成长阶段。我国企业的并购伴随着市场经济的发展而逐步发展，企业并购由政府干预向市场导向转变，市场机制在这一过程中逐步开始发挥主导作用。

（一）政府主导型并购阶段（起步阶段）

这一阶段的企业并购带有浓厚的行政色彩，主要以政府主导型并购为主，企业并购大多数都是在政府的推动下完成的。改革开放之前，在以行政性指令为主要经济管理手段的计划经济体制下，政企合一，企业是政府部门的附属物，所有的社会经济活动均由政府出面组织。企业并购表现为政府以所有者的身份对资产进行无偿划拨。在这一阶段，最有名的并购模式是"保定模式"。

【例3-4】1984年7月，河北省保定市纺织机械厂通过承担债务的方式并购了保定市针织器材厂，开了我国国有企业兼并的先河。1984年9月，保定市钢窗厂又以出资110万元的形式，购买了保定市煤灰砖厂的产权，这是我国集体企业兼并国有企业的最早记录。以上被称作"保定模式"，其特点为企业兼并采取自上而下的程序，由政府依据产业政策，以所有者身份进行干预，促进企业间的兼并。

1984年10月，党的十二届三中全会通过的《中共中央关于经济体制改革的决定》，明确要求企业成为相对独立的经济实体，进一步扩大了企业的自主经营权。1988年5月，武汉市成立了中国第一家产权转让市场。1988年，在成都、保定、深圳，类似的机构也相继成立。1990年，上海和深圳证券交易所相继成立。这一时期，兼并机制在一些优势企业萌发，最有名的并购模式是"武汉模式"。该模式的特点为企业自发性的并购，即双方自愿达成协议，但本质上是通过政府推动的。

（二）政府与市场共同主导型并购阶段（快速成长阶段）

政府与市场共同主导型并购，是指在并购过程中，政府通过出台一系列优惠政策、法规引导企业的并购行为，企业根据自身的发展战略在资本市场上选择并购目标。这一时期的企业并购是以优化产业结构和提高企业竞争力为目标，主要发生在竞争行业，而且并购出现了市场化趋势。

【例3-5】1993年9月，深圳宝安集团在上海证券交易所大量购买上海延中股份有限公司的股票，1994年宝安完成对延中的控股并成为其第一大股东。这次并购被称为中国上市公司并购第一案。"宝延之争"说明中国的企业开始了真正的资本式运作模式，符合现代企业的要求。

【例3-6】1992年4月，香港中策公司收购山西太原橡胶厂，这是第一起港资并购国有企业的案例。到1994年5月底，中策公司在内地的合资控股企业达100多家。

三、我国公司并购的特征

我国的公司并购具有以下特征：

（1）政府在企业并购中发挥着重要作用。出于我国经济体制方面的历史原因，一些并购是在政府的推动下直接完成的，没有政府的参与，许多并购活动将无法完成。

政府采取各种途径去促进企业的并购，通过企业并购调整产业结构。

（2）通过证券市场进行的企业并购增加。自 20 世纪 90 年代以来，我国的证券市场快速发展。资本市场的重要功能在于提供融资和配置资源的场所和机制。如果说公司上市主要运用了资本市场的融资功能，那么并购重组则主要实现了市场的资源配置功能。在并购重组中，有关各方通过在资本市场中争夺对企业的控制权来影响资本市场的价格信号，从而引导资源进行再配置。

（3）并购的范围和规模日益扩大。我国企业在并购初期，如保定、武汉的并购资产规模都在 100 万元以内，而且多是在同一地区。到 1993 年，上海、武汉、成都等 16 个城市转移资产总计达 60 多亿元，并购范围呈跨地区、跨行业发展趋势，规模日益扩大。比如，一汽大众收购沈阳金杯 51% 的股份，出资额高达 5 亿元①。

（4）并购的方式多样化。在我国公司并购起步期，并购方式大多是承担债务式或出资购买式。进入 20 世纪 90 年代以后，随着公司制企业发展和证券市场发育，投资控股、品牌运作、无偿拨付、相互持股、债转股等并购方式大量出现，尤其是上市公司股权收购逐渐成为企业并购的重要形式。比如，1993 年的"宝延之争"就成为国内首个通过股票市场收购另一家上市公司的案例；1994 年珠海恒通置业协议收购上海凌光实业，开创了以收购国家股的方式收购公司的先河；2003 年南钢集团将南钢股份的股权对南钢联合注资，成就了中国资本市场第一例公开要约收购。

（5）外资并购成为亮点。在全球产业转移的过程中，基于对资源共享的考虑，自 20 世纪 90 年代以来，作为逐渐兴起的一种外商直接投资方式，外资并购在全球得到迅猛发展。2003 年中国证券市场发生了一系列外资并购中国境内企业的事件。2003 年 10 月中国乐凯公司和美国柯达（中国）投资股份有限公司签署了柯达资产转让合同。乐凯集团将其持有的乐凯胶片 20% 的国有法人股转让给了柯达；柯达向乐凯投入约 1 亿美元的现金及其他资产，并且提供各种技术支持。至此，柯达入主乐凯成为其第二大股东。

此外，中国企业参与跨国并购稳步提升。据统计，2023 年中国企业参与跨国并购达到 162 起，涉及交易金额 1 214.6 亿元，进一步推动中国企业的全球化布局和资源整合。

第三节　企业并购动因的理论评述

企业作为一个资本组织，必然谋求资本的最大增值。不同的企业根据自己的发展战略确定并购的动因，包括财务性动因和非财务性动因。具体体现为：提高企业发展速度；实现管理协同效应、经营协同效应、财务协同效应；实现并购双方的优势互补；改善财务状况；争取节税收益；实现多元化投资组合，降低投资风险等。下面对并购活动的动因从理论上加以解释及评述。

① 李曜. 公司并购与重组导论 ［M］. 上海：上海财经大学出版社，2006：31.

一、经营协同效应理论

该理论认为：行业中存在着规模经济的潜在要求，通过并购可以扩大企业生产规模，达到规模经济的生产范围；可以降低生产成本，提高企业的竞争优势；可以实现并购双方的优势互补；可以相应提高企业的利润率，实现企业整体价值大于并购前个别企业价值之和。

二、财务协同效应理论

该理论认为：通过并购可以降低企业内部融资和外部融资的资本成本，可以使两家公司的财务结构互补，还可以使公司从边际利润率较低的生产活动向边际利润率较高的生产活动转移，从而提高公司的资本分配效率，给企业带来财务方面的效益。财务协同效应理论客观上为混合并购提供了理论依据，因为不同行业的企业的财务结构或边际利润率的情况一般差异会比较大。

三、委托代理理论

该理论认为：代理问题的产生是由于公司管理层与所有者两者的利益不一致，其根本原因在于管理者和所有者在签订和执行合同约定的过程中会产生成本，即代理成本。通过并购可以解决代理问题，降低代理成本。通过公平收购或代理权争夺，公司的现任管理者将会被代替，兼并机制下的接管威胁降低了代理成本。

四、税负利益理论

该理论认为：通过并购和采用恰当的财务处理方法，在一定程度上可以降低企业的税负。如果被并购企业有较大数额的亏损，那么被并购企业往往因无法持续经营而被出售。由于亏损可以在若干年内以税前收益弥补，一个有高额盈余的企业并购一个亏损企业，无疑会带来税收上的好处。

五、战略发展理论

该理论认为：企业面临的经营风险越来越大，为了降低风险，企业应该实行多元化发展理论，当一个企业决定扩大其在某一特定行业的经营时，一个重要战略就是并购该特定行业中的现有企业，而不是依靠自身内部的发展。外部并购可以大幅度地降低进入障碍，获得时间优势，迅速达到多元化发展的目的。

六、管理协同效应理论

该理论认为：处在两个不同管理水平上的企业并购，管理水平低的企业，其管理水平将会得到提高，同时还能够提高目标公司的资源效率；或者，双方的管理能够得到互补，从而提高并购双方的管理效率，创造价值。

七、价值低估理论（托宾理论）

该理论认为：由于种种原因，目标企业的真实价值被低估，目标企业的经营管理潜能未能得到充分的发挥，而通货膨胀使得目标企业的市场价值小于其重置成本。此时，若并购企业拥有外部市场所没有的、有关目标企业真实价值的内部信息时，并购活动就会发生。

被并购企业的股票市场参与者，特别是机构投资者强调短期经营成果，忽视了企业的长远发展规划（前景），从而导致有长期投资前景的企业的价值被低估。因此，通过并购价值被低估的企业，并购企业可以迅速提高自身的发展前景和经营业绩。

$$托宾系数\ Q = \frac{企业的市场价值}{该企业资产的重置成本} \tag{3.1}$$

八、市场势力理论

该理论认为：并购活动的主要动因经常是借并购来达到减少竞争对手和增强对经营环境的控制能力的目的，以及提高市场占有率，使企业获得某种形式的垄断利润，并增加长期的获利机会。通常在以下三种情况下，会发生以增强市场实力为动机的并购行为：①生产能力过剩，需求下降；②国际竞争使国内市场遭受外来势力的强烈渗透和冲击；③法律因素的原因使得企业间的多种联系或垄断行为成为非法，通过并购可以使企业达到继续控制市场的目的。

九、资源稀缺理论

该理论认为：一连串的资源而不是产品组合构成了决定企业竞争地位的核心，而且资源具有稀缺性和有价性，能够形成竞争优势；当这些资源不能够被对手轻易复制，不可替代，不可轻易转移时，就能够产生持续的竞争优势。按照资源学派的观点，上市公司的战略重组不仅仅限于对有形资源的置换与整合，还应该包括对企业经营管理、组织结构、企业文化、人力资源等无形资源的重组，甚至对无形资产的重组在某种程度上会直接影响战略重组的效果与结果。

现代企业的并购行为往往涉及巨额交易资金，科学合理的财务规划对企业的并购行为以及并购后企业的发展起着至关重要的作用。下一章将从目标公司的选择出发，系统介绍企业并购过程中的价值评估方法以及出资方式，最后探讨企业并购的融资管理。

第四章

企业并购的财务规划

第一节　目标公司的选择

目标公司的选择是企业并购的第一要务，目标公司选择的恰当、科学与否直接关系到并购行为的成败。选择合适的目标公司不仅可以降低企业的财务经营风险，而且能为战略规划的顺利实施奠定基础。

一、获取并购信息的主要渠道

获取并购信息的渠道很多，由于在我国国有经济占主导地位，因此从国有资产监督管理机构以及产权交易所获取并购信息是很重要的手段。此外，随着我国市场经济体制的逐步建立和金融、资本市场的迅速成长，投资银行、会计师事务所和律师事务所等中介机构也是有效的信息来源渠道。目标公司的职工在很多情况下也是获取并购信息的重要来源。此外，主并企业还可以借助报纸杂志、广播网络等媒介收集信息。

（一）国务院国有资产监督管理委员会

2003 年 4 月 7 日，国务院国有资产监督管理委员会正式挂牌，为国务院直属正部级特设机构，其前身为国务院国有资产管理局。国务院授权国务院国有资产监督管理委员会代表国家行使出资人职责。目前我国正在对国有经济实行战略调整，国有资产的转让、出售、重组活动较多，从国务院国有资产监督管理委员会获取并购所需的信息是一条比较可靠的途径。

（二）产权交易所

产权市场是我国继股票市场、期货市场和汇率市场后建立的第四资本市场。产权交易市场拥有六大职能：保证产权交易"集中、公开、公正、规范"地进行的功能；具有提供所有产权交易信息、沟通买卖双方信息的功能；为交易价格提供合理预期，减少交易费用，促进交易双方顺利完成交易的价格发掘功能；形成价格规范，推进公平竞争的制度规范功能；资产重组与资本进退的枢纽功能；跨国并购与吸引外资的通信功能以及中介服务功能。

（三）并购刊物和网站

目前，我国的专业并购刊物主要有清华大学出版社出版的东方高圣投资顾问有限公司所著的《中国并购评论》，全球并购研究中心的《重组与并购周刊》以及《亚洲并购》等。除此之外，诸如《财经时报》《21世纪经济报道》《经济日报》等报纸以及《资本市场》《投资研究》《新财富》等杂志上也有大量的并购信息。并购网站主要有全球并购研究中心、中国并购交易网、中国兼并指南、产权交易网、中国投资银行在线、中国企业产权融通服务网、中国西部投资并购网以及北京交通大学中国企业兼并重组研究中心等。

二、选择目标公司时应当考虑的主要因素

主并企业在选择目标公司时，不仅要考虑宏观经济形势，更要仔细衡量自身的战略规划和目标公司的实际情况。虽然目标公司的最后确定要受到诸多方面因素的影响，但是一般而言，并购企业选择目标公司时主要应当考虑以下因素。

（一）并购双方的行业

企业所处的行业在很大程度上决定着企业未来的经营和发展前景，对目标公司的行业状况进行分析后，并购企业可以判断对目标公司进行并购能否与本企业的整体发展战略相符合，以及并购后是否可以通过对目标公司的改良经营为本企业带来收益。行业分析主要包括：①分析行业的总体情况，即评价行业所处的生命周期、行业在国民经济中的地位和国家对该行业的政策等。②分析行业的竞争结构状况。根据波特的理论，有五种力量决定行业的结构状况，它们分别是：供应商、顾客、潜在的进入者、替代品和行业内现有的竞争对手。它们共同决定着一个行业的竞争激烈程度和营利能力。

（二）并购双方的业务

并购企业与目标公司之间的业务关系可以概括为互补、平行和交叉三种。选择目标企业时，并购企业应考虑其业务与自身业务的关系，以最大限度地发挥并购后的协同效应。如果两个企业的业务不能很好地融合，或者双方业务的组合不符合企业的战略规划要求，即使目标公司本身再好，也可能导致并购行为的失败。

（三）并购双方的规模

虽然随着并购理论和行为的逐步完善成熟，近年来出现了许多新的并购方式，市场上"小鱼吃大鱼"的情况也时有发生，但是一般而言，优势企业并购劣势企业才是市场的主流。因此在目标公司规模的选择上，并购企业要选择规模适中的企业，目标公司太大则并购后资产难以消化，从而造成浪费；规模太小则从效益上讲很不划算，无法满足发展、扩张的需要。只有目标企业与并购企业的现有能力及发展规模相匹配时，并购行为本身才是高效、合适的。

（四）其他因素

其他需要考虑的主要因素有：①目标公司的股权集中程度。股权集中程度越低，收购就越容易成功。因此在选择目标公司时，第一大股东所持股份比例是主要考虑因素之一。②目标公司的财务风险。如果目标公司的财务信息失真或者刻意隐瞒不利事

项，对并购企业而言后果是不堪设想的。因而并购企业应当超越报表本身，对或有事项以及期后事项给予足够的关注，以稳健的态度对待潜在的风险。③目标公司目前的估价情况。在目标公司价值被高估的情况下并购行为付出的成本大于目标公司的真实价值，就会减少并购企业的日后收益，影响并购效果甚至导致并购失败。

三、选择目标公司的主要步骤

一般而言，目标公司的选择主要包括发现目标公司、审核目标公司和评估目标公司三个步骤。

（一）发现目标公司

发现目标公司有两条途径：利用公司自身力量和借助外部力量。

1. 利用公司自身力量

公司内部人员对自身的需求相当熟悉，通过私人接触或者凭借自身的管理经验都可以发现目标公司。尤其是在同行业的并购中，由公司的内部人员来选择目标公司往往有利于并购的成功。在大型企业中，这部分工作通常是由专门的并购部门来完成的。他们的主要工作是收集和研究各种信息，根据自身的需要寻找适合的目标公司。在中小型企业中，这部分工作一般由财务部门兼任。

2. 借助外部力量

并购是一件关乎企业长期发展乃至生存的大事，并且在并购过程中要考虑的因素相当复杂，任何细微的疏忽都有可能导致并购的失败。在并购领域的专业金融机构中有一大批经验丰富、训练有素的专业人员，比如精通某一行业的会计师、律师以及谈判人员等，他们考虑企业并购问题往往比企业的管理人员更为全面、成熟。专业金融机构中比较有代表性的是投资银行，他们不仅能根据企业的实际情况提供并购建议，而且能为并购企业安排并购融资和代发证券等。

（二）审核目标公司

并购企业通过自身力量或借助外部力量初步选定目标公司后，还需要做进一步的分析和实质性审查。审查目标公司时一般重点关注以下方面。

1. 目标公司的出售动机

目标公司主动出售一般都是有原因的，并购企业要仔细审查其出售动机以便合理评估目标公司的价值和确定合适的谈判策略。一般而言，目标公司出售的原因主要有：目标公司经营不善；目标公司的股东发现新的投资机会；目标公司的股东通过并购的方式撤换整个管理层；目标公司的管理层为了自身的发展而愿意被并购；目标公司的母公司出于调整经营战略的目的而出售子公司，等等。

2. 目标公司的法律文件

除了审查目标公司的产业是否符合国家政策外，并购企业还应关注目标公司的章程、合同契约等法律文件。并购企业通常应审查企业章程、股票证明书等，以确定是否存在并购方面的限制；应审查主要财产目录清单，以确定资产的使用权、所有权以及资产的租赁情况；应审查主要合同书，以了解目标公司面临的或有法律事项。

3. 业务内容和财务状况

在审查目标公司的业务时，并购企业应根据并购的目的确定审查的重点，主要考虑的事项是双方的业务能否相融。并购企业对目标公司的财务审查极为重要。并购企业在对财务状况进行审查时，首先应确定目标公司提供的财务报表不是虚假、错误的。并购企业一般应使用经注册会计师审计过的财务报表，在此基础上主要审查目标公司的偿债能力、营利能力以及营运能力。

4. 并购风险

对并购风险的审查主要应从市场风险、投资风险以及经营风险入手。市场风险主要是指由于并购消息的散布引起目标公司的积极防御或潜在竞争对手哄抬价格而引起的价格波动的风险。企业在并购后能否获利、获利多少受很多因素的影响，每种因素的变动都可能使投入的资金遭受损失从而减少预期收益，进而带来投资风险。因此，并购企业在审查时要尽量全面考虑各种投资风险影响因素以及各种影响因素的影响程度。经营风险是指并购企业不熟悉目标公司的业务特征、管理模式等而导致经营失败的风险。此种风险可以通过并购企业的管理来降低乃至完全避免。此外，企业并购还面临信息风险、融资风险、反并购风险、法律风险及体制风险等。

（三）评估目标公司

目标公司价值的评估是目标公司选择中最为关键的一步，其实质是对目标公司进行综合分析，以确定目标公司的价值，即并购企业愿意支付的价格。并购行为最终能否成功在很大程度上取决于双方对价值评估结果的认可度。对于并购企业而言，估价结果是最终确定目标公司的重要依据，也是关乎并购行为成功与否的关键因素；对于目标公司而言，最终估价结果是其决定是否接受并购方案的重要条件。

在评估过程中影响最终结果的因素有很多，主要有并购双方在市场以及并购中所处的地位、产权市场的供求关系和未来经营环境的变化等，但是整个估价的模型以及思路都没有太大的区别。在下一节中我们将会讲到目标公司的估价方法。

第二节　目标公司的价值评估

一、价值评估的基本程序

价值评估是一项十分复杂的系统工程，制定并严格执行科学合理的评估程序，有利于提高评估效率和增强评估结果的科学性和准确性。一般而言，企业的价值评估遵循以下程序。

（一）明确评估的目的

价值评估的结果和企业的评估目的密切相关，比如目标企业的持续经营和资产清算所选择的计价方法和原理就有很大的差别。因此，企业价值评估的第一要务是明确评估目的。

（二）界定评估的范围

界定价值评估的范围包括企业资产范围的界定和企业有效资产的界定两个层次。由于企业价值评估有预测性和动态性的要求，并购企业必须对企业的资产范围、资产收益水平的变化给予特别关注，因此，对资产进行有效资产和无效资产的划分也就显得十分必要了。

（三）制订详细的评估工作计划

评估工作人员的组成以及具体分工，各个工作阶段的工作中心以及要重点准备的资料等都要详尽地在工作计划中得到反映。

（四）资料的整理、归纳和分析

评估人员要对搜集到的信息进行认真整理并验证其真实性和有效性，并仔细分析其交易条件和背景以及对整个价值评估的影响程度。

（五）选择合适的评估方法

企业的价值评估方法有很多，在实务中究竟选择哪一种要根据企业资产的特点和价值评估的目的决定。

（六）修正评估结果

评估过程难免受到一些意外因素的影响，或者评估人员对某些特殊内容没有考虑周全，因而会导致评估的结果产生偏差，此时就需要召集各方进行协商以对评估结果作适当修正。

（七）撰写评估报告

评估报告是对整个评估过程的归纳和总结，是一份结论性文件。一般情况下，评估报告都有具体的格式准则可以参照，其主要内容包括评估对象的介绍、评估方法的选择以及具体的评估过程等方面内容。

二、价值评估的基本方法

企业价值评估就是要对目标公司的资产状况和经营成果进行详尽的审查鉴定，并且需要在一定的条件下模拟市场条件，进行科学的计算。企业价值评估不仅有很强的科学性，还有一定的艺术性。目前比较通用的价值评估方法包括以下几种。

（一）成本法

成本法估价适合于并购后目标公司不再继续经营，以及并购方意图购买目标公司某项资产或某些生产要素的情况。成本法一般又分为以下三种具体方法。

1. 账面价值法

账面价值是指会计核算中账面记载的资产价值，即资产负债表上总资产减去负债的剩余部分，也称为股东权益、净值或净资产。这种估价方法不考虑现时资产市场价值的波动，也没有把资产的收益情况考虑在内，是一种静态的估价标准；同时，账面价值是以会计核算为基础的，不能充分反映企业未来的获利能力；并且，会计准则中允许企业根据实际情况选择折旧方法或存货计价方法。以上因素都可能造成企业的账面价值与这些资产的真实价值和使用价值有出入。因此，虽然账面价值法具有方便的特点，但是它只考虑了资产的入账价值而脱离了目标企业现实的市场价值，所以一般不能直接以账面价值作为最终的评估结果。

2. 重置成本法

任何一个了解行情的潜在投资者，在购置某项资产时所愿意支付的价格都不会超过建造一项与拟购资产具有相同或近似功能的替代品的成本。重置成本法遵循此思路，通过确定目标公司各项资产的重置成本，减去实体有形损耗、功能性及经济性贬值来确定目标公司各项资产的重估价值，然后以价值总和减负债作为目标公司估价的参考。

利用重置成本法对目标公司进行估价还可以以其市场价值为参考。重置成本法最著名的模型是托宾的 Q 模型，即一个企业的市值与其资产重置成本的比率。

$$Q = 企业价值 \div 资产重置成本$$

$$企业价值 = 资产重置成本 + 增长机会价值 \qquad (4.1)$$

$$= Q \times 资产重置成本$$

如果一个企业的市场价值超过其重置成本，则说明该企业拥有某些未来增长机会，超出的价值通常被认为是利用这些增长机会的价值。在托宾的 Q 模型中，最大的估值难点是 Q 值的确定，因为一方面即使两个从事相同业务的企业，其资产结构也可能大不相同；另一方面，对目标公司增长机会的评价也不容易。在并购的实务中通常使用"市净率"（股票市值与企业净资产之比）作为 Q 的近似值。

3. 清算价值法

清算价值是指在企业出现财务危机而破产或停业清算时，把企业中的实物资产逐一分离而单独出售的资产价值。此方法是在企业作为一个整体已经丧失增值能力的情况下使用的估价方法。通过清算价值法得出来的价值通常被作为目标企业的实际最低价格。清算价格在找国的运用仍缺乏实践，理论和实践都有待进一步提高和完善。

上述各种成本估价方法各有其长处及不足之处，并购实践中通常的做法是同时使用几种合适的评估技术，测算出不同的结果，最后使用诸如加权平均等办法确定一个综合结果来得出目标公司的价值，作为并购交易的价格基础。

（二）市场比较法和市盈率法

1. 市场比较法

市场比较法是指收购方在评估目标企业时，选取若干在产品、市场、获利能力、未来业绩增长能力和风险等方面与当前收购计划较类似的收购案例作为参照标准，然后再根据一些财务指标进行调整，以最后确定目标公司市场价值的一种方法。该方法建立在市场效率良好、发育完善，股票价格基本上反映了投资人对目标公司未来现金流量和风险的预期的基础上。市场比较法根据比较的标准可以分为以下几种。

（1）可比公司分析法。

该分析法首先在市场上选择一组与目标公司在规模、产品、经营目标、市场环境以及发展趋势等方面都较为相似的企业作为样本群，然后通过计算样本群中各企业的市场价值与其他相关指标的比率及其平均值，最后参照目标公司的相应指标来判断其市场价值。

（2）可比交易分析法。

并购给企业带来的所有后果，如协同效应、现金流的变化、成本以及风险的增减等，都可以通过溢价水平表现出来。可比交易法就是通过从类似的收购事件中获取有用的财务数据来求出一些相应的收购价格乘数并以此确定目标公司的价值。它不对企业的市场价值进行分析，而是根据同类企业在并购时并购方支付价格的平均溢价水平来确定目标公司的价值。市场溢价水平是指并购方在证券市场上公开对目标公司的要约收购价格超出要约发出前目标公司市场价值的差值。

由于上述两种方法不仅要求有较为完善的并购市场，而且要求有发达的资本市场为支撑，因此在中国还缺乏现实的运用条件，但是从长远来看，不失为一个较好的思路。

2. 市盈率法

市盈率又称 PE 比率，是价格和每股收益的比值。它反映了股票市场价格与股票收益的关系，并且把风险因素也考虑在内。市盈率估价的公式如下：

目标企业每股价值＝可比企业平均市盈率×目标企业每股盈利　　　（4.2）

该模型最关键的一步是要找出具有相似市盈率的公司，在操作上相对比较简单，而且涵盖了风险补偿率、增长率以及股利分配率的影响，具有很高的综合性。但是，当市盈率为负值时，市盈率就失去了价值；另外，市盈率还要受宏观经济运行情况、行业生命周期等多方面因素的影响。所以，市盈率在利用范围上受到了一定的限制。

鉴于市盈率存在上述诸多缺陷，近来研究人员对其做了一些修正：针对高速增长的行业运用动态市盈率估价法；为了避免公司税率、利息费用和折旧等因素的影响，可以运用息税折旧摊销前利润（EBITDA）倍数来定价；对于新兴市场公司的潜在价值可以运用价格/销售收入（又称市销率或市售率）来估价。

目前我国股市建设尚不完善，投机性较强，市盈率普遍高出正常水平，因此评估人员很难选择合适的市盈率来对目标公司进行准确估价。市盈率法的运用目前在我国尚缺乏成熟条件。

（三）贴现现金流量法

贴现现金流量法的基本原理是假设任何资产的价值等于其预期未来现金流量的现值之和。

$$V = \sum_{t=1}^{n} \frac{CF_t}{(1+r)^t} \qquad (4.3)$$

式中：V 为资产的价值；n 为资产的寿命；r 为与预期现金流量相对应的折现率；CF 为资产的现金流量。

这种方法以美国西北大学的阿尔费雷德·拉巴波特（Alfred Rappaport）的模型最为著名。在其《创造股东价值》一书中，他精心设计了一个公司估价模型。其理论的依据是：无论是购买整个企业还是某项资产，都需根据预测的未来现金流量进行现在的支出。如果能预测期末目标企业的变现价值，上述公式还可以表示为：

$$V = \sum_{t=1}^{n} \frac{CF_t}{(1+r)^t} + \frac{C}{(1+r)^n} \qquad (4.4)$$

式中：C 为预测期末目标企业的变现价值。

用贴现现金流量法确定并购方可以接受的最高并购价格，需要估计由并购引起的现金流量的期望增加值和贴现率（或资本成本），利用贴现现金流量法对企业进行估价的主要步骤有以下几种。

1. 预测自由现金流量

理论上自由现金流量（FCF）一般被认为是企业在持续经营的基础上，除了在库存、厂房、设备、长期股权等类似资产上所需的投入以外，还能够产生的额外现金流量。自由现金流量的分类方法很多，根据现金流量的口径，我们可以将其分为企业自由现金流量和股东自由现金流量两大类。为了方便理解，在界定这两个概念之前我们先介绍企业"经营性现金流量"的概念。

（1）经营性现金流量是经营活动产生的现金流量。该现金流量包括销售商品和提供劳务在内。其基本计算公式为：

$$经营性现金流量=营业收入-营业成本费用-所得税 \qquad (4.5)$$
$$=息税折旧摊销前利润（EBITDA）-所得税$$

（2）企业自由现金流量是指扣除税收、必要的资本性支出和营运资本增加后，能够支付给债权人和股东的现金流量。其基本计算公式为：

$$企业自由现金流量=息税折旧摊销前利润（EBITDA）-所得税-$$
$$资本性支出-营运资本净增加 \qquad (4.6)$$
$$=债权人自由现金流量+股东自由现金流量$$

（3）股东自由现金流量是指满足债务清偿、资本支出和营运资本等所有的需要后所剩下的可以作为股利发放的现金流量，也就是企业自由现金流量减去债权人自由现金流量后的余额。股东自由现金流量的基本计算公式为：

$$股东自由现金流量=企业自由现金流量-债权人自由现金流量$$
$$=企业自由现金流量+（发行的新债-清偿的债务）$$
$$=息税折旧摊销前利润（EBITDA）-所得税-资本性支出-$$
$$营运资本净增加+（发行的新债-清偿的债务） \qquad (4.7)$$

在持续经营的前提下，企业除了维持正常的资产增长外，如果还能产生更多的现金流量，那么说明该企业有正的自由现金流量。对目标企业现金流量的预测期一般为5～10年，预测的精确度随着预测期长度的增加而降低。评估人员在根据并购企业的管理水平预测目标公司的现金流量时，应先检查目标公司现金流量的历史状况并假设并购后目标公司的运营情况不发生变化。需要注意的是，贴现现金流量法中使用的自由现金流量为实体自由现金流量，即企业自由现金流量。这部分现金流量是目标公司在履行了包括债务本息、优先股股息等在内的所有财务责任并满足了企业再投资需要之后的"现金流量"。这部分的现金流即使全部支付给股东也不会危及目标公司的生存。

2. 估计贴现率或加权平均资本成本

当并购企业的总风险和目标公司的未来风险一致时，可以用目标公司现金流量的贴现率作为并购企业的资本成本，但是并购行为往往会使并购企业的总风险发生变化，这时候就需要对各种长期资本要素成本进行估计。长期资本要素成本主要分为股本资本成本和债务资本成本。

（1）股本资本成本的确定。

目前国外最常见的股本资本成本确定方法有股利增长模型、资本资产定价模型和套利定价模型。由于股利增长模型和套利定价模型目前在我国还缺乏成熟的运用条件，因此国内最常见的是使用资本资产定价模型来估算股本成本。

资本资产定价模型（CAPM）是成熟的风险度量模型，它利用方差来度量不可分散风险，并将预期收益和风险很好地联系起来。其基本表达式为：

$$预期股本成本率=市场无风险报酬率+市场风险报酬率×$$
$$目标公司的风险程度 \qquad (4.8)$$

通常用下列公式来表示：

$$R = R_f + \beta \ (R_m - R_f) \tag{4.9}$$

式中：R 为投资者所要求的收益率；R_f 为无风险收益率；R_m 为市场期望收益率；β 为企业对整个市场风险的贡献。

在这个模型中，关键是确定无风险利率、估计风险溢价及 β 值。无风险利率通常被定义为投资者可以确定的预期收益率，在实际操作中，采用长期国债利率作为无风险利率比较合适。在 CAPM 模型中，$(R_m - R_f)$ 就是风险溢价，是股票平均收益率和无风险利率之差。在我国的实际操作中，市场收益率一般是根据上证综合指数和深证综合指数，采用算术平均的方法求得。β 描述了不可分散风险，它是和企业本身密切相关的参数，无论无风险利率和风险溢价如何确定，每个企业都有自己的风险参数。企业的 β 值一般由企业所处的行业、经营杠杆和财务杠杆水平决定。在计算上，β 值一般通过对目标公司的股票收益率与整个市场收益率回归求得。

（2）债务资本成本的确定。

债务资本成本是指企业在为投资项目融资时所借入的长期负债的成本，企业的债务资本成本主要由利率水平、企业信用等级及税收政策决定。利率水平越高，意味着债权人的机会成本越大，从而债务成本也就越高。企业的信用等级和贷款风险密切联系，信用等级高的企业，其违约的可能性小，发放的贷款不能收回的概率低，因此信用等级高的企业往往能从贷款发放人那里获得低息贷款。根据税法，利息可以抵减所要上缴的税款，债务在税收上的好处使得债务的税后成本低于税前水平，并且这种好处随着税率的提高而增加。

（3）计算加权平均资本成本。

在得出各个要素的资本成本后，评估人员就可以根据并购企业预期的并购后资本结构来计算加权平均资本成本了。加权平均资本成本（r）是企业为筹集资金而发行的全部有价证券的成本的加权平均值，可以用如下公式表示：

$$r = \sum K_i \times b_i \tag{4.10}$$

式中：K_i 为各单项资本的成本；b_i 为各单项资本的权重。

一般的模型只计算股本资本成本和债务资本成本，所以加权平均资本成本也可以写成：

$$r = (1-b) \times K_e + (1-t) \times b \times K_b \tag{4.11}$$

式中：t 为税率；b 为负债所占总资产的比例；K_e 为股本成本；K_b 为债务成本。

3. 计算现金流量现值，估计并购价格

评估人员可根据目标公司自由现金流对其进行估价：

$$V = \sum_{t=1}^{n} \frac{CF_t}{(1+r)^t} + \frac{C}{(1+r)^n} \tag{4.12}$$

式中：V 为目标公司的价值；CF_t 为 t 时期内目标公司的自由现金流量；C 为预测期末目标企业的变现价值；r 为加权平均资本成本。

【例 4-1】A 公司计划并购同行业中与其经营相似的 B 公司，相关资料如下：

（1）经资产评估公司评估，B 公司的资产总额为 5 000 万元，其中负债总额为 3 000 万元，所有者权益总额为 2 000 万元。

（2）A 公司在并购 B 公司时，向 B 公司支付现金 2 000 万元，以后分期代偿 3 000 万元的债务。其中 2 000 万元在两年后到期，利率为 12%；另 1 000 万元在一年后到期，利率为10%。以上长期负债均每年付息一次，到期还本。

（3）经A公司预测，若并购B公司，前4年可望每年增加现金流入量1 500万元，以后2年每年增加现金流入量1 000万元。

（4）若并购过程中需支付的法律费用、可行性咨询费等费用为25万元，假设折现率为12%。

要求根据以上资料，计算并评价此次并购在财务上是否可行？注：

$$(P/F,12\%,1)=0.892\ 9 \quad (P/F,12\%,2)=0.797\ 2$$
$$(P/F,12\%,3)=0.711\ 8 \quad (P/F,12\%,4)=0.635\ 5$$
$$(P/F,12\%,5)=0.567\ 4 \quad (P/F,12\%,6)=0.506\ 6$$
$$(P/A,12\%,1)=0.892\ 9 \quad (P/A,12\%,2)=1.690\ 1$$

解：

（1）根据 $V=\sum_{t=1}^{n}\dfrac{CF_t}{(1+r)^t}$ 计算并购收益：

并购收益

$= 1\ 500(P/F,12\%,1)+1\ 500(P/F,12\%,2)+1\ 500(P/F,12\%,3)+1\ 500(P/F,12\%,4)$
$+1\ 000(P/F,12\%,5)+1\ 000(P/F,12\%,6)$

$= 1\ 500\times0.892\ 9+1\ 500\times0.797\ 2+1\ 500\times0.711\ 8+1\ 500\times0.635\ 5+1\ 000\times0.567\ 4$
$+1\ 000\times0.506\ 6$

$=5\ 630.1$（万元）

（2）计算并购成本：

并购成本

$=2\ 000(P/F,12\%,2)+1\ 000(P/F,12\%,1)+(2\ 000\times12\%)(P/A,12\%,2)+(1\ 000\times$
$10\%)(P/A,12\%,1)+2\ 000+25$

$=2\ 000\times0.797\ 2+1\ 000\times0.892\ 9+240\times1.690\ 1+100\times0.892\ 9+2\ 000+25$

$=5\ 007.21$（万元）

（3）此次并购过程中，并购收益大于并购成本，从财务上来说是可行的。

【例4-2】A公司计划在2025年年初收购目标公司B。经测算预计收购后有7年的自由现金流，2024年B公司的销售额为150亿元，收购后前5年的销售额预计每年增长8%，第6年和第7年的销售额保持在第5年的水平上。要求估计目标公司的价值。[注：销售利润率（含税）为4%，所得税税率为25%，固定资本增长率和营运资本增长率分别为17%和4%，加权资本成本为11%]

解：

根据上述资料，将计算结果列于表4-1。

表4-1　自由现金流量计算表　　　　　　单位：亿元

年份	2025	2026	2027	2028	2029	2030	2031
销售额	162	174.96	188.96	204.07	220.4	220.4	220.4
销售利润	6.48	7.00	7.56	8.16	8.82	8.82	8.82
所得税	1.62	1.75	1.89	2.04	2.21	2.21	2.21

表4-1(续)

年份	2025	2026	2027	2028	2029	2030	2031
增加固定资本	2.04	2.2	2.38	2.57	2.78	0	0
增加营运资本	0.48	0.52	0.56	0.6	0.65	0	0
自由现金流量	2.34	2.53	2.73	2.95	3.18	6.61	6.61

根据目标公司的价值 $V = \sum_{t=1}^{n} \dfrac{CF_t}{(1+r)^t}$，计算出 A 公司能给出的最高并购价格为 16.71 亿元。如果 A 公司能以此价格或者更低的价格购买 B 公司，那么这一并购活动从财务上来讲就是可行的。

总之，以现金流量预测为基础的贴现现金流量法，充分考虑了目标公司未来创造现金流量的能力对其价值的影响，从理论上讲是比较完善的。但企业未来现金流量的不确定性以及贴现率选择的困难可能会影响预测结果的准确性，它的运用要求公司具备较高的决策、分析能力。

（四）其他估价方法

1. 换股合并估价法

如果并购的双方都是股份制企业，也可以通过换股的方法进行并购，此时对目标公司估价的核心任务就是确定换股比例以及支付给目标企业的市盈率。

（1）市盈率（PE 比率）：

$$市盈率 = \frac{股票价格}{股票当期每股收益} \tag{4.13}$$

市盈率又称为 PE 比率，通常有以下三种情况：

①并购企业支付给目标公司的市盈率大于并购企业的市盈率，并购后每股收益降低；

②并购企业支付给目标公司的市盈率等于并购企业的市盈率，并购后每股收益不变；

③并购企业支付给目标公司的市盈率小于并购企业的市盈率，并购后每股收益增加。

（2）股票交换比率：

$$股票交换比率 = \frac{对目标公司每股作价}{并购企业每股市价} \tag{4.14}$$

股票交换比率又称为换股比例，是指为获得目标公司的每一股份所需要付出的并购方企业的股份数量。通常股票交换比率小于 1。

【例 4-3】 A 企业计划以股票交换股票的方式并购 B 企业，并购时双方相关财务资料如表 4-2 所示。

表 4-2　双方相关财务资料

项目	A 企业	B 企业
净利润/万元	1 000	300
普通股股数/万股	400	200
每股收益/元	2.5	1.5
每股市价/元	40	15
市盈率/倍	16	10

现假设两企业并购后收益能力不变，并购后存续 A 企业的盈余总额等于原 A、B 两企业盈余之和。

（1）若 A 企业分别对 B 企业股票每股作价 18 元、24 元和 27 元，并购后的 A 企业每股收益分别为多少？是降低还是增加？为什么？

（2）若 B 企业同意其股票每股作价分别为 18 元、24 元和 27 元，并购后 B 企业股东持有 A 企业的股票相比之前持有 B 企业的股票每股收益如何变化？

（3）若 A 企业实施并购方案后，存续的 A 企业能产生较好的协同效应，估计每年增加净收益 80 万元，那么按每股 27 元的价格交换 B 企业股票的并购方案是否可行？

解：

（1）对 B 企业每股作价 18 元时，每股收益 =（1 000+300）÷（400+200×18÷40）= 2.65（元）>2.5（元），并购后的 A 企业每股收益上升。因为并购企业支付给目标公司的市盈率 12 倍（18÷1.5）小于并购企业的市盈率 16 倍。

对 B 企业每股作价 24 元时，每股收益 =（1 000+300）÷（400+200×24÷40）= 2.5（元），并购后的 A 企业每股收益不变。因为并购企业支付给目标公司的市盈率 16 倍（24÷1.5）等于并购企业的市盈率 16 倍。

对 B 企业每股作价 27 元时，每股收益 =（1 000+300）÷（400+200×27÷40）= 2.43（元）<2.5（元），并购后的 A 企业每股收益下降。因为并购企业支付给目标公司的市盈率 18 倍（27÷1.5）大于并购企业的市盈率 16 倍。

（2）对 B 企业每股作价 18 元时，由于 0.45×2.65-1.5=-0.31（元），并购后 B 企业股东持有 A 企业的股票相比之前持有 B 企业的股票每股收益下降。

对 B 企业每股作价 24 元时，由于 0.6×2.5-1.5=0（元），并购后 B 企业股东持有 A 企业的股票相比之前持有 B 企业的股票每股收益不变。

对 B 企业每股作价 27 元时，由于 0.675×2.43-1.5=0.14（元），并购后 B 企业股东持有 A 企业的股票相比之前持有 B 企业的股票每股收益上升。

（3）若 A 企业实施并购方案后，存续的 A 企业能产生较好的协同效应，估计每年增加净收益 80 万元，则存续的 A 企业每股收益 =（1 000+300+80）÷（400+200×27÷40）= 2.58（元）>2.5（元）。因此，按每股 27 元的价格交换 B 企业股票的并购方案可行。

如果有股票价格为 Pa 的 A 公司计划并购股票价格为 Pb 的 B 公司，并购后 A 公司的市盈率为 PE，用 Ya 表示并购前 A 公司的盈余；用 Yb 表示并购前 B 公司的盈余；Sa、Sb 分别为并购前 A、B 公司流通的普通股股数；ΔY 为由于协同效应产生的协同盈余；ER 为换股比率。则并购后 A 公司的股票价格为：

$$Pab = PE \times (Ya + Yb + \Delta Y) \div (Sa + ER * Sb)$$

从理论上讲，A 公司的股东希望并购后公司的股票市场价格大于并购前公司的股票价格，即 Pab>Pa；对于 B 公司的股东而言，他们要求并购后拥有的 A 公司的股票价值总额大于并购前拥有的 B 公司的股票价值总额，即 Pab>Pb/ER。

令 Pab=Pa，可以得到最高的股票交换比率为：

$$ERa = \{PE * (Ya + Yb + \Delta Y) - PaSa\} \div (Pa * Sb)$$

令 Pab=Pb÷ERb，可以得到最低的股票交换比率为：

$$ERb = Pb * Sa \div \{ PE (Ya + Yb + \Delta Y) - Pb * Sb \}$$

由此我们可以看出，换股比例应该在 ERa 与 ERb 之间，具体取何值取决于主并企业和目标公司双方的谈判。

2. 期权估价方法

期权估价法是企业价值评估的一种新方法，其中以布莱克-斯科尔斯（Black-Scholes）的期权估价模型最为著名。期权是一种允许持有者在未来某个时期或该时期以前，按照某特定价格买入或者卖出某种特定资产的权利。期权总价值由期权的"内在价值"和"时间价值"构成。布莱克-斯科尔斯在二项式期权定价模型的基础上，运用期权估价方法评价目标企业的价值，用公式表示为：

$$V = V_1 + V_2 \tag{4.15}$$

式中：V 为目标企业的价值；V_1 为利用传统方法确定的价值；V_2 为利用布莱克-斯科尔斯（Black-Scholes）公式确定的期权价值。

企业并购中可能涉及的主要实物期权类型有：

（1）延迟期权（optionto defer）。这是一种择购权，当市场情况发生变化，不利于并购企业时，并购企业可以延缓并购，等待有利时机的到来，当条件成熟时再进行并购。

（2）放弃期权（option to abandon）。在实施并购以后，由于行业或市场环境的变化，目标企业存在经营效益变差、发展前景不好的风险。在这种情况下，并购企业可以将目标企业整体或部分出售，规避并购的风险。并购企业实际上相当于买进了一份择售权。

（3）追加投资期权（option to latter investment）。企业拥有根据经营状况的好坏来调整经营规模的权利。企业的这种权利使企业具有更高的价值。当目标企业的产出和市场销售比预期的好时，并购企业可以追加对目标企业的投资，充分发挥被并购企业价值增值贡献的能力。

（4）转换期权（option to switch）。从资产的专用性角度看，如果投资项目的资产专用性不高，具有动态的可转换的功能，当未来市场需求或产品价格改变时，企业可利用相同的生产要素，选择生产对企业最有利的产品，也可以投入不同的要素来维持生产特定的产品。管理者可根据未来市场需求的变化来决定最有利的投入与产出，也就是管理者拥有转换期权。

作为传统方法的改进，实物期权方法能够将决策者根据市场情况进行调整的决策柔性纳入模型进行评估，使评估结果能更客观、科学、全面地反映目标企业的真实价值。然而现行的实物期权定价理论却忽略了一个事实，即并不是所有的企业都具有突出的期权特性。在并购的整个过程中，如果并购企业未加分析就直接把各种期权简单加总，则容易将目标企业的价值高估。这对于并购方来说是很危险的，它会使并购方对并购过于乐观而支付过高的并购价格，但并购后整合产生的收益却无法弥补并购所支付的价格，这往往会导致企业并购战略的失败。

第三节　企业并购的出资方式

在企业并购活动中，支付款项是完成交易的最后一个环节。事实上，出资方式与并购价格的形成以及企业并购的融资选择紧密联系、不可分割。因此，出资方式的选择是整个并购环节中极其关键的一环。在本节中我们主要讨论企业并购的主要出资方式及各种出资方式的优缺点，最后介绍影响出资方式的主要因素。

一、主要的出资方式

在实践中，企业并购的出资方式主要有现金支付、股票支付以及综合证券支付（混合证券支付）等。

（一）现金支付

现金支付亦称现金收购，是指收购方公司通过支付一定数量的现金取得目标公司所有权的行为。现金支付的特点有估价简单、对目标公司有利、收购交易迅速、多用于敌意收购。

通常，凡是不涉及发行新股票的支付都可以称为现金支付。并购公司通过直接发行某种形式的票据完成的收购也可以称为现金支付，因为目标公司股东获得的票据在某种程度上讲只是推迟的现金支付。现金支付方式是企业并购支付方式中最直接、快速、简单的支付方式。在所有的并购案例中，现金支付占有很高的比例。现金支付的一个鲜明特征是一旦目标公司的股东收到对其所持有股份的现金，就失去了对原公司的任何权益。

（二）股票支付

股票支付又称换股并购，是指收购公司按一定比例将目标公司的股权换成本公司的股权，目标公司从此终结或者成为收购公司的子公司。股票支付的特点包括：不影响并购企业的现金状况，目标公司的股东成为并购企业的股东，股本结构发生变化，多用于善意收购。

根据具体方式的不同，股票支付又可以分为三种情况：

（1）增资扩股。增资扩股是指收购公司采取发行普通股或可转换优先股来替换目标公司的股票从而达到收购目的的行为。

（2）库存股换股。在有些国家，比如美国，法律允许收购公司将库存的那部分股票来替换目标公司的股票。

（3）母子公司交叉换股。此种方式的特点是收购公司本身、收购公司的母公司以及目标公司之间都存在换股的三角关系。在换股后，目标公司要么消亡，要么成为收购公司或收购公司母公司的子公司。

（三）综合证券支付（混合证券支付）

采用综合证券支付进行并购是指并购方的出资不仅有现金、股票，还有认股权证、可转换债券和公司债券等多种混合形式。综合证券支付的特点包括避免支付更多的现金，估价简单，防止控股权的转移。

在实际的并购活动中，并购企业很少采用单一的支付方式来出资，一般都会结合几种方式，采用混合支付的办法出资。从各国的并购实践来看，综合证券支付在所有并购支付方式中所占比例呈不断上升趋势。

此外，在杠杆收购（LBO，是指收购方以目标公司的资产或将来的现金收入作为抵押向金融机构贷款，并用贷款收购目标公司的方式）中，通常由投资银行安排过渡性贷款收购目标公司，一旦收购成功，目标公司将在投资银行的安排下发行高收益债券（又称垃圾债券），所筹集的资金用于偿还过渡性贷款。

二、对三种出资方式的评价

（一）对现金支付方式的评价

现金支付方式，其估价简单明了，操作简单，并购速度快，在进行敌意收购时优势明显。对目标公司的股东来讲，现金支付可以使其虚拟资本迅速转换为现金，不必承担任何证券风险，即时得利，而且也不会受并购后公司发展前景、利息率和通货膨胀变化的影响，因此现金支付往往是目标公司股东最乐意接受的出资方式。但是现金出资方式使得目标公司的股东无法推迟资本利得的确认时间，从而不能享受税收上的优惠政策，也不能拥有新公司的股东权益。对于并购方企业而言，现金支付最大的优势是速度快，使得有敌意情绪的目标公司无法获取足够的时间来采取反收购措施，也可以打潜在的竞争对手一个措手不及，有利于收购交易快速平稳完成；同时，并购企业在获得目标公司控制权的同时不会稀释现有股东权益；此外，用现金支付可以在某种程度上向外界表示并购后企业获得强大现金流的能力。但是，现金支付是一项沉重的即时负担，是以可能丧失潜在的良好投资机会为代价的，要求企业确实有足够的现金流和筹资能力；此外，并购的交易规模也会受到获利能力的限制。现金支付是早期并购交易主要的支付手段，但是随着资本市场的迅速发展以及各种金融支付工具的出现，纯粹的现金支付在现代并购活动中已不多见了。

（二）对股票支付方式的评价

用股票支付对于目标公司的股东而言，可以推迟收益确认时间，达到延迟纳税的目的；另外，由于目标公司的股东仍然保留其所有者权益，因而能够享受并购后公司实现价值增值的好处。但是股票支付增加了目标公司股东收益的不确定性，当并购公司的股价下跌时，目标公司的利益自然会受到损害。对并购方企业而言，采用股票支付方式不需要支付大量的现金就可以控制目标公司，免除了即时付现的压力，不会挤占营运资金，可以减少支付成本；同时，可以在短时间内迅速筹集大量资金，使得大规模的并购交易成为可能。但是，股票支付会在某种程度上改变公司的资本结构，稀释了原有股东的权益及其对公司的控制权；从另外的角度考虑，用股票支付可能对外预示并购方的估价被高估或者企业的预期未来现金流量会有不利变化，表明并购后的企业利用内部资金抓住投资机会的能力较弱；另外，股票的发行要受证监会和证券交易所各种规则的限制，发行手续烦琐、迟缓，不仅使得有敌对情绪的目标公司有时间组织反并购措施，而且还可能引起潜在的竞购对手参与竞购从而抬高并购价格。近几年的并购案例表明，股票支付无论是在交易笔数还是交易金额上都超过了现金支付方式，而且趋势越来越明显。

（三）对综合证券支付方式的评价

对并购企业而言，综合证券支付方式可以将多种支付工具组合在一起使用，兼有各种支付方式的优点，如果能根据实际情况搭配得当，不仅可以避免支付过多的现金而造成的财务结构恶化，还可以有效防止并购方原有股东股权稀释而造成的控制权的转移。但是，并购双方股东利益和并购价格的影响是十分复杂的，在不同的情况下，各种证券所占权重不同，其影响亦不一样。因此，综合证券支付方式是一种技术含量相当高的支付方式，一般需由投资银行经过周密设计来确定各种不同证券的比重，必要时还要进行模拟分析来推测市场的反应，因而操作起来相当复杂。采用综合证券支付能够满足并购双方的要求，便于双方相互妥协达成一致，较易为双方接受。综合证券支付方式已经被越来越多地采用，成为最主要的支付手段之一。

此外，运用杠杆收购方式，收购方只需要较少的自有资金，主要是以目标公司作为担保借债来完成收购，由此可以合理避税，减轻税负；同时，由于目标公司的未来收入具有很大的不确定性，使得投资者需要较高的收益率作为回报，具有杠杆效应。杠杆收购很多是由管理层推动的，管理层对公司的情况十分了解，他们接管公司后往往能使公司焕发出惊人的活力。但是杠杆收购会使资本结构中的债务比例过大、贷款利率过高，收购方在沉重的债务压力下，一旦出现经营不善的情况，很可能被巨大的债务压力压垮。

三、影响支付方式的因素

并购中支付方式的选择要根据具体情况而定，首先要顾及自身的实际情况，考虑本企业资产的流动性和在金融市场上融资的能力等因素，还要考虑本企业股东对资本结构变化的反应以及目标公司股东、管理层的具体要求和资本结构。

（一）企业的财务状况

如果目标公司的现金流比较充足，资本结构、财务状况很好，或者在其股票的市值被低估时，并购企业可以使用现金支付方式出资并购；相反，如果目标公司的财务状况不好，财务风险很大，或者在目标公司的股票价值被高估时，并购企业用股票支付方式出资比较合理。

（二）股东的意见和要求

收购方案必须得到股东大会的支持并通过。股东一般关注的是控制权的稀释问题，除非收购后的企业面临较大的风险或者企业无法筹集足够的现金来支付，否则他们一般倾向于使用现金、资产置换等非股权形式，而不愿意采用股票支付的办法。

（三）资本市场的完善程度

在资本市场发达的西方国家，金融工具品种繁多，融资的成本相对较低，选择范围大。在我国，资本市场尚不成熟，各种金融工具欠缺，融资成本高，所以直接融资渠道少，企业能选择的支付形式比较有限。

（四）目标公司的情况

目标公司的股东对并购行为的态度在很大程度上会影响支付方式。比如，在目标公司对并购存在敌对情绪的情况下，股票支付是很难实施的；在目标公司的股东对并购后企业的发展持乐观态度的情况下，他们倾向于采用股票支付以期获得更多的未来收益；当目标公司的股东发现新的更好的投资机会或者有意撤资的时候，他们可能只会接受现金支付的方式。

我国企业并购的支付方式主要是现金支付，并且通常和某种程度的分期付款相结合，采取的方式一般是现金购资产或者现金购股票。由于受融资渠道的限制，并购现金主要来源于企业的原始积累，其次是银行贷款或发行股票、债券等。但后者受现行金融体制的制约，实施的规模比较小。支付方式的简单、落后，使得大规模的并购遭遇资金瓶颈。与国外相比，我国并购涉及的金额相对较小。

最近几年，我国也出现了股票支付的并购案例，但是我国的股票并购中较常见的是资产折股。资产折股的常见做法是以商定的价格将目标公司折算成股金投入并购方，常用于控股母公司将下属资产通过上市子公司的壳"借壳上市"，或者是并购方将资产注入合资公司以达到控股的目的。除了资产折股之外，以股换股的方式只出现在流通股所占比重较大的并购中。但是由于目前我国证券化程度低以及上市公司中非流通股所占比例很高，因而以股换股的案例屈指可数。虽然《上市公司收购管理办法》规定上市公司收购可以采取股票支付，意味着换股、定向增发等国际通行的并购手段在我国都可以尝试，但是《中华人民共和国公司法》《中华人民共和国证券法》对上市公司增发新股作了严格的规定。过去的实践表明，只有少数的企业采用了股票支付的方式，大多数公司都不具备换股、增发新股的条件。

另外，由于我国的市场经济体制尚在完善中，大部分的法人股和国有股都还不能上市流通，在这种特殊的背景下出现了一些特殊的支付方式，比如在政府的直接干预下，经营不善、陷入困境的目标公司被无偿划转给收购方企业。在这种方式下，国家通过行政手段将国有企业的控股权从一个国有资产管理主体转至另一个国有资产管理主体，而受让方无须向出让方做出现金、股票支付等补偿。这种支付方式虽然交易成本低、阻力小、速度快、产权整合力度大，而且并购方往往还能享受到当地政府给予的多种优惠政策，但即使没有形式上的支付，大量的安置和剥离成本也往往会成为并购方企业不能承受之重，使并购企业背上沉重的包袱。

由此可见，我国的企业并购支付存在不同于西方的特殊情况，要发展和完善我国企业并购中的出资方式应立足于我国企业并购支付的现状，针对现行支付手段存在的问题，借鉴其他国家的成功经验，走适合自己的道路。

第四节　企业并购的融资管理

企业并购中所需要支付的大量资金需要通过融资来解决，所融资金的充裕程度往往成为决定并购成败的关键因素。企业具体采用何种融资渠道要受并购双方的财务状况、并购中支付方式的选择、融资后风险等诸多因素的共同影响；并购行为能否成功、并购后企业风险的高低在一定程度上要由融资管理决定。本节主要介绍并购融资的渠道以及融资方式的选择。

一、企业并购的融资方式

企业既可以从内部融资，也可以从外部取得并购所需资金。内部融资是指企业从内部开辟资金来源渠道以筹集所需资金，主要是通过销售商品和提供劳务取得。使用内部资金融资可以减轻企业的税负并且不会受资金提供者过多的监督。但企业内部资金的积累是一个漫长的过程，一般而言其数量是相当有限的，并购所需的巨额资金很难通过内部途径就可以完全解决。因此，内部融资一般不作为并购融资的主要方式。外部融资在并购融资中往往扮演着更为重要的角色。外部融资是指企业从外部开辟资金来源渠道，向企业以外的经济主体筹集资金，主要包括股票融资、债务融资、混合融资以及特殊融资方式。下面我们将分别介绍这几种融资方式。

（一）股票融资

股票融资又称权益融资，是西方国家最常见的融资方式，具体又分为普通股融资和优先股融资。

普通股是股份有限公司发行的无特别权利的股份，也是最基本、最标准的股份。发行普通股筹集的资金具有永久性，没有到期日也无须偿还，并且没有固定的股利负担，股利的支付与否以及支付的比例要根据并购后公司的盈利状况和经营需要来决定，因此发行普通股筹资的风险较小。普通股还可以反映公司的实力，提高公司信誉，增强公司的举债能力。在通货膨胀的情况下，由于普通股随着不动产升值，发行普通股筹资还可以在一定程度上抵消通货膨胀的不利影响。但是由于普通股的投资风险高、普通股股利不具备抵税的作用以及较高的发行费用，造成普通股的资本成本较高。另外，普通股筹资会增加新股东，可能会造成公司控制权的分散；此外，新股东分享并购公司未发行新股前积累的盈余，会降低普通股的每股净收益，可能导致股票价格的下跌。

优先股又称特别股，是股份公司专门为想获得优先特权的投资者设计的一种股票，一般会预先约定优先股的股息收益率，股东有优先领取股利和分配剩余财产的权利，但是没有选举权和投票权。并购公司通过发行优先股可以以固定的成本融得资金，由于优先股的收益率是事先确定的，因而成本相对较低；相对负债来说，优先股也没有到期还本的压力；由于优先股的股东没有选举权和投票权，并购公司的普通股股东就可以避免控制权的分散。但是优先股的成本相对负债来说还是较高，并且由于其承担了相对较高的风险却只可以享受固定的收益，所以发行时的吸引力往往不够。

在实践中，并购企业要采用股票融资的方式一般有两种途径。

1. 发行新股或者向原股东配售新股

发行新股或者向原股东配售新股，即企业通过发行新股票并用所得资金来支付并购的价款。无论是发行新股还是向原股东配售新股，其实质都可以看成企业用自有资金进行并购，因此财务费用较低，可以降低并购成本。这种方法其实也是以公司的股权换资金，并用筹集起来的资金以现金的方式支付给目标公司的股东，在某种程度上也可以理解为一种现金支付方式。

2. 换股并购

换股并购是指并购企业以股票作为并购的支付手段。最为常见的是并购企业通过向特定的投资者（通常是原股东）发行新股并以此替换目标公司的股票，也叫定向增发。如上一节所述，虽然换股并购有很大的优势，但是在我国其运用还是受很多因素的限制，一般只出现在善意并购案例中。

（二）债务融资

债务融资是指并购企业向外举债而获取资金的方式，其中包括银行信贷融资和发行债券融资。

1. 银行信贷融资

银行信贷融资主要是指企业根据借款合同或协议向商业银行等金融机构获得贷款的行为。这种贷款不同于一般的商业贷款，它要求并购方企业提前向可能提供贷款的金融机构提出申请，即使涉及商业秘密，也要就可能出现的情况进行坦诚磋商，因为这种贷款金额大、期限长、风险高。银行贷款是企业资金的重要来源，更是企业并购融资的主要方式。如果企业并购资金是以负债为主，那么企业和银行同时都要承担很高的潜在风险，所以银行等金融机构在提供贷款时，往往要求并购企业以并购后的现金流作为担保，并且要求对收购的资产或股权享有一级优先权。

银行信贷融资程序相对简单，中间费用也很低，能够保证企业在短时间内以较低的资金成本获得并购所需的巨额资金。但是这种贷款的获得难度相当大，因为首先银行一般不会向企业提供这种高风险的贷款；其次，企业如果想从银行取得这种贷款，就必须公开其财务、经营状况，并在以后的经营中受到银行的种种制约；最后，一旦优先级别的贷款不能满足资金需求，企业如果想再通过其他方式来融资，融资成本就会提高，因为此时企业的风险等级已经提高。

2. 发行债券融资

企业债券是指企业按照法定程序发行，约定在一定时期还本付息的有价证券，主要包括企业债券、垃圾债券等。在企业的并购活动中一般使用的是抵押债券和担保债券。抵押债券是以某种实物资产作为还本付息的保证的债券，如果债券发行者到期无力偿还债券的本息，债权人有权处置抵押的资产用来偿还本息。担保债券不用企业的实物资产作为抵押，但是需要其他企业、组织或者机构的信用担保，并购中常用的担保债券一般是由并购方企业提供担保的目标公司发行的债券。

除各种企业债券以外，一种新型的融资工具"垃圾债券"于20世纪80年代开始盛行，它是一种资信评级低于投资级或未被评级的高收益债券。垃圾债券一般由投资银行负责承销，保险公司、风险资本投资公司等机构投资者作为主要债权人。垃圾债券的两个最明显的特征是高风险和高收益。垃圾债券没有传统贷款的现实资产保证，不能保证像传统贷款一样能及时有保障地收回贷款；它以未来资产作为保证，具有很高的不确定性，因此风险很高。高风险投资者必定要求高回报，效率低、信誉低的企业发行高收益率的债券，可以吸引那些在市场上寻求高额收益的资金。对于发行企业来说，发行这种债券可以筹集大量资金，而债券的购买者为了获得高收益也愿意购买这种高风险的债券。垃圾债券的产生为并购企业特别是杠杆收购提供了重要的资金来源。

与股票融资相比，债券利息是税前支付，具有抵税的功能；利息以及本金的支付是固定的，风险较低因而筹资成本也低；并且债券的发行不会稀释股东的控制权，很容易得到股东的支持。但是，定期还本付息会给企业造成很大的压力。另外，在我国现行的政策和法规的限制下，发行债券的程序相当复杂并且发行规模受到严格限制，一般很难满足企业并购时的融资需求，发行垃圾债券更是不可能。因此，在现阶段发行债券融资只能作为国外成功的一种并购融资方式加以借鉴。

（三）混合融资

除了上述的股票、债券融资以外，还有既带有权益特征又带有债务特征的特殊融资工具，也称为混合融资工具，这些混合融资工具在现代企业并购活动中扮演着越来越重要的角色。这里主要介绍两种常见的混合融资工具，即可转换债券和认股权证。

1. 可转换债券

可转换债券是指可以被持有人依据一定的条件将其转换为企业股票的债券。可转换债券是一种很好的筹集长期资本的工具。在发行初期，可转换债券可以为投资者提供固定的利息报酬，当企业资本报酬、普通股股价上升的时候，投资者又有将其转换为股票的权利。这实际上是一种负债和权益相结合的混合融资工具，它为投资者提供了有利于控制风险的选择权利。

对于并购方企业来说，通过发行可转换债券，不仅能使公司以比普通债券更低的利率和更宽松的契约条件出售债券，而且还提供了一种能以比现行价格更高的股价出售股票的方式，有利于获得低成本的长期资本。对于目标公司而言，可转换债券不仅具有债券的安全性，而且还具有股票的预期收益分享能力。另外，可转换债券提供的选择权可以使目标公司的股东在预期股票价格开始上升时行使选择权。但是当股票价格迅速上涨并远远高出转换价格时，发行可转换债券可能使并购方承受财务损失，所以一般并购企业会规定一个债券回赎条款以减少这种风险。如果股票价格没有像预期的那样上涨，并购双方都会受到损失，并购方企业损失的是未来的融资能力，目标公司则会由于不能行使转股权而只能获得很低的债券利息收入。只要目标公司的股东行使转股权，个无法避免的事实是并购方企业的控制权会稀释。

2. 认股权证

认股权证是上市公司发出的证明文件，赋予它的持有人的一种权利，持有人在指定的时间内，有权以指定的价格认购该公司发行的一定数量的新股。认股权证通常随着企业的长期债券一起发行。就本质而言，认股权证和可转换债券既有相似之处又有不同的地方：在进行转换时，两者都是由企业债务形式转换为股票形式，但是可转换债券是由债券资本转换为股票资本，而认股权证则是新资金的流入，可以用来增资、偿债或者收购别的企业。对于并购方来说，认股权证不仅可以避免目标公司的股东马上成为本公司的股东从而造成控制权分散，还可以延迟支付股利，为公司提供额外的股本基础，而且对并购方企业目前的股东利益不会造成影响。目标公司的股东之所以愿意购买认股权证是因为看好公司的发展前景，并且认股权证通常都比较便宜，认购款可以延迟支付，只需要很少的资金就可以转卖认股权证而获利。当然发行认股权证也有不利之处：如果在认股权证的行使时间段内并购企业的股价大大高出认股权证约定的价格，发行企业会蒙受很大的融资损失；相反，在股票价格低于认股权证约定的价格时，目标公司的认股权证会失去价值，同时并购方企业由于股票价值下跌会承受更大的损失。

（四） 特殊融资方式

特殊的融资方式主要是指杠杆收购融资和卖方融资。

1. 杠杆收购融资

杠杆收购是通过增加并购方企业的财务杠杆去完成并购交易的一种并购方式，它的实质是并购企业首先以负债的方式取得目标公司的产权，然后用目标公司的资产或者现金流来支持偿还债务。杠杆收购通过精心的财务结构设计，可以使并购中的资本投资降低到交易价格的10%甚至更低；换言之，杠杆收购中债务融资的比例可以高达90%以上。这种融资方式的出现使得小公司收购大公司成为可能，大大拓展了并购范围。杠杆收购的优势十分明显，收购方以少量的自由资金便能融得大量并购资金。采用此方法，公司的负债比率大幅度提高，财务杠杆效应显著增强，能给股东带来很高的收益率，与此同时，由于负债的减税效应使得企业税负大大降低。当然，一旦发生经营不善或者出现其他不利因素，企业资本结构中过高的负债比率造成的财务压力很可能导致企业迅速破产。

2. 卖方融资

在企业并购中，一般都是由买方融资，但是当卖方因种种原因急于出售资产或买方没有条件从贷款机构获得抵押贷款时，卖方可能愿意以低于市场平均利率水平的利率为买方提供并购所需的资金，这种融资方式即卖方融资。在卖方融资的条件下，买方要在完全付清货款以后才能获得资产的全部产权，如果买方出现无力还贷的情况，卖方有权收回该资产。在分期付款条件下以或有支付的方式购买目标公司是比较常见的卖方融资方式。它是指并购双方完成并购交易后，并购方并不全额支付并购的价款而只是支付其中的一部分，剩下部分在并购后的若干年内分期支付。分期支付的款项根据并购后的实际业绩决定，业绩越好，支付的款项也就越高。卖方融资对于促进并购行为无疑是十分有利的：并购方能以目标公司提供的低成本资金控制目标公司，省去了大量融资成本和时间；对目标公司而言，能达到其迅速出售的目的，并且由于分期收到并购款项，从而可以享受递延税负带来的好处。但是由于这种或有支付的期限一般只有几年，目标公司可能有意运用会计政策等手段使并购方支付尽量多的款项，从而危及公司的长远发展，此时采取换股并购的方法将双方的利益联系在一起可能是一种比较理想的解决方案。

二、并购融资方式的选择

并购融资和一般的企业融资一样，必须遵循使资本结构达到最优化的原则。但是由于并购融资会对并购企业的财务状况以及权益价值产生一些特殊的影响，对于并购企业来说，在融资过程中，首先应该根据具体情况选择适合企业及并购项目的融资方式，然后还应该分析不同融资方式及融资结构安排对企业财务状况的影响。融资的顺序一般遵循先内部融资，再债务融资，最后权益融资的步骤。这是因为内部融资风险最小，保密性最好，方便且费用最低；债务融资速度快，成本较低，保密性也较高，是信用等级高的企业一种极好的外部融资途径；权益融资保密性差，速度慢且成本很高，控制权也很容易受到稀释，但是这种方式所能获得的资金数量相当可观。这种融资顺序的选择仅仅是从成本的角度来考虑问题。我们还应该根据企业自身的资本结构来决定融资工具的类型，也就是在财务杠杆收益和财务风险之间寻求一种平衡。最后，我们还要对融资工具进行设计，主要包括期限的长短、利息率的高低以及采取何种方式发行。

在并购实践中，融资方式的选择往往是和支付方式的选择紧密相关的，甚至可以说在决定采取以何种方式支付并购价款的同时，并购的融资方式应该是已经确认了的。下面我们将简要介绍不同支付方式下的融资管理。

（一）现金支付方式的融资管理

现金支付会给并购方造成沉重的现金负担，通常企业都不可能有足够的流动资产变现后支付给目标企业，所以并购企业一般都要到外部去寻找资金来源。常见的筹资方式有增资扩股、向金融机构贷款、发行企业债券、发行认股权证，或者是这几种融资方式的综合运用。

（二）股票或综合证券支付方式的融资管理

随着并购交易规模的扩大以及现金支付本身存在的种种缺陷，现在并购资金的支付很大部分都要靠股票或者综合证券来支付。并购企业选择用股票或者综合证券来支付，其发行的证券要求是已经上市或者即将上市的，因为这样证券才有流动性并有一定的市场价格作为换股参考。并购企业在选择用股票支付或综合证券支付时，除了可以发行普通股、优先股以及债券外，还可以有认股权证、可转换债券等多种混合形式。

（三）杠杆并购方式的融资管理

杠杆并购通常都与发行垃圾债券联系在一起，甚至被完全画上等号，但是发行垃圾债券只是杠杆并购中最主要的融资工具。杠杆收购的实质在于以小比例的自有资金支撑大比例的负债。在杠杆收购的融资安排中，并非都是以垃圾债券为主；在一些杠杆收购中，靠资产担保或抵押得到的一级和次级银行贷款所占的比例可以高达60%，另外还有10%左右的权益融资。因此，杠杆并购的融资方式是多种多样的，除了垃圾债券以外，普通股、优先股、可转换债券、认股权证以及各种金融机构贷款等都可以作为融资手段。

【例4-4】企业并购案例——盈动收购香港电讯[①]

2000年2月27日香港电讯的母公司大东电报局正式表示，愿意转让香港电讯的控制权给盈科数码动力（以下简称"盈动"），双方达成收购协议。盈动此次出价359亿美元，向大东电报局收购香港电讯54%的股权。

香港电讯近来每年都有超过100亿港元的收入；而盈动1999年才成立，当时还没有实实在在地挣到钱，甚至1999年的中期报表显示，盈动亏损了3970万港元。以收购期间的股票价格计算，盈动与香港电讯的市值之和达6000亿港元，这个数字仅次于在香港上市的中国电信和汇丰银行，名列第三。盈动要收购成功，必须要有相当数额的现金作饵，才能吸引正急需资金调用的英国大东电报局，所以盈动首先需要解决的问题是钱。盈动的市值虽过千亿港元，但手头可动用的现金只有240亿港元，并不足以收购香港电讯这头巨象。故盈动静观其变，以便寻找适当的时机。

与此同时，大东电报局招来了新加坡电信。新加坡电信是新加坡的国有电话公司，

---

① 案例来自浙江工商大学财务与会计学院网站。

市值 2 600 多亿港元，手中可动用的资金达 930 亿港元，是盈动的数倍，颇具实力。香港电讯对盈动有三方面的吸引力：其一是看好香港电讯的管理层；其二是它具有覆盖面较广的固定网络资产；其三是看好它目前与其他伙伴之间的合作项目。为了增加收购香港电讯的本钱，盈动一方面进行配股，以每股 23.50 港元配售 2.05 亿股，筹集 10 亿美元；另一方面着手向银行贷款。一个星期后，即 2000 年 2 月 22 日，由中国银行、汇丰银行、巴黎国民银行以及巴克莱银行组成的银团答应向盈动贷款 130 亿美元，折合港元 1 000 多亿元。其中，中国银行占 50 亿美元，汇丰银行占 40 亿美元。盈动以香港电讯股份作为这笔巨额贷款的抵押品，整笔过渡期贷款分为 6 个月及 1 年期两部分。同时，盈动的两家战略性伙伴，美国的 CMGI 及日本光通信各向盈动注资 5 亿美元。

大笔的融资增强了盈动的收购实力。可是消息再次提早外泄，盈动不能在 2 月 14 日复牌，而香港电讯在同一天恢复交易后，在抢购消息的刺激下，股价暴涨，从停牌前的 17.65 港元涨至 27.65 港元，并以 26.4 港元报收。到了下一个交易日，盈动复牌，股价升至 26 港元，市值也已超过 200 亿港元。由于股价发生了变动，谈判的基础就不同了。在资金充裕的情况下，盈动提出了两个收购方案，分别为纯股票方案和混合式方案。根据方案一，盈动将以 1.1 股盈动股份换取 1 股香港电讯股份。按此方案计算，香港电讯每股 24.37 港元，市值 380 亿美元，约合 2 860 亿港元。根据方案二，每股香港电讯可换取 0.711 6 股盈动，另加 7.23 港元现金。按此方案计算，香港电讯每股 22.98 港元，市值 359 亿美元，约合 2 700 亿港元。后者的优点在于能够大量套现，比较符合急于卖掉香港电讯套取现金的大东电报局的要求。而新加坡电信和大东电报局谈判时，香港电讯股价在 16 港元上下，所以新加坡电信开出的价码也就是 16 港元左右。按照新加坡电信的出价，香港电讯的总值不到 300 亿美元。由于香港电讯的总股本为 119.6 亿美元，盈动的两种定价分别使香港电讯的总值为 2 900 多亿港元和 2 750 亿港元。而按照新加坡电信的出价，香港电讯的总值大约在 2 000 亿港元上下。以大东电报局持股 54% 计算，大东电报局方面因被盈动收购可获益 400 亿港元以上，且还持有新公司的部分股权。

在这场并购战中，盈动是个大赢家：①收购协议使其股价与市值飙升，这也直接降低了其收购成本；②盈动配股集资超额 10 倍认购，表明盈动获得投资者认可与支持，声誉得到进一步提高；③盈动出价主要以换股方式，花费不多，却能收购香港电讯。

第五节　杠杆并购

一、杠杆并购的概念及特点

杠杆并购是企业并购的一种特殊形式，其实质是以债务资本为主要融资工具，通过收购者的大量举债来向目标公司的股东购买公司股权，而这些债务资本大多是以目标公司的资产或未来现金流为担保而获得的。杠杆并购主要是运用财务杠杆加大负债比例，以较少的资金投入融得数倍的资金，对目标企业进行收购、重组，使目标企业产生较高盈利能力后，再伺机出售或进行经营的一种资本运作方式。杠杆并购有两个突出的特点：①并购资金来源主要是债务性融资。并购公司利用财务杠杆，调整负债和股本的比率，在资本市场上取得完成并购所需要的大部分资金，这里的"大部分"一般是70%~90%。②杠杆并购的中介一般是专门从事杠杆并购的投资银行或投资基金。由于杠杆融资的资金主要来源于外部融资，并且风险较高，杠杆并购只有依赖于拥有经验丰富的专业金融机构和专业人士才能完成。

二、杠杆并购的融资方式

杠杆并购始于20世纪60年代的美国。与一般企业并购相区别，杠杆并购往往通过大量举债来融资，主并方的自有资金只占并购总额的10%~30%。杠杆并购中，垃圾债券往往成为一种主要的筹资工具。主并方充分利用财务杠杆，以小比例的自有资金支持大比例的负债资金。其融资结构往往体现为混合融资方式，包括金融机构信贷、抵押贷款、发行商业票据、发行企业债券（高级债券、次级债券、垃圾债券、可转换债券等）、发行认股权证、发行股票（优先股、普通股等）、卖方融资等多种融资工具。据悉在一些杠杆并购中，靠资产担保或抵押得到的一级和次级银行贷款所占的融资比例可高达60%，债券融资比例大约为30%，权益融资占10%。杠杆并购中，融资机构通常包括银行、基金、保险公司以及非银行金融机构等。成功的杠杆并购案例中，杠杆并购给主并企业和目标公司的股东带来的收益通常为40%~60%。

三、实施杠杆并购应该具备的条件

纵观许多杠杆并购的案例，我们可以发现目标企业具有以下特征，而这些特征事实上已成为开展杠杆并购的微观有利因素，也是实施杠杆并购应该具备的条件。

（一）目标企业有较稳定的净现金流

在并购中，目标企业需要支付本金和巨额利息，如果目标企业有较稳定的现金流，一方面使得对目标企业的估值比较准确；另一方面，贷款人也比较放心，收购方能够便利地筹集到收购资金。

（二）目标企业有许多容易变现的资产

杠杆并购中偿还巨额负债的另一种途径就是变卖目标企业的部分资产。如果这些资产的出售对企业未来盈利能力影响不大则最佳。目标企业的这一特征使得收购方在实行杠杆收购以后，能够将部分资产出售变现以偿还债务，降低债务利息负担，从而增强对债权人的吸引力。

（三）有良好的资本结构

如果目标公司被收购前的资产负债率较低，尤其是负债相对于可抵押资产的比率较低，则增加负债的空间相对较大。此种情况下，收购者能够以目标企业的资产为抵押筹集到较多的资金，便于杠杆收购的开展；否则，收购者无法通过目标公司资产的抵押得到新的负债能力。

（四）目标企业运行效率低下，有较大的降低成本的空间

在实施杠杆收购后，目标公司不得不承担新的负债压力。如果目标公司可以较容易地降低成本，提高企业运作效率，那么其偿债压力就可得到一定程度的缓解。这就

使得收购者在收购后能够通过减少成本费用支出，提高企业运作效率来提升企业价值。

【例4-5】1988年，世界著名的专门从事杠杆并购的投资公司——美国的KKR公司成功收购雷诺-纳比斯科公司（RJR）的事件，当时震动了整个华尔街。作为当时美国最大的食品和烟草生产商，1988年10月，RJR公司的股价与基本面严重背离，每股只有45美元。以罗斯·约翰逊为代表的管理层向董事会提出管理层收购（MBO）。而美国KKR公司则是RJR公司收购案中的另外一个收购方。

以罗斯·约翰逊为代表的管理层计划在收购完成后出售公司的食品业务，只保留烟草业务。而KKR则打算保留烟草及大部分食品业务，尽可能地维持公司原貌。虽然管理层出价最高，为每股112美元，而KKR每股出价仅109美元，但KKR的方案看上去可靠、安全，而且符合员工及股东的最高利益。即使会减少9.26亿美元的入账，董事们还是选择了KKR。

在收购中，KKR付出的代价极小，由于KKR发行了大量垃圾债券进行融资，并承诺在未来用出售被收购公司资产的办法来偿还债务，因此这次收购资金的规模虽然超过250亿美元，但其中使用的现金仅为15亿美元。RJR公司则在收购完成后一蹶不振，当它用烟草带来的现金清偿垃圾债券时，其竞争对手却把利润用于再投资。而KKR遗留下来的问题不仅仅是少得可怜的资金回报，还在于其引进的其他行业领导人的失败。在业绩持续下滑后，1995年年初，KKR不得不剥离了RJR公司的剩余股权，雷诺烟草控股公司再次成为一家独立公司，而纳比斯克也成为一家独立的食品生产企业。经过一番明争暗斗，雷诺公司和纳比斯克公司又回到了各自的起点。在此过程中，中小股东成为最终的受害者。

四、杠杆并购的特殊形式——管理层收购

管理层收购（Management Buy-Out，MBO）是指目标公司的管理者或管理层利用自有资金或外部融资收购本公司的股份，改变本公司的所有权结构、控制权结构和资产结构，达到重组本公司的目的，并且希望获得预期收益的一种收购行为。MBO是杠杆收购的一种，自20世纪60年代起，已经在资本市场相对成熟的西方发达国家被广泛使用。

（一）管理层收购的界定及实质

管理层收购又称经理层收购，属于杠杆收购（Leveraged Buy-Out，LBO）。由于收购主体是目标公司的管理层，因此实行管理层收购后，原来经营管理者的身份转变为经营管理者与所有者合二为一，实现了所有权与经营权的统一。

MBO的类似形态包括MBI（Management Buy-In）和MEBO（Management and Employee Buy-Out）。其中，前者指外部经营管理者（非目标公司经营者）收购目标公司；后者指由目标公司的管理层和雇员（职工）共同发起成立并以管理层为代表的职工持股会的收购行为。在20世纪60~80年代，随着利用被并购企业（目标公司）自身资产来支付并购资金的杠杆收购的出现，小企业以目标公司的资产或未来的现金流为担保向金融机构贷款或发行债券得以收购大企业。MBO作为杠杆收购的一种表现形式也应运而生，在美国、英国等发达国家的成熟资本市场中得到广泛的运用。

MBO的实质为杠杆收购，表现为收购中利益相关者之间的多重利益如何达到均衡

的博弈。MBO这种杠杆收购的动因最初表现为企业为追求高附加值和高投资回报率，放弃一些与企业利益相矛盾的或无利可图的子公司或部分业务，将其出售给经营管理者，解决股权结构和资产结构调整以及企业重组的问题。其后，由于MBO在国有企业的私有化改造以及节约委托代理成本等方面兼具特殊的作用，更多地被用于完善企业经营者的激励机制与约束机制，解决公司法人治理问题。在美国、英国、日本等发达国家成熟的资本市场中，MBO得到广泛的运用。在美国，MBO往往用来淘汰无效的经营管理者；在英国，MBO更多地用于国有企业改制；在日本，MBO更是作为商业票据（Commercial Paper，CP）的新手法，即作为投资的一种手段。

党的第十四次全国代表大会确定建立社会主义市场经济体制的经济体制改革目标以来，国有企业改革是我国经济体制改革的中心环节。党的十六届三中全会又提出了"积极推行公有制的多种有效实现形式，加快调整国有经济布局和结构"以及"建立健全国有资产管理和监督体制，深化国有企业改革，完善公司法人治理结构"。而在我国国有经济布局和结构的调整中，MBO作为国有企业产权制度改革的有效形式之一，已成为企业重组的一种手段，用以解决国有企业产权虚置和所有者缺位的问题。

（二）管理层收购的特征

1. 收购主体的特定性

管理层收购的主体主要是目标公司的管理层，可以是一个人发起，可以是几个高层管理者共同发起，还可以是资深员工共同发起。这些人都非常了解本公司，并有相对较强的经营管理能力。

2. 主要通过借贷融资来完成

管理层收购属于杠杆收购，管理层首先要进行债务融资，然后再用收购企业的现金流来偿还贷款，债务融资占有很大的份额。债务融资由先偿债务、次级债务和流动资金贷款三部分构成。成熟的企业一般有比较稳定的现金流，有利于管理层收购的顺利实施。当然，由于管理层收购所需的资金主要通过融资来完成，这就要求收购者具有较强的组织能力和资本运营能力。

3. 管理层收购的目标公司往往具有巨大的资产增值潜力

由于公司存在潜在的管理效率空间，管理层才能通过对本公司的直接占有来降低代理成本，进而获得由巨大现金注入带来的更多的经济效益。

4. 目标公司可能由上市公司变成非上市公司

一般来说，管理层收购完成后，管理层往往会对该公司进行重组整合，待取得一定的经营绩效后再寻求上市，使管理层收购的投资者获得超常回报。

随着管理层收购在实践中的发展，其形式也在不断变化。在实行管理层收购的过程中，由于收购所涉及的金额较大、过程复杂，所以进行管理层收购的管理层往往不是唯一的投资收购者，通常还有以下几种管理层收购形式。

第一，由目标公司的管理层与外来投资者或并购专家组成投资集团来实施收购。

第二，管理层收购与员工持股计划或职工控股收购相结合。管理层通过向目标公司的员工发售股权，进行股权融资，从而免交税，降低收购成本。

第三，管理层、员工、战略投资者三方联合出资收购。

(三) 管理层收购在我国的运作状况

在我国的 MBO 运作中,其主要操作步骤包括:第一,由目标公司的管理层发起设立一个新公司(壳公司),向卖方(目标公司)发出收购要约。如果卖方是国有企业,还须获得其上级主管部门及当地政府的同意。第二,在目标公司估价的基础上,进行企业收购的成本分析,进而确定收购价格。第三,管理层就收购进行融资规划,包括资金筹措方式和出资方式的安排。第四,管理层对收购后的公司进行重组管理,包括经营业务重组、资产重组、人员重组、管理制度重组、负债重组及股权重组等。

在实际运作过程中,管理层通常借助职工持股计划——ESOP(Employee Stock Ownership Plans)来实现管理层收购,这在我国也不例外。MBO 往往通过以目标公司管理层为代表的职工持股会认购股票,并以较高的持股比例占据绝对控股地位,实现股权结构的重组,达到管理层收购的目的。职工持股计划是 20 世纪 70 年代美国推出的企业福利计划,通过企业职工发起设立的职工持股基金将职工与企业的利益联系起来。在我国,根据持股主体不同,企业推出的职工持股计划通常有自然人持股会、职工持股会和公司法人三种模式。国内最早推行管理层收购行为的四通公司则是采取的职工持股会模式。

【例 4-6】1998 年年底,四通集团 600 多名员工在集团内部发起成立职工持股会。

1999 年 5 月,四通集团、职工持股会共同出资成立四通投资有限公司,即新四通。新四通由职工持股会代表职工个人出资 5 100 万元,占股 51%,其中管理层持股 43%;四通集团出资 4 900 万元,占股 49%。以集团管理层为代表的职工持股会在新成立的四通公司中居绝对控股地位,从而通过管理层收购达到产权重组的目的。

管理层收购作为股权结构重组方式之一,通过明晰产权来建立健全激励与约束机制,于 20 世纪 90 年代末从西方国家引进并作为我国国有企业产权制度改革方式的一种探索。虽然管理层收购在我国的发展历史不长,却不乏成功的范例。尤其是 2002 年,我国许多国有企业已经开始尝试管理层收购的改革试点,将其作为国有资本退出的一种方式;管理层收购在上市公司和非上市公司中蔚然成风。从已公布的上市公司的资料中,我们可以看出,如胜利股份、阿继电器、洞庭水殖、佛塑股份、特变电工等公司先后实施了管理层收购。

但是,随着 2003 年 3 月财政部建议"在相关法规制度未完善之前,对采取管理层收购(包括上市公司和非上市公司)的行为予以暂停受理和审批,待有关部门研究提出相关措施后再作决定"后,我国已暂停国有企业管理层收购的受理和审批工作。

2001 年 1 月 4 日,上市公司丽珠集团公告:广东珠海市桂花职工互助会拟采用委托收购方式,委托浙江国际信托投资公司收购光大集团所持丽珠集团全部股权。收购完成后,桂花职工互助会将成为丽珠集团的第一大股东。此次股权转让工作需经财政部等国家有关部门批准方能实施。

珠海市桂花职工互助会,是由丽珠集团的职工自愿组成的社团法人。该协会于1992 年 6 月在珠海市民政局登记注册成立,是丽珠集团的发起股东之一。

然而,丽珠集团的委托收购在审批阶段被暂停。此外,还有健力宝、华晨集团等企业的管理层收购失败。

【例4-7】武汉有机的管理层收购是全国首例市场化 MBO。2003 年 8 月，武汉有机实业公司的管理层拟采用协议收购的方式收购武汉有机的国有股权。但武汉市人民政府决定，武汉有机国有股挂牌竞价，公开出让。2003 年 9 月，在众多投资者中，上海复星实业、浙江升华拜克、中国远大浮出水面。四方收购价格分别为：武汉有机管理层出价 1.5 亿元，上海复星实业出价 1.2 亿元，浙江升华拜克出价 1.15 亿元，中国远大集团出价 8 180 万元。

在产权交易市场挂牌之前，产权所有者方——武汉市国资办委托的评估事务所对武汉有机的国有股进行了资产评估，企业资产总额为 1.72 亿元，国有净资产为 6 350 万元，每股 2.06 元。政府也有一些优惠条件，根据武汉市人民政府的有关文件，购买国有产权者，凡一次性交付股权款的优惠 30%，安排职工 90% 以上的优惠 10%，本地投资者再优惠 10%，即最大优惠可达 50%。

武汉有机的管理层最后以 8 187.5 万元的实际成交价格，购得公司全部国有股权，占公司股权的 54.39%，顺利地实现管理层收购。武汉有机管理层的成交价格高出评估净资产值约 29%。

近年来，管理层收购在我国上市公司和非上市公司的民营化过程中得到迅速发展，尤其是非上市公司中的集体企业更是借助 MBO 进行产权制度改革，重组企业股权结构。然而在面临改制的国有企业及国有控股上市公司的 MBO 中，由于国有企业产权主体缺位，加之上市公司中的国有股、法人股是非流通股，采用 MBO 进行非流通股的转让时，出现了诸如转让方式单一、转让价格过低等问题。甚至内部人利用信息不对称进行内部操纵，屡屡造成国有资产流失的隐患。因此，在这些领域，MBO 亟待规范。

2005 年 4 月 14 日，国资委和财政部联合出台的《企业国有产权向管理层转让暂行办法》规定：可以探索中小型国有企业国有产权向管理层转让，大型国有企业的国有产权或股权不向管理层转让。这是两大部委首次以文件形式表明了对企业 MBO 的态度，意味着国家给国有中小企业 MBO 开了绿灯。

《企业国有产权向管理层转让暂行办法》中值得格外关注的内容是："大型国有及国有控股企业及所属从事该大型企业主营业务的重要全资或控股企业的国有产权和上市公司的国有股权不向管理层转让。""管理层不得采取信托或委托等方式间接受让企业国有产权。""企业国有产权向管理层转让后涉及该企业所持上市公司国有股性质变更的，按照国家有关规定办理。"这些相关规定针对性极强，直指目前各类违规 MBO，是对现有各类分散 MBO 法规的规范和统一，将有效地堵塞今后各类管理层收购的一些漏洞，使今后各类管理层收购行为有章可循，有法可依。由于 MBO 在国有企业的私有化改造中具有独特的作用，我国 MBO 法规的建立和完善以及在国有资本流动中逐步推进布局调整，不仅将为 MBO 提供新的机遇，而且预示着 MBO 将有一个更加广阔的发展前景。

第五章

企业重整与清算财务管理

第一节　企业重整与清算财务管理概述

一、企业破产、重整和清算的概念

（一）企业破产

1. 企业破产的概念

广义上的企业破产，是指债务人（企业）不能清偿到期债务时，按照一定程序，采取一定方式，使其债务得以解脱的经济事件。

在财务管理中企业破产可分为：

（1）技术性破产，是指在企业的财务管理中由于技术性的失误，造成了企业无力偿还到期债务的现象。无力偿还债务的原因有可能是企业债务利用过多，债务结构不合理。如果企业不及时采取措施也会造成法律上的破产，即所谓的"黑字倒闭"。

（2）事实性破产，是指企业因经营不善等原因而造成连年亏损、资不抵债的现象。在这种情况下，企业的全部债务难以偿还，补救不及时，只能转入清算，但有可能引起法律性破产。

（3）法律性破产，是指债务人因不能偿还到期债务而被法院宣告破产。在这种情况下，对企业破产前以及破产清算后债务人实际能否清偿全部到期债务是不加考虑的。

狭义上的企业破产是指企业不能清偿到期债务时，由企业或其债权人向法院提出申请，法院依法运用审判程序平等清偿企业的债务，消灭其民事主体资格的法律制度。企业被法院宣告破产以后，由法院选任管理人负责破产财产的保管、清理、计价、处理和分配等事项。

在我国经济法中，破产是在债务人不能清偿到期债务时，由法院强制执行其全部财产，公平清偿全体债权人，或者在法院监督下，由债务人与债权会议达成和解协议、整顿、复苏企业、清偿债务、避免倒闭清算的法律制度。

2. 破产的法律特征

（1）破产是清偿债务的法律手段。当债务人不能清偿到期债务时，法院根据债权人或债务人的申请，把债务人的破产财产依法分别分配给债权人，以了结债权债务关系。

（2）破产是以法定事实的存在为前提。虽然世界各国在破产法中对破产作了各不相同的规定，但是总体都是以法定事实的存在作为破产的前提。

（3）破产必须经法院审理，以实现公平受偿，保护双方当事人的合法权益，通过法院宣告破产，债务人民事主体资格消亡。

3. 企业破产的界定

破产界定是指法院裁定债务人破产的法律标准，也称为破产原因。在破产立法上，对破产界限有两种方式：一种是列举方式，即在法律中规定若干种表明债务人丧失清偿能力的具体行为，凡实施行为之一者便认定达到破产界限。另一种方式为概括方式，即对破产界限作抽象性的规定，它着眼于破产发生的一般性原因，而不是具体行为。其通常有三种概括：不能清偿或无力支付；债务超过资产，即资不抵债；停止支付。我国采用概括方式规定企业破产的界限。

在理解法定企业破产界限时，应注意以下几点：

（1）造成企业亏损的原因，各国理解有所不同。世界上很多国家不管企业亏损原因如何，只要到期不能清偿债务就依法宣告破产。

（2）不能清偿到期债务是指债务人缺乏清偿能力，对于已到清偿期而受请求的债务持续地无法全部进行清偿的一种状态。

（3）不能清偿债务通常是指债务人对全部或部分主要债务在可预见的相当长期间内不能清偿，而不是因资金周转一时不灵而暂时延期支付。

4. 企业破产财务管理需要研究的内容

企业一旦进入破产程序，其财务管理也进入非常时期。由于企业财务管理目标发生了变化，企业在破产程序实施期间财务管理与正常期间有所不同。主要有以下几点：①破产企业的财务管理是一种"例外"性质的管理，即危机管理。②破产企业的财务管理内容具有相对性和变异性。企业破产是在一定的财务管理环境下发生的，随着理财环境的变化，企业有可能在瞬间由破产的逆境变化为获利的顺境。③破产企业的财务活动及破产财产受控于破产管理人，都在法院监督之下。当企业提出重整与和解申请后，应向债权人会议提交重整、和解协议草案，该协议草案经债权人会议通过并报请法院审查认可，自公告之日起具有法律效力。

由于破产企业的财务管理具有以上特点，因此有必要把破产企业的财务管理作为一个相对独立的问题来研究。其研究内容应包括两个方面：一是破产企业的财务管理理论，二是破产企业的财务管理实务。

（二）企业重整

企业重整也称为财务重组，是指对无偿付能力的债务人的财产立即进行清算，在人民法院的主持下由债务人与债权人达成协议，制订重整计划，规定在一定期限内，债务人按一定的方式全部或者部分清偿债务，同时债务人可以继续经营其业务的制度。

《中华人民共和国企业破产法》第七十条规定，债权人和债务人都可以向人民法院申请对债务人进行重整。如果债权人提出破产清算，在人民法院受理破产申请后，宣告债务人破产前，债务人或者出资额占债务人注册资本十分之一以上的出资人，可以向人民法院申请重整。

企业重整包括和解和整顿两个方面：

（1）和解是指破产程序开始后，债务人与债权人委员会就延期清偿债务期限、减少部分债务、制订企业整顿计划等达成协议，双方相互谅解，避免破产，挽救企业，终止破产程序的一种法律行为。

（2）整顿是指债务人与债权人委员会达成的和解协议生效后，债务人自己或在上级主管部门主持下进行的经营方针、经营策略、产品结构、组织管理、人员调配等方面的调整和重建。

（三）企业清算

企业清算是指企业终止过程中，为保护债权人、所有者等利益相关者的合法权益，依法对企业财产、债权和债务进行全面清查，处理企业未了事宜，收取债权，变卖财产，偿还债务，分配剩余财产，终止其经营活动等一系列工作的总称。破产清算是法院对企业宣告破产后，管理人对企业财产进行清理、变卖、处理和分配的程序。

（四）企业破产与企业重整、企业清算的区别与联系

一个已达破产界限的企业能否继续存在，取决于企业的重整价值是否大于清算价值。如果企业在可以预见的未来具有较高的发展前景，其重整价值大于清算价值，则债权人就认为企业值得重整，使其通过重整而继续生存下去；否则，企业将被迫转入清算。因此，破产财务管理包括企业重整财务管理和企业清算财务管理。

但企业重整和企业破产是不同的经济事件，二者有以下区别：

（1）前提条件不同。企业发生财务危机不能偿还到期的债务，在这种情况下，企业就可根据实际情况进行重整。虽然企业破产要符合法律规定的界限，但并不是达到破产界限的企业就必须破产。

（2）目的不同。破产是企业无法偿还到期的债务，为保护债权人的利益，不得不清算企业的破产财产，最终解散企业。重整是企业可能面临破产风险时，设法避免出现这种结果，维持企业的生存，保护所有者、债权人及员工的利益，使企业重新恢复生机，有望使企业重整发挥作用。

（3）执行机构不同。执行企业重整的机构是企业或上级主管部门，并接受债权人委员会或人民法院的监督。执行企业破产的执行机构是在人民法院指导下成立的管理人机构。

只要符合《中华人民共和国企业破产法》规定的企业被宣告破产后，就进入破产清算阶段，破产清算只是企业清算多种类型中的一种。

二、企业破产财务管理的内容

企业破产的财务管理，是根据《中华人民共和国企业破产法》及有关法律、法规、制度的规定，组织破产企业的财务活动，处理破产企业财务关系的一项经济管理工作。企业破产财务管理的内容包括破产财产管理、破产债务管理、破产清算费用管理、破产财产的分配管理等。企业在破产阶段各方面的财务关系：企业与债权人之间的财务清算关系，企业与国家之间的应交税款和应交利润之间的清算关系，企业与职工之间工资及劳保费用的清算关系，企业与其他企业单位之间的财产买卖关系，企业与清算组的费用结算关系。

（一）对企业破产接管的管理

企业破产接管管理是企业破产财务管理的重要内容之一，破产企业的法定管理者（接管者）是清算组。人民法院自宣告企业破产之日起15日内成立清算组接管企业。清算组成员由人民法院从企业上级主管部门、政府财政部门和专业人员中指定，清算组可以聘任必要的工作人员。清算组的主要职能：全面接管企业，负责保管破产企业的全部财产、账册、文书、资料和印章；负责破产财产的清理、估价、变卖和分配；在破产程序范围内，依法进行必要的民事活动；接受破产企业的债务人和财产持有人清偿债务或交付财产；破产程序终结后，向破产企业原登记机关办理注销登记。清算组还应根据清算结果制作资产负债表、破产财产明细表、债权债务明细表等相关报表资料，提出破产财产的分配方案，提交清算报告。企业破产财产接管主要包括两方面的内容：清仓查库、全面登记和财产估价。

（1）清仓查库、全面登记。企业破产时，清算组应做好实物资产的清理与登记、核实债权和进行资产的清查登记。实物资产的清查内容包括：库存现金的清查与登记，银行存款的清查和核对，固定资产的清查与登记等。

（2）财产估价。它是指以货币计量，采用适当的方法确定破产企业财产物资的实际价值。对实物性财产应根据新旧程度和市场因素，对每一项破产财产重新估计变卖价值，并登记在财产清查账簿中。财产评估作价的方法有很多，但实际应用较多的主要有重置价值法、变现价值法和净值法三种。清算组应根据财产的性质和不同情况选择适当的评估方法和标准，以使财产评估价值尽量接近变现价值。

（二）对破产财产的界定和处置方面的管理

破产财产是依破产程序分配给债权人的破产人的财产总和。破产财产的内容包括流动资产、长期资产、固定资产、无形资产和其他资产。破产财产由以下几项构成：①宣告破产时破产企业经营管理的全部财产扣除担保财产以外的部分。②破产企业在破产宣告后至破产程序终结前所取得的财产，包括破产企业收回的债权、因破产从联营企业收回的投资以及由于破产企业的无效行为而经人民法院追回的财产等。③应由破产企业行使的其他财产权利。在破产结束时尚未到期的财产，应由破产企业行使财产请求权，如国库券和股票应得的利息和股利，应从合约方销售收入中提取的技术转让费等。

（三）对破产费用的列支和债务清偿的管理

破产企业作为抵押物的财产，债权人放弃优先受偿权利的，抵押财产应计入破产财产范围之内；债权人不放弃优先受偿权利的，超过抵押债权的部分计入破产财产范围之内。在企业宣告破产后和破产财产进行处置前，应由具有法定资格的资产评估机构对财产进行评估，并以评估价作为破产财产处置变卖的底价，通过拍卖、招标等方式依法转让。严禁采取"先分后破"的方式低价交易，以防止国有资产的流失。破产企业依法取得的土地使用权转让所得，应首先用于破产企业职工的安置；安置破产企业职工后，剩余部分与其他财产一并列入破产财产分配；清算组根据债权人会议通过的分配方案或人民法院裁定的清偿比例偿还债务。下列破产费用应优先拨付：清算期间职工生活费；破产财产的管理、变卖和分配所需的费用；破产案件的诉讼费；清算组开展工作必须支付的费用（含办公费），聘请清算组工作人员的工资及生活补贴；清算期间企业设施和设备维护费用；审计评估费用；为债权人的共同利润而在破产程序中支付的其他费用，包括债权人会议会务费、破产企业催收债务的差旅费及其他不可预计的费用等。但破产企业的债务受偿人参加破产程序的费用，如赶赴破产企业所在地的差旅费、出席债权人会议的经费等，不能列为破产费用。当破产财产不足以支付破产费用时，人民法院应当宣告破产程序终结，未清偿的债务不再清偿。

三、企业重整与清算财务管理的特点和原则

（一）企业重整与清算财务管理的特点

企业重整与清算是在企业出现财务困难以及财务失败时，需要解决的财务管理问题。它与正常经营情况下财务管理相比，具有以下的特点。

1. 理财对象的最终性

重整与清算的财务管理对象是重整与清算企业的资金运动及其反映的各种经济关系。但在重整与清算中的资金运动不能形成正常资金周转而具有单纯性、一次性、最终性的特点。清算企业的资金因经营活动的停止即被停止周转，被用于清算费用的支付与财产清偿。重整企业的资金并没有停止，其债务人的生产经营活动也没有停止，所以它与正常企业有相似的地方，但资金的运用受到了上级主管部门、债权人委员会或法院的直接干预与监督控制。

2. 理财主体的多样性

在企业正常经营的情况下，债权人按出资比例取得固定收益，但在企业发生财务困难以及财务失败时，债权人只能享有剩余财产的求索权了。那么，在企业发生重整或清算时，债权人就成了财务管理的主体之一了。企业重整与清算主要涉及债务人、债权人、管理人这三方面的关系人，所以债务人、债权人以及管理人就构成了重整与清算的财务管理的主体。

3. 理财目标的多样性

作为企业财务管理的目标主要有利润最大化、每股收益最大化、股东财富最大化、企业价值最大化等。即重整与清算企业的财务管理目标不同，因为债务人的财务管理目标是整顿目标的现实化，债权人的财务管理目标是债权受偿完整化，管理人的财务管理目标是财产净现值最大化。

（二）企业重整与清算财务管理的原则

1. 公正性原则

它是指在重整与清算过程中，对所有的债权人都应该按照法律上规定的先后顺序，依据各债权人对剩余财产的求索权予以确认和偿还。不能为了少数债权人的利益而损害其他债权人的利益，违背法律的情况。所以公正性原则就是保证各个债权人能够公平合理地享有对财产的分配。

2. 合法性原则

企业在重整与清算过程中，会涉及很多与法律有关的问题，所以必须要依法办事，

以法律为准绳做好重整与清算的工作。

3. 可行性原则

在企业重整过程中，要具备相应的可行条件，对企业重整的债务人、债权人以及经济环境都有一定的要求，必须根据实际情况确定重整的可行性，制定出科学的企业重整方案。判别企业重整是否可行，就要看达到破产界限的企业能否按和解协议清偿债务，如果能按时清偿债务，就认为和解和整顿可行；如果不能按时清偿债务，就认为不可行，只能用破产清算来解决。

4. 效益性原则

企业的重整价值是指企业通过重整、和解后恢复的价值。清算价值是指企业资产的变现价值，以及在清算过程中发生的资产清理费用和法律费用。一般情况下，是以企业的重整价值超过清算价值作为重整的先决条件考虑的。所以在企业重整与清算的财务决策中，应该节约各种费用支出，追求企业资产净值的最大化。

第二节　企业重整财务管理

企业重整按是否通过法律程序分为非正式财务重整和正式财务重整两种。

一、非正式财务重整

当企业暂时性陷入财务困难时，债权人通常会直接同债务人企业协商采取非正式财务重整措施，帮助企业恢复和重新建立坚实的财务基础，从而不通过法律程序来进行处理。因此，非正式财务重整也叫自愿和解与整顿。

（一）非正式财务重整的条件

非正式财务重整一般不通过法律程序，因此采用这种方式清偿债务，债务人与债权人通常都需要具备一定的条件。

1. 债务人具备的条件

（1）债务企业应该具有良好的商业道德和信誉，要求债务人在和解与整顿过程中，不能欺骗债权人与非法变卖企业财产而损害债权人的利益，当重整取得效益时，应按和解协议的规定，及时清偿债务。

（2）债务企业应有扭转不利局面的经济环境以及偿还债务的能力。

2. 债权人具备的条件

（1）债权人同意进行非正式财务重整，债权人会议讨论通过，可以进行自愿和解。

（2）债权人在自愿和解与整顿的过程中，可实行债务展期与债权减免等措施，帮助债务人度过财务危机，继续进行正常的生产经营并取得成功。

（二）非正式财务重整的程序

（1）提出自愿和解的方案。当企业不能及时清偿到期债务时可由债务人企业或企业的债权人提出和解。

（2）自愿和解方案提出后，召开债权人会议，研究债务人的具体情况，讨论是否采用自愿和解方式解决债务。

（3）在自愿和解方案实施之前，债权人和债务人需开展会谈确定企业财务重整方案的内容。

（4）经过多次谈判后，如果双方意见趋于一致就可签订重整协议。

（5）企业重整协议签订后，债权人应遵守协议中对债权债务关系的重新界定；债务人要按协议的要求对企业进行整顿和继续经营，并规定清偿债务的时间。

（三）自愿和解的办法

自愿和解的办法主要有债务置换、债转股、债务展期和债务和解等方式，但企业可根据实际情况来选择。

1. 债券置换

如果重整企业没有足够的资金回购到期的未偿还债务，可用新债券来交换这些未偿还债券，这就是债券置换的方式。

2. 债转股

债转股就是债权人将债权转为股权，债务人将债务转为资本的重组方式。

3. 债务展期

债务展期是指推迟到期债务要求付款的日期，包括推迟支付债务本金和利息的时间。

4. 债务和解

债务和解也称为债务减免，是指债权人自愿同意减少债务人的债务，包括：①同意减少债务人偿还的本金数额；②同意降低利息率；③同意将一部分债权转化为股权；④将上述几种选择混合使用。

（四）自愿和解中需要处理的财务问题

（1）利用债券置换或债转股的方式时，要激发债权人的参与动机，尽力获取债券置换或债转股带来的好处。

（2）通过与债权人的谈判，尽量延长债务的到期日，减少债权人对企业经营管理的限制。

（3）通过与债权人的谈判，争取最大数量的债务减免。

（4）必须按债务展期和债权减免的规定来清偿债务。

（五）非正式财务重整的优缺点

1. 非正式财务重整的优点

（1）非正式财务重整的手续简单，减少了许多开支，如正式财务重整所需的律师费、会计师费用等，使重整费用降至最低。

（2）非正式财务重整可减少重整所需的时间，使企业在较短的时间内重新进入正常经营状态。

（3）如果债务人能够从暂时的财务困境中恢复过来，债权人不仅能如数收取账款，还能给企业带来长远利益。

2. 非正式财务重整的缺点

（1）如果债权人人数较多或债务结构较复杂时，很难达成一致的协议。

（2）没有正式的法律程序，协议的执行缺乏法律保障。

（3）如果债务人缺乏较好的道德水平，常常会损害债权人的合法权益。

二、正式财务重整

从经济法中可知，允许企业在破产时进行重整，但需经过法院裁定，因此涉及正式法律程序。

（一）正式财务重整的概念

正式财务重整是指在法院主持和各利害关系人的参与下，对陷入困境、濒临破产而又具有挽救价值和重建可能的企业进行生产经营上的整顿和债权债务关系的清理，使企业重获生产经营能力，避免破产清算，摆脱困境的一种特殊法律形式。正式财务重整与非正式财务重整有某些类似之处，但在正式财务重整中，涉及许多正式的法律程序，法院起着重要的作用，特别是要对协议中的公司重整计划的公正性和可行性做出判断。

（二）正式财务重整的程序

正式财务重整是一种司法程序，一般有以下五个步骤。

1. 向法院提出财务重整申请

依据《中华人民共和国企业破产法》规定，债务人不能清偿到期债务，并且资产不足以清偿全部债务或者明显缺乏清偿能力的，或者有明显丧失清偿能力可能的，债务人或者债权人可以直接向人民法院申请对债务人进行重整；债权人申请对债务人进行破产清算的，在人民法院受理破产申请后、宣告债务人破产前，债务人或者出资额占债务人注册资本十分之一以上的出资人，也可以向人民法院申请重整。《中华人民共和国公司法》规定了申请者的资格，当企业出现严重财务困难或者无法正常开展经营活动，董事会三分之二以上董事通过决议或者持有企业股份百分之十以上表决权的股东可以向人民法院提起企业重整。

2. 法院受理财务重整的申请

其受理内容主要有：①在接到申请书后，法院采取对企业财产冻结、限制企业业务以及停止有关管理人员的调动等各种措施，以防止债务人转移财产和影响债权人权益行为的发生。②审查财务重整的合法性，从形式和实质方面都要进行审查。③与当事人无利害关系的律师、会计师等专业人员进行调查，并提交人民法院作为是否财务重组的裁定依据。④最后裁定。如果同意重整就要做出重整裁定的措施；如果否决重整，就要说明否决重整的理由。

3. 企业重整计划的制订

《中华人民共和国企业破产法》第八章规定，在重整期间，经债务人申请，人民法院批准，债务人可以在管理人的监督下自行管理财产和营业事务。债务人自行管理财产和营业事务的，由债务人制作重整计划草案；管理人负责管理财产和营业事务的，由管理人制作重整计划草案。企业重整计划草案的制定应当包括下列内容：①债务人的经营方案；②债权分类；③债权调整方案；④债权受偿方案；⑤重整计划的执行期限；⑥重整计划执行的监督期限；⑦有利于债务人重整的其他方案。

4. 公司财务重整计划的执行

企业重整计划由债务人负责执行。人民法院裁定批准重整计划后，已接管财产和营业事务的管理人应当向债务人移交财产和营业事务。自人民法院裁定批准重整计划之日起，在重整计划规定的监督期内，由管理人监督重整计划的执行。在监督期内，债务人应当向管理人报告重整计划执行情况和债务人财务状况。监督期届满时，管理人应当向人民法院提交监督报告。监督报告提交后，管理人的监督职责终止。经人民法院裁定批准的重整计划，对债务人和全体债权人均有约束力。

5. 法院宣告终止财务重整

财务重整终止情况主要有以下三种：一是企业在重整后能够按照协议及时偿还债务，法院应该宣告终止重整并同时终止破产程序；二是重整期满，企业不能及时按照协议偿还债务，法院应该宣告进行破产清算而终止财务重整；三是企业在重整期间，不执行重整计划，损害债权人利益，使财务状况继续恶化，法院应该宣告终止对企业的重整而进行破产清算。

（三）正式财务重整的优缺点

1. 正式财务重整的优点

（1）已经达到破产界限的企业，债务人不能清偿到期债务，资产不足以清偿全部债务或者明显缺乏清偿能力的，或者有明显丧失清偿能力可能的，如果不经过财务重整，继续任其发展下去，就会导致企业大量吞噬社会财富，而直接宣告破产又会造成社会财富的浪费。一般来说，经过重整后，大多数企业都能扭转局面，并逐步走向繁荣。

（2）对债务人企业而言，重整、和解的裁定给企业带来强大的压力，可激发企业的活力，重整计划中所规定的财务减免和债务展期又为企业的整顿提供了宽松的外部环境，有利于企业摆脱困境走向成功。

（3）如果企业重整成功，债权人能收回比破产清算更多的债权。

（4）与非正式财务重整相比，正式财务重整须经过一定的法律程序，有人民法院的参与，重整、和解协议的实施更有法律保障，对债务人的行为也更有约束力。

2. 正式财务重整的缺点

正式财务重整的缺点包括正式财务重整的诉讼时间比较长，手续费用多。如果重整不成功，债务人企业仍然不能清偿到期债务，发生亏损，使债权人的利益受到更大程度的损害。

（四）正式财务重整财务管理的特点

（1）重整期间，债务人要在管理人的监督下自行管理财产和营业事务。管理人由有关部门、机构的人员组成或依法设立的律师事务所、会计师事务所、破产清算事务所等社会中介机构担任，由人民法院指定。

（2）重整计划与和解协议草案的制订是重整与和解的重要阶段。重整计划与和解协议必须通过债权人会议并由人民法院裁定才可生效。如果企业未履行重整计划与和解协议，人民法院将终止重整计划与和解协议，宣告企业破产。

（3）在重整计划规定的期间，债务企业需要向管理人报告重整计划的执行情况和财务状况。

第三节 企业清算财务管理

一、企业清算的类型

企业清算的种类较多，总体来看，有以下几种分类。

1. 企业清算按其原因可分为解散清算和破产清算

解散清算是根据公司章程规定的营业期限届满或公司章程规定的其他解散事由出现（如经营目的已达到而不需要继续经营或目的无法达到且公司无发展前途等）；公司股东大会决定解散；公司合并或者分立需要解散；公司违反法律或者从事其他危害社会公众利益的活动而被依法撤销；发生严重亏损；或投资一方不履行合同、章程规定的义务，或因外部经营环境变化而无法继续经营等。

破产清算是企业法人不能清偿到期债务，资产不足以清偿全部债务或者明显缺乏清偿能力，达到别无选择唯有破产的情形，即进行的清算。它有两种情形：一是公司的负债总额大于其资产总额，事实上已不能支付到期债务；二是公司的资产总额大于其负债总额，但因缺少偿付到期债务的现金资产，未能偿还到期债务，被迫依法宣告破产。

2. 按企业清算的组织形成可分为普通清算和特别清算

普通清算是指公司自行组织的清算，它可以按法律规定的一般程序来进行，人民法院和债权人不可以直接干预。特别清算是指公司依人民法院的命令开始，并且自始至终都在人民法院的严格监督下进行的清算，它不能由公司自行组织，而由人民法院出面直接干预并进行监督。如果公司不能清偿到期债务，公司有资产不足以清偿到期债务的嫌疑，公司无力自行组织清算工作，公司董事会对清算事务达不成一致意见，由债权人、股东董事会中的任何一方申请等情况发生，就应该采用特别清算程序。

对于普通清算与特别清算，公司并没有选择实行的权利。公司解散后，应立即进行普通清算。在普通清算过程中，当有下列情形之一发生时，人民法院方可命令公司实行特别清算：第一，当公司实行普通清算遇到明显障碍时。例如，公司的利害关系人人数众多，或公司的债权债务关系极为复杂，这时人民法院依债权人或股东或清算人的请求，或依职权命令实行特别清算。第二，当公司负债超过资产有不实之嫌疑时，即形式上公司负债超过资产，但实际上是否真正超过尚有疑问。

3. 按企业清算的程序不同可分为正式清算和非正式清算

正式清算是指公司在终止过程中，为保护债权人和所有者的利益，为终结公司现存的各种经济关系，依法对公司的财产和债务等进行清理、变卖、分配剩余财产，终止其经营活动并依法取消法人资格的行为。非正式清算是指将债务人公司的资产转让给受让人或者受托人，受让人通过私下出售或者公开拍卖将资产变现，以变现收入按比例与债权人进行结算的行为。非正式清算因没有人民法院的监督和检查，不能自动解除债务人的责任，所以有可能因欺诈给债权人带来损失。

二、企业破产清算

（一）企业破产清算的一般原则

1. 公平原则

在破产清算中，要对所有的债权人一视同仁，按法律、政策、合同规定的先后顺序，对各债权人的求偿权予以清偿，使债权人在法律规定的原则下，公平分配破产者的财产。

2. 合法原则

无论是在和解、整顿过程中，还是在破产清算过程中，都必须做到依法办事。企业破产的财务管理不仅需要财务方面的技术方法，而且需要了解很多法律知识，如对破产财产的界定与确认、破产费用的支付和管理、债权的清偿等，都要按《中华人民共和国企业破产法》及其他有关法律依法处理。

3. 节约原则

在进行企业破产财务管理时，必须厉行节约，反对浪费，减少损失。因为和解与整顿比破产清算损失要小，相对较为节约，在可行的前提下，应尽量采用和解与整顿的方式解决问题；只有当和解不可行时，才采用破产清算方式；在整顿期间或破产清算时，应尽量节约费用开支。

（二）企业破产清算顺序

企业破产清算的顺序：破产人所欠职工的工资和医疗费、伤残补助、抚恤费用，应当划入职工个人账户的基本养老保险、基本医疗保险费用，以及法律、行政法规规定应当支付给职工的补偿金；破产人欠缴的社会保险费用和破产人所欠税款；普通破产债权。

（三）企业破产费用与共益债务

破产费用包括：诉讼费用，管理、变价和分配债务人财产的费用，管理人执行职务的费用、报酬和聘用工作人员的费用。

共益债务包括：因管理人或者债务人请求对方当事人履行双方均未履行完毕的合同所产生的债务；债务人财产受无因管理所产生的债务；因债务人不当得利所产生的债务；为债务人继续营业而应支付的劳动报酬和社会保险费用以及由此产生的其他债务；管理人或者相关人员执行职务致人损害所产生的债务；债务人财产致人损害所产生的债务。

破产费用和共益债务由债务人财产随时清偿，债务人财产不足以清偿所有破产费用和共益债务的，先行清偿破产费用。

（四）管理人制度

2007 年 6 月 1 日实施的《中华人民共和国企业破产法》设立了管理人制度，这样有助于破产程序中管理主体的市场化和专业化。管理人由清算组或者依法设立的律师事务所、会计师事务所、破产清算事务所等社会中介机构以及具有资格的个人组成。管理人由人民法院指定并向人民法院负责，非经人民法院许可不能辞去职务。管理人接受债权人会议和债权人委员会的监督，列席债权人会议，向债权人会议报告职务执行情况，并回答询问。债权人会议认为管理人不能依法、公正执行职务或者有其他不能胜任职务情形的，可以申请人民法院予以更换。

管理人的职责是负责破产工作，诸如收到债权申报材料后，应当登记造册，对申报的债权进行审查，并编制债权表；债权表和债权申报材料由管理人保存，供利害关系人查阅；对破产前未履行完毕的合同有权决定解除或者继续履行等。管理人的职责主要有：

（1）接管债务人的财产、印章和账簿、文书等资料；

（2）调查债务人财产状况，制作财产状况报告；

（3）决定债务人的内部管理事务；

（4）决定债务人的日常开支和其他必要开支；

（5）在第一次债权人会议召开之前，决定继续或者停止债务人的营业；

（6）管理和处分债务人的财产；

（7）代表债务人参加诉讼、仲裁或者其他法律程序；

（8）提议召开债权人会议；

（9）人民法院认为管理人应当履行的其他职责。

（五）企业破产清算秤序

1. 破产受理

债权人向人民法院提出破产申请是启动破产程序的第一步，人民法院应当自收到申请之日起五日内通知债务人；债务人自收到人民法院的通知之日起七日内向人民法院提出申请异议；人民法院应当自异议期满之日起十日内裁定是否受理。债务人和清算责任人申请破产的，人民法院应当在自收到破产申请之日起十五日内裁定是否受理。有特殊情况需要延长前两款规定的裁定受理期限的，经上一级人民法院批准，可以延长十五日。

人民法院受理的应当自裁定做出之日起五日内送达债务人。债务人应当自裁定送达之日起十五日内，向人民法院提交财产状况说明、债务清册、债权清册、有关财务会计报告以及职工工资的支付和社会保险费用的缴纳情况。裁定不予受理的应当自裁定做出之日起五日内送达申请人。申请人对裁定不服的，可以自裁定送达之日起十日内向上一级人民法院提起上诉。

2. 破产审查

人民法院受理破产申请后至破产宣告前，经审查发现债务人不符合破产条件的，可以裁定驳回申请。申请人对裁定不服的，可以自裁定送达之日起十日内向上一级人民法院提起上诉。

3. 破产公告

人民法院应当自裁定受理二十五日内通知已知债权人，确定债权人申报债权的期限（最短不得少于三十日，最长不得超过三个月）。

4. 召开债权人会议

第一次债权人会议由人民法院召集，自债权申报期限届满之日起十五日内召开。召开债权人会议，管理人应当提前十五日通知已知的债权人。

债权人认为债权人会议的决议违反法律规定，损害其利益的，可以自债权人会议做出决议之日起十五日内，请求人民法院裁定撤销该决议，责令债权人会议依法重新做出决议。

5. 破产复议

债权人对人民法院对债务人财产管理方案、破产财产的变价方案和破产财产的分配方案做出的裁定不服的，可以自裁定宣布之日或者收到通知之日起十五日内向该人民法院申请复议，复议期间不停止裁定的执行。

6. 破产重整

债务人或者管理人应当自人民法院裁定债务人重整之日起六个月内，同时向人民法院和债权人会议提交重整计划草案。人民法院应当自收到重整计划草案之日起三十日内召开债权人会议，对重整计划草案进行表决。

7. 破产宣告

人民法院依照《中华人民共和国企业破产法》规定宣告债务人破产的，应当自裁定做出之日起五日内送达债务人和管理人，自裁定做出之日起十日内通知已知债权人，并予以公告。

8. 破产终结

管理人应当在破产人无财产可供分配时请求人民法院裁定终结破产程序。人民法院应当自收到管理人终结破产程序的请求之日起十五日内做出是否终结破产程序的裁定。裁定终结的，应当予以公告。管理人应当自破产程序终结之日起十日内，持人民法院终结破产程序的裁定，向破产人的原登记机关办理注销登记。

三、企业解散清算

（一）企业解散清算概述

当企业解散时，一般都要对企业的资产进行全面清算。不论企业解散出于何种原因，但企业清算的目的都是最大可能保护债权人的合法权益。企业解散清算的程序主要有以下几个方面。

1. 确定清算人或成立清算组

依据《中华人民共和国公司法》的有关规定，公司应在公布解散的十五日之内成立清算小组。有限责任公司的清算组由股东组成，股份有限公司的清算组则由股东大会确定其人选。逾期不成立清算组进行清算的，债权人可以向人民法院申请指定清算组，进行清算。当解散清算由强制原因导致的，由有关主管机关组织股东，有关专业人员成立清算组，进行清算。

清算组在企业清算期间行使的职权主要有：

（1）清理公司财产，分别编制资产负债表和财产清单；

（2）通告债权人；

（3）处理与清算相关的公司未了结的业务；

（4）清缴所欠税收；

（5）清理债权、债务；

（6）处理公司清偿债务的剩余财产；

（7）代表公司参与民事诉讼活动。

2. 债权人进行债权申报

清算工作开始就需要对公司的债权人及其债权进行清理。根据《中华人民共和国公司法》规定，清算组应在成立之日起十日内通知债权人，并于六十日内在报纸上公告。债权人应在接到通知书之日起三十日内，向清算组申报其债权。债权人申报其债权时应说明债权的有关事项，并提供证明材料，以便清算组或受托人对债权进行登记。在申报债权期间，清算组不得对债权人进行清偿。

3. 清理公司财产，拟订清算方案

清算组应对公司财产进行清理，然后编制资产负债表和财产清单，如发现公司财产不足以清偿债务的，应向人民法院申请宣告破产，并将清算工作移交人民法院。清算组在对公司资产进行估价的基础上，拟订清算方案，清算方案应报给股东大会或有关主管机关确认。

4. 执行清算方案

对公司能够执行清算方案的，清算组要确定清算财产的范围，进行清算财产的估价；确定清算费用与清算损益，并按法律规定的顺序清偿债务，对清偿债务后的剩余财产应按章程、合同的有关条款进行处理。

5. 编制清算报告，办理清算的法律手续

清算工作结束后，清算组应当编制清算报告，报股东大会或有关主管机关确认，并向市场监督管理部门办理公司注销手续，向税务部门注销税务登记。到此，企业解散清算工作全部结束。

（二）企业清算中有关的财务问题

1. 对清算接管进行管理

清算接管主要是进行破产企业与清算组之间各有关事项的移交工作，是破产清算的基础性工作。各移交事项办理得是否真实、完整、顺利，手续是否完备，责任是否分明，直接关系到清算工作的有效性和成败。它主要包括：

（1）资产接管。在进行资产接管时，要核对账实是否相符，是否按会计制度的要求进行核算。

（2）权益接管。由于企业在清算时已经终止其经营活动，所有者权益也变成一种稳定的权益，只要在接管时按账面记录核实后计入清算账目中就可以了。

（3）其他接管。除对资产、权益的接管外，还应注意对未结事项的接管，并按对清算企业有利的原则进行处理。

2. 清算财产的界定和变现

（1）清算财产的界定。

企业下列财产计入宣告清算财产：宣告清算时企业经营管理的全部财产，包括各种流动资产、固定资产、对外投资以及无形资产；企业宣告清算后至清算程序终结前所取得的财产，包括债权人放弃优先受偿权、清算财产转让价值超过其账面净值的差额部分；投资方认缴的出资额未实际投入而应补足的部分；清算期间分回的投资收益和取得的其他收益等；应由破产企业行使的其他财产权利，如专利权、著作权等。

企业下列财产应区别情况处理：

第一，担保财产。依法生效的担保或抵押标的不属于清算财产；担保物的价款超过其所担保的债务数额的，超过部分属于清算财产。

第二，公益福利性设施。如职工住房、学校、托儿所、医院等福利性设施，原则上不计入清算财产，但无须续办并能整体出让的，可计入清算财产。

第三，职工集资款。属于借款性质的视为清算企业所欠职工工资处理，属于投资性质的视为清算财产，依法处理。

第四，党、团、工会等组织占用清算企业财产，属于清算财产。

第五，他人财产，破产企业里归他人所有的财产由该财产的权利人通过清算组行使取回权取回。

人民法院受理清算案件前6个月至破产宣告之日的期间内，清算企业的下列行为无效，清算组有权向人民法院申请追回财产，并计入清算财产：隐匿、私分或者无偿转让财产；非正常压价出售财产；对原来没有财产担保的债务提供担保；对未到期的债务提前清偿；放弃自己的债权。

（2）清算财产的变现。

清算财产的变现是指破产企业清算财产由非货币形态向货币形态的转化，以便偿还债务，分配剩余财产。

清算财产的变现方式分为单项资产变现和综合资产"一揽子"变现。

3. 清算债务的界定和清偿

（1）清算债务的界定。

清算债务是指经清算组确认的至企业宣告破产或解散清算企业的各项债务。清算债务主要包括：破产或解散宣告前设立的无财产担保债务；宣告时未到期的债务；债权人放弃优先求偿权利的有财产担保债务；保证人代替企业偿还债务后，其代替偿还款为企业清算债务；在破产案件受理前或解散宣告前，企业非法处置了他人财产，该财产所有者要求的赔偿为企业清算债务等。但也有一些费用不能作为企业清算债务的，如宣告日后的债务，债权人参加清算程序按规定应自行负担的费用，债权人逾期未申报的债权，超过诉讼时效的债务。

（2）清算债务的清偿。

企业财产支付清算费用后，按照下列顺序清偿债务：破产企业所欠职工工资、劳动保险等；破产企业应缴未缴国家的税金；尚未偿付的债务。

4. 清算费用与清算损益的确认与管理

（1）清算费用。

清算费用应当从清算财产中优先拨付，一般随时发生支付。清算财产不足以支付清算费用的，清算程序相应终结，未清偿的债务不再清偿。

（2）清算损益。

清算损益是指企业清算中发生的财产盘盈、财产变价净收入、因债权人原因确实无法归还的债务，以及清算期间的经营收益。

企业清算终了，清算收益大于清算损失、清算费用的部分，依法缴纳所得税。

5. 剩余财产的分配

企业清偿债务后剩余财产的分配，一般应按合同、章程的有关条款处理，充分体现公平、对等原则，均衡各方利益。清算后各项剩余财产的净值，不论实物或现金，应按投资各方的出资比例或者合同、章程的规定平均分配。

第四节 企业财务预警系统

一、企业财务预警系统的功能和目标

企业财务预警作为一种成本低廉的财务危机诊断工具，其灵敏度越高，就越能较早地发现问题，从而回避财务危机的发生。根据国内外对财务预警的研究和实践，我们可把财务预警系统定义为：财务预警系统是指对企业的财务危机状态进行监测，并发出预警信号，及早采取相应措施加以防范的体系。财务预警系统的建立对有效防范和解决财务危机的发生将起到重要的作用。

（一）企业财务预警系统的构成

（1）财务预警的组织机构。它主要由企业的经营者、内部管理人员以及企业外聘咨询专家等构成。

（2）财务预警的信息传递机制。企业对自身的财务预警需要进行大量信息资料的搜集整理以及传递，为财务预警系统的建立提供可靠的数据依据。

（3）财务危机的防范机制。在企业有可能发生财务危机征兆之前，就要采取一定的措施加以防范，避免财务危机的发生。

（4）财务危机的责任机制。如企业发生财务危机应该将其责任落实到具体的责任人身上，要有严格的奖惩制度，奖优罚劣，有效地提高财务预警系统的保障作用。

（二）企业财务预警系统的功能

（1）对企业财务危机进行监测，发出警告。在企业的生产经营过程中，应将企业的生产经营的实际情况与预定目标等指标进行对比，及时发现问题，找出偏差。如果有危及企业财务状况的关键因素出现时，财务预警系统就能预先发出警告，企业的经营管理者及早做好准备以及采取对策，以减少财务损失。

（2）对财务危机进行有效预知，防止财务状况的进一步恶化。当有财务危机征兆出现时，就要及时阻止，找出运行过程中的问题，避免财务危机真正出现。

（3）通过财务预警分析，可以避免类似财务危机的再次发生。对企业财务预警分析能够详细地了解财务危机发生的原因、经过以及解除危机的各项措施，处理意见等情况，可作为未来处理类似财务状况很好的范例。这样，企业才能够总结经验，纠正偏差，使企业财务管理活动更加规范、有活力。

（三）企业财务预警系统的目标

财务预警系统的目标是为企业管理当局提供反映企业财务危机状态的警情指标，以便企业管理当局及早采取相应措施，防患于未然，从而使企业持续地经营下去，实现企业价值最大化。

二、企业财务预警的基本程序

（1）寻找企业财务预警的警源。警源是造成企业财务危机的根源，包括两大类，一类是企业外部经营环境变化产生的警源，另一类是企业内部运行机制不协调产生的警源。

（2）分析财务预警的警兆。在警源的作用下，警素的变动都会导致警情的发生，总会出现一些预先的征兆。分析财务预警的警兆，就是要分析警源发生后导致财务危机的动态过程。这一过程一般分为四个时期，主要分为潜伏期、危机期、发作期和崩溃期。

（3）监测企业财务危机的警情程度。警情程度一般分为：轻警、中警、重警和巨警四种，可以根据警兆指标的数据大小，找出与警素相对应的警限区域，警兆指标值落在某个警限区域，就可以确定其相应的级别警度。为了监测企业的债务情况，设置资产负债率为警兆指标。设置的警限区域为：资产负债率在10%～30%为轻警，30%～50%为中警，50%～70%为重警，70%以上为巨警。

（4）根据财务危机程度，建立预警模型，采取防范措施。明确企业财务危机的根源，分析其警兆，测定其警情程度，并采取行之有效的预警措施，对企业来说是非常重要的。

三、企业财务预警的方法

财务预警的方法主要有定性分析法和定量分析法。

1. 财务预警的定性分析法

（1）标准化调查法。

标准化调查法是指通过专业人员、咨询公司、协会等，就企业可能遇到的问题加以详细调查与分析，并形成报告文件，以供企业经营者参考的一种方法。

（2）"四阶段症状"分析法。

"四阶段症状"分析法即把企业财务运营病症大体分为四个阶段，而且每个阶段都有其典型症状。四个阶段分别是财务危机潜伏期、财务危机发作期、财务危机恶化期、财务危机实现期，具体如表5-1所示。

表5-1　"四阶段症状"

财务危机潜伏期	财务危机发作期	财务危机恶化期	财务危机实现期
①盲目扩张； ②无效市场营销； ③疏于风险管理； ④缺乏有效的管理制度，企业分配不当； ⑤无视环境的重大变化	①自有资金不足； ②过分依赖外部资金，利息负担较重； ③缺乏财务预警系统； ④债务延期偿付	①经营者无心经营业务，专心于财务周转； ②资金周转困难； ③债务到期违约，不能支付	①资不抵债，丧失偿债能力； ②宣布倒闭

每个阶段都有其特征，如果企业发生以下情况，要尽快搞清其原因，采取措施，摆脱财务困境，恢复正常的秩序。

（3）"三个月资金周转表"分析法。

该种方法是当销售额逐月上升时，兑现付款票据极其容易；如果销售额每月下降，已经开出的付款票据也难以支付。

运用"三个月资金周转表"分析法判断企业的财务危机，其标准有两个：一个是企业制定不出三个月的资金周转表，就出现了问题。另一个是企业已经制定好了三个月资金周转表，这时要查明转入下一个月的结转额是否占总收入的20%以上，付款票据的支付额是否占销售额的 60% 以下（批发商）或 40% 以下（制造业）。可见，这种方法的实质就是要让企业在复杂多变的理财环境中，时刻准备好安全度较高的资金周转表，防止财务危机的发生。

（4）管理评分法。

它是美国人约翰·阿吉蒂在对企业的管理特性以及破产企业存在的缺陷进行的调查中，对几种缺陷、错误和征兆进行对比打分，并根据对破产过程产生影响的程度对它们做了加权处理的一种方法。该种方法的实质是管理不善导致企业灾难发生，其管理不善的种种表现要比财务上反映出来的提前若干年。管理评分法简明易懂、有效。

2. 财务预警的定量分析法

（1）财务报表分析法。

它是利用财务报表提供的数据和方法对企业财务状况进行分析的一种方法。目前理论界和实务界通常使用资产负债表、利润表、现金流量表来分析企业的价值，评估企业的风险程度。通过财务报表进一步分析其财务比率关系，对财务比率分析是企业财务危机最常见的分析技术，财务比率为企业提供了最好的财务预警信息基础。一般而言，财务比率分析包括偿债能力分析、营运能力分析、获利能力分析、现金流量分析、综合能力分析。

（2）单变量模型法。

单变量模型法是美国著名会计学家威廉·比弗通过使用五个财务比率作为变量，对美国 1954—1964 年随机挑选 379 家经营失败的企业和 79 家正常企业进行一元判定预测的方法。经过比较分析，比弗得出了五个财务比率指标可以用于企业财务危机的评价，其中债务保障率是最好的判定企业财务危机程度的指标，其次是资产净收益率和资产负债率。

预测财务失败的比率有：

$$债务保障率=现金流量÷负债总额$$
$$资产收益率=净收益÷资产总额$$
$$资产负债率=负债总额÷资产总额 \tag{5.1}$$
$$资金安全率=资产变现率-资产负债率$$
$$经营安全边际率=（现有或预计销售额-保本销售额）÷现有或预计销售额$$

一般来说，当经营安全边际率和资金安全率均大于 0 时，表明企业经营和财务均处于良好状态，可以适当采取扩张性策略；当资金安全率大于 0，经营安全边际率小于 0 时，则表明企业的财务状况暂时较好营销能力不足，应加强营销管理与市场开拓，以增强企业的盈利能力；当安全边际率大于 0，而企业资金安全率小于 0，表明企业的财务状况已暴露风险，应该积极创造自由资金并改善资本结构；当这两个安全边际率指标均小于 0 时，则表明企业经营已陷入危险的境地，随时有爆发财务危机的可能。

【例 5-1】某上市公司的资产账面价值为 8 000 万元。其来源构成为：所有者权益 3 200 万元，负债 4 800 万元。若对资产变现，价值约为 7 200 万元，该公司目前的保本销售额为 12 800 万元，预计明年的销售额将达到 16 000 万元。

资产变现率 = 7 200÷8 000×100% = 90%

$$资产负债率 = \frac{4\ 800}{8\ 000} \times 100\% = 60\%$$

$$资金安全率 = 90\% - 60\% = 30\%$$

$$经营安全边际率 = (16\ 000 - 12\ 800) \div 16\ 000 \times 100\% = 20\%$$

实例中，该公司的资金安全率和经营安全边际率都大于0，说明该公司的经营状况良好，可以采取适当的扩张性政策。

单变量模型法较为简单，不能综合说明公司整体的财务状况，不同的财务比率可能对同一企业有相互矛盾的预测，导致判断困难。

（3）多变量模型法。

多变量模型法是美国爱德华·阿尔曼在20世纪60年代中期提出来的。它是运用多变模式思路建立多元线性函数公式，用来计量企业破产的可能性的一种方法。阿尔曼随机抽取了1946—1965年33家破产企业和33家正常企业的财务数据，并挑选了22个财务比率进行实验。最后阿尔曼选出了五个变量组成了Z计分模型：

$$Z = 0.012X_1 + 0.014X_2 + 0.033X_3 + 0.006X_4 + 0.999X_5 \qquad (5.2)$$

式中：X_1＝流动资产÷总资产；

X_2＝留存收益÷总资产；

X_3＝息税前利润÷总资产；

X_4＝账面资产净值÷总负债；

X_5＝销售额÷总资产。

该模型实际上是五种财务比率，反映了企业偿债能力的指标（X_1，X_4），获得能力指标（X_2，X_3）和营运能力指标（X_5）。因此，Z值的经济意义在于：当Z小于1.81时，表明企业处于破产状态；当Z处于1.18~2.675，表明企业将面临财务危机；当Z大于2.675时，表明企业的财务状况良好，发生破产的可能性较小。

【例5-2】甲、乙两公司的有关资料如表5-2所示。

表5-2　甲、乙两公司的有关资料　　　　　　　　单位：万元

	甲公司	乙公司
营业收入	4 425	2 820
息税前利润	384	86
资产总额	2 572.5	5 928
营运资金	1 035	642
负债总额	1 742.5	3 910
留存收益	162	120
股票市价总额	2 280	1 018

根据Z模型计算可知：

$X_1 = (1\ 035 \div 2\ 572.5) \times 100 = 40.23$

$X_2 = (162 \div 25\ 725) \times 100 = 6.30$

$X_3 = (384 \div 2\ 572.5) \times 100 = 14.93$

$X_4 = （2 280÷1 742.5）×100 = 127.20$

$X_5 = 4 425÷2 572.5 = 1.72$

则：$Z_甲 = 0.012×40.23 + 0.014×6.30 + 0.033×14.93 + 0.006×127.20 + 0.99×1.72 = 3.545$

同理，可计算乙公司的 Z 值：

$Z_乙 = 0.842$

计算结果表明，甲公司的 Z 值大于 2.675，该公司的财务状况良好，没有破产危机发生；乙公司的 Z 值为 0.842 小于 1.81，该公司发生了严重的财务危机，存在很大的破产风险。

多变量模型法从总体上了解企业财务状况是否呈现不稳定的现象，为企业做好财务危机的预警工作打下了基础。

【例 5-3】企业重整与清算财务管理案例

2008 年 3 月 6 日下午 3 时，广东省肇庆市中级人民法院宣布裁定批准广东风华高新科技集团有限公司（以下简称"风华集团"）重整计划草案。这是《中华人民共和国企业破产法》在 2007 年 6 月 1 日起实施以来，广东省内以批准重整方式解决企业破产申请的第　宗案件，也是广东法院在审理企业破产案件上又闯出的新路子。

由于 2001 年以来长达 5 年的全球电子元件行业的调整及历史形成原因，电子元器件行业不景气，产品盈利能力下降。从 2002 年开始风华集团连年亏损，多年的亏损造成企业经营运作十分困难，处于严重资不抵债的状态，明显缺乏清偿能力，已经无法清偿到期债务。债权人为保护自身合法权益，在 2007 年 3 月相继向肇庆市中级人民法院申请宣告风华集团破产还债。收到上述两申请书后，肇庆市中级人民法院于 2007 年 6 月 29 日受理了该破产案。

如果破产清算，将对地方经济发展和社会稳定产生强烈的负面影响，因此肇庆市中级人民法院经全面审查和慎重考虑后，让风华集团进入重整程序。在各方面的努力协调下，风华集团计划筹集资金 8.77 亿元全部用于清偿给各债权人，实现四个 100%：自法院批准重整计划草案之日起半年内，对有财产担保的债权，按质押物的评估价值，获得 100% 一次性现金清偿；所欠职工债权，获得 100% 一次性现金清偿；所欠税款，不实行减债；普通债权获得 21.95% 的一次性现金清偿，其余 78.05% 的债务予以免除；9 000 多名职工 100% 不下岗。

【例 5-4】ST 锌业破产重整案例

一、ST 锌业公司概况

葫芦岛锌业股份有限公司（简称"ST 锌业"）位于辽宁省葫芦岛市龙港区，主营业务是锌、铜和铅冶炼及产品深加工，镉、铟、硫酸、硫酸铜综合利用产品加工。ST 锌业成立于 1992 年 8 月，由葫芦岛锌厂、葫芦岛锌厂工贸实业总公司、葫芦岛锌厂工程总公司发起，以定向募集方式设立的，于 1993 年 7 月 15 日登记注册，注册资本为人民币 111 013.33 万元。1997 年，经中国证券监督管理委员会批准，锌业股份在深圳证券交易所挂牌上市，发行社会公众股 9 000 万股，发行上市后公司总股本 41 000 万股。经过两次转送和一次配股后，总股本为 88 109.88 万股。2007 年经国务院国有资产监督管理委员会批准，葫芦岛锌厂持有的葫芦岛锌业股份有限公司的 42 378.51 万股变更为葫芦岛有色金属集团有限公司持有。2008年中国冶金科工集团完成对葫芦岛有色金属集团公司的战略重组，成为锌业股份实际控制人。2009年锌业股份进行债务重组。由于全球金融危机的影响，锌价下跌严重，锌业股份2007年和2008年连续两年亏损，被证监会处以"退市风险警示"，2010年撤销。到2011年和2012年锌业股份年报显示公司连续亏损，又被证监会处以"退市风险警示"。然而，2013年公司债务陆续到期，金额过大，公司无力偿还，最终债权人向法院申请对锌业股份进行破产重整。

二、ST锌业产生财务危机的原因

1. 市场竞争激烈，锌价持续下跌

锌业股份主营锌及相关产品，锌业务收入占其总收入的80%。锌业股份面临的行业状况：国内铅锌业冶炼投资高速增长，锌的供给增长过快，超过需求增长速度，市场竞争激烈，锌的价格从最高点36 000元/吨，一路下跌。相关资料显示，2010年锌的均价为19 695元/吨，2011年为17 028元/吨，2012年为15 055元/吨。因此，锌价下跌后使锌业股份陷入财务危机。

2. 缺少自有原料基地，生产工艺落后

一方面，锌业股份是一家从国内外进口原材料进行单一冶炼的企业，没有可以提供原材料的矿产资源，导致成本高于同行业的其他公司，利润受原材料价格影响明显。另一方面，由于没有破产资源，公司需要储存大量的原材料、占用资金，也不能很好地掌控产品成本。此外，锌业股份依然采用比较落后的火法炼锌，不仅耗能高，而且耗材昂贵，导致产品平均成本高于采用湿法炼锌的公司，进一步影响了公司的盈利能力。

3. 经营管理薄弱，人员搭配不合理

锌业股份是传统的国有企业，内部管理上存在国有企业的通病，管理人员不能很好地根据市场形势，对公司的发展做出相应的改变，与时代脱节，导致企业逐步陷入恶性循环。锌业股份在人员搭配上也存在一定的不合理性，数据显示2010年、2011年和2012年员工总数分别为11 081人、20 881人和6 238人，其中专科以上学历占总人数的比重分别为29.03%、28.47%和27.63%，销售人员分别为20人、20人和8人。从以上数据来看，锌业股份经营管理薄弱，人员搭配不合理，在一定程度上阻碍了公司发展。

4. 成本控制不力，盈利能力下降

锌业股份2010年主营业务成本率为95.78%，2011年上升到99.14%，到2012年高达108.55%，费用率2010年为7.87%，2011年为11.06%，2012年为16.46%，逐年上升。而公司的盈利能力不断下降，综合毛利率2010年为4.22%，2011年为0.86%，2012年为-8.55%，销售净利率2010年为7.45%，2011年为-15.73%，2012年为-79.93%，从以上情况来看，该公司成本费用控制不力，使锌业股份陷入财务困境。

三、锌业股份破产重整过程

锌业股份2011年和2012年连续亏损，被证监会处以"退市风险警示"，且2012年发生多起贷款逾期诉讼事件。根据证监会《亏损上市公司暂停上市和终止上市实施办法》第二章第五条规定，上市公司三年度连续亏损的，自公布第三年年度报告之日起，证券交易所应对其股票实施停牌，并在停牌后五个工作日内就该公司股票是否暂停上市做出决定。证券交易所做出暂停上市决定的，应当通知该公司并公告，同时报中国证监会备案。

1. 锌业股份破产重整的理由

由于国内外市场竞争激烈、内部管理不善、锌价持续低迷等多方面原因，ST锌业陷入财务困境，连续三年亏损。同时，公司债务陆续到期，金额巨大，ST锌业无力偿还其债务，且现有资产不足以清偿其全部债务，资不抵债，丧失偿债能力，出现破产重整。

2. 破产重整申请及批准

2013年1月10日，葫芦岛银行股份有限公司龙港支行（以下简称"申请人"）以债权人的身份，以ST锌业不能清偿到期债务，资产不足以清偿全部债务为由，向葫芦岛市中级人民法院提出对锌业股份进行破产重整。2013年1月31日葫芦岛市中级人民法院认为申请人符合申请资格，申请理由符合实际情况，且在其管辖范围之内，裁定受理申请人对葫芦岛锌业股份有限公司的重整申请。锌业股份股票从2013年3月12日起停牌。

3. 法院确定破产重整管理人

2013年2月5日，辽宁省葫芦岛市中级人民法院依据《中华人民共和国企业破产法》以及《关于审理企业破产案件指定管理人的规定》中相关条款，指定以刘贺锦为组长、王乐为副组长的清算组为ST锌业破产重整的管理人，负责在破产重整期间依法管理ST锌业的财产，处理ST锌业的相关事务等。

4. 债权人申报债权及第一次债权人会议

ST锌业2013年2月7日发布公告，相关债权人应当自公告之日起三十日内，向管理人申报债权，书面说明债权数据，有无财产担保以及是否属于连带债权，并提供相关证据资料。未在上述期限内申请债权的，可以在重整计划草案提交债权人会议讨论前补充申报，但要承担为审查和确认补充申报债权所产生的费用。未依法申报债权的，在重整计划执行期间不得行使权利，在重整计划执行完毕后可以按照重整计划规定的同类债权的清偿条件行使权利。2013年3月21日，管理人主持召开了第一次债权人会议，会议内容主要包括管理人对阶段性工作进行报告，对债权申报及审查情况做相关说明、核查债权，指定并宣布中国工商银行股份有限公司葫芦岛分行为债权人会议主席。

5. 管理人提交重整计划草案及分组表决

根据《中华人民共和国企业破产法》的规定，债务人或者管理人应当自人民法院裁定债务人重整之日起六个月内提交重整计划草案，有正当理由的可以在到期日前申请延期三个月提交。ST锌业应当于2013年7月31日前向葫芦岛市中级人民法院提交重整计划草案，但是管理人出于ST锌业破产重整涉及的利益群体多元化，重整工作复杂、重组方态度谨慎等多方因素考虑，向法院申请延期，并于2013年10月31日前提交了重整计划草案。《中华人民共和国企业破产法》规定，法院收到重整计划草案应当召开债权人会议进行分组表决，经出席会议的同一表决组总人数半数以上且其所代表的债权额占所在组债权总额三分之二以上的债权人同意视为通过。ST锌业破产重整职工债权组于2013年11月20日表决通过重整计划草案，并于2013年11月29日召开第二次债权人会议，分别审议表决有关担保债权组、税款债权组、普通债权组以及出资人组的重整计划草案。经表决，担保债权组和普通债权组未通过重整计划草案。根据规定，管理人与担保债权组和普通债权组协商后，再次进行表决。经过再次表决，担保债权组和普通债权组仍未通过重整计划草案。因此，分组表决未能通过 ST 锌业重整计划草案。

6. 人民法院批准重整计划草案

由于担保债权组和普通债权组未能表决通过重整计划草案，ST 锌业破产重整管理人于 2013 年 11 月 29 日向葫芦岛市中级人民法院提请批准重整计划草案。葫芦岛市中级人民法院于 12 月 5 日裁定批准 ST 锌业重整计划草案，并终止 ST 锌业破产重整程序。

7. 执行重整计划草案

人民法院裁定批准重整计划草案后，由管理人负责监督 ST 锌业重整计划执行情况。ST 锌业需要按照重整计划的规定，自 2013 年 12 月 5 日起 24 个月内完成重整计划内容支付破产费用，共益债务以及清偿债务，由管理人进行监督，ST 锌业需及时向管理人报告重整计划的执行情况、公司财务状况以及重大经营决策等事项。截至 2013 年 12 月 31 日，ST 锌业已经完成重整计划中应该清偿的各种债务的清偿工作。管理人按照规定向葫芦岛市中级人民法院提交《关于葫芦岛锌业股份有限公司重整计划执行情况的监督报告》，对 ST 锌业执行重整计划工作进行汇报。2013 年 12 月 31 日，葫芦岛市中级人民法院依法裁定 ST 锌业重整计划执行完毕。

四、ST 锌业破产重整经营方案

企业破产重整是解决财务危机的一种方式，要想巩固破产重整的效果，必须要改善企业经营中存在的问题，解决企业陷入财务困境，使 ST 锌业破产重整后提升企业的发展能力。

1. 剥离低效资产，改善资产结构

长期以来，ST 锌业内部留有大量闲置资产，不仅不能为企业带来利润，还会占用企业的资源。破产重整后，ST 锌业将通过变现等处置方式，将现有资产中与主营业务关联性低、盈利能力较弱或长期闲置的低效资产进行剥离，以改善现有的资产结构和状况。此外，还将根据企业生产经营的需要对相关资产进行更新或重置，确保企业各项资产都能为企业带来相应的效益。

2. 改进生产工艺，降低生产成本

破产重整后，ST 锌业将按照精细化管理的要求，深化行业对标，改变落后的生产工艺，采用先进的竖罐炼锌、湿法炼锌和鼓风炉铅锌三大冶炼生产系统，并争创行业先进水平。此外，还将通过优化产品配料、小改小革等一些切实有效的措施，完善生产工艺，降低各项消耗，使生产技术、产品管理及产品的定额指标实现新突破，进一步降低生产成本。

3. 规范经营运作，提高营销效益

破产重整后，ST 锌业将紧跟国家经济结构的调整方向和行业发展趋势，提高分析和驾驭市场的能力，创新营销模式，规范营销行为，使企业的营销工作规范化和透明化，把握好营销的重点环节，根据市场状况，及时调整原料采购策略，进而严格控制企业的经营风险。此外，还将进一步加大燃料、辅助材料的招标采购力度，以降低采

购成本。

4. 实施品牌战略，扩大品牌优势

目前，ST锌业的品牌以名优产品"葫芦牌锌锭"为主。重整后，将着重提高其他产品的质量，争取在最短的时间内使其他产品也能够成为国家优质产品。同时，准确把握市场需求的导向，及时调整企业的产品结构，大力开发高品质产品市场，开拓新的销售领域，扩大公司的产品优势，为创造新的效益提供发展空间。

5. 完善内控体系，提升管理水平

重整后，ST锌业将以提升企业的管理效率为主要目标，合理制定各项业务的办理流程，完善管理制度，建立健全公司内控管理体系，加大对各项制度执行情况的监督检查力度，从而清除企业管理的盲区和死角，降低管理风险。同时，将制度的建设与完善岗位的责任制和考核相结合，实现内控管理指标落实到责任人，提升企业的管理水平，加强风险的管控能力。

6. 加大资金投入，提高综合能力

重整后，ST锌业将充分利用现有的融资平台，在合理的风险范围内，增加企业的营运资金，用以维护和改造现有生产设备和工艺，提高ST锌业的盈利能力、偿债能力、营运能力和发展能力。

五、ST锌业破产重整结果

ST锌业成功实施破产重整，其结果有以下几种。

1. ST锌业重获新生

ST锌业2010年、2011年、2012年连续3年亏损，如果2013年不能恢复盈利的话，根据我国相关法律条文的规定，证券交易所将终止ST锌业股票上市交易。并且，如果ST锌业破产重整失败的话，ST锌业将进入破产清算程序，这可能导致出资人无法收回成本、债权人无法收回账款、员工下岗，证券市场的稳定将受到冲击。ST锌业在地方政府、人民法院、出资人、债权人等多方共同努力下，成功实施破产重整，在2013年实现了盈利，避免了被终止上市的命运。ST锌业实施破产重整后保住了上市公司的地位，改善了公司的经营状况，减轻了财务负担，使公司的发展有了新的机遇。

2. 出资人保留对ST锌业的出资人地位

ST锌业进行破产重整的原因是生产经营和财务状况恶化，严重资不抵债。根据《中华人民共和国企业破产法》关于破产清算顺序的规定，出资人排在最末位，也就是说，如果ST锌业进行破产清算，出资人的权益为零。ST锌业破产重整中，出资人按照10%的比例让渡其持有的ST锌业股票，用于偿还债务。虽然出资人因为让渡股票降低了其持股比例，但是ST锌业通过破产重整得以继续生产经营，出资人仍然享有ST锌业的所有权，可以继续依法享有其出资人的权利。

3. 担保债权人的受偿比例得到提升

根据《中华人民共和国企业破产法》的相关规定，有财产担保的债权人可以就担保财产享有优先受偿的权利。根据相关资产评估机构的评估，对ST锌业实施破产清算程序，担保债权人受偿金额约为78 406.21元，受偿比例约为36.82%。实施破产重整后，受偿金额增加5 761.95万元，受偿比例提升2.7%。因此，总体来说，破产重组提升了对担保债权人的受偿比例。

4. 普通债权人的权益得到有效保护

根据有关机构对 ST 锌业偿债能力的分析报告，如果 ST 锌业实施破产清算，普通债权的清偿比例约为 0.75%，实施破产重整后，对 15 万元以下的普通债务 100% 清偿，对 15 万元以上的普通债务的清偿比例提高到 5%。因此，ST 锌业实施破产重整，大大提高了普通债务的清偿比例，有效保护了普通债权人的权益。

5. 地方政府有效化解了所面临的问题

ST 锌业属于地方国企，员工数量多，如果破产清算，不利于维护地方的稳定，对政府的公信力也有影响。ST 锌业破产重整成功，一方面，上缴了税款，继续为政府创收；另一方面，有效化解了员工下岗的潜在风险，对于维护地方稳定、政府公信力以及减轻政府工作压力起到很好的作用。

案例来源：知网空间，http://cdmd.cnki.com.cn/article/CDMD-11845-1017842380.htm.

第六章

企业集团财务管理

【例 6-1】小米集团：数据驱动下的高效财务管理模式

在"双循环"的大环境下，互联网领域的竞争日趋激烈，同时行业监管也在不断加强，这些因素推动了互联网企业在战略规划和财务管理方式上的新变革。作为一家数字化起步的公司，小米集团在短短 8 年内就跻身全球最年轻的《财富》世界 500 强，其智能手机出货量在全球排名前三。到 2022 年年底，小米集团的业务已经拓展到 100 多个国家和地区，年收入达到 2 800 亿元人民币。这一迅猛增长的背后，得益于小米独特的高效财务管理体系。

2015 年起，随着小米集团在国际市场的持续拓展和全球化步伐的提速，为了提高财务团队的工作效率并达到成本节约和效率提升的目的，小米集团通过建立和高效管理财务共享中心，加快了财务数字化的转型，为业务的增长提供了强大动力。经过数年的发展和探索，小米集团的财务共享中心在新的发展阶段，以智能化技术为核心，推动财务共享从集中处理向企业大数据转型，提供基于"数据驱动"的决策支持、深入到价值链的业务服务和更有效的风险管理，助力管理者实现从"直觉判断到逻辑推理，从偶然正确到持续精准"的转变。

创造财务价值的核心在于财务数据对管理决策的支持能力，数据的质量和完整性直接影响分析的广度与深度。与传统企业相比，互联网企业面临的挑战更为复杂：首先，小米集团拥有庞大的用户基础，涉及大量的小额收支，日常运营中产生巨额的财务数据，且业务遍及全球 100 多个国家和地区，涉及的数据类型多样复杂。第二，财务人员对公司会计职责和多样财税规定的理解与专业水平存在差异，造成所产生财务数据的质量高低不一。第三，数据传递的精确度和时效性不足，财务人员难以及时发现操作流程中的问题，也无法对流程中的风险数据进行即时监控和预警。

智能财务的构建为提升小米集团财务数据的质量和完整性提供了新方向。企业财务数据通常来源于费用报销、应付款处理、对外付款、合同审核等业务活动。在处理复杂的交易事项时，财务人员审核不仅依赖发票等标准文件，也经常需要非标准、自制的文件来证实交易，而传统的人工审核使得这些数据仅停留在纸质层面，未能转化为系统内的结构化数据，无法成为有价值数据资产的一部分。自 2021 年起，小米集团财务共享中心以智能审核为核心，将那些标准化程度高、重复性强以及规则明确的任务自动化，以此提升业务处理的效率与准确性，降低人为错误和欺诈风险。尤为关键的是，通过运用 OCR 智能识别技术结合财务众包模式，小米集团实现了所有类型票据信息的完全结构化提取，并将这些详尽且高质量的结构化数据存储于基础数据库，为决策者提供全面的数据支持。

第一节　企业集团概述

一、企业集团的含义

从宏观视角审视，企业集团是社会化大生产深度演进与市场竞争态势日益白热化的必然产物。从 19 世纪末到 20 世纪初，在西方的市场经济先进国家，随着生产的社会化水平不断提高，市场竞争愈发激烈，企业经营规模不断扩大，众多企业纷纷选择了集团化发展的道路。至今，企业集团已经成为一种普遍且备受关注的企业组织形式。例如，德国的"康采恩"、美国的"利益集团"或"金融集团"、西欧的"公司集团"等不同称呼，均是对企业集团这一组织形态的不同表述方式，彰显了其在全球范围内的普遍性与多样性。

企业集团指的是围绕一家或数家具有强大实力的核心企业构建的组织，这些企业通过资本、技术、产品等关键要素相互连接，基于平等自愿、互惠共赢的基本准则，各成员企业共同构成了这一大型经济联盟。深入探究其组织架构，企业集团主要包含以下四个层面。

（1）核心层企业，也被称为集团企业或集团公司。母公司是企业集团的"心脏"，它拥有法人身份，自主运营、自负盈亏。母公司的形态可以是股份有限公司，也可以是有限责任公司。作为集团的投资中枢，母公司实力雄厚，可能是一家产能卓越、流通广泛的大型实业体，也可能是一家资本充沛的控股巨擘。附属实体则是隶属于母公司，没有独立法人地位的分公司或分厂。虽然没有独立法人资格，但附属实体可以在母公司授权下进行独立经营活动。简单来说，企业集团就像一个庞大的"家族"，母公司是"家长"，而附属实体是"孩子"，它们共同构成了一个强大的整体，在市场上共同进退。

（2）紧密层企业，即集团企业全资控制或持股超过半数且具有法人资格的公司。这种关系可以类比于母子公司间的紧密联系。在中国，一个企业要被视为紧密层企业，需要符合以下任一标准：①集团企业进行投资并取得控制权；②成为集团企业长期承包或租赁的对象；③经过官方批准，由国有企业转型为集团企业管理；④国有资产监督管理部门授权集团企业经营原国有企业的国有资产。

（3）半紧密层企业，也叫作关联企业，它们由主要企业部分持股（持股比例不足以控制）或者由紧密层企业完全或大部分持有，并且具有法人地位的公司。这些企业可以通过货币、设施、技术、知识产权、品牌等资源进行交叉投资，并在集团的整体业务结构中，根据投资额或合同约定，共同分配盈利和分担风险。

（4）松散层企业，亦称固定协作企业，指的是那些与核心企业没有产权关系，但有稳定业务合作的企业，或者是被紧密层或半紧密层企业参股的企业。这些企业在集团的经营战略指导下，遵循集团的规章制度和合同约定，享有相应的权益、履行相应的责任，进行自主经营，并独立承担民事责任。

二、企业集团的分类

1. 隶属型企业集团和平等型企业集团

若根据集团内部成员企业间的法律联系来划分企业集团的构成，大致可分为两种类型：隶属型和平等型企业集团。

隶属型企业集团指的是集团内部的成员企业虽然在法律上各自独立，但实际上存在明确的上下级和控制关系。在这种结构中，控制企业处于领导地位，对下属企业进行管理和行使集团的经营权力。因此，在这类企业集团中，控制企业与下属企业之间的关系，通常体现为母公司对子公司的控制链条，这也是大多数企业集团在法律形式上的控股关系基础。

平等型企业集团指的是集团内部的成员企业不仅在法律上保持独立，而且在地位上也是平等的，没有层级之分。因此，这类企业集团需要通过成员之间的协商和共识来建立统一的领导机构，以保证经营策略的协调和一致性。

相比于平等型企业集团，隶属型企业集团具有更强的稳定性和长期性。在这种结构中，核心企业依法拥有特定的经营管理权限，并担负着相应的特别责任，这种设置更有助于加强集团内部的凝聚力，推动集团统一的经营方针和管理模式的落实。

2. 控股型企业集团和契约型企业集团

若根据企业集团的控制纽带和形成方式来划分，可以将其划分为两大类：控股型和契约型企业集团。

控股型企业集团通过股权作为连接的桥梁，将旗下成员企业紧密结合成一个整体。在这个体系中，控股企业依靠其多数股份，对下属企业的重要决策和关键事务进行主导，建立了基于股权的控制架构。这类企业集团体现了公司制度的精髓，是现代企业集团的典型模式。

契约型企业集团是由成员企业自愿缔结承包、租赁、特许经营等法律协议，形成的企业合作关系。在此模式下，合同作为契约之载体，清晰界定了成员企业间的权责利关系，成为维系集团运作的纽带。

依据国外的经验而言，通过对企业集团的控制机制和形成方式进行划分，可以更精确地区分它们的法律影响。在控股型企业集团中，控股方若对被控股方造成损害，必须负责赔偿。对于契约型企业集团而言，母公司有责任弥补子公司的年度赤字，以确保子公司的债权人能够获得追索权的保护，从而维护集团之整体稳定与信誉。

3. 单一所有制企业集团和混合所有制企业集团

企业集团的划分，基于所有权特点，主要分为单一所有制企业集团和混合所有制企业集团两类。单一所有制企业集团指的是旗下所有成员企业都具有相同的所有权特征，它们紧密相连，共同构建集团的基础。相对地，混合所有制企业集团则包含不同经济成分的成员企业，体现了包容性和多样性，相得益彰，共谋发展。

除却所有权性质之分，企业集团之归类尚可依据其经营之区域范畴、成员企业之行业构成及联结纽带等多元维度进行划分。就区域而言，有国内企业集团与跨国企业集团之别，前者深耕本土，后者跨越国界，布局全球。就行业构成观之，可分为单一型企业集团与多行业型企业集团，前者专注一域，精益求精，后者横跨多界，多元并举。至于联结纽带，则有以资本为基、技术为媒、产品为链之别，分别构筑起以资本融通、技术创新、产品协同为核心竞争力的企业集团，各具特色。如此多维分类，旨在剖析企业集团的内在特质与外在表征，呈现出丰富多彩、层次分明的企业集团图谱。

三、企业集团的联合方式

为了保证企业集团在一定程度上的稳定性，充分发挥其成员企业的联合作战能力，企业集团必须采取一定的联合方式把各成员企业联合起来。纵观我国企业集团的发展趋势，可以发现成员企业之间的合作模式主要分为三种：基于行政关系的联合、基于资本关系的联合以及基于技术合作的联合。

1. 行政纽带

企业集团若以行政关系为核心，意味着集团内部成员企业通过上下级间的行政隶属关系进行整合，高层企业对基层企业进行指导与控制。例如，我国部分按行业划分的大型全国性企业普遍存在这种现象。这种结构往往导致产权界定不清晰，内部缺乏有效的激励机制，难以实现团队的向心力。因此，对这种以行政隶属关系为纽带建立起来的企业集团，应按照现代企业制度的要求，进行规范化的公司制改造，建立起各负其责、协调运转、有效制衡的法人治理结构。

2. 资本纽带

企业集团若以资本为连接点，即成员企业通过控股或参股等方式确立产权联系，进而确立经济利益的关联，会促使成员企业之间建立起共享盈利、共担风险的合作模式，这种方式是国际上通行的方法。通过此类合作模式构建的企业集团，立足于现代企业架构之上，其成员企业普遍为股份制公司或有限公司。因此，采用这种方式组建的企业集团有如下明显的优势。

（1）企业集团各成员企业之间的利益关系，建立在它们之间的产权关系这一基础之上，这有利于增强企业集团的凝聚力，实现企业集团价值的最大化。

（2）在企业集团中处于支配地位的核心企业，能够对其附属机构和子公司实施控制，如此一来，便有助于推动企业集团实施统一的经营策略，提升集团资源的综合利用效率。

（3）在企业集团架构中，核心企业借助持有股份和参与投资的途径，能够以较低的资金投入掌握远超其体量的资本，这有助于企业集团迅速增长规模，并提升其在市场中的竞争力。正是由于以资本为纽带组建企业集团具有上述优势，我国政府积极鼓励企业集团朝着这个方向发展。党的十四届三中全会通过的《关于建立社会主义市场经济体制若干问题的决定》和党的十五届四中全会通过的《关于国有企业改革和发展若干重大问题的决定》都明确指出，培育企业集团应依据实际经济法则，以企业为主导，资本为联结，通过市场机制进行整合，避免依靠行政干预强行结合，防止无序扩张和全面追求。目前，我国有许多企业集团正在按照这一改革思路加以规范。在实际操作中，资本作为联系纽带可以采取以下多种具体形式。

①企业集团中，核心企业通过与成员企业的管理部门协商，达成承包协议，从而对这些成员企业实施承包管理。一方面，这种承包形式具有承包经营的特征，有利于核心企业这一承包方对被承包的其他成员企业实施经营权控制，从而形成控制上的紧密联合；另一方面，在承包期间，核心企业还可以通过对被承包企业进行投资，直至控股，将其改造为子公司。企业租赁方式与企业承包方式基本相似。

②企业集团采用股份制结构，主要表现在：首先，集团内的核心企业对其他企业进行股权投资，若其投资额达到控股水平，那么这些企业便成为核心企业的下属子公司；其次，各成员企业之间交叉持股，以优化治理结构，建立长期而稳定的联系；最后，企业集团直接设立有限公司，以此加强核心层的规模和紧密度。企业集团采取股份制形式，有利于在其内部建立起各负其责、协调运作、风险共担、利益共享、有效制衡的法人治理结构。

③企业并购。企业并购是产权集聚与资本运营一体化的深刻体现。在并购实践中，主要呈现为两大形式：首先，通过购买方式进行兼并，即企业集团的核心企业通过直接支付资金购买目标公司，完成所有权的转移；其次，通过承担债务的方式进行兼并，企业集团的核心企业接受目标企业的债务，将其纳入自己的资产范围。

④国有资产授权经营。国有资产授权经营是指政府赋予核心企业以国有资产投资主体之角色，赋予其负责集团内国有资产的集中管理职能。通过这种方式，集团的紧密型企业和半紧密型企业可以分别转变为全资控股公司、部分控股公司或仅持有股份的公司，进一步明晰产权关系，优化资源配置。

3. 技术纽带

企业集团之各成员企业，依托生产技术之精进与强势产品之引领，紧密联结，共筑战略联盟。此举旨在充分挖掘并发挥企业集团在生产技术与产品优势上的潜能，促进集团整体的协同发展与创新跃升。

四、企业集团的特征

由上述企业集团的含义、分类和联合方式可见，企业集团与其他经济组织形式相比，具有如下特点。

1. 法律特征

从法律视阈审视，企业集团超越了普通企业法律实体与经济实体合一的传统框架。企业集团，作为由众多法人主体联袂构筑的大型经济联合体，其本身并未被赋予独立法人的身份与地位。究其原因，在于企业集团缺乏作为法人资格之基石——能够独立享有经济权益并承担相应经济义务的财产条件，故无法跻身独立法人之列。

2. 组织特征

从组织结构上来看，企业集团的组织结构具有如下特征：

（1）各成员企业的趋利性，即各成员企业都是具有独立法人资格的经济实体，因此它们都是独立的利益主体，都具有追求自身利益最大化的要求。

（2）各成员企业间的协同性，此为企业集团之精髓所在，非简单叠加可比。企业集团是由各成员企业依据特定联合机制融合而成的有机统一体，秉持共同的利益愿景与战略目标。故而，在生产运营活动中，各成员企业需强化协同合作与紧密联系，充分挖掘并发挥集团的整体效能，在确保集团利益最优化的基础上，力求实现各自利益的最大化。

（3）各成员企业之间的稳定性，即由于企业集团的各成员企业是按照一定的联合方式联结起来的，彼此之间在资本、产品、技术等方面存在广泛的经济联系，在业务上共享利益与风险，这使得它们在结构上展现出较高的稳固性。

（4）企业集团的层次性，其组织结构因成员企业间联合紧密度的差异而呈现出鲜明的层级，诸如核心层、紧密层、半紧密层及松散层企业等。

3. 经营特征

从经营维度观之，企业集团展现出两大鲜明特征：一为经营的垄断性，二为经营的兼容性。企业集团经营之所以具备垄断性，缘由在于其推行统一的经营目标与一体化的政策导向，促使成员企业凝聚成联合阵线，围绕核心企业的主打产品，携手开拓市场空间，拓宽市场份额；加之企业集团的规模化生产促使产品单位成本削减，利润攀升，从而易于构筑价格优势；同时，企业集团能够汇聚多方资金、技术、人才及设备资源，推动产品改良与创新，进一步巩固并提升产品的市场竞争力。至于企业集团经营的兼容性，则主要体现在其产品结构的多元化上：一方面，集团内部多家企业涉及多种产品的生产；另一方面，则在某一核心产品的基础上，进行多样化的系列研发与拓展。

4. 财务特征

理论上，企业集团的财务管理具有如下主要特征：

（1）企业集团内部各成员企业间的财务关系，通常植根于产权关系的深厚土壤之中。由此，企业集团内部自然而然地衍生出出资者系列与经营者系列的财务架构。出资者系列宛如一条绵延不绝的河流，源自母公司向子公司的资本注入，进而由子公司向孙公司依次延展，以至无穷；而经营者系列则呈现出一种反向的层级管理，即孙公司负责管理运营子公司的资本，子公司则相应地对母公司的资本进行经营管理，同样层层递进，无穷无尽。故而，各成员企业间纷繁复杂的财务关系，可精炼地归结为出资者企业与经营者企业之间的财务联结，其核心在于总公司与旗下公司之间，权力集中与分散的恰当平衡至关重要。合理处理这种关系对于提升企业集团的团结力以及激发各成员企业的积极性和创新能力，具有举足轻重的意义。

（2）企业集团的财务管理目标，从总体上来看，就是对各成员企业的财务活动进行有效的协调与整合，充分发挥企业集团有效配置资源的综合优势，实现企业集团整体价值的最大化。再从上述企业集团内部的财务关系看，出资者的财务目标是确保资本安全和资本增值；而经营单位的财务目标则是把资本有效地转化为资产，实现资本增值，并从中获得相应的利益。

（3）法人资格的经济实体，自然都是财务主体。企业集团的财务主体应由这些财务主体所构成，并呈"金字塔"式的结构。

（4）企业集团的融资特征，除了具有统一对外筹资、进行内部资金融通的特征外，还具有产业资本与金融资本相结合的特征，如组建财务公司等。

（5）制定内部转移价格，是在企业集团内部实施分权管理的必然结果，其作用主要在于明确地划分各成员企业之间的经济责任，正确地评价它们的经营业绩。

（6）在企业集团财务管理中，核心企业起统驭作用，具有"融资决策中心""投资决策中心""资金管理中心"等财务管理职能。

5. 会计特征

企业集团作为一个特殊的会计实体，不进行独立核算，但必须编制以总公司为基准的合并财务报表。

第二节　企业集团财务管理体制

企业集团的财务管理体系，是规范集团内部各成员企业在财务责任、权限和经济利益等方面的基础性财务规则，构成了企业集团管理体系中不可或缺的一环。合理构建此体制，实为推动企业集团财务管理工作高效、有序开展之制度基石。

一、企业集团财务管理体制的基本模式

企业集团的财务管理体制，受其联合形式、组织结构等因素的影响，大致可以分为集权型、分权型和混合型三种主要模式。

1. 集权型财务管理体制

集权型财务管理模式意味着企业集团的财务决策权高度集中在母公司，子公司的财务活动受到母公司的严密监督和统筹管理。在这种管理模式下，母公司拥有极高的财务决策权，而子公司主要承担母公司财务决策的任务。子公司的关键财务和经营活动，包括资金筹集、投资决策、薪酬政策、费用管理、利润分配、资产重组和人事任命等，都由母公司统一制定和管理。母公司通常直接指派生产任务，并直接参与子公司的日常经营和生产活动。

集中式财务管理模式的优势在于能够简化制定和执行统一财务政策的过程，提高资金筹集的效率，增强企业集团的团结力和整体竞争能力，同时减少经营和财务风险。不过，这种模式的不足也很明显，财务管理权力的高度集中可能会削弱子公司的主动性，造成集团财务管理中缺乏有效的分工和横向合作，这也可能给子公司的业绩评估带来挑战。

2. 分权式财务管理体制

所谓的分权式财务管理体制，指的是以母公司的间接监督为主，给予子公司较大自由度的财务管理权限的管理方式。此模式的核心特点在于财务权限方面，子公司握有包括资金筹集、资金使用、薪酬设定、费用控制、利润分配、资产重组和人事任命等关键财务事项的全面决策权，可以根据市场状况和自身的经营状况，自主灵活地运用间接管理策略。总公司致力于激励旗下公司参与市场竞争，扩大其市场份额，并在利润分配上更倾向于子公司，以此提升其在市场上的竞争能力。

分权型财务管理体制的优点在于子公司拥有较大的财务自主权，能够灵活地把握市场机会，减轻总公司的决策压力。但这种模式也有其缺点，即难以实现集中指挥，难以及时发现子公司的潜在风险和重大经营问题，这可能会削弱总公司的财务控制力度。

3. 混合式财务管理体制

在实际运营中，完全集中或完全分散的财务管理模式在企业集团中并不常见，大多数企业集团更倾向于实施集中与分散相结合的混合型财务管理体制。这种体制以分散为基础，同时强调集中的必要性，形成了一个从基层向上的多级决策结构。由于财务权力的集中与分散程度受多种因素影响，确定财务管理体制的最佳集中或分散程度较为困难。不过，在集中与分散之间寻找恰当的平衡点，无疑是一个明智的策略。

二、设计企业集团财务管理体制的原则

遵循现代企业制度的核心理念，构建企业集团财务管理体制应恪守以下基本原则：

1. 产权明晰

产权界定明确，指的是在企业集团的框架下，母公司作为出资方，拥有对子公司的重大决策权、资产收益权和经营选择权，同时仅以其投资额为限对子公司的债务承担有限责任，不参与子公司的日常经营活动。子公司作为投资接受方，依靠其全部法人资产，独立行使民事权利，承担民事责任，依法自主经营，自担盈亏，并对出资方承担资本保值增值的责任。明晰母子公司的产权界限，是理顺双方财务关系、规范各自财务管理职能的基石，亦是设计企业集团财务管理体制的出发点与立足点。

2. 责、权、利相统一

企业集团的财务管理体系，目的在于从整体层面上规范集团内部各成员企业的财务职责、财务权限和经济利益，以及三者间的内在关联。其中，财务责任居于核心地位，是确定财务权利的基本依据，其履行状况亦是衡量经济利益分配的主要标尺；财务权利则是保障，唯有赋予各成员企业适当的财权，方能确保其独立开展财务活动，忠实履行财务责任；经济利益是最终的追求，它不仅是各成员企业履行职责的内在激励，也是其生存与发展的物质根基。将责、权、利三者有机融合，有助于建立有序的财务体系，激发各成员企业的积极性与创造力，进而提升整体经济效益。因此，责、权、利和谐统一的原则，构成了设计企业集团财务管理体制的基本指导原则。

3. 适度集中与分散权力的结合

无论是从理论还是实践的角度来看，企业集团如果完全采取极端的集中或分散财务管理体制，都会带来不少问题。极端集中可能导致集团财务体系变得僵化，抑制子公司的主动性；而极端分散则可能导致子公司及其管理者在缺乏控制的情况下过分追求个人经济利益，损害集团的整体利益。因此，企业集团需要在深入分析自身实际情况和全面评估影响集中与分散权力的各种因素的基础上，恰当处理集中与分散权力的关系，达到两者之间的平衡与协调。这不仅是构建企业集团财务管理体系应坚持的核心准则，也是解决该领域核心问题的关键途径。

三、设计企业集团财务管理体制应综合考虑的因素

1. 企业集团管理体制

通览全球企业集团的发展历程，其内部管理体制在集权与分权的精妙结合中，逐渐演化出三种典型模式：第一，母公司高度集权的管理体制；第二，母公司、子公司以及孙公司之间实行相对分散权力的管理框架；第三，采用事业部制的组织结构。企

业集团的财务管理体系，作为集团整体管理体系的一个重要组成部分，其具体形态直接受到集团所采纳的管理体制的影响。因此，在构建企业集团财务管理体系时，集团内部管理体制无疑是一个基本且关键的考量要素。

2. 企业集团规模的维度

一项针对 187 家跨国公司的美国研究揭示，企业集团的规模对其财务管理体制的选择具有显著影响。规模较小的跨国企业，由于总部在资金筹集和财务专业人才方面的限制，常常选择将财务决策权授予子公司的管理者，采取分散式财务管理。在这种模式下，子公司在财务上拥有较大的自主权，需要依靠自身的财务资源来实现业务的增长和扩张。中等规模的跨国企业依靠其较强的经济实力和财务专业人才储备，倾向于实施集中式财务管理。而大型跨国企业，由于资金充裕和拥有众多财务专家，虽然偏好集中式管理，但由于其产品线多样化、地域分布广泛以及环境的复杂性，实际操作中往往采用集中与分散相结合的财务管理方式，或者更倾向于分散式的财务管理模式。

3. 企业集团股权结构

企业集团股权结构的差异，亦对其财务管理权的集中与分散产生深远影响。若集团子公司多为独资经营，则财务管理权相对集中；反之，若子公司多为合资经营，则财务管理权趋于分散。

4. 企业集团的生产技术水平

在技术密集型的企业集团中，总公司通常将主要精力集中在技术开发上，而非财务领域，因此更偏好分散式的财务管理模式。相比之下，在技术要求不高的企业集团中，总公司更加注重财务管理，因此更倾向于集中式的财务管理体系。

5. 国家文化特征的多样性

以美国企业为例，其管理理念倾向于强调子公司的独立性及股权的分散化，因此通常不直接干预海外子公司的财务运作；而欧洲的跨国公司则深受传统母公司与子公司紧密联系的影响，其财务管理往往更趋于集中化。

6. 财务管理内容的差异

鉴于财务管理内容的轻重缓急不同，对各类财务内容应采取差异化的集中或分散管理策略。具体而言，企业集团在处理涉及集团整体利益的重大投资决策、资金筹集、利润规划、资产处理和转移定价等关键财务事项时，通常更偏好集中式管理，以确保集团战略的统一性。对于其他财务管理领域，则可能更偏向于分散式管理，以此激发各个业务部门的主动性和适应性。

四、企业集团财务管理体制的合理选择

在企业集团的架构中，集团公司或母公司作为核心企业，扮演着统御全局的角色，承担着包括财务管理在内的广泛经营管理职能。据此，我们主张，应根据企业与核心企业之间的联系紧密度，定制不同级别企业的财务管理架构。

在企业集团架构中，作为集团或母公司的核心企业的财务机构，依据国家的法律规范和集团的内部规则，承担着实施集团财务管理职能的重要角色。其主要职责涵盖：制定并执行企业集团的财务制度与政策；落实企业集团的重大财务决策；统一规划企

业集团的外部融资与内部资金调配；监督企业集团的财务活动等。

针对核心层企业下属的分支机构或工厂，由于它们通常不具有独立的法人地位，并且人力、财务、物资以及生产、供应、销售等均由集团总部集中管理，因此适宜实施集中化的财务管理体系，以保障集团对旗下各企业的有效管理。而对于紧密层企业，集团则应在统一领导下，实施分权、分级的财务管理体制。紧密层企业作为核心企业的主要出资者，以子公司的形式存在。为了调动其主动性并达成集团的整体目标，集团应在集中指导下，向核心层企业授予必需的财务决策权，并实施两级独立核算制度。核心层企业在遵守集团统一财务制度的前提下，可以相对独立地进行会计核算和日常财务管理，但其财务活动应整合进集团的整体规划之中，会计核算资料也需纳入集团合并财务报表。

对于半紧密层的企业，集团应实施适度放权的分散式财务管理体系。这些企业通常以孙公司的形式存在，与核心企业的联系主要是合作关系。在此体系下，集团总部通过间接方式对半紧密层企业进行管理，而半紧密层企业则保有独立的财务决策权，进行独立的会计核算，其会计资料不并入集团的合并财务报表。不过，为了贯彻企业集团的整体发展战略，提升集团的向心力，半紧密层企业的重要财务行为仍需纳入集团统一的财务政策框架内。

对于松散层的企业，因为它们与核心层、紧密层、半紧密层企业之间没有稳定的合作机制，一般被视为非集团成员，位于企业集团的影响范围内。因此，对于这些松散层企业，集团应实施彻底分散的财务管理模式，赋予它们完全的自主决策、运营、管理和核算权限。

第三节　企业集团财务管理的内容

企业集团的财务活动通常囊括了核心层企业、紧密层企业、半紧密层企业及松散层企业这四个层次的综合财务运作。在这之中，核心层与紧密层企业的财务活动构成了企业集团财务管理的核心范畴，具体涵盖了产权结构的优化管理、融资策略的制定与执行、投资项目的审慎选择与管理、资产的有效配置与监管、内部转移价格的合理设定、收益分配的公正规划以及财务活动的全面监督等多方面内容。

一、产权管理

在企业集团内部，产权关系是否明晰，产权结构是否合理，持股方式是否恰当等产权管理问题，直接关系到筹资管理、投资管理、收益分配管理等财务管理工作能否顺利而有效地开展，因此产权管理是企业集团财务管理的重要基础和重要内容。

1. 明晰产权关系

明确企业集团内部母公司与子公司之间的产权界定，基于双重考量：其一，鉴于母公司与子公司各自作为独立的经济实体与市场竞争主体，不存在行政隶属关系，仅为出资人与经营者之间的联结，母公司对子公司的管理调控需严格遵循公司法规定，不得逾越所有权界限，干涉子公司的日常运营，以保障子公司的独立法人地位及其正常运营秩序；其二，为捍卫并实现集团整体利益，母公司必须对子公司实施有效的产权监管，保障投资资金的安全，并依法获得资产收益，进而使子公司的经营目标与母公司的总体战略保持一致。明确母子公司之间的产权界定，是规范双方财务交易、确立各自财务管理职责的基本条件。因此，企业集团的所有财务管理行为都应在此基础上有序进行。

2. 设置合理的产权结构

在确定产权架构的过程中，母公司应主动引领子公司探索多元化投资路径，构建多元化的产权结构，旨在完善子公司的法人治理结构，并确保集团发展战略目标的顺利达成。具体来说，针对集团的主导产业和资本密集型业务，母公司应实施完全控股策略，建立全资子公司，构建单一的产权架构；而对于技术密集型产业及关键辅助产业，这些对集团生产经营与持续发展具有重要引领作用的领域，母公司可通过持股51%以上建立控股子公司，并积极吸引社会法人资本、鼓励内部员工参股，以及实施子公司间的交叉持股策略，以追求产权结构的多元化；至于与集团主业相配套及第三产业领域，母公司则应采取参股而非控股的策略。母公司与子公司间的控股关系，可归结为以下五种主要模式：①分割模式，即将母公司部分业务析出，成立全资子公司，实行独立运营；②投资方式，即母公司利用其有形和无形资产对核心层企业进行股权投资，实现控股目标，建立母子公司间的联系；③有偿收购方式，即母公司通过购买股份的手段，获得目标企业超过一半的股权，使其成为子公司；④股权交换方式，即母公司通过等值股权交换，将核心层企业纳入子公司范围；⑤国有资产授权经营模式，其中母公司通过获得国有资产的授权，将其他企业控制的国有资产转变为自己的法人资产，从而将这些企业纳入子公司的范畴。

3. 持股方式的审慎抉择

企业集团形态多样，持股策略也应因情况而定。通常来说，实力强大的核心企业更适合采用直接持股模式，以维护母公司的控制权；而那些由多个强势企业联合组成的企业集团，则可以考虑采用交叉持股模式，以加强子公司间的合作与联系。

二、融资管理

按照资金来源的不同，企业集团融通资金的方式一般有如下三种：

1. 外部融资

外部融资种类繁多，包括银行信贷、公开发行股票、发行债券、商业信用筹资、融资租赁以及国内合作融资等多种渠道。这些筹资途径在经济属性、权益分配、风险分担和成本开支上各有千秋。因此，企业集团在选择筹资方式时，需全面考量其经济性质、权益归属、风险水平及成本效益，以实现融资策略的优化配置。

2. 内部资金融通

此举不仅至关重要，而且切实可行。从必要性维度审视，企业集团作为经济共同体，各成员企业间构建了紧密的合作关系，理应在资金运用上相互扶持，共谋繁荣发展；从可行性维度分析，鉴于各成员企业经营特性与业务范畴的差异，资金运用与业务流转中常会出现"时间差"，即某些企业面临资金短缺时，其他企业可能资金相对充裕，这为企业集团内部资金的调剂提供了现实基础。

3. 产融结合化

其具体方式有多种。比如：组建财务公司等非银行金融机构；构建和谐的银行与企业间的合作关系，争取获得银行持续且稳健的信贷援助；积极吸引银行及其他金融机构进行股权投资，建立银企财团等。在我国，随着企业集团的不断发展和金融体制改革的不断深化，金融机构在企业集团发展中的作用将会越来越大。

无论企业集团采用何种融资途径，均须实施统一的管理策略，推行一体化的融资政策体系。此举不仅能够助力企业拓宽融资路径，扩大资金来源，有效缩减资金成本与筹资风险，而且能够推动内部资金的顺畅流通，合理调配资金盈余与短缺，充分利用资金运用中的时间差异，从而显著提升资金的使用效能。

三、投资管理

为优化集团投资架构，提升投资回报，并确保集团战略目标的达成，企业集团应施行统一的投资策略，并由核心企业集中主导投资决策过程。

（1）筛选投资项目。这一步骤相当复杂，核心企业必须全面考量影响投资的多种因素，包括市场供需差异、宏观经济政策、产品更新换代趋势、物价上涨趋势以及信贷环境等，以审慎和科学的方法选择投资机会。

（2）制定投资方向。核心企业需要深入分析国家的产业政策、财税法规和货币政策等，紧密结合集团的发展战略，谨慎选择适合的投资领域。

（3）控制投资额度。核心企业需基于集团的整体利益，对投资额度进行宏观和前瞻性的规划，并运用"投入—产出"弹性分析工具，确保集团各成员企业的投资额度保持在规模经济的合理范围内。

（4）评估投资方案。核心企业需制定统一的投资项目可行性研究和审批程序，对重大投资项目实施严格的审查机制，并依据项目的优先级进行有效调配，防止因资源分散引发的重复建设和资源浪费，以达成"高回报、低风险"的投资目标。审定投资项目的一般程序是：第一，由各成员企业提出投资申请和投资预算，并报核心企业财务部门审核；第二，核心企业财务部门对各成员企业提交的投资申请和投资预算进行审核后，提出书面意见，一并上报给高层管理人员审核；第三，高层管理人员将审核通过的投资预算及其书面意见上报给董事会；第四，由董事会或股东大会批准后执行。

（5）监督投资预算的实施情况，努力降低投资成本，确保投资项目严格按照预算执行，并按计划顺利完成。一旦监测到投资预算与实际执行出现差异，核心企业应迅速响应，适时做出调整。

（6）再评价投资项目。投资项目推进之际，若遇新情况涌现，核心企业应依据实际情况，对投资项目进行动态评估。若实际情况发生重大转折，致使原有投资决策失去合理性，核心企业应果断决策，考虑是否中止投资项目，以免损失进一步扩大。

四、资产管理

企业集团资产管理的内容如下：

（1）优化资产结构。核心企业应根据各成员企业生产经营的特点，通过对收益与风险的权衡，适当控制各成员企业的经营性资产与非经营性资产、长期资产与流动资产的比例，提高资产利用效率。

（2）规范资产管理程序和权限。核心企业需要建立严格的资产管理标准，对资产的购置、分配、使用、淘汰及处理等各个环节，既要保证职责明确，又要严格遵守既定的流程，以此体现管理的规范性和严格性。

（3）强化资产变动监管。鉴于企业经营状况的变化和产业结构的调整，集团内部成员企业之间的资产转移较为常见。为了防止资产流失，核心企业必须加强对资产变动的监督。成员企业之间的流动资产转移应坚持补偿原则；对于固定资产的无偿调配，必须经过集团内部相关部门的严格审查和授权；而向集团外单位出售固定资产时，除了要遵循补偿原则外，还必须获得集团相关部门的审核和批准，以保障资产转移的合法性和适当性。

五、内部转移价格管理

企业集团内部转移价格，指的是集团内部成员企业在产品转移时采用的定价体系。这一体系对于成员企业间中间产品的定价和结算至关重要，它不仅能够明确划分各成员企业的经济责任，为绩效评估和利润分配提供公正的比较标准，还有利于集团内部资金的合理分配，促进集团战略目标的达成，并实现合法税收优化的效果。

在确定集团内部价格时，应坚持以下基本原则，以保障其合理性和有效性：

（1）必须将集团整体利益与各成员企业的利益紧密结合，力求实现两者的最大化，确保集团内部的和谐共生与共同发展。

（2）应当深入评估内部转移价格对成员企业业绩的潜在影响，确保绩效评价工作基于公平、客观且可比较的基础之上，以激发各成员企业的积极性与创造力。

（3）在追求成本效益的同时，既要致力于减少中间产品供应方的成本，又要尽可能增加中间产品购买方的利润范围，以实现集团内部的互利共赢。

企业集团内部转移价格通常涵盖以下四种类型。

1. 市场价格

市场价格指的是将中间产品的市场价作为基准，经过适当调整后用作集团内部的转移价格。这种定价方法基于两个基本前提：一是中间产品有外部市场；二是该市场是完全竞争的，或者供应者没有剩余生产能力。需要注意的是，基于市场价格的内部转移价格并不是简单地复制外部市场价格，而是需剔除如销售费、广告费等非直接相关费用。采用此定价方式时，应坚持以下准则：如果供应方能提供不高于市场价格的内部销售，需求方有责任购买；若价格超过市场价格，需求方可以选择从外部市场采购；若供应方更愿意对外销售，则拥有不向内部供应的权利。当然，所有这些准则都必须在不损害集团整体利益的前提下进行。以市场价格为基础的内部转移价格之优点在于：能够将市场竞争机制引入集团内部，激励各成员企业高效利用有限资源；同时，能够真实反映各成员企业的盈亏状况，为业绩考评提供客观可比的基准。然而，其不足之处亦显而易见：市场价格波动频繁，给中间产品转让的计价结算带来挑战；此定价方式缺乏灵活性。鉴于上述优缺点，该定价方式更适合于实行高度分散式管理体系的大型企业集团。

2. 协商价格

协商价格是集团内部成员企业通过相互协商确定的交易价格。这种定价机制的基础是中间产品可能在非竞争性市场中交易，意味着交易双方可以自行选择是否成交。协商价格一般位于一个范围之内，这个范围由市场价格和变动成本界定，交易双方将在这个区间内商定最终的交易价格。协商价格的优点在于：买卖双方可根据产品质量、供应可靠性等因素，协商确定转移价格，进而达成双方特定的需求，同时考虑到各方的经济利益。但是，这种方法也有其缺点：协商过程可能较为耗时且成本较高；若双方意见不一致，可能需要集团高层介入决策，这可能会降低分权管理的优势。和市场价格一样，协商价格也适合于那些分权管理较为彻底的企业集团。

3. 双重价格

双重价格为买卖双方设定了不同的内部转移价格。具体来说，供应方可以根据协商确定的市场价格来计价；而需求方则根据产品变动成本来计价，两者之间的差价由核心企业进行适当的调整。

双重价格机制包括两种形式：一是双轨市场价格，即市场上同类产品存在多个价格时，供应方倾向于选择较高的市场价格，而需求方则选择较低的价格；二是双轨转移价格，供应方以市场价格或协商后的价格作为定价基础，需求方则以产品的变动成本或标准成本作为定价基础。这种双重价格策略能够精确地满足供需双方的不同需求，有效激励双方的积极性。不过，这种策略也有其缺陷，即双重价格机制通常对子公司较为有利，但可能对集团的整体利益产生负面影响。供应方以较高价格销售，而需求方以较低价格购买，这可能导致双方对成本控制的重视不够。

4. 成本转移价格

成本转移价格是指以产品成本为基础确定的内部转移价格。由于成本定义的多样性，成本加成定价也呈现多种形式，例如使用产品的标准成本作为内部转移价格，或者使用产品的标准变动成本加上合理利润作为内部转移价格等。具体采用何种成本形式，需根据转移产品的特性及制定转移价格的具体要求而定。成本转移价格策略有效规避了以市场价格为基础定价的某些局限性，且具备操作简便、数据现成等优势。然而，其亦存在不足之处，如成本概念的多样性可能导致转移价格制定过程中存在较多人为因素；以实际成本为基础的转移价格则可能不利于成本管理的加强等。

上述四种内部转移价格各有利弊，所以在实际工作中企业集团应根据具体情况做出合理的选择。

六、收益分配管理

企业集团的收益分配主要涉及两方面内容：一是以政治权力为基础的收益分配，即按照税法缴纳各种税金，这种分配体现了国家与企业集团之间的财政分配关系；二是以资产所有权为基础的收益分配，即将所得税和各种法定提留后的利润，按照一定的分配方式，在各资产所有者之间进行分配，这种分配体现了以所有权为基础的产权收益分配关系。企业集团因联结纽带与联合方式的差异，其产权收益分配方式亦呈现多样性。具体而言，企业集团的收益分配主要涵盖以下几种方式。

（1）股份分配方式。这种模式在股份制企业集团的利润分配中得到了广泛应用，成为许多企业集团优先考虑的分配方法。在这种模式下，接受投资的企业根据投资者的出资比例，以"应分利润"或"应分股息"的名义，直接进行利润的分配。此模式不仅体现了公平与效率的结合，也预示着企业集团利润分配的主要发展趋势。随着该模式的深入应用，企业集团逐步构建起以母公司与子公司为核心的利益分配体系，进一步强化了集团的内部凝聚力与整体效益。

（2）基数分配方式。这种方式主要适用于通过承包或租赁方式建立的企业集团的利润分配。其操作基础是，企业集团的核心企业通过承包或租赁形式从成员企业的管理部门获得资产使用权，并与成员企业的管理部门或所有者签订关于上缴承包税后利润和支付资产使用费的合同。

因此，被承包或租赁的企业成为企业集团的核心层企业，其利润的剩余部分归属于企业集团的核心企业。同时，这些核心层企业（被承包或租赁的企业）也需要根据合同的约定，为企业员工和企业的发展保留必要的收益。在这一体系中，核心层企业将获得的利润以"应付利润—上交承包或租赁费"的形式交给原管理机构，并以"应分利润—分配给承包或租赁方的利润"的方式转交给集团的核心企业，同时通过提取公积金、公益金等方式保留自己的应得部分，以此达成利益分配的公平与平衡。

（3）基数比例分配方式。这种模式特别适用于企业集团中通过行政合并形成的成员企业的利润分配。在行政合并的框架内，集团的核心企业对国家负有承包责任，而各核心层企业则向核心企业进一步承包。与之相匹配，基数比例分配模式的具体运作方式：核心企业集中对自身及核心层企业获得的税后利润，根据预定的承包基线，在双方之间进行利润分配。也就是说，税后利润首先需要根据规定的基线上交给集团的核心企业，剩余的利润则由核心层企业自行管理。

如果核心层企业在经营中出现亏损，核心企业也应按比例分担相应的损失。这种模式普遍适用于以下情况：核心企业根据约定的条件向核心层企业提供技术支持、半成品、销售服务等，而核心层企业则按照核心企业的指导进行生产和经营活动。无论期末采取何种利润分配模式，均需坚守"先税后分"的原则。此原则的实施通常以一个关键前提为基础，即企业间的投资数额需经过明确的会计核算，且产权界定需清晰无误。然而，在当前阶段，只有基于股份制原则建立的企业集团才能实现利润分配的明确划分，而那些通过承包租赁、行政合并等手段组建的企业集团则存在产权界限不明确的问题。因此，在遵循"先缴税后分配"的原则下，对于通过承包租赁和行政合并形成的企业集团，可以继续采用现有的承包基线、租赁费用、分配比例等模式进行利润分配；对于通过国有资产授权经营方式组建的企业集团，应在确保核心企业实现授权资产保值增值的前提下，再通过税后利润承包的方式对各成员企业进行利润分配。

此外，企业集团在进行利润分配时还需仔细评估那些可能影响利润的各项因素。例如，若内部转移价格与市场价有较大出入，并已包含利润转移时，企业集团应适当调整利润分配的基线、分配比例和分配额度。再如，若成员企业分担了集团核心企业的部分开支，在确定分配基线和比例时，企业集团应充分考虑这一点，或在利润分配时做出相应调整，以确保分配的公正性与合理性。

这里所说的财务监督，专指集团公司或母公司形式的核心企业对其子公司进行的财务管理和监督活动。此类财务监督，本质上乃出资者所行使的财务监督职权。其产生的根源，主要在于两个直接因素：首先，现代企业中所有权与经营权分离的特点。在这种分离情况下，所有者持有企业的所有权，企业作为独立的法人实体，依法拥有法人财产权，并由所有者委任的管理者负责企业的日常经营和管理。不过，所有权与经营权的分离并不表示所有者放弃了对企业财务的监管职责。实际上，这种分离在现实中促成了所有者与管理者之间的"委托—代理"模式。所有者作为委托人，将企业的日常经营和管理职责委托给管理者，同时保留了对企业的最终决策权；管理者作为代理人，承担企业日常运营的责任，并依据其业绩和成果获得相应的报酬。考虑到"道德风险"与"逆向选择"的风险，所有者对管理者的财务活动进行监督变得特别重要。

在企业集团结构中，核心企业以集团公司或母公司的形式，对子公司进行财务监督的主要方法包括以下几种。

1. 构建并优化财务决策机制

集团公司或母公司应保留对子公司以下关键财务决策的控制权：

（1）重要资金筹集活动。各种筹资途径和规模对企业集团资本结构的影响各不相同。资本筹资可能涉及企业权益结构的变化；债务筹资不仅会调整企业集团的资本结构，还会增加财务风险，极端情况下，过高的债务筹资可能危及企业的生存。因此，重大筹资事项的决策权应保留在核心企业。

（2）重大投资事项。对于投资规模较大和投资期限较长的投资项目，其决策权应保留在核心企业。但是，如果子公司的自控能力差，管理混乱，则其任何资本性支出的最终决策权都应保留在核心企业。针对当前我国企业集团对外投资规模过度扩张、投资损失颇为严重的现状，核心企业务必要加强对子公司对外投资活动的监督力度。

（3）日常财务活动中的特殊问题。在常规情况下，核心企业无须直接介入子公司的日常财务运作。然而，一旦遭遇某些金额巨大且对企业生产经营活动具有深远影响的特殊财务事项时，核心企业应保留对这些关键议题的最终决策权，以确保企业集团的稳健发展。

（4）企业并购、清算及破产等关键事务。此类事项均会对企业集团的整体运营产生重大而深远的影响。因此，核心企业必须从企业集团的整体发展战略高度出发，加强对这些关键事务的监督与管理，以确保企业集团的利益最大化及风险最小化。

2. 推行财务总监委派制

财务总监委派制是核心企业为保障企业集团整体利益、加强子公司财务控制与监督而采取的一种高级管理策略。该策略通过直接向子公司派遣财务总监，并将其纳入核心企业财务部门的人员管理体系中，以实现统一管理与绩效评估。在实际操作中，这一制度具体体现为财务监事委派制和财务主管委派制两种形式。

财务监事委派制，即核心企业作为出资方，向子公司派遣财务监督人员，代表核心企业对子公司的财务活动进行所有权监督。被派遣的财务监督人员承担重要职责：

审核并监察子公司的经营策略，特别是财务策略，保证其与企业集团的整体政策目标一致；审查子公司的财务管理体系是否完善和执行是否到位；监察子公司对核心企业重大财务决策的落实情况；若发现子公司的财务决策有重大缺陷，财务总监有权力要求重新审议；对子公司管理层的违规行为，违反母公司政策、目标和章程的行为进行监督，一旦查实损害子公司和母公司利益的行为，立即要求整改；同时掌握对子公司重大特殊情况的决策处理权，以及母公司授予的其他决策权力。

财务主管委派制是指核心企业作为管理者，向子公司派遣财务负责人，并将其纳入核心企业财务团队，实施统一管理和评估，使其全面负责子公司的财务事宜，并直接参与子公司的管理决策。这些被派遣的财务负责人，职位相当于子公司的首席财务官或负责财务的副经理，其职责不仅包括单一法人企业首席财务官或财务负责人的常规职责，又兼具特殊使命：一方面，需从母公司经营政策、目标与章程出发，对子公司经营者实施直接领导；另一方面，他们不仅要负责子公司的财务管理和建立有效的财务监督体系，还要帮助管理层做出合理的财务决策。

虽然财务监事委派制和财务主管委派制在细节上有所不同，但它们的共同目标是确保子公司的财务策略服务于企业集团的整体利益最大化。然而，这两种派遣制度都有其局限性。财务监事委派制的主要问题在于，子公司作为独立的法人实体，拥有自己的利益目标，这可能导致财务监督人员与子公司管理层在工作中产生冲突；财务监事与财务主管派遣制虽然在职能上有所区别，但它们面临的挑战相似，都在于如何使子公司的财务管理与集团的总体利益保持一致。财务监事委派制的挑战在于，由于财务监事不是子公司的管理团队成员，不直接承担子公司财务决策的后果，这使得核心企业难以对其业绩进行准确评估。而财务主管委派制的困境则在于财务主管的双重身份可能导致角色冲突，难以同时满足两个角色的要求；这种双重身份也增加了对其激励和约束的复杂性。如果财务主管的个人利益与子公司业绩不相关，可能无法充分激励其工作积极性；但如果直接相关，则可能促使其过分追求子公司业绩，忽视对集团可能产生的负面效应。

财务总监应成为资本运营的主导者。资本时代，企业靠"生产—销售"模式积累资产的日子已经一去不复返，更多的企业都在思考如何借助资本的力量赢得更多的资金，盘活企业。身为财务总监，必须成为企业资本运营的主导者，提升自己的地位，成为企业中不可替代的一员。

然而，资本运营需要高超的运营手腕和精细的布局安排，这些都依赖资本运营主导者的水平。这不仅是企业对财务总监的要求，也是新时代财务总监从专才走向通才，拓宽自己的战略观、全局观、资本观必须要具备的能力。财务总监在整个资本运营的过程中如何成为主导，主要体现在以下几个方面。

（1）财务总监要掌握资本运营的全范畴知识，包括资本运营中涉及的投融资、商业模式、法律、财税等。

（2）财务总监也要掌握企业的战略步骤，主导并不等于全部都自己做，是驾驭团队的能力，财务总监要有一个统筹全部环节的能力：对内协助企业老板规范公司各种管理制度，获得协助老板决策的权力；对外代表企业对接各个环节的人事问题，如券商、事务所等，消化并解决各种资本运营问题。

（3）财务总监要不断进行财务转型与价值创造，财务总监必须适应新形势，并通过不断学习，更新自己的知识体系，只有这样，财务总监才能成功转型，利用新形势、新环境，不断提升自己的职业价值，不仅作为企业老板的下属，而且拥有话语权，参与决策，成为联合掌舵人。

3. 完善内部财务管理体制

内部财务管理体制是企业管理层根据国家相关法律法规和企业集团财务管理需求，精心设计的一套规范企业集团内部各级财务主体行为的规范体系。其内容广泛，但根据适用范围的不同，可以详细划分为总体财务管理制度、常规财务管理制度和成本控制制度三个主要部分。综合财务管理制度，聚焦于企业集团重大且综合性的财务事务，为其设定行为框架，涵盖财务治理机构之架构设置、授权任免机制、奖惩体系、重大财务信息之传递与监控、资本运作管理、收益分配策略、财务预算规划等诸多方面。日常财务管理制度，则针对企业集团具体的财务事项与日常运营，制定详尽的行为规范，如资金收支结算、费用开支管理、存货及固定资产之管控、工资福利费与收入管理、应收账款及应收票据管理等，确保企业集团财务运作之井然有序。成本管理制度，则专注于企业集团内部各级生产经营单位的成本管理，通过设立采购成本、制造成本、产品销售成本等管理制度，实现成本控制的精细化与高效化。此等财务制度的精心制定与严格执行，为企业集团内部各成员企业的财务管理提供了坚实的规范基础。

4. 审计监督

面对企业集团财务管理的多层级和复杂的财务关系，内部审计成为加强财务监控的重要手段。企业集团的审计监督任务通常由核心企业的审计部门负责统筹和执行。

（1）完善审计机制。完善审计机制需从三个关键点入手：首先，将内部审计部门直接置于董事会或总经理的领导下，以提升审计监督的权威性和执行力度；其次，确保有足够且资质合格的审计人员，以保障审计工作的高效和高质；最后，建立和完善内部审计工作制度，使审计工作流程规范化和制度化。

（2）确定审计焦点。明确审计焦点要求集团内部审计部门深入审查各项管理规章的执行情况，重点关注内部财务和会计制度；严格审核收入的真实性和成本费用的合规性与合理性；实施有针对性的专项审计，针对经营管理中发现的问题提出实际可行的优化建议，为公司领导层提供决策支持。

（3）提升审计技术。针对企业集团分布广泛和多样化的实际情况，需要灵活调整审计策略：从全面审计转向以抽样审计为主，提高审计工作的效率；从偶尔审计转向定期审计，确保审计能够及时有效地进行；从邮寄审计转变为现场审计，突出内部审计的实用性；将定期的财务审计、责任审计和效益审计紧密结合，确保成员企业在受控环境下有序运作；并根据审计结果，对成员企业的财务活动进行规范化管理、评估和评价，促进企业集团财务管理水平的不断提升。

第四节　企业集团财务公司

在我国经济体制与金融体制改革的洪流中，企业集团创办财务公司这一新兴事物应运而生，且实践已充分证明其在推动我国企业集团发展历程中的积极作用，尤其在促进产业与金融深度融合、增强集团融资效能、缩减集团资本成本以及强化集团财务管控等方面，均彰显了不可或缺的重要价值。

一、财务公司的特征与功能

（一）财务公司的特征

我国的财务公司是依据《中华人民共和国公司法》和《企业集团财务公司管理办法》设立，专门为企业集团内部提供金融业务的非银行金融机构，具备独立法人地位。作为企业集团的一部分，财务公司在行政管理上直接受企业集团的管辖；同时，作为金融行业的参与者，其业务运作依法接受国家金融监督管理总局的严格监督和指导，是我国金融体系中的重要组成部分。财务公司以股份有限公司的形式运作，实行自我经营、独立核算、自负盈亏的运营模式，并依法纳税，享有完整的法人权利与义务。

作为非银行金融机构，财务公司在企业集团内部扮演着资金融通的关键角色，不仅能够与银行及其他金融机构建立广泛而深入的业务合作关系，还可委托银行代理各类金融业务。其业务范围广泛，包括但不限于：①向集团内部成员企业吸收期限超过一年的专项存款，并提供技术改造贷款、新产品与技术开发贷款等金融服务；②与相关银行或其他金融机构开展资金拆借业务，以及集团内部成员企业间的资金融通与管理服务；③承办并管理国家用于支持企业集团技术与产品开发专项贷款的划拨工作；④办理集团内部设备融资租赁及产品融资租赁业务；⑤提供集团所属单位的信托投资与信托贷款服务；⑥经中国人民银行批准，发行或代理成员企业发行债券；⑦开展技术经济咨询服务，对新产品、新技术开发及其应用，以及技术改造投资项目的可行性进行深入分析与评估；⑧办理集团内部的经济担保及鉴证业务；⑨经中国人民银行批准的其他金融服务项目。综上所述，财务公司以其独特的业务定位与广泛的服务范围，在我国企业集团的发展中发挥着举足轻重的作用。

财务公司作为企业集团成员，其财务管理工作应纳入企业集团财务管理之内。其财务职责主要包括：①股本及其他贷款资金的管理；②资产监督；③财务收益的管理；④成本和非经营性支出的管理；⑤收益分配管理；⑥资金的余缺管理。

相较于其他非银行金融机构及企业集团内的其他成员企业，财务公司展现出以下鲜明特征：

（1）特定服务。财务公司的成立基于集团内企业对金融业务的共同需求，其资金主要来源于集团内企业的投资。因此，财务公司负有为集团提供专门定制金融服务的天然职责。

（2）双重管理。从行政管理角度，财务公司是企业集团的一部分，直接受企业集团董事会的管理；在业务运作方面，财务公司则需遵循国家金融监督管理总局的指导和监管，展现了其特有的双重监管结构。

（3）综合职能。财务公司利用存款业务、代理支付结算、资金借贷、证券交易等多种金融工具，开展获批准的人民币和外币金融业务，为集团的发展提供全方位的金融支持，体现了其功能的多样性和广泛性。

（4）资本单一。财务公司的资金来源相对集中，主要由集团成员企业的资本注入和存款构成，这在一定程度上限制了其资本规模的增长。

（二）财务公司的功能

根据财务公司的特征与作用，财务公司具有服务、筹资、贷款、投资等功能。

（1）服务功能。财务公司在集团内部运用票据承兑、贴现、转账结算等方式，有效减少资金占用，加快资金流转速度，提高资金使用效率；同时，通过融资租赁、买方信贷等业务，用较小的资金投入解决集团内部中间产品的购销问题；此外，财务公司还向集团成员企业提供全面的金融服务，包括担保、信用评估、信息提供、投资咨询等中介服务，充分体现了其服务功能的全面性。

（2）筹资功能。财务公司利用银行间借贷、债券发行、新股份发行、配股、外汇交易和有价证券买卖等多种方式，为企业集团拓展了广泛的融资途径，充当企业集团的资金筹集中心。

（3）贷款功能。财务公司将筹集资金通过贷款方式分配给集团内有资金需求的企业，促进了资金的有效分配。在贷款管理方面，贷款专员凭借对集团内部财务、生产、销售管理的深入了解，深入到企业的供应、生产、销售各环节进行调研，精确控制资金流向，在贷款的发放与回收管理上发挥了独特作用，这是商业银行难以比拟的。

（4）投资功能。集团财务公司能够将集团内部的闲置资金投资于效益高、风险低的产业，或是投资于能够发挥集团优势、推动集团发展的关键项目，以此提高资金的使用效率。同时，财务公司也能扮演投资顾问的角色，为集团提供投资决策方面的咨询服务。

二、财务公司的组织结构和运作

1. 财务公司的组织结构

财务公司的顶级决策机构是董事会，其构成包括董事长、副董事长及若干董事。董事长之席位，可由集团公司举荐，而副董事长与董事则由出资各方经协商后产生。

董事会承载以下重要职责：第一，董事会负责起草和修改公司章程，并提交中国人民银行审批；第二，董事会负责聘任公司总经理，而副总经理由总经理推荐，经董事会审议通过后聘任；第三，董事会根据国家的宏观政策、方针和财经法规，制定公司的经营战略和目标；第四，董事会依据国家产业政策，审慎审批集团的长期和短期信贷与投资计划；第五，董事会基于公司业务发展的需要，决定是否设立分支机构；第六，董事会负责处理其他需要其决策的重大事项。

财务公司实行董事会领导下的总经理负责制。总经理的职责包括：起草公司的经营目标与发展规划，并在董事会批准后执行；制订年度信贷计划，并审批重大投资方案；向董事会报告公司的年度财务结算和利润分配建议；聘任或解聘公司各部门及分支机构的负责人；负责制订公司的规章制度，并确保其得到有效执行。

2. 财务公司的运作

为了保证财务公司的健康发展和作用的充分发挥，财务公司在其经营和管理活动中要注意以下几个方面的问题：

（1）恪守法律法规之基石。在经营管理的征途上，财务公司务必严格遵循国家金融法规，一丝不苟地执行既定的信贷计划及存贷款利率，严格遵循中国人民银行颁布的《企业集团财务公司管理办法》所界定的业务范围，切勿逾越雷池一步。例如，财务公司不能超越其职能范围，涉足传统商业银行的业务；也不能在国内进行股票、期货及其他金融衍生产品的交易；同样不能投资于股权、实业或集团成员企业发行的债券，以维护金融秩序之纯净。

（2）筑牢金融风险之防线。财务公司需构建并完善内部业务与财务管理体系，制定详尽的存款、投资管理办法，对贷款项目实施严格的资信审核与可行性研究，确保投资行为之审慎。在投资运作过程中，财务公司应强化监督，捍卫公司权益。对于受托的信托投资、贷款项目，须实施独立核算。同时，财务公司应设立呆账准备金制度，以备不时之需。

（3）理顺多元关系之脉络。此中关系错综复杂，主要包括：①财务公司与中国人民银行监管下的金融共存。中国人民银行依据国家金融法规对财务公司的金融业务进行监督管理。由于财务公司的业务覆盖面广，与银行及其他非银行金融机构在业务上有所重叠，故需妥善处理与二者的关系，以求共赢。②财务公司与企业集团之独立协作。虽然财务公司在行政上属于企业集团，但它作为独立的法人实体，拥有自主经营的权利。企业集团应维护财务公司的经营独立性，避免不适当的干预；相应地，财务公司也应定期向董事会报告经营情况，并接受集团总部的适当指导和监督。③财务公司与集团内部财务单位职能划分明确。作为企业集团的一部分，同时也是独立的法人机构，财务公司与集团的财务部门在资金筹集和使用上虽存在合作，但两者各自独立运作，不存在上下级关系，齐心协力推动集团的前进。④财务公司与集团内企业间的合作关系基于平等和互利。财务公司与集团内企业之间建立了一种基于平等、自愿和互惠互利的伙伴关系。这些成员企业既是财务公司的投资者，也是其金融服务的接受者。成员企业在财务公司开设存贷款账户，财务公司集中管理资金，并在银行开设账户处理贷款和结算业务，统一申报缴纳流转税。这样，财务公司对外与银行和税务机关保持沟通，对内与集团成员企业保持紧密协作，共同推动集团繁荣发展。

三、财务公司的变通形式：财务结算中心

财务公司，作为一类特殊的非银行金融机构，其成立须获得中国人民银行的严格审批，故而仅有少数特大型企业集团有幸设立。面对这一现实，多数企业集团采取了更为灵活的方案——建立财务结算中心，这是一个在企业集团内部进行独立核算、自主经营的非独立法人单位。

尽管在法人地位上，财务结算中心与财务公司有所差异，但二者在功能上却异曲同工。实际上，财务结算中心是将财务公司的运营方式灵活地整合到企业集团之中，对集团资金进行集中的存储和借贷管理。在保证资金的所有权和使用权不受改变，且自有资金可灵活调用的前提下，财务结算中心将分散于各成员企业的资金汇聚一处，

进行统一的调配、运用与监管，同时严格监控资金的流向。

企业集团的所有收入均汇聚至财务结算中心，而除日常小额开支外，所有支出均需通过财务结算中心进行转账支付。此外，财务结算中心还负责集团内部的存款吸纳和贷款发放工作，并具体执行股份制改革、证券自营业务、债券发行、投资审议等业务操作。

在信息透明化方面，财务结算中心不仅定期提交中心的会计报表，还提供每日的银行存款和企业存款日报，每周一还会编制上一周的重大资金变动情况表，这些报告将提交给集团总经理及财务副总，确保资金在分配、流动和回收过程中的精准控制，从而有效减少集团的财务风险。

实践成果表明，成立企业集团财务结算中心，既集中化了资金管理，也显著提升了资本运作意识，充分利用了集团资金的潜力。这有助于激活闲置资金，提高资金使用效率；在相同的生产经营规模下，有助于减少借款，特别是长期借款，进而减少财务开支；此外，它增强了对旗下企业资金的监督，有效遏制了非理性支出，防止了资金的重大损失；同时，它还有助于提高集团的信用评级，建立正面的企业形象，进一步获得银行更有利的贷款条件。

【例6-2】 海尔集团的组织结构及财务管理体制

1. 集团的组建

作为全球美好生活解决方案的领军企业，青岛海尔集团的成立过程是一段充满革新和挑战的历史。海尔集团的起源可以追溯到1984年1月1日，当时由青岛东风电机厂和工具四厂合并而成的青岛日用电器厂更名为"青岛电冰箱总厂"。在那一年的3月，青岛电冰箱总厂独立开发了150升的单门冰箱，并在10月与德国利勃海尔公司签订了引进冰箱技术和生产线的合同，成为原轻工业部认证的最后一批定点生产厂家之一。在1984年年末，张瑞敏接任厂长职位，并提出了"名牌战略"，旨在塑造一个属于中国的全球知名家电品牌。次年，张瑞敏在一次对仓库的突击检查中发现了76台不符合标准的冰箱，他果断决定举行全厂员工大会，并将这些冰箱公开销毁，这一行为极大地增强了海尔员工对产品质量的认识。在1985年，得益于从德国引进的技术和设备，海尔推出了首款高质量且节能的琴岛-利勃海尔四星级双门冰箱。1988年，海尔冰箱赢得了中国冰箱行业历史上首个国产金牌，这象征着海尔品牌在国内市场取得了初步成就。随后在1989年，基于重组的青岛电冰箱总厂通过定向增资成立了"琴岛海尔电冰箱股份公司"，这标志着企业向股份制的转变正式启动。

在1990年，海尔冰箱获得了美国UL认证，从而大规模进军国际市场，并荣获中国家电行业首个"中国驰名商标"称号。到了1991年，以海尔公司为核心，整合了青岛电冰柜总厂和空调器厂，成立了青岛海尔集团公司，将业务范围从冰箱扩展至电冰柜和空调领域。1993年，海尔股份公司在青岛市股份制试点工作领导小组及中国证监会的核准下，向公众发售股票，并成功在上海证券交易所挂牌，股票简称变更为"青岛海尔"，代码为600690。此举为公司募集了巨额资金，促进了公司的迅猛增长。

自1997年起，海尔集团着手执行其国际化战略，借助并购和合作等途径向海外市场扩张。进入2000年之后，海尔集团持续深化其全球化布局，通过品牌升级与技术创新，推出了一系列创新且具有前瞻性的产品，例如海尔彩电、海尔电脑等。1995年，海尔集团并购了青岛红星电器公司，大举进军洗衣机市场，并随后通过内部扩张开始生产微波炉、热水器等产品线。2000年以后，海尔集团进一步拓宽了其业务范围，进入家电、通信、信息技术、房地产等多个行业，构建了多元化的业务结构。

自2011年起，面对科技的迅猛进步和消费者需求的演变，海尔集团着手进行智能化升级，致力于构建智慧家居、智慧社区等智能解决方案。通过投资与合作，海尔集团进军了新兴产业，如物联网和智能制造，旨在为用户带来更便捷、更智能的生活方式。近期，海尔集团也通过战略性投资和并购活动进一步扩大了其业务领域。

比如，2016年海尔集团收购了通用电气的家电业务和资产，2018年并购了斐雪派克家电控股有限公司，2019年完全收购了意大利Candy公司。到了2024年，海尔集团宣布完成了对上海莱士血液制品股份有限公司的战略投资交割，这标志着海尔集团在大健康产业的一个关键发展节点。这一行动显示了海尔集团正在积极拓展智慧居住、大健康和产业互联网三大领域，旨在为用户提供更全面的健康解决方案。起初仅是一家小型冰箱制造厂，海尔集团凭借持续的技术革新、市场扩张和战略升级，已成长为全球家电及智能制造服务领域的领军企业。

2. 集团的组织结构

海尔集团采用了事业部制的组织架构，其最显著的特征是"统一决策，自主经营"。集团的组织架构分为四个主要层级：集团总部、事业本部、各事业部以及生产工厂。这四个层级各负其责，协同促进集团的前进。集团总部是组织的最高领导机构，负责总体规划、监督事业部运作以及整合各部门工作，包括高层管理团队、战略规划部、财务部、人力资源部等核心部门，它们相互配合，共同推进公司的成长。作为决策的枢纽，事业本部掌管着不同产品线的整体策略和业务决策。海尔集团成立了多个以产品线为核心的本部，包括空调电子本部、冷柜电热本部、洗衣机本部和冰箱电工本部等，每个本部依据特定产品线划分出各自的事业部与生产工厂。作为利润的核心单元，各事业部承担着自身领域的业务增长、产品创新和市场扩张职责。在遵循公司总体战略的基础上，各事业部独立运作，配备了自己的研发、生产和销售团队。生产工厂则作为成本控制的关键点，专注于产品的制造和成本管理，依据事业部的生产计划进行作业，保证产品质量和及时交付。

事业部制的主要特征体现在统一决策、自主经营和职能协助。统一决策意味着集团总部掌握公司整体战略和关键决策的制定，保证各事业部沿着一致的方向前进。自主经营则指各事业部在总部的框架下独立运作，拥有较大的自主权，能够迅速应对市场变动，灵活调整业务策略。职能协助是指集团内部设有多个职能部门，包括规划、财务、人力资源、法务、市场、技术、文化和安全等部门，它们为各事业部提供专业的服务和支持，确保事业部的顺畅运作。

以海尔集团某产品本部为例，其内部可能设置以下部门：规划、财务、销售、生产、研发等部门。规划部门负责制定产品发展规划和市场策略，财务部门负责财务管理和成本控制，销售部门负责产品销售和市场拓展，生产部门负责产品的生产制造和质量控制，研发部门负责产品研发和技术创新。此外，海尔集团还设有培训部、综合部、党群部等支持性部门，为整个组织提供培训、后勤和党务等方面的支持。

随着市场竞争的加剧和消费者需求的多样化，海尔集团不断调整和优化组织结构以适应市场变化。例如,在国际化战略阶段和全球化品牌战略阶段,海尔集团对组织结构进行了扁平化改革和创新性调整以强调创新和快速响应市场变化。同时海尔集团还注重数据资源的整合和利用,建立统一的数据平台实现数据的共享和交互,为企业的决策提供有力支持。青岛海尔集团的组织结构是一个高度协同、灵活高效的体系,通过集中决策和分散经营相结合的方式确保了公司在复杂多变的市场环境中保持竞争优势和持续发展。海尔集团组织结构如图6-1所示。

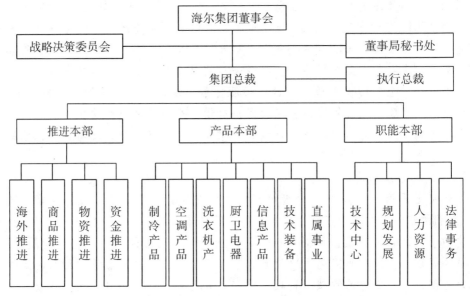

图6-1 海尔集团组织结构

3. 集团的财务管理体制

青岛海尔集团的财务管理体制是一个高度系统化、专业化的体系,旨在支持集团的战略目标实现、优化资源配置、提升资金效率和风险管控能力。

海尔集团的财务管理体制以“人单合一双赢”管理模式为基础,通过战略引领、流程优化、资源配置和风险管控等多个维度,构建了一个全方位、多层次的财务管理体系。该体系强调财务与业务的深度融合,推动财务从后台走向前台,从事后走向事前,为集团的战略落地和业务发展提供有力支持。

核心要素是战略引领、流程优化、资源配置、风险管控。在战略引领方面,海尔集团的财务管理体制紧密承接集团战略,成为战略落地的重要推动者,财务管理部门通过制定与集团战略相匹配的财务战略目标,确保财务资源的优化配置和高效利用。在流程优化方面,海尔集团对财务管理流程进行了全面优化,实现了统一的语言、行为标准和流程,通过流程再造和标准化管理,提高了财务工作的效率和准确性,降低了运营成本。在资源配置方面,财务管理体制在资源配置方面发挥了重要作用。海尔集团通过精准的财务分析和预测,为集团和各事业部提供了科学合理的资源配置方案,确保了资金、人力和物力等资源的有效利用。在风险管控方面,海尔集团建立了完善的风险管理体系,通过财务风险管理、内部控制和审计监督等手段,有效识别和评估潜在风险,并采取相应的措施进行防范和控制,这些措施确保了集团财务的稳健运行和可持续发展。

海尔集团财务管理的具体做法包括集中统一管理、财务共享机制、三类财务布局、创新财务文化。海尔集团实行财务集中统一管理，严格实行审批制度，确保公司资金运用安全高效，监控到位，集团财务总监在董事长的直接领导下，全面主持集团公司的财务工作，并协助董事会制定公司战略和财务战略规划。海尔集团建立了财务共享机制，通过设立财务共享服务中心，将原先分散在各个业务部门的交易核算业务剥离出来进行集中处理，这不仅提高了财务工作的效率和准确性，还降低了人力成本和管理费用。海尔集团将财务人员分成业务财务、专业财务和共享财务三类，分别承担不同的职责和任务。业务财务负责为业务部门提供财务支持和服务；专业财务负责集团层面的财务分析和决策支持；共享财务则负责交易核算等基础性财务工作，这种布局有助于实现财务与业务的深度融合和高效协同。海尔集团注重培育创新财务文化，鼓励财务人员拓展战略风险思维、知识运用能力、学习创新能力和业务处理能力，通过培训、交流和激励等措施，不断提升财务人员的专业素养和综合能力，为集团的财务管理体制注入新的活力和动力。

海尔集团的财务管理体制在推动集团战略落地、优化资源配置、提升资金效率和风险管控能力等方面取得了显著成效。通过不断优化和创新财务管理体制，海尔集团实现了财务与业务的深度融合和高效协同，为集团的可持续发展提供了有力保障。同时，海尔集团的财务管理体制也为中国企业提供了宝贵的经验和借鉴，推动了企业财务管理水平的整体提升。

要求：请分析说明海尔集团内部财务管理体制安排的可取之处及可能存在的问题。

【例6-3】美的集团利润稳健提升

在2023年，美的集团取得了显著的利润增长，分红金额创下了历史纪录。该年度公司营业收入达到3 737亿元，比上一年增长了8.10%，归属于母公司的净利润为337亿元，增长了14.10%。扣除非经常性损益后的归母净利润为329亿元，增长了15.26%。特别是在2023年第四季度，公司的收入和利润均实现了快速增长，营业收入为813.3亿元，增长了10%；归属于母公司的净利润为60.02亿元，增长了18.08%。经营活动产生的现金流量净额为579亿元，增长了67.07%。公司计划每股派发3元的股息，分红支付比率达到62%，根据3月29日的股价计算，股息收益率为4.67%。

TOC部门业绩稳步增长，而TOB部门均达到了两位数的增长率。暖通空调业务全年收入达到1 611亿元，增长了6.95%；消费电器业务也表现稳健，收入达到1 347亿元，增长了7.51%。工业技术、楼宇科技以及机器人与自动化部门的收入增长迅猛，全年收入分别为279亿元（增长29.17%）、259亿元（增长13.60%）和311亿元（增长12.27%）。TOB业务的总收入占比已超过26%，成为美的集团业务增长的关键动力。

在2023年，美的集团毛利润率继续提高，净利润率也有所提升。全年毛利润率比去年同期提高了2.25%。具体来说，国内毛利润率上升了1.32%，而海外毛利润率上升了3.57%。销售费用率上升了1.03%，管理费用率上升了0.26%，研发费用率上升了0.25%，全年净利润率同比提高了0.47%。

家电行业的领导地位得到巩固，高端品牌战略持续深化。2023年，美的集团在中国全面实施"数一"战略，家用空调等家电产品在线上线下市场继续保持行业领先。同年，美的集团不断推进"COLMO+东芝"双高端品牌战略，两大高端品牌全年零售额同比增长超 20%。COLMO 品牌在高端市场的份额显著增加，其中饮水机市场份额超过 57%，净水产品超过 18%，空调柜机占 16%。

美的集团进一步强化全球布局，自有品牌业务（OBM）所占比例稳步增长。美的集团在全球拥有近 200 家子公司、33 个研发中心和 40 个核心生产基地，业务覆盖 200 多个国家和地区。美的集团通过战略性并购和合作持续加强和扩大其全球业务网络。海外市场的 OBM 业务发展迅速，2023 年 OBM 业务收入占海外智能家居业务收入的比例已超过 40%，在众多海外市场中，OBM 产品已展现出明显的竞争优势。

要求分析：

1. 美的集团利润大涨的主要原因是什么？

2. 成立集团的优势和劣势分别是什么？

第七章

企业集团的业绩评价

【例7-1】构建业绩评价体系，助力实现可持续发展

科技领域因其巨额投资、高风险和高收益而闻名，加之技术的快速迭代和市场的不可预测性。在这样的行业背景下，阿里巴巴集团提出了"以创新驱动发展，用科技塑造未来"的战略方针，专注于利用技术创新来促进产业进步，构建全球领先的数字经济平台。凭借雄厚的技术力量和海量的数据资产，阿里巴巴集团持续扩展其业务范围，构建了一个涵盖电商、云服务、数字传媒和娱乐、本地生活服务等多个领域的综合业务架构。在数字化转型的大潮中，阿里巴巴集团主动实施"新零售""新制造"等理念，运用大数据、AI、IoT等尖端技术为传统行业注入新动力，提高行业效率，改善用户感受。依据公司的战略目标，阿里巴巴集团建立了以经济增加值（EVA）为关键指标，平衡计分卡（BSC）为支撑的绩效评价系统，旨在全面评估和促进企业价值的稳定增长，BSC的四个维度具体包括以下四个方面。

（1）财务方面。重视财务表现、资产运作效率、现金流动性及增长潜力。阿里巴巴集团通过资本运作的高效性和盈利模式的创新，实现了财务收益的稳定提升，同时重视资产配置的优化，保证现金流的健康与持续，为公司的长期增长打下了牢固的基础。

（2）客户方面。着重于用户满意度、客户忠诚度和市场占有率等核心指标。阿里巴巴集团秉承"客户至上"的原则，依靠不断的技术革新和服务改进，持续提高用户满意度，增强客户忠诚度，进而在竞争激烈的市场中稳固并扩大其市场份额。

（3）运营流程方面。关注点集中在技术革新、产品开发、流程效率和风险控制。阿里巴巴集团持续增加研发资金，促进技术突破，加快产品更新换代，同时改善内部管理流程，提高运营效能，确保企业能够快速适应市场变动，捕捉增长机会。同时，阿里巴巴集团也非常注重风险管理，构建了全面的风险控制机制，确保企业稳定发展。

（4）成长与发展方面。重视员工进步、企业文化和创新力。阿里巴巴集团致力于培养学习型团队，通过内部培训和外部招聘等多种途径，不断提高员工的专业技能和创新思维。同时，阿里巴巴集团努力营造一个开放和包容的工作氛围，激励员工的创造潜力和工作激情，为公司的长期发展注入持续动力。

近几年，阿里巴巴集团在数字化转型领域取得了突出成就，不仅巩固了其在国内市场的领导地位，还在国际市场上逐步扩大其影响力。借助于其建立的全面绩效评价系统，阿里巴巴集团能够持续跟踪企业战略的实施情况，并及时进行策略调整和优化，保证企业持续稳定地朝着既定目标发展。展望未来，随着技术的不断发展和市场的持续演变，阿里巴巴将继续坚守其"让商业更加便捷"的宗旨，积极寻求创新的商业模式和技术解决方案，促进数字经济与实体经济的紧密结合，为推动全球经济的高质增长作出应有的贡献。

第一节　企业业绩评价概述

一、企业集团内部业绩考核的含义

企业业绩（Business Excellence Performance）指的是企业在一定经营期间内实现的经营成效及管理层的贡献。一般来说，企业经营成效主要反映在其盈利水平、偿债能力、资金周转效率以及持续发展能力等关键指标上。管理层的贡献则主要体现在他们在经营周期内对企业经营成果的促进作用。评估是一种评价过程，它依据特定目标，对被评价系统的特质进行量化或质化的价值转换。评估是随着人类认知发展而形成的，它是一种揭示和发掘对象价值，并在此基础上实现价值利用的重要手段。

企业集团内部的业绩评估是指母公司依据一套统一的评价体系和标准，通过既定流程，对旗下子公司及其管理层在特定经营周期内的经营成果和管理者贡献进行客观、公正、准确的综合分析。这一评估过程的核心在于将子公司及其管理团队作为评价主体，重点关注盈利能力、资产管理效率、偿债能力和企业的可持续性发展四个核心领域。具体来看，盈利能力主要衡量企业的回报率和资本增值能力；资产管理效率则关注资产的流动性和使用效率；偿债能力涉及企业的负债结构和偿还长短期债务的能力；而可持续性发展能力则评估企业的成长潜力和长期发展展望。这四个维度相互联系、相互补充，各自侧重不同，共同勾勒出子公司的经营管理状况。通过综合考量这四个维度，可以得出一个全面反映企业整体业绩的评估结果。

二、企业集团内部业绩考核的产生和发展

企业集团内部的绩效评估体系的演变，可以概述为几个不同的发展阶段。

（一）20世纪60年代

在这个时期，企业集团普遍将税收最小化作为核心目标，在这一时期，企业集团大多将税收最小化当作核心目标，集团总部侧重于关注子公司的现金流情况。子公司在很大程度上被视作辅助母公司达成目标的工具。在此阶段，母公司鲜少对子公司开展绩效评估，而是借助"投资中心"或者"利润中心"的模式来管理和监督子公司。彼时，对子公司业绩的认可主要依据其销售利润率。然而，随着岁月流逝，这种方式的缺陷逐渐暴露出来。这促使部分企业集团开始运用更为多元化的指标，如投资回报率、经济附加值等，来评价子公司的表现。也正是在这一时期，控股公司的绩效考核

理念开始逐渐形成。

（二）20 世纪 70 年代

20 世纪 70 年代，企业绩效评价领域取得了显著进步。

1971 年，麦尔尼斯深入研究了 30 家美国跨国公司的绩效评价体系，并在其著作《跨国公司财务控制体系—实证研究》中提出，投资回报率是当时最常用的绩效衡量指标，其次是预算比较和历史数据比较。

在 1973 年，美国会计学会（AAA）的国际会计分部在一份研究报告中提出，由于海外业务的独立性不足，使用"利润中心"方法来评价绩效是不恰当的。该报告特别强调，利润在很大程度上受到转移定价的影响，而转移定价通常不在子公司管理者的掌控范围内。因此，该委员会提议在预算对比中对可控与不可控因素加以区分，并引入其他非财务量化指标。

1979 年，泊森和莱西格通过对 400 家跨国公司进行问卷调查后发现，经营预算对比是较为常见的绩效评估方式。其他财务指标包括公司现金流、折现现金流或内部收益率等；非财务指标则涉及市场份额、质量控制以及员工流动率等内容，这些指标主要用于衡量管理者的绩效。除此之外，其他衡量指标还包括销售利润率、投资回报率、每股盈余、现金流量和内部回报率等。

20 世纪 70 年代，跨国企业的绩效评价体系呈现出以下特征：

（1）受权变理论的影响：当时的绩效评价体系受到权变理论的显著影响，造成企业间在绩效评价指标与方法上有明显的不同，缺少一个统一的规范。权变理论认为，并没有一个普遍适用的管理理论和方法的最佳选择，企业应根据自身的具体情况选择适宜的管理策略。

（2）财务指标的重视：在绩效评价中，普遍重视如投资回报率、预算执行情况和利润等财务指标。这些指标包括净资产收益率（RONA）、营业利润率、每股收益（EPS）、现金流和内部收益率（IRR）等。

（3）环境差异和汇率变动的忽视：在绩效评价过程中，未能充分考虑不同国家的环境差异和汇率变动对绩效评价的影响，这成为 20 世纪 70 年代绩效评价体系的一个明显缺陷。

（4）评价界限的模糊：企业整体绩效评价与企业管理者个人绩效评价之间缺乏明确的区分。管理者的薪酬往往与 EPS、EPS 增长率以及与行业竞争对手的比较指标挂钩，这反映出当时对管理者绩效的评价与企业整体绩效评价之间界限不明确。

（三）20 世纪 80 年代

在 20 世纪 80 年代，随着全球化的加速和市场经济的深入发展，全球商业领域内逐渐形成了一套以财务数据为核心的绩效评价框架。这一体系的核心在于通过量化的财务指标来衡量企业的经营成效，其中最关键的指标包括了投资回报率（ROI）和预算执行情况。投资回报率衡量的是企业投资的盈利能力，而预算执行情况则反映了企业对财务计划的遵循和控制能力。除此之外，盈利能力、资金流动性以及其他多样的财务比率，如资产负债率、流动比率、存货周转率等，也被纳入绩效评价的范畴。

在美国，大型跨国企业的决策层倾向于将盈利水平作为评价企业绩效的核心指标。他们认为，企业的最终目标是实现利润最大化，因此利润指标成为评估企业绩效的中心。投资回报率作为衡量投资效益的重要指标，紧随其后，成为评价企业绩效的另一个重要维度。这种以盈利为中心的评价体系，强调了企业在追求经济效益的同时，也要注重资本的有效利用。与美国不同，英国的跨国企业在绩效评价上更倾向于综合考量多个财务指标，它们不仅关注预算与实际利润的比较，以此来评估企业的预算管理能力，还重视投资回报率，以此来衡量投资的效益。此外，预算与实际投资回报率的比较也成为评价的主要工具之一，这有助于企业更全面地了解预算执行与投资效益之间的关系。在这样的评价体系下，利润指标虽然重要，但并不是唯一的考量因素，它在评价体系中仅位列第五。随着时间的推移，众多跨国企业开始意识到，单纯的财务指标并不能完全反映企业的绩效。非财务指标，如市场份额、与当地政府的关系、生产效率等，在绩效评价中的重要性逐渐凸显。市场份额能够反映企业在行业中的竞争地位，与当地政府的关系则关系到企业能否顺利开展业务，生产效率则直接关系到企业的成本控制和市场竞争力。这些非财务因素的纳入，使得绩效评价体系更加全面和立体，有助于企业从多个角度审视和提升自身的经营成效。

20世纪80年代，跨国企业普遍采用的财务评价指标大致可分为两大类。

（1）投资回报率（ROI）。这个关键的财务指标通过将企业的盈利与其投资额相联系，成为衡量子公司运营效率的重要工具。ROI 的计算方法多种多样，但许多英美跨国公司更倾向于使用税前利润作为衡量投资回报的基准。在确定投资额时，企业通常会考虑到通货膨胀的影响，因此会采用通货膨胀调整后的投资额作为计算的分母，以更准确地反映实际的投资成本和回报。这种方法有助于企业更真实地评估其资本投资的效益，同时也能够更好地比较不同子公司或项目的投资表现。

（2）预算编制。在跨国公司的财务管理中，预算编制是一个复杂而细致的过程。企业在制定预算时，不仅要考虑子公司所在国家的经济环境和市场条件，还要通过一种自下而上的方法来整合各个子公司的预算需求和计划。这种方法能够确保预算更加贴近实际运营情况，同时也能够激发子公司的参与感和责任感。在制定预算和进行预算相关的绩效评价时，汇率波动是一个必须考虑的重要因素。众多跨国企业在预算制定和绩效评价时采用预期汇率，这一做法基于三个主要理由：首先，采用预期汇率能激励子公司的管理者深入探讨影响汇率变化的多种因素，确保他们的决策符合公司的长远规划；其次，利用预期汇率来评估业务表现，可以让管理者不必为那些无法控制的汇率波动承担责任，从而更加公平地评价他们的工作表现；最后，这种做法有助于公司在整个集团层面上实施统一的外汇风险管理策略。一些跨国企业相信，在预算制定过程中采用预期汇率能够鼓励子公司的管理者将可能的汇率变化考虑进他们的经营策略，这样可以更好地准备和应对可能的市场变化。而在绩效评估中使用期末的实际汇率，则可以让经理对未预见的汇率变动负责，从而鼓励他们采取风险对冲措施。这种方法不仅能够提高管理者对市场变化的敏感度，还能够增强他们的风险管理能力，这对于企业的长期稳定发展至关重要。通过这种方式，企业能够培养出一支更加敏锐、更具风险意识的管理团队，为公司在全球市场中的稳健运营打下坚实的基础。

（四）20世纪90代以后

在20世纪90年代，商业领域经历了深刻的转变，如全球经济一体化、数字技术的飞速发展、资本市场的繁荣、消费者市场的瞬息万变以及全球性竞争的加剧。这些因素推动了企业对它们陈旧的绩效评价机制进行彻底的更新。

1. 预算角色的转变与战略意识的提升

在当今快速变化的商业环境中，许多跨国公司开始重新评估预算在企业战略中的作用。他们认识到，传统的预算编制可能在一定程度上限制了战略思维的发展，并且不足以支持企业实现持续的业绩增长。预算编制过程不仅耗费大量的时间和人力资源，而且其对公司实际运营和战略决策的贡献有限。因此，一些公司已经开始放弃传统的年度预算编制，转而采用更加灵活和动态的"同步计划过程"。这种方法更加重视企业的长期发展和战略规划，而不是仅仅关注短期的财务目标。这些企业更倾向于使用关键绩效指标（KPI）和滚动预测等更具灵活性的评估工具来衡量业绩。KPI能够提供及时的业务反馈，帮助管理层快速做出决策，而滚动预测则能够适应市场变化，提供更准确的未来业绩预测。这种转变有助于企业更好地应对市场的不确定性，提高决策的灵活性和响应速度。一些国际研究机构，因其在推广作业成本法（activity-based costing，ABC）方面的成就而知名，认为细微的预算调整已无法满足企业战略需求，这些组织正在倡导一个名为"超越预算"的运动，旨在打破传统预算的束缚，发展出更符合战略需求的新方法。尽管传统预算方法仍将在跨国公司的业绩评估中发挥作用，但其作用和地位的下降已成为不可避免的趋势。

2. 非财务指标的重要性日益凸显

非财务指标在企业绩效评价中的重要性日益凸显，它们涵盖了顾客满意度、流程创新、质量评价等多个维度，并逐渐成为评价企业集团内部绩效的关键组成部分。随着战略管理理论的发展，人们逐渐认识到，依赖单一的财务指标来评估企业绩效是不够的。一项针对15家大型企业集团的调查表明，非财务指标在推动企业管理改进方面发挥着更为显著的作用。非财务指标的应用不仅限于传统的客户满意度和市场份额，还包括了对企业运作效率和发展潜力的评估。例如，企业开始重视员工满意度、创新能力、品牌价值等指标，这些都是衡量企业长期竞争力和市场地位的重要因素。此外，非财务指标如研发投资及其结果、新产品开发能力等，也被越来越多的企业纳入绩效评价体系，以反映企业的创新能力和技术目标。

3. 强调创新

在当今快速变化的商业环境中，企业集团日益将创新视为驱动其持续和快速增长的核心动力。业界普遍达成共识，认为在市场竞争日趋激烈的当下，企业若缺少创新意识和创新能力，将难以维持其市场竞争力。因此，企业正在将创新作为其战略规划和日常运营的核心部分。智力资本和无形资本，如专利、商标、商誉等，已经成为企业价值的重要组成部分，并在资本市场中扮演着越来越重要的角色。这些资产的收益分配参与和金融衍生工具的发展，给传统绩效评价体系带来了新的考验。这些挑战要求企业重新思考如何衡量和管理这些非传统的资产，以及它们对企业绩效的贡献。企业必须适应这一新趋势，不断创新绩效考核模式，以适应不断变化的市场环境。这意味着企业需要开发新的指标和工具，以衡量创新活动的效果，如研发投入的产出比、新产品的市场接受度、创新项目的成功概率等。同时，企业也需要关注创新过程中的非财务因素，如员工的创新能力和企业文化的创新氛围。此外，企业还需要关注创新对企业长期绩效的影响。创新不仅仅是短期的财务收益，更是企业长期竞争力和市场地位的基石。因此，企业需要在绩效考核中纳入长期指标，如品牌价值、客户忠诚度、市场份额的增长潜力等，以全面评估创新活动的效果。

三、企业集团内部业绩考核的意义

放眼全球，大型企业集团多采用基于产权关系的母子公司治理模式。在中国，从20世纪90年代开始，政府开始倡导构建以产权为纽带的大型国有企业集团，并针对一些大中型公司实施集团化重组。在这些集团中，核心企业（母公司）主要通过财务控制和监督来管理其子公司。而集团内部的绩效评估则是这一管理过程的核心手段。这种管理方式对于确保集团战略目标的一致性、预防经营风险以及优化集团资源配置具有重大意义。

（一）降低代理行为中的道德风险

在当代企业结构里，由于所有权与经营权的分离，经营层实际上扮演了受托人的角色，即他们受企业所有者的委托来经营企业。在企业集团的体系下，子公司的经营人员（包括生产管理者）可以被看作母公司的代表，负责子公司的日常运营；同样，母公司的管理者也代表其出资人。简而言之，现代企业集团的运作依赖一个多层次的代理体系。这种代理体系的存在意味着所有者与管理者的目标可能并不完全吻合，有时甚至存在显著的分歧或冲突。例如，股东倾向于将资金投入那些能带来高回报和高附加值的领域或项目。而管理层，考虑到新项目的风险，可能会面临收入减少或失业的风险，因此他们可能倾向于避免这些风险，从而可能故意提高新项目的门槛或阻止投资。另外，管理层可能为了提升个人在员工中的形象，将收益用于提升薪资或进行奢侈装修以追求个人安逸，而股东则倾向于将这些资金用作股息分配。这些情况都是委托方与代理方利益冲突的典型例子。这种利益不一致，管理层可能不会完全按照所有者的战略意图行事，代理人的自利行为可能导致道德风险。因此，通过建立有效的内部绩效考核和激励机制，能够高效地指导受托人的行为，降低道德风险对委托人利益的潜在损害。

（二）保障母公司行使出资人权利

作为子公司资金来源的企业集团母公司，拥有对重大决策的影响力、任命高管层的权力以及参与利润分配的权利。经验显示，这些权利的有效执行，很大程度上取决于出资人制度的完善程度以及集团内部绩效考核和评估体系的合理性和完整性。近几年，我们在出资人制度的完善上实现了显著进展，然而在构建内部管理体系方面仍需进一步强化。母公司对子公司的管理有时未能达到预期效果。因此，建立一个高效的集团内部子公司绩效考核体系显得尤为迫切。这一体系需通过细致的业绩评估来确保集团公司能够精确掌握子公司的经营状况。基于这些评估结果，集团公司可以进一步构建和优化子公司管理者的选拔机制，以及设计有效的激励和约束措施。这样的机制不仅能够保护母公司作为出资人的权益，还能促进子公司的健康发展，确保整个集团的利益得到最大化。

（三）确保母公司准确掌握子公司经营信息

作为企业集团的"核心"，母公司在制定决策时需要依赖准确且即时的数据。因此，母公司必须掌握子公司的经营实况。目前，国内多数企业集团通过经营责任制来评价子公司的表现，这包括在年初制定预算和签订经营目标责任书，设定子公司需要实现的经济指标，例如利润和销售额；年终则依据这些指标进行评估，并根据完成度来实施奖惩。但是，这种评价体系有一些明显的缺陷：首先，评价指标的不全面性可能会导致信息失真，从而隐藏子公司在运营中的问题，加大潜在风险。其次，如果经营环境或市场状况在年度内发生变化，而评估指标未能相应调整以适应这些变化，那么使用固定指标来评价动态业绩的方法就会显得不合理。例如，如果环境变化有利于目标的实现，子公司可能在没有全力以赴的情况下就能达到目标；反之，如果环境变化对目标实现不利，子公司即使全力以赴也可能因未能达成目标而受到惩罚，这可能会削弱子公司谋发展的信心。

（四）促进集团内部管理

企业内部业绩考核机制的引入，为集团母公司提供了一种工具，使其能够依据既定目标衡量子公司管理者的表现，并监督业务流程中的关键环节，构建起企业的经营和管理体系。在市场经济的激烈竞争中，企业要保持竞争优势，就必须加强内部管理，以此提升市场竞争力。对于母子公司结构的大型集团企业，内部业绩考核与评价机制不仅能够促进自我检查，发现并加强管理上的不足之处，还能够持续改进，进一步构建和优化激励与约束体系，以激发集团内部管理的创新动力。因此，集团母公司推行业绩考核与评价工作显得尤为关键，它对于提升集团整体的管理效率和市场竞争力具有不可忽视的价值。

第二节　企业集团业绩评价体系

一、财务指标与非财务指标相结合

用财务指标作为业绩评价指标由来已久，但是近十年来对单一财务指标评价的批评越来越多。无论从理论还是从实践方面，人们都更倾向于将两者相结合。两者的区别如表7-1所示。

表7-1　财务指标与非财务指标的区别

财务指标	非财务指标
短期性	长期性
反映经营结果	反映经营过程
内部数据	外部数据
数据来源单一	数据来源丰富
容易操纵	不宜操纵
目的	手段

从表7-1中我们可以看出，两者在许多方面存在着差别。因此，在业绩评价中，需要将两者进行有效结合。

一般说来，企业的高层注重财务指标，基层注重非财务指标。不同的层次所关注的重点不同，评价它们的业绩指标也有所侧重。在企业运营中，股东和管理层往往更侧重于考察企业整体的财务指标，如投资回报率和股东权益回报率。然而，不同部门的关注点会有所差异：生产部门在重视产品成本的同时，还需密切关注产品质量、生产周期和次品率等非财务指标；研发团队在关注研发投入之余，也应重视研发周期和新推出的产品数量等非财务指标；销售团队在关注销售额的同时，还需要重视市场占有率和客户满意度等非财务指标。这些非财务指标对于各部门的运营同样至关重要。

二、非财务指标的优势与劣势

(一) 非财务指标的优势

（1）实时监控与评估。非财务评价体系的实施依托于管理的信息化和信息网络系统，使得管理者能够实时、持续地监控并跟踪所管理的项目，确保问题得到及时处理。这与定期编制的传统业绩报告相比，具有更强的时效性。

（2）全局视角的集成管理。在信息化时代背景下，综合管理趋势促使非财务绩效评价方法从企业整体利益出发，超越单一部门的局限，评估企业的综合表现，以激发整体的协同效应和组织效能。

（3）强调前瞻性分析。与传统的财务评价体系相比，非财务评价体系更加注重未来的发展态势，强调前瞻性，关注企业长期发展趋势和潜在的市场机会。

（4）直接评价。非财务指标直接评价企业在创造价值方面的表现，特别是在制造优质产品和提供卓越服务等关键领域，非财务指标能够提供更直接和有效的业绩衡量。

（5）便于预测企业未来现金流。由于非财务指标直接关联生产和运营活动，它们能够更精确地预测企业未来现金流的变动，为财务规划提供有力支持。

（6）与企业战略紧密结合。非财务指标是影响企业长期发展的关键要素，与企业的战略规划和执行紧密相连。在这些关键指标上取得的进展，能够直接推动企业战略目标的实现和企业愿景的达成。

(二) 非财务指标的劣势

（1）非财务指标往往难以用货币单位来量化，这使得它们与利润之间的联系不易确定，同时管理人员在非财务领域的努力可能不会立即显现成效，这可能导致实施上的困难。

（2）非财务指标之间的关联勾稽关系较弱，某些指标甚至可能自相矛盾，这可能引发部门间的矛盾，给管理层的决策带来挑战。

（3）如果过分强调非财务业绩，企业可能会因财务灵活性不足而面临财务困境。

要利用非财务指标来评估企业的经营成果，首先需要将这些非财务因素量化。选择计量指标时的一个关键原则：所选指标应能准确反映相关因素的本质特征。如果某些非财务因素具有多维度特性，则需要通过多个指标综合反映其全貌。

三、平衡计分卡

我们明白，组织的评价指标体系对管理层和员工的行为有着深远的影响。面对传统业绩评价体系的局限性，一些管理者已经放弃了诸如股本回报率、每股收益等财务评价指标。虽然这些传统的财务业绩评价方法在工业时代颇为有效，但它们已不再适应当今企业追求的技术和能力。为了解决这一问题，学术界和实践界一直在努力改进现有的业绩评价指标体系。主要有两种方法：一种是努力提高财务指标的精确度；另一种则是认为通过优化业务指标如循环周期、废品率等，财务成果将随之而来，因此可以忽略财务指标。然而，管理者不必在财务指标和业务指标之间做出非此即彼的选择。因为，没有任何单一的评价方法能够清晰地界定业绩目标，或使企业专注于经营中的关键领域。管理者期望财务指标和业务指标能够实现完美的融合。罗伯特·卡普兰和大卫·P.诺顿通过为期一年的项目研究，对 12 家在业绩评价领域领先的公司进行了深入研究，从而设计出了平衡计分卡这一工具。他们在 1992 年发表于《哈佛商业评论》的文章《平衡计分卡：驱动卓越绩效的战略指标体系》中首次介绍了这一概念。

（一）平衡计分卡：一种多维度的绩效评价框架

在当今复杂多变的管理环境中，管理者需要从多个角度全面评估组织的绩效。平衡计分卡（balanced scorecard）为高层管理者提供了一种综合性的绩效评估框架，它不仅包括了财务数据，还通过评估客户满意度、内部流程的效率以及组织的学习和成长等维度，对财务数据进行了补充。这些业务指标是推动未来财务成就的关键。平衡计分卡的关键在于补充了财务指标，而非取而代之。如图 7-1 所示，它通过四个视角来审视企业绩效，回答了企业运营的四个基本问题。

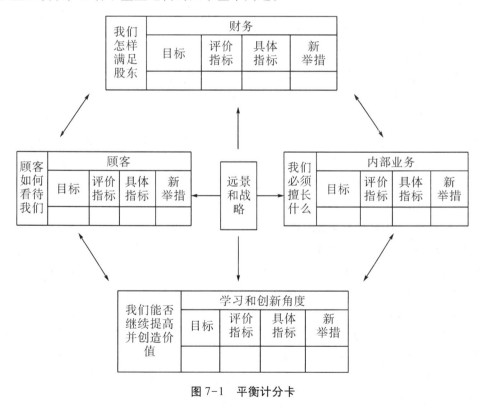

图 7-1　平衡计分卡

（1）财务视角。如何构建公司的财务表现以确保财务目标的实现？财务指标是衡量公司战略及其执行效果是否促进了盈利增长的关键。它们直接反映了企业经济效益的成果。常用的财务指标帮助企业监控和优化其财务健康和盈利能力，确保财务目标与公司战略保持一致。

（2）顾客视角。如何打造顾客价值以实现业务目标？客户关注的五个主要焦点是时间、品质、效能、服务和成本。平衡计分卡促使管理者将对客户的服务承诺转化为可量化的评估标准，这些标准应准确映射与客户相关的关键要素，有助于企业深入了解顾客需求，提升顾客体验，从而增强顾客关系和市场竞争力。

（3）内部业务视角。在哪些业务领域达到卓越是满足股东和顾客期望的关键？以顾客为中心的战略管理要求卓越的顾客绩效与组织的研发、生产、售后服务等环节紧密相连。管理者需要从内部价值链的角度出发，深入分析企业内部运作。关键指标包括影响新产品开发、上市周期、产品质量、员工技能和生产效率的各种因素，这些指标有助于识别和优化那些对顾客满意度和企业效率至关重要的内部流程。

（4）学习和创新视角。我们需要怎样的学习和创新能力来实现目标？企业的价值创造能力与其创新力、持续改进能力和学习能力密切相关。企业通过持续推出新商品，增加客户价值，提高运营效能，才能进入新市场，增加收益和利润，实现扩张和进步，进而提高股东价值。

这些指标反映了企业在创新和学习方面的成效，以及其适应市场变化和满足未来需求的能力。

平衡计分卡通过满足管理需求，展现了其重要作用。

（1）平衡计分卡的整合作用。平衡计分卡为公司提供了一个统一的管理报告框架，用以展示多种增强竞争力的关键措施。这些策略包括以客户为中心、提高响应速度、改善质量、加强团队合作以及缩短新产品上市周期，以及前瞻性管理等方面。通过这种多维度的展示，公司能够更全面地理解和实施其战略，确保各个部门和业务单元在追求自身目标的同时，也符合公司的总体战略方向。

（2）平衡计分卡有效防止了次优化行为。平衡计分卡要求高层管理者在考虑绩效评价时，不能只关注单一指标，而是要综合考虑所有重要的绩效维度。这种方法有助于管理者识别和避免在追求某一绩效改进时，可能对其他领域造成的负面影响。通过平衡计分卡，公司能够确保在追求财务和非财务目标时，实现整体优化，而不是局部的最优化，从而避免了因忽视整体利益而造成的战略失衡。

（二）平衡计分卡：一种以战略为导向的绩效评价框架

随着信息时代的到来，工业时代的许多基本竞争假设已被颠覆。在现代制造业和服务业的背景下，企业要想维持竞争优势，不能单纯依靠将创新技术物质化或仅仅关注财务表现，如资产与负债状况。数字化时代对企业提出了新的要求，即发展新的生产技术和能力，以及对无形资产的开发和利用，这些变得比传统的有形资产管理更为重要。一些前瞻性的公司已经不满足于将平衡计分卡作为单一的绩效评价工具，而是开始探索其在构建战略管理体系中的核心作用。目前，许多企业的经营和管理控制体系仍旧以财务目标为核心，这些目标往往与企业的长期战略目标并不一致。这导致许多企业过分关注短期财务成果，从而在战略规划与执行之间造成了隔阂。

平衡计分卡引入四个关键的管理流程，这些流程可以独立运用，也可以相互配合，以实现长期战略目标与日常行动之间的有效衔接，如图7-2所示。这四个流程包括：

（1）愿景阐述。明确组织的愿景和战略，以便管理者能够就公司的发展方向和目标达成共识。这一步骤涉及将公司的愿景和战略具体化为一系列目标评价指标，这些指标不仅获得高层管理者的一致认同，还能揭示推动组织长期成功的要素。

（2）沟通和联系。允许管理者在组织内部传达战略意图，并将这些战略与各个部门及员工的个人目标相对接。传统上，部门和个人的评价与激励主要基于短期财务绩效。通过平衡计分卡，管理者能够确保组织内各层级对长期战略有深刻理解，并确保部门和个人目标与组织的整体战略保持一致，从而实现战略的全面落地。

（3）业务规划。第三个流程聚焦于业务计划与财务计划的融合。在当前商业环境中，众多企业都在推进包含多项措施的改革方案。管理者面临的挑战在于如何将这些方案协调一致，以实现统一的战略目标。通过将平衡计分卡中设定的目标作为资源配置和优先级排序的基础，管理者能够筛选并执行那些对于推动长期战略目标具有实质性影响，并确保了它们之间的相互协调和一致性。

（4）反馈和学习。作为第四个关键流程，它为企业带来了战略层面的学习机会。一般而言，常规的反馈系统主要着眼于是否实现了预算中规定的财务目标。然而，当平衡计分卡成为企业管理架构的核心部分时，企业便能从非财务视角审视短期成果，并根据最新的业绩数据来评估战略的有效性，从而实现持续的学习和改进。

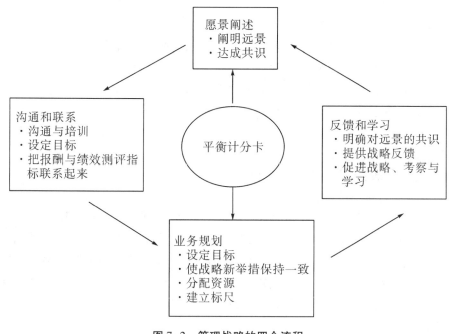

图 7-2　管理战略的四个流程

第三节　企业集团的业绩评价方法

对企业集团内部各分支的业绩和管理者表现进行准确、公平的评估，对于推动企业集团的持续进步至关重要，这同样是集团管理中的一个关键议题。汲取企业集团管理的先进经验，构建一套系统化、合理的企业集团内部绩效考核与评估机制，已被证明是一种有效的管理手段。

一、确立内部业绩评价标准

企业集团在对旗下单位进行绩效评价时，会设定一系列预期目标和衡量指标，例如年度的财务目标和预算。这些评价标准通常分为两大类：主观目标评价标准和客观实际评价标准。主观目标评价标准包括对目标的预期设定、预算编制和计划安排，虽然其中融入了主观的判断，但这些判断是基于客观数据和深入分析的；与此相对，客观实际评价标准依托于实际取得的成就，比如历史业绩数据和财务统计信息，这些标准具有明确无误的客观性。这样的区分使得集团能够从多个维度对下属单位的绩效进行全面评估，保障评价过程的公正性和评估结果的精确性。

（一）确立内部业绩评价标准的作用

在构建企业内部绩效考核体系的过程中，制定一套统一且科学的评估准则是至关重要的。若缺少明确的准则或完全没有准则，不同的评估者可能会根据自己的利益选择不同的评估标准，导致不同的绩效评价结果，进而影响各方的利益。个人可能会努力争取对自己更有利的绩效评价体系，以便获得更优的绩效成果，进而提升个人收益。缺乏规范的绩效评价体系容易受到个人主观性的影响，这限制了其在比较和参考方面的价值，对于指导管理决策的作用较小，甚至可能导致误解。因此，在建立了明确的评估标准之后，评价指标就有了明确的参考，依据这些数据计算出各项指标的实际分数，能够对企业的经营成果做出客观和公正的评价，并细致探究评估对象在生产、经营和管理等领域的优缺点。采用统一的评价标准对相似企业进行比较，便于进行有效的横向分析，从而客观评估企业在相同行业、地区和规模中的竞争力和市场地位。采用评估标准作为评价基准，可以降低评估过程中人为因素对结果的影响，提高评估工作的可执行性，并确保评估结果的客观性和权威性。

（二）确立内部业绩评价标准的方法

1. 内部业绩评价标准的分类

从经济分析的视角来看，业绩评价标准通常可划分为以下四种类型。

（1）预算标准。预算是一种评价业绩的方法，它依据预先设定的年度计划、预算和预期目标来衡量实际表现，例如通过比较实际净利润与预算净利润。预算标准依赖其合理性，实际业绩与预算之间的偏差能够揭示公司运营中的不足。如果这些标准被科学合理地设定，它们可以产生显著的激励作用，但它们也容易受到主观判断和人为因素的影响。

（2）历史标准。这类标准以公司过去年度的业绩为参照，是一种自我超越的评估方法，适合于公司内部的分析比较。在不同行业间的横向比较中可能不具备足够的可比性，这主要是因为不同行业的运营模式、成本结构和市场环境差异较大，导致直接比较可能不准确或不公允。因此，预算标准更多地被应用于企业集团内部的评估，它能够为集团提供一个统一的评价体系，确保各个子公司或部门在相同的标准下被评估，从而促进内部的公平竞争和绩效提升。

（3）客观标准。这种评价标准通过参考同行业其他企业的业绩表现来确定。通过在特定时期内对一定范围内的同业企业样本进行科学的数据分析，计算出相关数据的平均值，形成客观基准。这种方法因其客观性和实际性而具有广泛的适用性，其评价结果的可比性较高，更能满足实际评价工作的需求，为企业提供了一个行业内普遍认可的比较基准。

（4）经验数据标准。这类标准反映了历史数据和行业经验的智慧，为企业提供了一个经过时间检验的评价指标体系。经验数据基准有助于企业从历史表现中学习，预测未来趋势，并据此制定战略决策。这类标准因其深厚的经验基础，对于指导企业实践和优化管理流程具有重要价值。

2. 有效业绩考核标准的特征

有效的业绩考核标准是确保企业集团内部评价体系公正、透明和高效的关键。这些标准应当具备以下特点。

（1）挑战性：标准应足够高，以激发员工和团队的潜力和动力。

（2）可实现性：标准应是切实可行的，以确保经过努力能够达成。

（3）透明性：标准应公开明确，为所有相关方所知晓。

（4）认可度：标准最好能得到被评价的企业和个人的广泛认同。

（5）明确性：标准应具体无误，以减少误解和混淆。

（6）灵活性与刚性相结合：标准应对客观因素保持一定的灵活性，而对主观因素则应保持必要的刚性。

3. 制定业绩评价标准的指导原则

在确立评价标准时，企业集团应遵循一些基本原则，以确保其科学性、合理性和代表性。这些原则主要体现在以下两个关键方面。

（1）目标设定的明确性。

目标的设定直接影响未来的绩效考核结果，因此，不同利益相关方可能会利用信息不对称来设定对自己有利的目标。目标的制定通常涉及多方的协商和权衡。目标设定可以采用自上而下或自下而上的方法，但为了确保目标的明确性和全面性，建议采取先自上而下，再自下而上的方式，这样可以整合内外部信息，反映多方意愿。

（2）业绩评价标准的科学性和合理性。

不同的评估标准可能导致不同的绩效评价结果，因此，评估标准必须是科学合理的。这些标准应作为客观衡量子公司绩效的基准。评估标准可能包括会计计量和市场计量等形式，每种标准都有其优势和局限。因此，企业集团在选择评估标准时，应结合自身的具体情况，选择或制定最适宜的标准。通过这样的过程，企业能够确保评价体系的有效性，促进集团的健康发展。

（三）标杆管理

在评估企业绩效的过程中，尽管我们遵循的是客观的准则，但确立这些准则却是一项具有挑战性的任务。例如，搜集大量企业的数据以及挑选合适的参照对象本身就是一项难题。由于每家企业都有其独特的商业模式、外部条件和财务管理策略，因此确定哪些企业可以作为比较的基准，同样是一个复杂的问题。然而，标杆管理的兴起在制定企业评估标准方面取得了重大突破。标杆管理为企业管理提供了一套适用于各种评估标准的通用方法，这些方法不仅适用于财务评估，也适用于非财务评估，尤其是后者。此外，它构成了一种"革命性的评估与管理框架"，能够转变管理层的思考方式和视角。标杆管理的精髓在于寻找在特定活动、职能或业务领域中表现突出的同行业竞争者或其他行业的企业，并将本企业的表现与之进行比较。这种以外部为出发点的方法能够揭示一些之前认为难以实现的重大改进。通过这种外部基准的对比，企业能够发现潜在的重大改进机会。

1. 标杆管理的基本思想

标杆管理是企业借鉴行业内表现最佳的竞争者或声誉卓著的领先企业作为参照，通过定量比较和评估本企业在产品、服务和管理措施等方面的实际表现与这些参照标准的差距。标杆管理要求对那些表现卓越的基准企业进行深入分析，探究它们取得优异成绩的根本原因。在理解了这些企业成功的秘诀之后，企业可以据此挑选并实施最佳的改进策略。通过持续循环这一流程，企业旨在不断提升自身，最终成为行业领导者。标杆管理的核心内容涵盖两个主要方面：最佳实践和衡量指标。顶尖企业在其业务管理中实施的高效策略和行动被称为最佳实践。衡量指标是指一个系统，它包括一系列客观指标和基准值，用以评估企业的管理成效。这些指标和数据共同为企业构建了一个清晰的评价和优化的架构。

2. 标杆管理的实施步骤

首先，企业需识别内部亟待解决和改进的问题，明确改进的方向，并制定相应的工作措施和步骤。在此基础上，建立一套业绩度量指标，以量化评估改进的效果。

其次，企业需要对行业内的领先企业或主要竞争对手的业绩水平进行调查，了解它们的优势。这一步骤有助于企业发现自身与行业最佳实践之间的差距。

最后，企业应深入研究这些领先企业的最佳实践，探究它们取得优秀业绩的原因。在此基础上，企业可以设定明确的改进目标，努力模仿并超越这些最佳实践，从而提升自身的竞争力。

3. 标杆管理的作用

标杆管理为企业设定了既科学又可实现的奋斗目标。这些目标是基于行业内领先企业的实践而设定的，因此具有一定的挑战性，但并非高不可攀；由于有先例可循，这些目标又是切实可行的。标杆管理的吸引力在于其能够持续追踪并适应外部环境的变化，确保企业能够最大限度地满足最终用户的需求。通过与不同企业的比较，标杆管理使企业能够不断适应外部发展，从而更好地服务于用户。

此外，标杆管理的目标是动态提升的。企业通过选择行业内表现最佳的企业作为参照，为自己设定了奋斗目标。在企业努力实现这些目标的同时，那些标杆企业也在持续进步，而不是停滞不前。这意味着企业所追求的标杆目标是不断向上调整的，促使企业持续提升自身的业绩和能力。这种动态的目标设定过程，保证了企业在追求卓越的同时，始终保持着前瞻性和竞争力。

二、构建综合的内部绩效考核体系

在构建企业集团内部绩效评价体系时，企业应追求考核的灵活性与全面性的平衡，防止对单一评价体系的过度依赖，这可能会引起评价结果的偏颇和不准确。在此过程中，企业集团可以参考 2002 年由财政部、国家经贸委、中央企业工委、劳动保障部、原国家计委联合发布的《企业绩效评价操作细则（修订）》等权威性指导文件。通过构建一个综合的评估指标系统，企业可以全面审视其财务表现、资产运作效率、偿债能力及增长潜力。各集团的母公司需要根据自己的管理目标，并结合集团内部执行的目标责任制，根据文件规定的总体框架，制定适合本集团的内部考核体系。此外，在进行内部评估时，考虑到集团整体战略对各子公司的不同要求，各集团公司可以在国家统一发布的方法体系的基础上，适当调整现有的评估指标、方法和标准，以适应各自的特定需求。

（一）考核内容

依据国家公布的统一企业绩效评价体系要求，企业绩效评价内容主要涵盖财务效益、资产经营效率、偿债能力和发展潜力四个关键领域。这些领域一般能够全方位展现企业的经营状况。从出资人视角评价具有独立法人资格的子公司的经营成果时，企业集团同样需重视这四个核心领域。但是，仅凭这四个领域的评估可能还不足以实现对集团内部有效的监督和控制。因此，集团可以根据实际情况增加其他评价维度，如计划完成情况、产销状况、安全生产、员工素质提升、企业文化建设等，以确保考核体系更加全面和有效。通过这样的综合考核，企业集团能够更准确地把握各子公司的经营动态，促进整体战略目标的实现。

（二）考核指标的构建

在打造内部绩效考核指标体系的过程中，企业集团应依据财政部联合其他四部委发布的《国有资本绩效评价办法》等文件的指导方针。在具体构建指标体系时，应将投入产出效率作为设计的重点。这一理念对于促进企业集团的协同效应和充分发挥子公司的潜力至关重要，有助于推动整个集团的持续发展。总体来说，追求最高的投入产出比是企业集团的核心目标，而子公司往往是集团利润的主要来源。鉴于各子公司的不同特点，企业集团在实际操作中为它们分配不同的角色是必需的。因此，在设定子公司的绩效考核指标时，需要特别关注净资产收益率、资产总额回报率等与资本效率直接相关的指标，并给予这些指标较大的比重。对于那些承担特殊任务的子公司可能遭遇的不利影响，可以通过特定的调整机制来予以缓解。

此外，考虑到企业集团内部管理的多样性，集团的母公司可以根据实际情况，在遵守国家文件规定的考核体系框架的基础上，对考核指标进行适当的调整，包括增加或减少某些指标。以一家印刷企业为例，在构建其管理业绩考核体系时，该企业特别关注了主要材料消耗和设备综合利用率等指标，这些指标能够反映企业的管理效率。同时，该企业还引入了多元经营业务销售增长率和每千人应用新技术的数量等指标，以衡量企业的增长潜力和创新能力。部分企业进一步深化了定性指标的内涵，以增强定性评价的精准性。基于此，我们可以将企业业绩评价指标分为两大类：财务评价指标和非财务评价指标，并对这两类指标进行深入探讨。财务评价指标主要关注企业的财务表现，如收入、利润和资产回报率等；而非财务评价指标则涵盖了企业的运营效率、市场表现、客户满意度和创新能力等方面。通过综合这两类指标，企业能够更全面地评估其业绩，从而实现更有效的管理和战略决策。

1. 财务评价指标

（1）净利润与每股盈利。

净利润，也就是企业在扣除所得税之后的净收入总额，净利润显示了企业在特定会计期间累积的、可供分配的资金总额。对于上市公司来说，每股盈利是通过将公司的净收益除以流通在外的普通股总数来计算的，这一指标用以评估每股股票的盈利状况。每股盈利数值越高，表明每股能够分配的利润越大，相应地，股东从投资中获得的回报也更为可观。此外，该指标还体现了普通股股东的盈利水平。每股盈利的计算公式如下：

$$每股盈利 = （净收益-优先股股利）\div 流通在外的普通股股数 \qquad (7.1)$$

这两个财务指标专注于评估企业在一定会计期间内创造的经济价值。在假定其他条件保持不变的前提下，公司实现的净利润越高，其对社会的贡献和成就也越显著，它实际上也映射了企业在产品生产量、产品质量、产品组合以及市场推广等多个方面的综合表现。因此，净利润能够在一定程度上揭示企业的管理效能；同时，由于净利润对政策等外部人为因素的敏感度较低，它能够更加客观和全面地展示企业的经济效益，并准确衡量投资者资本的盈利潜力，因而被普遍用作评价企业业绩的一个重要指标。

不过，这些指标也并非完美，它们存在一些限制，具体包括：

①净收益作为一项总体量度指标，未能充分揭示企业投入与产出之间的比例关系，即它无法全面反映企业的经营效益。这一点限制了净利润在不同企业间比较时的应用价值。净利润的高低虽然在一定程度上显示了企业在特定会计期间内获得的可用于分配的资金规模，但它忽视了企业为获得这些利润所投入的成本和资源。因此，仅依赖净利润来评估企业绩效可能会忽略企业运营效率和资源利用效率，这些因素对于企业间的比较分析至关重要。

②将净收益作为衡量企业绩效的主要标准，这可能使企业过分重视短期利润，进而引发短视的管理实践。这种倾向不利于企业着眼于长期和潜在的发展利益，因为它可能会使企业忽视技术创新和设备更新，不重视提升自身的综合竞争能力。例如，管理层可能会削减研发支出以提高短期利润，这种行为虽然短期内提高了净利润，但长期来看可能会损害企业的创新能力和市场竞争力。此外，设备更新能够加快形成和发展新质生产力，推动经济高质量发展，而过分关注净利润可能会忽视这一重要因素。因此，企业在追求净利润的同时，也应关注长期的技术进步和设备更新，以保持其长期的竞争力和市场地位。

③会计收益的计算往往未能全面反映企业创造价值的所有活动，这是因为只有符合特定确定性和可计量性标准的成果才能被计入净利润。这种做法可能会导致一些重要的、对企业价值有实质性贡献的活动被忽视，比如品牌建设、客户关系维护、研发投入等，这些活动虽然短期内可能不直接体现在财务报表上，但对企业的长期发展和市场竞争力有着不可忽视的影响。

④每股净收益（EPS）虽然是衡量公司管理效率和盈利能力的一个重要指标，能够为投资者提供一个关于公司每股价值的直观认识，但它并没有考虑到通货膨胀这一宏观经济因素对公司财务状况的影响。在高通胀环境下，即使每股净利润数值上看起来不错，实际上购买力可能已经下降，这会影响投资者对公司实际盈利能力的准确评估。

⑤对于同一公司在同一会计期间的业务，不同的会计处理方法可能会导致净利润

指标出现较大波动。例如，存货计价方法、折旧摊销政策、收入确认时点等都可能对净利润产生显著影响。这种波动可能会扭曲公司的财务表现，使得不同时期或者不同公司之间的比较变得复杂，从而影响投资者和利益相关者对公司业绩的准确理解和评估。因此，理解会计政策的选择和变化对于准确解读财务报表至关重要。

每股净收益虽然是一个衡量公司盈利能力的重要指标，但它也有一些不足之处：

① 该指标以净利润为基础进行计算，因此继承了净利润的一些局限性。作为一项总体指标，净利润未能揭示企业投入产出比，即无法显现企业的经营效率，这限制了不同公司间的对比分析。

② 由于每股收益是基于公司在外流通的普通股股数计算的，公司的资本结构复杂度会对该指标的衡量造成影响，并减少其比较价值。例如，非同一控制下的企业合并、为收购非现金资产而发行的普通股股数等因素都可能影响流通在外的普通股股数，从而影响每股净利润的计算。

（2）投资回报率。

投资回报率（return on investment，ROI）是衡量投资效果的关键财务指标，它通过比较投资收益与投入资本的比例来评估投资的效益。这一指标不仅紧密关联企业收益与其资产的使用情况，还考量了与日常运营紧密相关的资本成本，从而评估资产运用的效率。投资回报率是监控资产管理和经营策略效果的重要工具，它能够帮助企业识别哪些投资和经营活动是盈利的，哪些可能需要改进。投资回报率可以根据不同的收益和资本参数选择，以多种方式表达，主要包括以下几种形式：

①净资产收益率（ROE）指的是在特定时间段内，公司净利润与股东平均权益的比值。该指标深刻反映了股东投入资本产生的净收益水平，明确显示了投资成本与回报之间的关系，是评价企业经营成效的关键财务衡量标准。其计算方式如下：

$$净资产收益率=净利润÷平均净资产×100\% \tag{7.2}$$

其中，平均净资产是企业年初所有者权益与年末所有者权益的平均数，即

$$平均净资产=（所有者权益年初数+所有者权益年末数）÷2 \tag{7.3}$$

a. 净资产收益率（ROE）是一个全面且重要的指标，用于评估企业利用自有资本及其积累所获得的收益水平，也被称为股东权益回报率，它显示了企业资本运作的整体效能。这一衡量标准普遍适用，不受特定行业限制。在中国，上市公司的综合绩效排名中，净资产收益率被视为一个至关重要的考量因素。

b. 通过综合对比分析净资产收益率，我们可以了解企业在同行业中的盈利能力排名，以及与同业竞争对手之间的差异程度。

c. 通常情况下，较高的净资产收益率（ROE）意味着企业在利用自有资本创造收益方面表现出更强的能力，显示出更优的运营效率，这为企业的股东和债权人提供了更高水平的保障。

②总资产报酬率（ROA）衡量的是企业在特定时间段内获得的总收益与其平均总资产之间的比例。这个指标展示了企业整体资产（包括自有资本和借入资金）的盈利能力，是评价企业资产运用效率的重要工具。它覆盖了企业的所有资产，提供了一个评估企业整体盈利状况的重要维度。它涵盖了企业的全部资产，为评估企业整体盈利性提供了重要视角。其计算公式如下：

$$总资产报酬率＝报酬总额÷平均资产总额×100\% \qquad (7.4)$$

其中，平均资产总额是指企业资产总额年初数和年末数的平均值，即：

$$平均资产总额＝（资产总额的年初数＋资产总额的年末数）÷2$$

a. 总资产报酬率（ROA）展现了企业运用其全部资产产生利润的能力，全面显示了企业的资产盈利能力和投资回报。深入探讨这一指标有助于加强对企业资产管理的关注，并鼓励企业提高资产的盈利效率。

b. 一般来说，企业能够将总资产回报率与市场上的资金成本进行对照分析。如果总资产报酬率高于市场利率，意味着企业能够高效地利用财务杠杆，通过债务融资来获取较高的回报。高总资产报酬率显示了企业优秀的投入产出比，表明企业在资产运用上具有较高的效率。

③成本费用利润率是指在一定会计期间，企业获得的总利润与总成本费用之间的比例。这个指标揭示了企业在成本控制和盈利能力方面的表现，是衡量企业经营效率的重要财务指标之一。通过分析成本费用利润率，可以了解企业在生产和运营过程中每单位成本所产生的利润，从而评估企业的成本效益和盈利状况。通过分析成本利润率，企业可以了解自身在成本管理和盈利能力方面的优势和不足，从而采取相应措施优化成本结构，提高盈利水平。成本利润率越高，说明企业在成本控制方面表现越好，盈利能力越强。其计算公式如下：

$$成本费用利润率＝利润总额÷成本费用总额×100\% \qquad (7.5)$$

a. 成本费用利润率揭示了企业管理层面对资本回报的影响。这个指标通过将企业的利润与成本费用直接对比，提供了对企业盈利性的客观评价。

b. 从成本消耗的视角分析，该指标衡量了企业的利润水平，促进企业强化内部管理，削减非必要的成本，以此提高经营效率。

c. 高成本费用利润率表明企业在创造收益时的成本较低，这显示了企业在成本管理上的高效表现和较强的盈利潜力。

投资报酬率的优势主要体现在以下几个方面：第一，全面反映盈利能力。投资回报率综合了收入、成本和投资这三个核心要素，可以衡量公司的总体盈利水平。提高投资回报率可以通过增加收入、降低成本或减少投资资本等多种方式实现。此外，投资回报率可以细分为多个独立指标，深入分析会计报表的多个组成部分，显示了其高度的综合分析能力。第二，横向比较的有效性。作为效率衡量工具，投资回报率能显示资本的盈利效率，不受投资额大小的影响，有利于对不同企业的经营成效进行比较。第三，筛选投资机会。投资回报率可以作为评估和选择投资项目的基础，协助优化资本的分配和存量，是资源配置的关键性指标。第四，引导管理行为。将投资回报率作为衡量公司业绩的指标，有助于引导公司管理层避免短视行为，更加关注公司的长期可持续发展和整体盈利能力的提升。通过这种方式，公司能够实现长期稳定增长，增强市场竞争力。第五，资产增值能力的衡量。投资回报率，也称为资产收益率，反映了公司利用其资产实现增值的能力。任何对资产运用不当都可能导致这一比率下降。因此，将投资回报率作为评估标准，能够鼓励公司更加高效地运用闲置资金，适当控制库存水平，强化应收账款和固定资产的管理，并迅速清理积压的商品。第六，促进寻找有利可图的投资机会。将投资回报率作为评判指标，可以推动企业捕捉良好的投资机会。这样的评价体系鼓励公司进行长期投资，以提升整体的盈利能力和市场竞争力。通过这种方式，公司能够实现持续增长，增强其在市场中的地位。

投资回报率指标存在的不足主要体现在：第一，在行为激励方面，为了提升投资回报率，公司可能会通过选择特定的折旧方法和存货估价方式来人为降低账面资产，进而影响投资回报率的计算。此外，该指标可能会导致管理层否决那些回报率未达公司平均水平但超过资本成本的项目。第二，在计算投资回报率时，通常依据的是会计报表上记录的资产账面价值，而这些价值根本无法体现企业所拥有资产的真实情况。这些因素都可能削弱投资回报率作为精确衡量工具的可靠性。

（3）剩余收益。

剩余收益体现为净收益与投资成本之间的差额，作为一种精确量化的绝对数指标，它直接而深刻地揭示了利润与投资之间的内在联系，从而巧妙地规避了单纯依赖比率指标对企业业绩进行评估时可能引发的次优化困境。该指标为评估企业业绩提供了一种独立于净收益之外的、具有绝对性质的衡量标尺。具体而言，剩余盈余的计算公式如下：

$$剩余收益 = 净收益 - （投资额 \times 资本成本） \tag{7.6}$$

剩余收益指标的卓越性，主要体现在以下几个方面：其一，该指标之运用，确保了企业业绩评价与企业长远目标之高度契合，有效规避了单一依赖投资回报率可能引发的认知偏差。它激励管理者致力于提升投资回报率，并驱动管理层做出超越企业资本成本之明智抉择，从而促进了企业价值的最大化。其二，剩余收益深刻洞察并考量了风险调整后的差异化资本成本，将收益与资产经营风险紧密相连。这种方法帮助管理者把握企业投资回报的标准，与资产的风险水平相匹配。依据现代财务理论，由于不同投资的风险各异，资本成本也应相应地根据风险水平进行调整。在运用剩余收益指标时，评估者可针对不同部门或资产特性，设定相应的资本成本比率，此举极大地增强了该指标的灵活性与适用性。反观传统的投资回报率评价方法，其未能对不同资产的风险等级进行有效区分，故而无法对风险迥异的资产实施差异化处理，其局限性显而易见。

然而，剩余收益这一指标同样不是没有缺陷的：其一，作为一项衡量企业绩效的绝对数值指标，剩余收益在跨规模企业比较及不同部门间的横向参照上显现出局限性。规模庞大的部门或许能较为轻易地实现较高的剩余收益，但这并不足以证明其投资回报率亦处于高位。其二，在计算层面，剩余收益虽有其独到之处，却也沿袭了投资回报率的部分缺陷，且对于投资基础的具体范畴未能给予清晰界定，这无疑增加了实践操作的复杂性。其三，从理论层面剖析，剩余收益最大化理念敦促企业竭力提升收益，以期超越最低报酬门槛。而投资回报率作为业绩评价的另一标尺，其核心在于厘定所需的最低投资回报率。剩余收益指标在一定程度上弥补了投资回报率的不足，为企业筛选既契合自身利益又有利于母公司发展的投资机会提供了更为精准的指引。

（4）营业现金流量。

营业现金流量展现了企业在正常运营过程中现金流入和流出的净结果。这个指标不仅衡量了企业的财务表现，还评估了企业偿还债务、支付股利及清偿债务利息的能力，是现金管理效能的一个关键指标。与净利润相比，现金流量几乎不受会计估计和摊销的影响，因此能够更准确地描绘企业的经营、投资和财务活动的即时情况。但是，单一的现金流量指标并不足以全面评价企业的业绩，也不能单独作为预测企业未来表现的可靠指标。在西方市场经济体系高度成熟的国家，自由现金流量（FCF）这一财务指标得到了广泛的认可与应用。自由现金流量，指的是企业在运营活动中从客户处获取的现金净额，在扣除维持公司既有增长速率所必需的现金开支后的余额。此概念可通过如下公式予以精确量化：

$$自由现金流量 = 经营现金净流量 - 资本支出 \tag{7.7}$$

自由现金流量（FCF），即企业在不削弱其未来发展潜力之基础上，可供股东分配或留存以备未来扩张之用的最大现金流限额。一般而言，企业所掌握的自由现金流量愈充裕，其市场估值亦随之攀升。因此，自由现金流量已然成为投资者在制定投资策略时评估企业价值的一项核心指标。作为评估工具的佼佼者，自由现金流量展现出以下显著优势：其一，它超越了存货估值、费用分配、折旧计提等会计处理方法的差异，亦难以被管理层所操控，其计算流程摒弃了主观臆断，呈现出高度的财务客观性。其二，它遵循现金收付实现制原则，真切地映射出企业在特定会计期间内实际入账的现金收益，排除了未实现现金流入的潜在风险，故而具备较高的确定性。其三，它充分考量了资本支出对现金流的制约作用，揭示了在不阻碍企业当前增长轨迹的前提下，可供自由支配的额外现金流规模，为投资者提供了不可或缺的决策信息。

（5）市场价值。

从理论维度审视，企业预期的未来盈利能力在市场上的映射，构成了企业价值的深刻体现。在一个既规范又高效的资本市场中，股票价格无疑是对公司预期未来现金流折现值的精准反映。因此，市场价值的动态变化，可作为一把标尺，用以衡量企业的绩效表现。在此背景下，用以评估市场价值的各项比率，诸如市盈率（P/E）、市净率（P/B）及托宾Q比率等，显得尤为重要。

①市盈率，作为衡量企业估值的重要指标，其定义为普通股每股市价与其每股收益之间的比率。其计算公式如下：

$$市盈率 = 普通股每股市价 \div 普通股每股收益 \tag{7.8}$$

该指标直观地揭示了投资者为获取每一元税后利润所愿意支付的股票价格。换言之，市盈率的倒数，就是按市场价格计算的股东投资回报率的直接体现。市盈率直接反映了股东对于投资回报率的预期：市盈率越高，则意味着股东所期望的投资回报率相对较低。通常情况下，市盈率在10到20的范围内被认为处于正常水平。较低的市盈率往往表示股票价格较低，风险较小；而较高的市盈率则意味着股票价格较高，风险较大。一般而言，具有良好增长前景的公司会拥有较高的市盈率，而增长前景不被看好的公司市盈率则相对较低。市盈率在一定程度上体现了投机性收益与实际投资收益之间的比例。此外，市盈率也可以视为一种收益乘数或资本化率，通过将其与每股净收益相乘，可以计算出每股的当前市场价格。

②市净率。市净率这一财务比率，为普通股每股市场价格与其每股账面价值之比，其计算公式如下：

$$市净率 = 每股市场价格 \div 每股账面价值 \tag{7.9}$$

市净率深刻揭示了普通股的内在价值。当股票市场价值远超账面价值时，股票的价值亦随之水涨船高。因此，市净率不仅成为衡量企业发展潜力的晴雨表，亦是投资者对企业信心强弱的直观反映。在假定其他条件恒定的情况下，会计政策若趋于更为审慎，往往会导致市净率相应上升。

③托宾Q比率。这一经济学概念由著名经济学家托宾首创，它巧妙地将企业资产的市场价值（该价值通过其公开发行的股票及债务得以量化）与这些资产的重置成本进行对比。其计算公式如下：

$$托宾Q比率＝资产市场价值÷预计重置成本 \qquad (7.10)$$

托宾的Q理论指出，企业的投资决策与托宾Q值紧密相关。当企业的托宾Q值超过1时，表明其固定资产的市场估值高于重新购置这些资产的成本，从而激发企业增加投资。相反，如果托宾Q值低于1，意味着市场估值低于重置成本，企业可能会减少投资，因为通过并购来获取资产比新建更经济。尽管如此，即使市场估值显著高于重置成本，企业也不一定能够得到良好的投资机会。高市场估值通常反映出投资者对企业未来表现的积极预期，而市场估值低于重置成本则可能暗示资产在其他领域的价值也不高，提醒管理层注意潜在的并购风险。相比之下，重置成本的估算则更为复杂，尤其是在缺乏二级市场的情况下。此外，无形资产如广告和研发支出的价值评估尤为困难，这导致在计算托宾Q值时，这些资产的重置成本常常被忽略，从而可能使得托宾Q值偏高。

2. 非财务评价指标

在评估企业绩效时，非财务指标的运用至关重要。这一过程的首要步骤是将非财务因素转化为可量化的数据，即通过具体的数值来衡量这些非财务要素。在选择这些指标时，关键在于确保它们能够真实地捕捉到相关非财务因素的本质特征。面对复杂的非财务因素，如果单一的量化指标无法充分揭示其多维度的特性，那么就需要采用一系列指标来进行综合评价。目前，常见的非财务指标主要包括以下几类。

（1）市场份额。

市场份额指标是衡量企业市场竞争力的关键指标之一。在当今的商品经济体系中，市场的作用不可小觑，因此市场份额在众多非财务评价指标中占据了核心地位。不同企业的战略定位决定了它们对市场份额的重视程度也不尽相同。对于那些以市场为导向的公司来说，市场份额的重要性往往超越了传统的财务指标。

（2）产品质量。

产品质量是衡量产品优劣的重要标准，它涵盖了两个主要方面：首先是产品在生产过程中是否符合企业设定的质量标准；其次是产品在交付给消费者后，是否能满足他们的使用需求。产品质量可以通过废品率、顾客退货率等具体的量化指标来综合评估。质量控制的全过程包括：对原材料质量的把关、生产过程中的质量监控以及对最终产品的质量检验。

（3）信誉度与交付效率。

信誉度反映了企业是否能够准时履行发货承诺。延迟发货不仅可能导致客户流失，还会损害企业的声誉。因此，企业必须确保能够按时供货，以赢得并保持客户的信任。信誉度可以通过准时发货的比例来量化评估。至于交付效率，则可以通过衡量从订单确认到产品送达客户手中的总时间，即循环时间来进行评估。理想情况下，这一时间应尽可能短。循环时间的管理关键在于控制生产环节的时间，包括生产周期、物料等待时间、检验时间以及搬运时间。生产效率的计算公式如下：

$$生产效率 = 生产时间 + 待料时间 + 检测时间 + 搬运时间 \qquad (7.11)$$

最佳状态为 1。及时交货率是衡量企业整体交货效率的指标，目标是实现 100% 的及时交货。

（4）市场反应速度与适应性。

在竞争激烈的商业环境中，企业对市场变化的快速反应能力是其获得竞争优势的关键。这可以通过衡量"从接单到发货的时间"来评估，时间的缩短反映了企业反应速度的提升。生产适应性的评估则侧重于生产转换的准备时间，即企业在生产不同批次产品时调整机器设备所需的时间。这一时间的缩短表明企业的生产适应性增强。

（5）员工参与度。

传统的业绩评价体系因未能涵盖员工的技术熟练度、工作热情及培训状况而受到诟病。员工缺乏积极性和归属感，会对企业的总体表现产生负面影响。员工状况的一个重要衡量指标是员工流失率，即每月离职人数与平均在职人数的比例。高流失率往往意味着员工的不稳定和对企业的不信任。企业需要深入分析原因，并采取措施提高员工的工作热情和忠诚度。

（6）创新实力与技术领先地位。

企业的创新实力体现在其开发新产品以适应市场需求的能力，以及在生产和改进现有产品过程中的创新。评估企业创新实力的关键在于其在新产品开发上的投入与产出。通过评估企业在不同时间点的创新表现，企业可以采取相应措施，如增加研发投入或加强市场调研，以增强其创新实力。

（7）客户满意度。

客户满意度的评估为企业提供了宝贵的业绩反馈。这一指标反映了客户对产品或公司可靠性的评估。不同公司的客户满意度指标可能有所不同，但通常基于两个原则：客户认为重要的绩效指标和公司可以控制的绩效指标。关键绩效指标（KPIs）的确定可以结合定量和定性研究方法，包括深入访谈、焦点小组讨论、邮寄调查和电话访谈等。通过这些方法，企业可以更准确地衡量和提升客户满意度。

在评估企业绩效时，财务指标和非财务指标各自扮演着独特而互补的角色。如果企业过分依赖财务指标，可能会促使其采取短视行为，从而损害长期增长潜力；反之，如果企业过分关注非财务指标，则可能导致其在财务上的灵活性不足，增加财务风险。企业的财务和非财务成果都是衡量其整体表现的关键要素。财务成果通过会计系统反映，主要表现为利润和有形资产的增长；而非财务成果则通过管理信息系统获取，涵盖了企业的内部因素、运营流程和无形资产的积累，这些都是企业可持续发展的关键。因此，一个全面的绩效评价体系应当融合财务和非财务指标，实现两者的平衡与互补。通过这种综合评价方法，企业能够更全面地把握自身的经营状况，制定出更有效的战略决策。

三、内部业绩考核的组织实施

在集团层面对下属子公司开展绩效评估时，应由集团总部统筹执行，并依据既定的评估标准和规范的操作流程来进行。值得注意的是，在评估初期，由于评估人员可能缺乏经验，且评估标准的实施需要一个逐步适应的过程，同时考虑到各子公司的发展水平存在差异，集团总部应加强对子公司的指导和支持。在此过程中，集团可以选择那些法人治理结构完善、内部管理规范的子公司作为试点，通过在这些子公司中积累经验和优化评估流程，然后再将成功的经验和做法推广至其他子公司。通过这种方式，集团可以确保绩效评估工作的有效性和公正性，同时促进各子公司之间的交流与学习。

（一）建立子公司经营业绩考核工作制度

为了顺应现代企业制度的演进与公司治理结构的日益规范化，集团母公司亟须构建一套针对其投资子公司的经营业绩考核与监督机制。据此，集团应将全资子公司及控股子公司全面纳入年度绩效考核的框架之内，精心打造一套常态化的子公司经营业绩考核体系，使之成为集团内部管理架构中的核心支柱。在每个财务年度圆满落幕之际，子公司需向集团母公司呈递其经营成果的详尽报告，而母公司则应承担起深入考核与精准评价的重任。在探寻与集团特色相契合的考核路径的同时，集团还应稳步推动考核结果与子公司管理层晋升、奖赏及惩戒等机制的直接挂钩，确保绩效评价在集团内部管理中切实发挥其应有的实质性效能，以驱动集团整体的持续健康发展。通过这种方式，可以激励子公司管理层更加注重业绩的提升，同时也为集团提供更有效的管理工具。

（二）成立专门的考核评价工作机构

虽然在企业集团中开展内部考核是一项关键任务，但各集团的业务范围、发展阶段以及战略目标存在差异，这些因素导致不同集团在考核的目的、标准、评价对象、流程、进度安排以及结果应用等方面会有明显的不同。因此，每个企业集团在制定考核方案时，必须考虑自身的考核管理需求，不能简单地模仿其他集团的成功模式。一个量身定制、符合自身实际情况的考核方案，是实现有效考核的关键。通过这种方式，集团能够确保考核工作既符合自身的特定需求，又能适应不断变化的外部环境。

（三）制订切实可行的工作方案

虽然实施企业集团的内部考核工作是非常重要的，但具体对不同的企业集团来说，由于其业务范围的不同，发展水平可能存在差异，加之集团战略目标不同等原因，决定了不同企业集团在考核工作的目的、要求、评价对象范围、工作流程、工作进度安排、结果的运用等内容上也会存在较大的差异。这种差异客观上要求不同的企业集团在制定考核工作方案时，应根据集团内部考核管理的需要进行，切不可照搬照抄其他企业集团成功的工作方案。基于自身实际的个性化的工作方案是实施企业集团有效考核的基础。

（四）在基础数据核实的基础上组织实施定量定性评价

在常规运营周期之末，企业集团务必对其子公司的经营绩效进行全面而细致的评估，并给出公正的评判。然而，评估结果的精准度与可信度，实则深深植根于子公司所提供基础数据的可靠性与精确性之中。一旦这些数据含有虚假成分或存在误差，那么评估结果非但无法体现其价值，反而可能对企业决策产生误导。因此，在子公司提交的数据基石之上，考评团队与专家团队需依据企业在评价年度内的财务指标达成情况及目标责任履行状况，巧妙融合定量与定性两种评估手段，对经营绩效进行综合考量。定量评估，以其直接性与客观性见长，它严格依据企业会计报表数据与集团预设的责任目标完成情况，遵循既定的评估准则与方法，精确计算出评估结果。而定性评估，则是在定量评估的坚实基础之上，进一步纳入外部经营环境的变迁及其他非定量考核指标的影响，通过深入的综合评议与细致打分，最终绘制出一幅全面而深入的评估图景，为企业的未来发展提供有力的决策支撑。这种方法能够确保评估结果既客观又全面，为企业的决策提供坚实的数据支持。

（五）运用考核结果进行企业诊断

在完成定量评估与定性分析的双轨并行之后，评价团队需要即刻着手整理评估成果，精心编纂企业绩效评价报告及企业经营业绩分析报告。在此过程中，各职能部门应携手专家团队，对绩效考核所揭示的深层问题进行深度剖析，对企业进行精准诊断，并据此提出富有针对性的改进建议。同时，集团需积极敦促子公司依据这些建议，量身定制有效的改进措施。结合评估结论的精髓，在于将奖惩机制切实贯彻，确保绩效考核能够充分发挥其对企业经营者的激励与约束效能，推动企业稳健前行。通过这种方式，企业能够及时发现并解决存在的问题，持续提升经营业绩，实现可持续发展。

四、内部业绩考核的注意事项

（一）严格按照规范的操作程序开展工作

业绩考核工作应当坚守客观性、公正性、公开性与透明度等核心价值原则。尤为重要的是，在面对与核心考核指标相关的重大调整时，评价小组需在充分吸纳各方意见的基础上，通过深入的集体研讨与审慎决策，力避任何可能损害透明度与公正性的操作行为，确保评估过程的公正无私与结果的令人信服。通过这样的程序，集团能够确保考核过程的严谨性，同时保护所有相关方的利益，促进集团内部的公平竞争和健康发展。这种基于原则的考核机制有助于提高集团整体的管理水平和决策质量。

（二）认真做好评价基础数据的审核工作

基础数据乃评估工作的基石，其精确无误对于确保考核结果的客观公正具有至关重要的意义。因此，在进行内部绩效评价时，企业集团必须对所使用的基础数据的真实性进行严格和详尽的检查。这一审核过程可以由专业的注册会计师事务所来实施，也可以由集团内部选拔的专业人员自行完成。对于那些规模较大、已经完成公司制改造且产权结构多元化的企业来说，更应该充分利用社会中介机构的监督功能，发挥其外部监督的正面效果。此类企业的财务报告，在未经注册会计师审慎审核之前，切勿轻易作为考核的凭据。一旦发现数据造假之劣行，企业集团必须对相关责任人予以严厉追责，绝不姑息，以儆效尤，从而有力维护考核的公正性与有效性，确保考核工作的严肃性与权威性。通过这样的措施，企业集团能够确保考核数据的真实性和可靠性，为客观公正的业绩评价提供坚实的基础。同时，这也有助于提高企业的透明度和公信力，促进企业的健康发展。

（三）做好母子公司的配合协调工作

集团内部的绩效考核对于母公司而言，是强化对子公司的监督并推动集团整体战略实施的关键工具；对于接受评估的子公司而言，它提供了一个识别不足、挖掘问题、弥补缺陷的契机。因此，子公司不应以独立法人身份为由，拒绝或妨碍母公司的考核与评估；母公司同样不应以考核评估为名，干涉子公司的日常经营活动。在执行集团内部绩效考核时，母公司与子公司都应以严谨的态度，进行紧密的沟通与协作，确保考核工作能够取得实际成效。通过这种方式，双方可以共同推动集团的持续发展和战略目标的实现，同时也为子公司的改进和提升提供支持和指导。这种基于合作和互信的考核机制，有助于提高集团整体的管理水平和竞争力。

第四节　企业集团内部奖励制度

内部考核作为企业集团公司治理的一种基本方法和手段，它对于监控和改善集团内子公司的生产经营状况，维护出资人的正当权益和改善集团内部治理结构，进而发挥集团的资源整合优势并提高其竞争力来说，具有至关重要的作用。但就集团公司治理过程来看，实行内部考核只是了解各子公司生产经营状况的手段，它本身并不影响和改变各子公司以及相关生产经营管理者的切身利益。也就是说，内部考核本身不具有激励和约束作用。对于在市场经济条件下具有独立法人资格的子公司以及经营管理者来说，其一切生产经营的终极目的就是利用其现有资源实现价值增值；或者说，就是在政策和法律允许的范围内最大限度地获取利益。因此，集团公司在其治理过程中，还有很重要的一环，就是根据内部业绩考核的结果，参照集团的具体考核规定，进行相应的奖惩活动。对于考核和评价出来的那些表现突出的子公司或个人，应给予与之相应的奖励；对那些没有特殊原因而未完成总公司目标任务或考核结果不佳的子公司及其个人，应实行相应的惩罚措施。企业集团通过实施奖惩措施，在利益上对子公司进行调节，影响其可支配的利益额度，这是市场经济对企业集团的客观必然要求。

所谓企业集团内部奖励制度，是指对企业集团内部考核结果中的优秀企业或个人实行物质或精神奖励的具体规章或制度。事实上，企业集团内部考核与内部奖励是承前启后的两个过程。其中，内部考核是实行内部奖励的前提和基础，没有内部考核的结果信息，内部奖励将是盲目和不可能的。内部奖励是内部考核的必然和归宿，如果只考核而不奖励，将会挫伤先进分子的积极性，并使以后的考核结果趋同并朝坏的方向发展。因此，企业集团的内部考核与奖励制度是相辅相成的、具有继起关系的集团治理方法的两个表现形态。

一、实施集团内部奖励制度的重要意义

（一）有利于调动子公司的生产经营积极性

经济杠杆是市场经济的指挥棒，在市场经济条件下，无论是资源配置，还是经营项目的选择都是以经济利益作为出发点和归宿的。企业集团明确的奖励制度实际上就为各子公司以及其经理层提供了努力的目标和方向。达到奖励制度所规定的条件和标准，企业就可以获得相应的利益；否则，就有可能受到相应的惩罚甚至危及其领导者的位置。客观地说，奖励制度使得子公司有更大的热情和动力去加强自身的生产经营和管理。

（二） 有利于实现集团的资源整合优势

企业集团作为由若干具有独立法人资格和特色但又以产权关系为纽带的企业组成的经济联合体，其联合的目的是提高整体资源配置的效率，从而获取市场竞争的优势。这实际上也是企业集团组建的宗旨。但一个不容忽视的事实是，仅仅将若干企业联合在一起，并不能发挥，至少不能充分地发挥这种资源整合优势，这种优势的发挥还有赖于建立和执行一系列与之相匹配的管理与激励机制，实际上，集团内部奖励制度就是这种激励机制的一种具体表现形态。

内部奖励制度对于加强集团资源整合优势的作用是很明显的。例如，假设某钢铁集团的奖励制度规定，冷轧钢板公司如果月产量达到 200 万吨，则可获集团公司"生产能手"称号，并获得 10 万元奖励。但是，冷轧公司是以冶炼公司的产品（钢锭）作为原材料的，冶炼公司由于人手不够，预计难以完成冷轧公司所需要的钢锭。在这种情况下，冷轧公司为了获得"生产能手"称号而在不影响自身生产能力的情况下抽调部分业务精英去支援冶炼公司，从而实现了这两公司间自发的资源配置。这只是集团内部人力资源配置的一个例子。实际上，以内部奖励机制为依托的内部资源配置还有其他很多方式。

（三） 有利于集团生产过程的动态监测和管理

企业集团内部奖励制度无疑具有一个授奖条件，这个条件实际上就是企业集团为子公司规定的目标经营状况。当然，这一目标的制定必须是科学合理的，它既不至于高不可攀，使企业没有能力和兴趣去努力，也不至于唾手可得。因此，企业要想获得奖励，其生产经营中的每一过程都不能出现大的差错或失误，这就要求我们的子公司必须对自身的生产经营状况进行全程跟踪和监测，发现问题予以及时纠正。特别地，如果企业集团的内部奖励措施是分阶段、分层次执行的，就更能起到动态监测和管理的效果。

二、内部奖励制度的制定与实施

（一） 内部奖励制度的制定

良好的奖励制度对于集团子公司来说，具有很好的激励作用。但是，一个不科学的奖励制度对于集团子公司来说，不但起不到经营激励的效果，反而有可能挫伤其积极性。因此，内部奖励制度适当与否对于集团来说是至关重要的。

1. 常用的奖励办法

企业集团在制定奖励制度时，不可避免地要选取相应的奖励办法。由于各企业的生产经营特点不同，其授奖的条件和门槛也千差万别。有关授奖条件的设定问题，各集团可以根据自身的行业特点和本集团的实际情况决定。但是，在奖励办法上，不同集团、不同行业之间都有一定的借鉴意义。

（1）货币奖励（currency reward）。货币奖励是一种常用的奖励形式，它包括现金奖励和薪酬奖励两种形式。对于现金奖励，它在具体操作上又可以是一次性支付或分期支付（如按月支付）的；薪酬奖励则是指通过增加薪酬的方式给予的奖励，薪酬奖励一般是一个长期受益的过程。

（2）物质奖励（material reward）。这种奖励则是通过对企业集团内部表现较好的个人或企业颁发一定的物质以进行奖励的方式。物质奖励也是一种常见的奖励形式。采用物质奖励一般是在这样一种情况下进行的，即企业集团用于奖励的物质是本集团自己生产或销售的产品，或者用于奖励的物质的获取价格明显低于同类产品的市场价格，否则，这种奖励办法不如货币奖励办法受欢迎。

（3）职务提拔（position promotion）。这种奖励方式是针对集团内的个人的奖励方式，即对业绩评价和考核中的优秀分子委以更高职务或更重要职位的一种奖励方式。

（4）授予荣誉（conferring honor）。授予荣誉包括通报表扬、书面表扬、授予荣誉称号及头衔等具体形式。授予荣誉作为企业集团的奖励办法，虽然它的价值不像其他的奖励办法那样容易被计量，但也同样能给获奖人带来利益。它的价值更多地体现为无形价值。因此，对它的计量在方法上也应有别于其他的奖励办法。

（5）政策上的优惠或倾斜（favorable policy）。对于这种奖励办法，笔者想举一个例子进行说明，比如某商贸集团对下属的经营业绩较好的企业给予的商品采购权就属于一种政策上的优惠。

（6）股票期权（stock option）。实行股票期权是一种具有开创性的和较受青睐的集团内部奖励办法。这种奖励办法是指企业集团对于取得优秀业绩的个人给了一定的本企业股票作为奖励。这样，企业的受奖者实际上就成了企业的股东。这种奖励办法的优点是显而易见的，它使获奖者从企业的雇员转变成了具有企业股东和员工双重身份的个体，使企业的兴衰更直接地与获奖者个人联系起来了，可以更好地调动其生产经营的积极性，增强其对企业的忠诚度。

（7）其他奖励办法（other reward）。随着企业管理方法的不断创新，目前还有其他类型的奖励方法，如给予外汇期权、提供学习深造的机会、出国考察等。

2. 奖励方法的选用原则

可供选择的奖励方法是多种多样的，上述七类只是常用的奖励方法。一般来说，在企业奖励办法的制定过程中，应综合考虑集团的财务能力、受奖企业和个人的受奖事项对企业集团的贡献和影响的大小、奖励频率等因素以决定本次的设奖力度。因为奖励的基本目的是激励先进、鞭策后进，从而获取更大的生产经营效率，所以企业集团在选用奖励办法时，应综合考虑上述因素。

如果将"成本—效益"分析方法引入奖励方法的选用过程，那么我们还应考虑用尽可能少的激励成本（奖励支出）去获取最大的激励收益（因奖励而带来的正面影响）的问题。这实质上就要求我们在选用奖励办法的时候，要综合运用各种可能的办法，进行奖励制度创新。例如，企业集团可以综合运用"授予荣誉"和"现金奖励"的模式，也可以运用"有限年度的经营权奖励"等。

在奖励方法的选用上，企业集团可以灵活地把握，但不管何种形式的企业集团，它们在运用和制订奖励方案时，都应遵循这样一些共同原则。

（1）奖励应以考核作为基础。

企业集团的奖励与考核的继起性关系在客观上要求奖励必须建立在考核的基础之上。这具体表现在：奖励的额度应根据考核结果对企业集团影响的大小而定；奖励的对象应以考核结果的排名先后而定；奖励的时间应随考核的时间而定。如果企业集团没有把握好这一原则，将会出现"无功也受禄""小功受大禄""大功不受禄"等混乱的局面，不但起不到激励的作用，反而还会因奖罚不清而误导企业。

（2）奖励应把握好"度"。

哲学上的"度"指事物的分寸和尺度。人们日常所说的"过犹不及"也就是一个"度"的把握问题。企业集团在选用奖励制度时，也应注意把握好"度"这个问题。也就是说，我们在决定奖励额度的大小时，一定要考虑奖励事项贡献的大小。只有做到突出贡献给予大奖，一般贡献给予一般奖，小贡献给予小奖，才能真正发挥奖励的激励作用。

（3）注重透明化和公开化。

在有些企业集团中，在奖励方法的选用和奖励尺度的把握方面，存在个别人操纵选取对自己有利的方法和尺度的现象。比如，某子公司的经理预期可以获得某项奖励，在选用奖励方法和把握奖励尺度时，他可能会积极要求或联合某些人来要求提高该奖项的奖金额度。诸如此类的现象是极不健康和不正常的。避免此类现象发生的有效方法就是在选用奖励方法时讲求透明化和公开化，广泛听取基层管理者和职工的意见，发挥他们的民主监督作用。

（二）内部奖励制度的实施

有了完善的企业集团内部业绩考核体系和奖励制度后，在每个会计期间或财务年度，企业集团应根据考核评价的结果对当期的优秀分子进行相应的奖励，这是很有必要的。企业集团内部奖励由于有一个按规定和条文执行的程序化过程，因此没有太多的问题值得研究。但是，以下两点值得我们注意。

1. 坚持宁缺毋滥的原则

既然是奖励，它就应该是属于先进或优秀集体和个人的荣誉，它不同于企业分发的福利。如果企业集团中有符合奖励制度要求的优秀子公司和个人，那么就应严格地按照奖励制度的规定实施奖励；如果在本会计期间内相关企业和个人都表现平平，那就不能勉强地给予奖励。唯有坚持"宁缺毋滥""优者必奖"的原则，才能维护奖励及荣誉的威信和声望，有效地发挥其积极作用。

2. 搞好奖励实施后的评价工作

企业集团奖励工作的真正目的在于激励先进、鞭策后进，以期在下一个会计期间内收到更好的生产经营效果。这个目的是否已经达到？究竟在多大程度上达到？如果未达到，阻碍这一目的达成的主要原因是什么？以后应如何改进奖励制度？对诸如此类问题的回答都有赖于奖励后评价工作的开展。从这个意义上说，企业集团内部奖励既是对上一个会计期间成绩的总结，又是对下一个生产经营周期工作监督和改进的开始。

【例7-2】平衡计分卡在小米集团的应用

小米集团正式成立于2010年4月，并于2018年7月9日在香港联交所主板上市。小米集团是一家以智能手机、智能硬件和IoT平台为核心的消费电子及智能制造公司。小米集团投资的公司超500家，覆盖智能硬件、生活消费用品、教育、游戏、社交网络、文化娱乐、医疗健康、汽车交通、金融等领域。小米集团是全球领先的智能手机公司之一。根据Canalys数据，2023年在全球范围内手机出货量排名第三。小米集团还建立了世界领先的消费级AIoT（AI+IoT）平台，截至2023年12月31日，AIoT平台已连接的 IoT 设备数（不包括智能手机、平板及笔记本电脑）已达到 7.40 亿。小米集团的产品遍布全球 100 多个国家和地区。2023 年 8 月，小米集团连续 5 年上榜《财富》全球 500 强。小米是恒生指数、恒生中国企业指数、恒生科技指数和恒生中国 50 指数的成分股。

1. 经营理念

（1）集团多元化发展。从手机到家居，再到汽车，小米集团形成了多元化发展的经营方针。小米集团通过投资合作，建立了一个包含智能硬件、家电、日用品等领域的生态链，实现了产品间的互联互通，这种生态链战略，使得小米集团能够在多个领域占据市场主导地位，形成了强大的竞争优势。

（2）独特且高效的管理体系。小米集团独特且高效的管理体系包括扁平化的组织结构、人才管理战略、激励机制、创新管理、企业文化建设、业绩评价体系。该体系从自身的特点出发探索多元化控股企业管理模式，能均衡、全面、高品质地提升集团业绩。

2. 平衡计分卡的应用实例

平衡计分卡作为一种绩效管理工具，通过将企业战略转化为具体的绩效指标，帮助企业在财务、客户、内部业务过程、学习与成长四个维度上实现平衡和持续改进。小米集团作为国内领先的互联网企业，其成功的部分原因在于对平衡计分卡的有效应用。以下将从这四个维度分析小米集团如何应用平衡计分卡进行绩效管理。

（1）财务层面。小米集团通过平衡计分卡设立了明确的财务指标，以衡量公司的盈利能力和财务健康状况。主要财务指标包括：销售收入与利润率、现金流管理、投资回报率。小米集团通过不断创新产品和优化销售渠道，提升销售收入，同时，通过精细的成本控制和高效的供应链管理，提高销售利润率，2023 年，小米集团全年实现销售收入 2 710 亿元，集团毛利率达到 21.2%，近年来，小米集团的销售额和利润持续增长，显示了其财务指标的稳健性。不仅如此，小米集团注重现金流的健康，通过加强应收账款管理和库存控制，确保现金流的充足和稳定，2023 年，小米集团的现金储备达到 1 363 亿元，平衡计分卡帮助小米集团监控现金流状况，及时发现并解决潜在的财务问题。

（2）客户层面。小米集团以客户为中心，通过平衡计分卡提升客户满意度和忠诚度。主要客户指标包括：产品质量保证、售后服务和市场份额。

①产品质量保证。小米集团在产品研发阶段就注重质量控制，通过引入先进的生产设备和技术，提高产品的生产效率和品质稳定性。2023 年，小米集团全年的研发支出达到了 191 亿元人民币，同比增长了 19.2%，这一数字表明小米集团在研发方面的投入持续增长，为公司的技术创新和长期发展提供了有力支持。同时，小米集团还建立了全面的质量控制体系，确保从原材料采购到产品生产的每一个环节都符合高标准的质量要求。在生产过程中，小米集团实施严格的质量控制标准，对每一道工序都进行严格的检验和测试，确保产品达到既定的质量标准。

②售后服务。小米集团承诺提供 7 日内无理由退货、质量问题 15 日内包换、一年质保等售后服务政策。小米集团在全国范围内设有大量的授权服务网点，提供保内"1 小时快修"服务，确保用户能够及时获得专业的维修服务。部分城市还开通了手机

上门维修服务，进一步提升了用户的服务体验。

③市场份额。小米集团凭借高性价比的产品和强大的品牌影响力，在多个市场领域占据领先地位，根据 Canalys 的数据，2023 年小米集团在全球智能手机市场的出货量达到了 1.46 亿台，稳居全球第三的位置，市场份额为 12.8%，这一数据表明，在全球智能手机市场面临挑战的背景下，小米集团依然保持了稳定的增长态势。在中国市场，小米集团在高端智能手机市场取得了显著进展。特别是在 4 000 元至 6 000 元价位段，小米集团智能手机的市占率达到了 16.9%，同比提升了 9.2 个百分点，这表明小米集团在推动产品高端化方面取得了积极成果，进一步提升了其在中国市场的竞争力。

（3）内部流程层面。小米集团通过平衡计分卡优化内部业务流程，提高运营效率。主要内部流程指标包括：供应链效率、产品创新和运营效率。在供应链效率方面，小米集团拥有高效的供应链管理体系，通过与供应商建立紧密的合作关系，降低采购成本，提高供应链效率。在产品创新方面，小米集团注重产品创新，通过设立研发中心和与合作伙伴的合作，不断推出符合市场需求的新产品。在运营效率方面，小米集团通过数字化和智能化手段，提升内部运营效率。

（4）学习与成长层面。小米集团注重员工的学习和成长，通过平衡计分卡提升员工能力和组织竞争力。主要学习与成长指标包括：员工培训与发展、员工满意度与留存率、企业文化与价值观。在员工培训与发展，小米集团注重员工的培训和发展，通过设立培训计划和职业发展规划，帮助员工提升技能和能力。在员工满意度与留存率，小米集团通过提供良好的工作环境和福利待遇，提高员工满意度和留存率。在企业文化与价值观，小米集团倡导"为发烧而生"的企业文化，通过平衡计分卡评估企业文化和价值观的落实情况，确保企业文化与战略目标相一致。

3. 总结

目前，我国企业管理基础薄弱，使平衡计分卡难以推行。企业业绩评价系统的运行需要指标能够设定和量化，需要内部沟通与协作，需要投入大量的人力、物力和财力，同时也需要企业从传统的绩效管理方式向更加全面和系统的管理方式转变。如果不能明确战略目标与指标、内部沟通与协作不畅、不投入大理的资源和培育优秀的企业文化，恐怕企业业绩评价系统也难以有效运转。而小米集团能够取得一定的成功，主要得益于小米集团从多维度评价其绩效，确保集团在不同业务领域和层面上都保持高度的战略一致性，同时，将战略目标转化为具体的、可操作的绩效指标，使各部门和员工都能清晰地了解公司的战略方向，并为之努力；此外，小米集团还要求各部门在制定和完成内部流程业绩指标时，必须充分考虑其他部门的期望和要求，加强部门间的沟通和协作，提高员工的参与度。小米集团的成功为我国企业运用平衡计分卡提供了宝贵的经验。

第八章

国际财务管理

第一节　国际财务管理概述

国际财务管理是国际企业进行的理财活动，是在经济全球化进程中出现的财务管理新领域。本节主要介绍国际财务管理的概念、内容、原则、目标及环境。

一、国际财务管理的概念

国际财务管理是指国际企业筹措资金、使用资金的活动，并处理活动中产生的财务关系的一项经济管理工作。国际企业是指在两个或两个以上国家或地区进行投资、生产和销售活动的企业，国际企业以跨国公司为主要代表。因此，有学者也将跨国公司财务管理视作国际财务管理。

二、国际财务管理的内容

国际财务管理的内容建立在国际财务活动的基础之上，主要包括筹资管理、投资管理、营运资金管理。国际企业在生产经营中必然要涉及外汇交易，因此国际财务管理的内容还包括外汇风险管理。

（一）国际筹资管理

筹集资金是国际企业发展的需要，国际企业为发展必须借助国际金融市场来筹措资金。国际筹资管理主要介绍国际企业的筹资渠道和方式，以及如何以最小的代价来筹集资金。国际企业的筹资渠道按方向分为内部渠道和外部渠道。内部渠道筹措的资金为公司内部资金；外部渠道筹措的资金包括母公司所在国资金、子公司所在国资金及国际金融机构的资金。筹资方式主要有发行国际证券、国际租赁、国际银行信贷等。

（二）国际投资管理

国际投资是指企业将资金投入国际市场以赚取收益的行为，是一种对外投资。因为企业的投资地在国外，投资地的政治、经济、资源及文化背景都与本国有很大的差别。因此，国际投资的效果受环境影响很大。所以，国际投资管理除了对投资项目进行成本和效益分析，以确定是否可行外，还要着重分析投资环境对项目的影响，从而降低投资风险，提高投资效益。

（三）国际营运资金管理

营运资金是指流动资产占用的资金，主要以现金、应收账款和存货为代表。合理安排国际企业的营运资金能够增强企业的流动性，降低财务风险，同时降低机会成本。营运资金管理就是解决如何合理确定现金、应收账款和存货的占有规模并进行合理调度。

（四）外汇风险管理

企业进行跨国经营必然会涉及外汇，而汇率受多种因素的影响变动较大，因而会产生外汇风险。外汇风险可以使企业获得预期之外的收益，也可造成意外损失。外汇风险管理力图通过对外汇风险性质的研究，达到规避和减少外汇风险的目的。

三、国际财务管理的原则

（一）系统原则

国际财务管理的系统原则要求国际企业综合考虑公司内部和外部，统一调度和协调公司财务资源，确保财务管理过程即资金筹措、投资、消耗、回收、分配的顺利进行。

（二）平衡原则

国际财务管理的平衡原则，是指国际企业要在现金占用的成本和风险之间进行平衡，确保资金收支在数量上和时间上达到动态的协调和平衡。当预计的现金余额低于最佳现金余额，企业应积极筹措资金，以弥补现金的不足，避免出现支付风险；当预计的现金余额高于理想的现金余额，企业应增加现金支出，包括投资或还款，以降低现金占用的成本。

（三）弹性原则

国际财务管理的弹性原则是指国际企业应合理确定财务弹性，不能过大，也不宜过小。财务弹性过大会造成浪费，过小会带来风险。合理确定弹性必须综合考虑企业财务管理的能力、不利事件发生的可能性以及企业是否愿意承担风险等因素，努力实现收支平衡，略有节余。

（四）比例原则

国际财务管理的比例原则是指财务管理必须通过各种因素之间的比例关系来分析问题、发现问题，并协助解决问题。

（五）优化原则

国际财务管理的优化原则是指财务管理的决策是一个多方案比较、选择、执行、改进并优化的过程。因此，管理是动态化的，管理层应在管理过程中不断结合公司内外部环境选择并改进适合自己的管理方案，以实现管理效果的最优化。

四、国际财务管理的目标

目标是指系统所希望达到的结果。国际财务管理的目标就是国际企业进行理财活动所要达到的目标，它必须与企业管理的目标相一致。企业管理的最终目标是获利，为了实现这个目标，财务管理目标也有自己的要求，并呈现出多元化特征。

（一）主导目标

主导目标是财务管理最终实现的结果。国际财务管理的主导目标可表述为"企业价值最大化"。企业价值是指该企业未来收益的现值之和，它与未来的收益成正比，与风险成反比。因此，企业要实现价值最大化的目标，必须加强经营管理、控制成本，注重对企业的战略投资以确保提高收益。同时，企业还应合理控制企业的风险。

（二）辅助目标

辅助目标是指为了达到主导目标，企业必须同时完成的目标。常见的辅助目标有以下几个。

1. 合并收益最大化

跨国公司作为国际企业的代表，在不同国家开设分公司或子公司，可充分利用东道国政府提供的优惠政策，适时进行投、融资活动和各类生产经营活动。因此，国际企业应站在全局的角度，合理处理子公司和母公司之间的财务关系，充分利用内部转移价格实现资金的有效调配，以低成本追求高收益，最终实现整个企业收益的最大化。

2. 保持适当的资产流动性

与国内企业相比，国际企业更需要保持资产的流动性。国际企业不仅要保持企业整体的资产流动性，而且要保持各子公司的资产流动性，以消除有关债权人和供应商的风险，保障其正当权益，避免所在国政府可能进行的某些干预。

3. 与子公司所在国的具体特点相适应的目标

国际企业的子公司设置在不同的国家，由于所在国在政治、经济、法律、文化等方面所具有的特殊性，这些子公司的财务管理目标有时很难与母公司保持一致。如果只强调子公司的财务管理目标与国际企业的主导目标相协调，很可能导致子公司与所在国发生矛盾或冲突，最终影响国际企业主导目标的实现。

五、国际财务管理的环境

环境是指影响国际企业为达成其目的所采取的行为的所有因素的总和。财务管理是企业管理的一项重要内容，必然与企业生存和发展的外部环境密切相关。国际财务管理就其范围来讲，其环境已扩展到世界领域。这个国际性空间及空间内存在的各种因素的总和，便构成了国际财务管理的环境，这种环境的微小变化都会对国际企业的财务管理产生不可低估的影响。国际财务管理环境包括以下几项。

（一）政治环境

政治环境是指企业在组织财务活动时所受到的政治因素影响的集合。国际企业在他国进行经营和管理，就必须研究东道国的政治环境。此外，虽然许多国际企业采取战略全球化与经营本地化相结合的方针，尽量减少自身在文化、意识形态、利益等方面的母国色彩，但是国际企业在国外仍然被视为母国的代表，而且国际企业在海外的发展也离不开母国政府的支持。因此，国际企业的财务管理不仅要考虑东道国的政治环境，而且还要考虑母国政府的政策。政治环境分析主要从以下几方面入手。

1. 东道国政局的稳定性

东道国若政局不稳定，很可能会出现暴乱、罢工、恐怖活动等威胁企业财产和职工人身安全的事件，给企业的经营带来风险。另外，东道国的政局不稳定会导致社会动荡、人心恐慌、失业率增加和消费能力降低，东道国的人民甚至会仇视国外企业，这些都会给国际企业带来经营风险。因此，分析东道国政局是否稳定对国际企业投资是十分必要的。

2. 东道国对国外企业的政策

企业的活动离不开东道国政府的支持。不同的国家对国外企业的态度是不一样的：有些国家的政府认为国外企业与本国企业的自由竞争会对国内企业产生促进作用，保障市场公平，因此采取的是与本国企业一样的政策；有的则认为国外企业在本国的经营会损害本国企业的利益，或者危害本国的文化和价值观念，因此采用严格限制的政策。国际企业应研究所在国政府对国外企业的政策和态度，以便进行正确的投资和管理决策。

3. 母国政府的政策

一般来说，国际企业的总部和最大的子公司、所有者以及资产的集中地都在母国，其在海外经营的成果和受到的待遇对母国政府而言具有重要的政治意义和经济意义。母国政府为了本国的利益，通常会采取一些扶植和保护本国国际企业、提高本国国际企业在国际上的竞争力的政策措施。国际企业应充分了解和利用这些政策以提高收益。

（二）经济环境

经济环境是指影响企业财务活动的经济因素的集合。它通常包括以下几项。

1. 金融市场

金融市场是企业融通资金的场所。金融市场是否完善、金融工具是否发达对企业进行资金的筹集和投放是有重要影响的。目前，以银行信用供给为中心的国际金融市场有国别市场、欧洲货币市场、离岸市场和避税港；以证券交易为中心的市场有欧洲债券市场、欧洲股票市场。

2. 经济制度

经济制度可分为公有制和私有制。以公有制为主的国家，政府对企业的直接干预较多，企业取得资源的数量和渠道、企业资金的使用和回收速度、企业分配利益的方式都会不同程度地受到政府的影响。以私有制为主的国家，政府对企业的干预较少，企业有更多的灵活性和自主性。因此，国际企业应根据所在国的经济制度来制定合适的经营管理策略。

3. 通货膨胀和通货紧缩

国际企业所在东道国若发生通货膨胀，会导致该国物价上涨、产品和劳务成本上升，从而引起国际企业现金流量的波动。价格波动、货币贬值会使国际企业难以设计处于不同国家子公司之间的转移定价，影响对子公司业绩的评价。通货膨胀还会带动汇率和利率的变动，从而影响国际企业的筹资策略。

通货紧缩会使国际企业在东道国的子公司现金流量减少，资产贬值，利润减少，企业赢利减少。通货紧缩则往往导致一国经济严重衰退，比通货膨胀给国际企业带来的风险更大。

（三）法律环境

法律环境是指约束企业行为，保障其合法经营的法律因素的集合。每个国家都有相关的法律、法规来约束国外企业。这些法律、法规通常会涉及经营、融资、价格、税收、外汇、劳资关系等。

（四）文化环境

文化环境是指影响企业财务活动的文化因素的集合。不同的国家因为宗教信仰、人文地域、文化教育及历史发展不同，必然存在文化差异。而文化差异对消费者、生产者、管理者都会有影响。因此，国际企业应充分分析所处的文化环境，制定有利于自己的生产、经营及销售策略。

第二节　国际筹资管理

国际企业出于自身发展或改善资本结构的需要，不可避免地要筹集资金。国际企业有哪些筹资渠道和方式，以及不同方式各有什么特点，企业如何以较低的成本筹集资金，便成了筹资管理的重心。本节将围绕以上问题进行阐述。

一、国际筹资的概念

国际筹资是指国际企业通过与本国以外的非居民建立一系列的信用关系来实现货币资本或其他形态资本融通的行为。它有以下几个作用。

（1）弥补资金的不足，加快经济发展。国际资本的流入为一些急需资金的企业开拓了筹资渠道，缓解了资金供求矛盾，也为一些成长中的企业提供了大量资金。

（2）有利于推动国际贸易的发展。国际资金流动最先是依附于国际商品和劳务而流动的。但在一定条件下，国际筹资会进一步促进国际商品与劳务的流动，对国际贸易的发展起着极大的推动作用。

（3）有利于解决闲置资金的出路。国际筹资可以为有闲置资金的国家提供利用的机会，发挥其应有的作用。

（4）有利于促进世界经济的发展。企业的发展离不开资金的支持，国际筹资为跨国公司提供了超越国境的更多的筹资渠道，为企业的国际化经营及全球化合作提供了资金支持，促进了世界各国经济的发展。

二、国际筹资的渠道

国际筹资的渠道是指资金的来源及途径，主要包括以下几种。

（1）公司集团内部资金。它主要有留存收益、公积金等，可用在企业投资方面，是一种内部资金。

（2）国际金融机构资金。它是由国际金融机构提供的资金，常见的国际金融机构主要有国际货币基金组织、国际开发协会、世界银行、亚洲开发银行、国际金融公司、非洲开发银行、泛美开发银行等。

（3）非银行金融机构资金。非银行金融机构主要有投资银行、保险公司等。

（4）其他企业的资金。其他国际企业或母公司、子公司所在国的其他企业的闲置资金也可作为一种筹资渠道。

（5）母公司、子公司所在国政府的财政资金。

（6）国际金融市场上的资金。国际金融市场是指因国际性的资金借贷、结算，以及证券、黄金和外汇的买卖活动而形成的市场。目前著名的国际金融市场有纽约、巴黎、新加坡、东京、法兰克福、伦敦、苏黎世、马尼拉、拿骚等地的金融市场。

三、国际筹资的方式

筹资的方式是指企业为筹集到资金而采用的具体的形式。国际筹资方式按所筹集到的资本的属性可分为以下两类。

（一）权益筹资

权益筹资是指企业采用某种筹资方式获取权益资金的过程，这种资金成了企业的永久性资本。权益筹资的特点是资本成本高而财务风险低。权益筹资主要有以下形式。

1. 吸收外商直接投资

吸收外商直接投资是指企业吸收外商以获取本企业经营管理权为目的的投资，从而获得融通资金的便利。企业通过吸收外商的直接投资可直接获得外商的先进经验，所筹资本无须偿还，可直接形成生产力。其具体形式有以下几种。

（1）国际合资筹资。国际合资筹资是指国外投资者与本国筹资者共同投资创办企业，共同经营、共负盈亏、共担风险，按照股权分享收益的筹资方式。一般由国外投资者提供先进技术、设备、管理经验和外汇，由本国筹资者提供土地使用权、厂房、部分设备和全部劳动力。

（2）国际合作筹资。国际合作筹资是指国外投资者和本国筹资者组建合作经营企业，通过协商，签订合同，规定各方的责任、权利和义务，据以开展经营活动并融通资金的筹资方式。

（3）国际并购。国际并购是指外国企业通过并购现有国内企业的部分甚至全部股份，对后者的经营管理实施实际的或完全的控制。

2. 发行国际股票

国际股票即境外发行的股票。发行国际股票上市是指企业通过直接或间接途径向国际投资者发行股票并在国内外交易所上市。上市方式有直接上市、买壳上市、造壳上市、存托凭证上市。

（1）国际股票筹资的特征。

①资金的非偿还性。由于股票具有不可偿还的特征，因此采用发行国际股票方式所筹集的资金，企业没有还本付息的压力，可以永久地自由使用。此外，股票筹资能增加股权资本，降低负债比例，从而减轻企业财务负担，增强企业借债能力以优化企业资本结构，还能降低由于本币贬值带来的外汇风险。

②提高企业在国际市场上的知名度。企业通过发行国际股票，不仅筹集了资金，而且可以成为国内外知名的企业，有利于企业向国际化方向发展。

③融资金额大。通过国际股票筹资，募股资金少的有几千万美元，多的则达到数亿美元甚至十亿美元以上，可以实现足额筹集资金的目的，满足企业对资金的大量需求。

（2）国际股票发行的方式。

①私募配股。

私募配股是指发行公司向某些特定投资者配售股票来筹措资金的方式。它的优点是发行手续比较简单且发行条件可随时修订。

②公募售股。

公募售股是指发行公司向社会公众公开发行股票来筹措资金的方式。股份公司必须按当地有关法律的规定，向证券管理机构注册登记，办理股票发行的审核手续，并必须在招股说明书上如实披露公司的相关资料。公募售股的优点是筹资潜力大，公募发行的股票可立即上市转让。

（3）国际股票发行价格的确定。

确定股票发行价格的方法有许多，现主要介绍以下三种方法。

①市盈率法。

市盈率指股票市场价格与盈利的比率。用市盈率法确定股票发行价格，是指利用市盈率计算公式，事先根据经审核后的盈利推测出发行人的每股收益率；然后根据发行人行业情况、发行人的经营状况及其成长性、二级市场的平均市盈率等，确定发行市盈率；最后依据发行市盈率与每股收益率的乘积决定发行价格。

确定发行价格的公式如下：

$$股票发行价格＝发行当年加权平均股（发行当年预期利润）数×市盈率 \qquad (8.1)$$

②净资产倍率法。

净资产倍率法又称资产净值法，指发行企业采用资产评估和相关会计手段确定拟募股资产的每股净资产值，随后根据证券市场的现状，将每股净资产值乘以一定的倍率，来确定股票发行价格的方法。其计算公式如下：

$$发行价格＝每股净资产×溢价倍数 \qquad (8.2)$$

净资产倍率法在国际上常用但国内未采用。国外的房地产公司以及对资产现值重于商业利益的公司发行股票时采用这种定价方式。这种定价方式，必须考虑公平市值和市场所能接受的溢价倍数。

③现金流量折现法。

这种方法的定价依据为"资产的价值等于资产未来产生的现金流量的现值和"。首先，预测公司未来各年的现金流量，计算各年的现金净流量；其次，根据未来现金流量的风险选择适当的折现率对预测出的现金流量折现。考虑到未来的收益存在不确定性，发行价格通常要对上述净现值折让20%~30%。

（二）债务筹资

债务筹资是指企业采用某种筹资方式获取债务资本的过程。债务筹资的特点为资本成本低而财务风险高，常见的形式有以下几种。

1. 发行国际债券

国际债券是指在国际市场上由一国政府的金融机构、企事业单位和国际金融机构以外国货币为面值发行的债券，包括欧洲债券和外国债券两种。

（1）欧洲债券。

欧洲债券是指国际债券发行人通过银行或其他金融机构以可以自由兑换的第三国

货币标值并还本付息的债券。这种债券票面货币并非发行国家当地货币。其特点为：①货币种类多。任何一种可自由兑换的外汇资本几乎都可以通过发行欧洲债券筹借到，除了美元、英镑、日元、瑞士法郎、加元等，还可以是特别提款权及一揽子货币。这为许多资金需求者提供了新的融资渠道，也为各类投资人提供了发挥各自优势的新市场。②发行数量大且成本低。欧洲债券一般在境外多个国家同时上市发行，发行规模大、数量多，平均发行规模为 2.5 亿美元。庞大的发行数量有效地降低了发行成本。相较于股票发行，欧洲债券的发行成本较低。③限制性少。发行人只要有良好的资信，就可以委托国际市场上的经纪人承购、包销或分销欧洲债券。发行欧洲债券不受债券货币国法律、法规的限制，无须在任何特定的国内资本市场上注册和销售，也不受发行所在国有关法律、法规的限制。欧洲债券一般在伦敦股票交易所和卢森堡股票交易所上市，债券发行时要符合交易所的有关规定；另外，发行工作本身要受英国法律和国际债券交易商协会（AIBD）最低上市标准的限制。除此之外，欧洲债券几乎不受任何管制，完全依靠参加者的自律。④发行风险小。欧洲债券发行时通常附带有可赎回条款，使发行者能降低利率风险。⑤豁免预扣税。

（2）外国债券。

外国债券是指国际债券发行人通过外国的证券承销机构发行的，以当地货币为面值的债券。与欧洲债券不同的是，外国债券发行的货币与发行地同属一个国家，但发行人属于另一个国家，如中国政府在日本东京发行的日元债券、日本公司在纽约发行的美元债券。国际上著名的外国债券有美国的扬基债券、日本的武士债券、瑞士的瑞士法郎债券、伦敦市场上的猛犬债券、荷兰的伦布兰特债券。这里主要介绍美国的扬基债券、日本的武士债券和伦敦市场上的猛犬债券。

①扬基债券。

扬基债券的特点：发行规模较大，通常在 7 500 万美元至 1.5 亿美元；发行者以外国政府、国际组织为主；投资者以机构投资者为主，主要是美国的商业银行、人寿保险公司、储蓄银行；期限较长，通常在 5~7 年，最长的有 20 年以上。

②武士债券。

日本的外国债券称为武士债券。武士债券的发行人既有外国政府及其所属机构，也有外国公司、企业、社会团体等民间组织。因为日本公募债券缺乏流动性和灵活性，不方便做美元互换业务，所以其发行者往往是使用期限十年以上的长期筹资者和面向东京金融市场筹措资金的企业，以及由于在欧洲市场上信用不佳很难在欧洲市场获取资金的发展中国家的企业或机构。发展中国家发行日元债券的数量占总量的60%以下。

③猛犬债券。

猛犬债券是外国筹资者在伦敦发行的以英镑为面值的债券，发行期限可达 35 年，金额在 1 500 万~7 500 万英镑。猛犬债券的发行方主要是外国政府及机构、大型跨国公司，所发行的债券由伦敦市场的银行组织承销团包销。

2. 国际贷款筹资

国际贷款按贷款来源不同，可以分为外国政府贷款、国际金融组织贷款、国际商业贷款、外国政府混合贷款、外国企业提供的贷款等。

（1）外国政府贷款，是指债权国政府利用财政资金向债务国政府提供的优惠性贷款。其特点为期限长、数额少。

（2）国际金融组织贷款，是指由世界银行、国际货币基金组织等金融机构提供的贷款。其特点为期限长、数额多，但限制条件多且风险高。

（3）国际商业贷款主要有两种形式：

①国际商业银行贷款。它是指借款方在国际金融市场上向外国银行借入的贷款。其特点为：贷款者可以自由支配资金；贷款金额大，手续较简便；成本较高。

②出口信贷。它是指出口国的银行及金融机构向本国出口商或外国进口商提供的贷款。出口信贷根据借贷关系分为卖方信贷和买方信贷。卖方信贷是出口方银行向出口商提供贷款，用于解决进口商延期付款购买大型设备所占用的资金困难的问题。而买方信贷是出口国银行直接向进口商或进口商银行提供贷款，支持他们购买本国的技术和设备。出口信贷利率较低。

（4）外国政府混合贷款，是由外国政府和该国银行共同提供的结构性贷款，包括外国政府贷款和出口信贷或商业银行贷款两部分。各种贷款的比例根据两国关系及实施的项目确定。多数国家提供的政府混合贷款比例为50%的低息或无息政府贷款、50%的出口信贷。

（5）外国企业提供的贷款。

3. 国际租赁筹资

（1）租赁筹资的概念。

租赁筹资是指货物的所有权人（出租方），在一定期限内将货物租给使用者（承租方）使用，并按市场价收取租赁费的一种融物与融资相结合的融资活动。

（2）国际租赁筹资的分类。

①按租赁资产所有权的归属分为经营性租赁和融资性租赁。

经营租赁是指承租方在租赁期满后将资产返还给出租方，所有权不发生变更，适用于短期适用设备的企业。而融资租赁是指出租方在租赁期满后将资产余额买下，所有权发生转移，适用于对设备有长期使用需求的企业。

②按是否享受税收优惠分为节税租赁和销售式租赁。

所谓节税租赁，是指由于出租人拥有设备的所有权，可以享受投资减税、利息费用扣减等优惠措施，出租人就将这个优惠以降低租金的方式转给承租人享受，使得承租人的租金低于向银行借款购买设备或资产的金额。而销售式租赁，是指出租人通过销售资产或者获取利息两个途径获取收益的租赁形式。租赁合同中租金有承租人支付的购买资产所有权的金额，在有些国家的税法中通常被当作付款交易对待，不能享受税收优惠，因此，租金占用的实际利率高于向银行贷款购买设备的利率。

③按出租人出资比例的差异分为单一投资租赁和杠杆租赁。

单一投资租赁是指出租人全资购买设备或资产并提供租赁的业务。杠杆租赁则指出租人出设备购置款的20%~40%，并以此设备为抵押向金融机构贷款剩余60%~80%的金额来购买设备，再提供租赁业务。

④按租赁的方式分为直接租赁、转租赁和售后租回。

直接租赁是由出租人筹措资金，向设备生产商支付货款，购进设备后直接租赁给承租人的租赁业务。转租赁是指出租人按照承租人的要求，自己先以承租人的身份租赁设备，然后再转租给最终承租人使用的租赁业务。售后租回是指设备所有者将设备卖给租赁公司，又从租赁公司那个地方租回来，既解决了设备使用的问题，又获得了一笔资金。

⑤按租赁业务涉及的地域分为国内租赁和国际租赁。

国内租赁是指出租人和承租人同属一个国家，并且租赁业务在国内进行。国际租赁是指租赁双方分属不同的国家，出租人和承租人至少要受两国法律制约的租赁。如果是租赁公司的海外法人企业在当地经营的借贷业务，则又称为间接对外租赁。

（3）国际租赁筹资的利弊。

国际租赁筹资的好处：①在外汇资金短缺的情况下，可从国外引进设备；②从国外租入设备，实际筹措的外资等于租赁设备的价款减去租赁保证金后的数额；③国际租赁合同规定的租金是固定的；④租赁手续简便，可加快设备引进速度。

国际租赁筹资的弊端是承租人只有使用权且成本高。

4. 国际补偿贸易筹资

国际补偿贸易是指由出口商提供机器设备和技术，并且允许进口商用所进口的设备和技术生产的产品，或双方商定的其他产品分期清偿贸易标的物价款的贸易方式。这种方式也可以说是一方向另一方出口商品，同时承担分期向对方购买一定数量商品的义务。从进口方来说，国际补偿贸易是筹集外资的一种方式。

（1）国际补偿贸易筹资的优点：利用补偿贸易可引进设备、技术但无须支付外汇，有利于解决扩大进口和缺少外汇的矛盾；可提高企业的技术水平和劳动生产率，提高经济效益，增加财政收入。

（2）国际补偿贸易筹资的缺点：买方付出的代价较高，并且进口的设备、技术可能不是最先进的；设备、技术出口方对补偿产品的规格、质量和交货期限等要求苛刻，通常以销售市场情况不好为借口，对补偿产品进行压价。

四、国际资本成本

企业筹集资金要付出代价，国际企业也不例外。国际企业资本成本的构成和计算与国内企业的资本成本基本相同，只不过因其范围涉及全世界，所以资本成本有特殊性。这表现在各国资本成本差异和汇率风险两个方面。

（一）各国资本成本差异

资本成本是筹资者付出的代价，也是投资者获得的报酬。从报酬的角度来说，资本成本率包括无风险报酬率和风险报酬率两部分。无风险报酬率取决于资金的供给，不同国家的资金供给情况不同，因而无风险报酬率也会不同。风险报酬率的高低取决于投资者所承担风险的高低，不同的国家因经济发展水平不一致，投资机会不同，从而导致风险报酬率不同。因此，各国的资本成本也不同。

（二）汇率风险

汇率风险是指在国际借贷中，因汇率发生变化，而对债务筹资者造成的影响。例如，某个国内企业五年前向英国某银行借入 10 000 美元，假设当时的汇率是 1 美元 = 8.25 元。该笔贷款今年到期，到期日的汇率是 1 美元 = 8.3 元。将利息因素排除在外，该企业在五年前得到的资金相当 82 500 元，而在五年后须偿还 83 000 元，这就是汇率的变化给债务人带来的损失；反过来，汇率变化也可能会给债权人带来收益。因此，债权人为了弥补汇率风险，必然要收取一定的风险报酬，而国内资本成本则不需要考虑汇率风险。

五、国际企业降低资本成本的途径

国际企业筹集资金的原理也是使资本成本最低。除采用与国内企业相同的最佳资本结构决策方法之外，国际企业还可以选择适合的筹资方式、筹资地点和筹资币种，尽量避免和减少纳税，从而降低筹资成本。

（一）筹资方式的选择

国际企业的各种资金来源中，有的可以得到各类补贴，有的需要缴纳各种税收，有的则可能受到种种限制。国际企业可以通过选择适合的筹资方式以尽量减轻税负，避免受到各种限制。

1. 适度举债

在实践中，大多数国家对于国际企业在国外采用债务筹措资金所支付的本金及利息有一定的税收减免，但对于所采用的股权筹措资金的股息支付则没有税收减免。为此，国际企业选择债务筹措方式可以抵税。所以，国际企业在筹资中适度负债是一种节约成本的方式。

2. 争取优惠补贴贷款及当地信贷配额

目前，许多国家与地区的政府为了吸引外资、鼓励国际贸易，通常会向本国和外国的企业提供补贴贷款或税收优惠。国际企业应尽量充分地利用这些优惠措施，以降低筹资成本。

（二）筹资货币的选择

国际企业进行筹资决策时，对于筹资货币的选择，应充分考虑筹资成本、筹资金额、外汇风险来进行综合评价。国际企业在进行外币筹资时有三种选择：一是选择强币筹资；二是选择弱币筹资；三是多种货币组合筹资。国际企业在选择货币时应注意：筹资货币与用款及还款货币尽量一致；所筹集的可兑换货币的流通性应强；筹资时尽量使用软货币来抵御货币汇率下降时造成的债务成本和负债额的增加；筹资货币应多样化，以分散外汇风险。

此外，在借债筹资时，国际企业应比较不同货币借款成本的高低来选择筹资货币。

假设 A 公司拟在 2024 年年初借入一笔一年期借款，总金额为 500 万美元。当时国际资本市场上可以选择的货币有美元和欧元两种，两种货币当时的汇率为 1 欧元 = 1.097 5 美元。公司有两种选择方式：第一，直接从银行借入 500 万美元，美元贷款 1 年期利率为 8%；第二，借入与 500 万美元等值的欧元 455.58 万欧元，欧元贷款利率为 6%，然后兑换成 500 万美元使用。假设借款在年末一次性还本付息。如果公司借入欧元，年末须用美元兑换欧元以偿还欧元本金及利息 455.58+455.58×6% = 482.91 万欧元。如果借入美元，公司偿还本金及利息 500+500×8% = 540 万美元。则公司如何选择筹资货币？

假设借款利率不变，期末汇率（1 年后的即期汇率）相对于期初汇率有以下三种变动情况：

（1）如果期末汇率不变，依然为 1 欧元＝1.097 5 美元，则公司应选择欧元借款，因为欧元借款的利率低于美元借款利率。采用欧元借款，1 年后还本付息数为 482.91 万欧元，折算为美元为 529.99 万，扣除借款 500 万，成本为 29.99 万美元。如采用美元借款，1 年后还本付息数为 540 万美元，扣除借款 500 万，成本为 40 万美元。

（2）如果期末欧元升值，汇率为 1 欧元＝1.12 美元，如借欧元，1 年后还本付息数仍为 482.91 万欧元，按期末汇率换算美元数为 540.85 万美元，扣除借款本金 500 万，借款成本为 40.85 万美元。而采用美元借款，依上题所算，成本为 40 万美元。为此，企业应选择美元借款。

（3）如果欧元贬值，期末汇率为 1 欧元＝1.07 美元，如借欧元，1 年后还本付息数为 482.91 万欧元，折合美元数为 516.71 万美元，扣除借款本金 500 万，借款成本为 16.71 万美元。如采用美元借款，美元借款成本 40 万，在这种情况下，公司应选择欧元作为其债务的筹资货币。

（三）筹资地点的选择

国际企业可以通过选择不同的筹资地点来达到减税或绕过各种限制，进而降低资本成本的目的。国际企业可以选择那些法律限制较松、给予企业资金调配自由权、税率较低的国家和地区为"避税港"。国际企业可以通过在"避税港"设立所属机构来降低资金成本。此类机构的股权资本通常全部来自母公司。国际企业内部的资金转移，包括股息与股权筹资都可通过它们进行。由于母国政府对国际企业来自海外的收入一般一直延期到"避税港"子公司向母公司支付股息时才征收所得税，所以国际企业可以通过"避税港"子公司向在海外不断成长的公司提供筹资，从而延缓向母国纳税。

第三节　国际投资管理

国际投资是指投资者通过跨国投资拓展市场，以获取更高收益的经济行为。国际投资是一种国际资本的流动。从投资者的角度看，对外投资可扩展生产规模，获得更高的利润；从东道国的角度看，吸收投资有助于利用外资来帮助本国发展经济。本节主要讲述国际投资的方式和评价。

一、国际投资的方式

（一）按投资主体的不同分类

1. 国际合资投资

国际合资投资是国际投资的一种主要方式，是指分属不同国家的投资者通过组建合资经营企业的形式进行的投资，是国外投资者与东道国投资者共同出资创办企业，实现资源共享，共同经营、共担风险、共负盈亏，按照股权分享收益的投资方式。国际合资投资一般由国外投资者提供先进技术、先进设备、管理经验和外汇资金；东道国投资者主要提供土地使用权、厂房、部分设备及全部劳动力。合资企业的组织形式有无限公司、有限公司、两合公司和股份有限公司四种形式。

国际合资投资的优点：可分散投资风险；可享受优惠政策；可学习国外企业的先

进管理经验，提高管理水平。国际合资投资的缺点：投资时间过长；由于许多国家政府规定国外企业在本国进行投资的持股比例必须在50%以下，所以投资方无法对合资企业进行完全控制。

2. 国际合作投资

国际合作投资是指一国投资者与另一国的投资者通过组建合作经营形式的企业所进行的投资。合作企业的投资各方通过签订协议的形式来明确各自的责、权、利。按照国际惯例，合作企业通常有两类：法人式企业和非法人式企业。国际合作投资的合作条件可以是现金、实物、土地使用权、工业产权或其他财产权利。合作企业的收益分配一般不按股分红，而是按合同的规定对利润进行分成或者对产品进行分成。合作期满后，合作企业的财产一般归东道国合作者所有，而外国合作者则完全退出企业。

国际合作投资的优点：投资时间较短，合作经营的内容与方式固定；便于双方协商，容易达成协议；投资的条件、管理形式、利益分配较灵活。国际合作投资的缺点：投资方式不如合资投资规范；合作者容易发生争议。

3. 国际独资投资

国际独资投资是指国际企业通过在国外设立独资企业的形式所进行的投资。外商独资企业是根据某国的法律，经过该国政府批准，在其境内兴办的全部为外国资本的企业。其形式一般有股份公司、有限责任公司、独资企业等。

国际独资投资的优点：投资者有绝对的控制权和经营权；进行独资投资有利于学习所在国的先进技术和管理水平，使投资者可以在更大的范围内配置资源和生产能力；投资者还可采用内部转移价格的形式，进行合理避税。国际独资投资的缺点：投资风险较大；企业设立的条件较严格。

（二）按投资与生产经营的关系分类

1. 国际直接投资

国际直接投资是指企业直接将资金、技术或设备投资给外国企业或与外国企业合作，并直接参与生产经营的投资方式。国际直接投资的组织形式包括：到国外开办企业、子公司；与外国企业共同投资开设合作经营企业或合办企业；购买国外企业的股票并拥有控股权。

2. 国际间接投资

国际间接投资也称为国际证券投资。它是指投资者在国际证券市场上购买外国政府、金融机构和公司发行的债券以及公司股票，以期获得收益的经济行为。但是，当投资者购买的公司股票达到控股比例，他就可以参与生产经营，这时的间接投资就转化成直接投资。

二、国际投资的特点

（1）国际投资资金来源的多渠道和多样化。国际企业的资金来源既包括自有股本、折旧基金、国外利润、应付款项、暂时闲置的库存现金等，也包括其遍布世界各地的子公司所吸收的东道国政府和当地私人企业的投资和信贷资金，以及从当地市场和国际资金市场筹集的资金等。

（2）投资目的的多元化。国际投资的目的呈多样化表现：有的是实行国际企业的多元化战略以获得更多的利润增长点；有的是实行国际化战略以获得更多市场份额；有的则考虑将国内的竞争优势拓展到国外等。

（3）国际投资已成为生产要素国际交流的重要形式。直接投资方式在第二次世界大战后的国际投资中日益占据重要的地位，其目的不仅是谋取利润，更重要的是实现生产要素的交流、市场的扩大、技术水平的提高、国际金融的渗透，以及适应生产国际化形势下国际竞争的需要。

（4）国际投资具有更大的复杂性和风险性。国际投资经营活动遍及多个国家，因而受到各国不同的政治、经济、金融体制和环境的制约。这给企业选择资金投放方向（投资决策）带来了更多的不确定性。汇率变动、利率变动、通货膨胀问题以及政治风险等因素，都是企业进行国际投资时必须考虑的。

（5）国际投资具有更多的灵活性和套利机会。跨国公司可以选择原材料及人工成本较本国低的地区进行直接投资，以获得低成本的好处。同时，投资所在地的多元化布局，也可以避免当地政府的政策波动和政府对外资的态度所导致的影响。

（6）投资活动中货币单位的差异性。各国本位币的差别决定了资本的国际相对价格的差别，这种差别影响着国际投资的规模和形式。

（7）国际资本流动出现脱离商品劳务流转的趋势。当代国际资本流动已日益成为谋取高额利润的手段，从而形成一种带有独立性的纯金融交易。

三、国际直接投资项目的评价方法

当企业进行国际直接投资时，需要进行项目的评价。其评价的方法与国内投资一样，即采用成本效益分析法。在项目评价中，我们将项目所产生的现金流入看作收益，而将现金流出看作成本，通过两者的对比来判断项目是否可行。我们通常运用净现值法和调整现值法进行评价。

（一）净现值法

净现值法是将项目现金流入的现值和现金流出的现值进行差比的方法。该指标为正数则项目可行，为负数项目不可行。其计算公式为

$$NPV = \sum_{t=0}^{n} \frac{CI_t - CO_t}{(1+k)^t} \tag{8.3}$$

式中：CI 表示现金流入；CO 表示现金流出；k 表示投资者要求的报酬率或资本成本率。

以上指标在评价国外投资项目时，其原理与国内投资项目的评价基本上是一致的，只不过国外投资项目还应考虑外汇风险和政治风险对项目价值的影响。此外，对国外投资项目的评价是从子公司角度还是母公司的角度一直存在争议，因为两者的现金流量不同。造成差异的因素主要有：

（1）税收因素。假定某国际企业正在考虑对国外子公司追加投资，子公司所在国政府的所得税税率较低，而母公司所在国对汇回的收益课以较高的税率，那么这个项目可能在子公司看来是可行的，而母公司则认为不可行。

（2）汇兑限制。如果子公司所在国对税后利润汇回总公司有限制，规定必须将一定百分比的利润留在东道国，那么母公司可能对这一项目没有兴趣，而子公司对此却很有兴趣。

（3）管理费用。母公司往往要向子公司收取许可证费、专利权使用费、修理费等，这些费用的高低对母公司与子公司有着不同的含义。这些费用对子公司而言是支出，对于母公司而言是收入。因此，项目评价的主体不同，得出的结论可能会不同。

（4）汇率变动。汇率也是造成子公司的净现金流量与母公司的净现金流量有很大差异的因素之一。因为国外项目的收益汇回母公司时，通常都要把子公司所在国的货币兑换成母公司所在国的货币，所以母公司的净现金流量要受汇率的影响。如果从子公司的角度来评价项目的现金流量，则不需要考虑汇率。

净现值法是从股东的角度来评价项目的，该模型假设企业的资本全部为权益资本。当企业的资本中包括债务资本时，就应对现值做调整，这就是调整现值法。

（二）调整现值法

米勒和莫迪格莱尼关于具有公司税的企业的价值理论认为，在具有公司税的条件下，负债企业的价值高于无负债企业的价值，其差额为利息费用所抵税的现值；同样的道理，负债项目的价值高于无负债项目的价值，其差额为利息费用所抵税的现值。这种计算投资项目价值的方法称为调整现值法。其计算公式为

$$\text{APV} = -C_0 + \sum_{t=1}^{n} \frac{(\text{CI}_t - \text{CO}_t)(1-T)}{(1+K_s)^t} + \sum_{t=1}^{n} \frac{TD_t}{(1+K_d)^t} + \sum_{t=1}^{n} \frac{TI_t}{(1+K_d)^t} + \frac{TCF}{(1+K_s)^t} \quad (8.4)$$

式中：C_0 表示发生在建设初期的初始投资额；T 表示所得税率；D 表示折旧；K_s 表示无负债项目的股本成本；K_d 表示项目的债务成本；I 表示利息费用；TCF 表示终结现金流量。

将调整现值法的计算公式与前述净现值法的计算公式相比较，我们可以发现，无论是现金流量还是折现率都存在着一些差异。

分析现金流量时，调整现值法除考虑建设时期的初始现金流量，经营时期现金流量及终结点现金流量外，还考虑了融资费用的影响。公式中的折现率不是采用加权平均资本成本，而是依据不同现金流量的性质分别采用权益成本或债务成本。有关使用不同折现率的解释如下。

（1）利息费用的纳税节约额是因筹资活动而产生的，利息费用的高低取决于利息率的大小，所以该种现金流量采用税前债务成本折现。

（2）经营现金流量和终结现金流量代表着投资项目的运营能力，是公司在具备一定资金的情况之下进行经营活动的结果，而所需资金的来源，即筹资活动（投资项目资金的举债与否和大小）并不影响经营活动的结果。所以，该种现金流量采用无债务融资下的股本成本折现。

（3）折旧费用的纳税节约额由于比较确定，风险较小（根据财务原理，风险越小，折现率越小），因此宜采用较低的折现率，在公式中使用了税前债务成本（该种现金流量的稳定前提是假定所得税法中对于折旧费用的计算和税率的规定基本稳定，这种假定是比较合理的，因为法律本身要保持一定的稳定性，不会朝令夕改）。

采用调整现值法与净现值法评价同一投资项目，得出的结论应该是一致的，在某些条件下，得到的计算结果是相同的。调整现值法对现金流量折现时，对现金流量按照是否涉及融资活动或风险的大小进行区分，根据风险及举债的情况使用不同的折现率计算其现值，再通过累加的方式计算投资项目给公司带来的增值总额。由于对外投

资项目的现金流量构成一般比国内投资项目复杂，估算有难度，如出现冻结资金返还等。面对这种情况，财务管理人员在使用调整现值法分析项目时可以暂时忽略这些因素的影响，当调整现值为负时才考虑这些因素的影响；当调整现值为正时，可直接决定投资，不必进行较难的现金流量估算。为此，采用调整现值法评价对外直接投资项目具有简便灵活的优点。

四、国际证券投资的收益和风险

（一）国际证券投资的收益

国际证券投资的收益是指企业购买国际证券所获得的收益，主要包括股票投资收益和债券投资收益。

1. 股票投资收益

投资者进行股票投资的收益主要有股利、资本利得和股票增值。常见的收益率计算公式如下：

$$持有期间的收益率=\frac{D+(S_n-S_0)\div n}{S_0} \tag{8.5}$$

式中：D 表示年均股利；S_n 表示股票卖出价格；S_0 表示股票买入价格；n 表示持股年数。

$$资产增值收益率=\frac{NA-SBV}{SBV} \tag{8.6}$$

式中：NA 表示公司净资产；SBV 表示公司股票面值总额。

2. 债券投资收益

投资者进行债券投资的收益主要有持有期间的利息、转让价差收益和利息的再投资收益。按复利计算债券投资收益的公式为

$$P_0=\sum_{t=1}^{n}\frac{I_t}{(1+R)^t}+\frac{F}{(1+R)^n} \tag{8.7}$$

式中：P_0 表示债券发行价；F 表示债券面值；R 表示债券收益率。

（二）国际证券投资的风险

证券投资风险是指投资收益的不确定性，包括以下几类：

（1）经营风险，是指发行方在经营过程中发生失误，导致企业经营亏损，从而影响投资者收益的可能性。

（2）市场风险，是指由于证券行情变化而带来的风险。

（3）违约风险，是指由于发行证券的公司财务状况不佳，不能按时支付债务本金和利息的可能性。一般而言，工商企业、金融机构等发行的债券有一定概率发生这类风险。

（4）利率风险，是指投资者购买固定利率债券，当市场利率上升高于债券利率时，给投资者带来的损失。

（5）购买力风险，指由于通货膨胀而使收益贬值的风险。

（6）流动性风险，是指由于变现证券而可能造成损失的风险。

国际证券投资风险的大小，用离散程度指标 β 系数表示。企业务必在风险和收益间进行权衡，做出适合的投资决策。国际证券投资的决策方法与国内证券投资相同，在此不再赘述。

第四节　国际营运资金管理

营运资金是指流动资产占用的资金，营运资金管理的重心为流动资产管理。流动资产是企业生产经营中必不可少的一种资产，拥有它可保持生产的正常进行，并且可以增强企业流动性，提高偿债能力，降低风险。然而，流动资产盈利性差，当它大量占用资金时，会增加机会成本。因此，流动资产的管理就是在风险和收益之间进行权衡，以期找到合适的占用量。本节以现金、应收账款和存货为例来介绍流动资产的管理。

一、现金管理

（一）目标

一般而言，企业持有现金的主要原因在于满足其交易性需要、预防性需要和投机性需要。现金管理的目标是在现金持有量所带来的成本和减少持有量所带来的风险之间进行权衡。企业持有现金过多，优点是能够提高企业支付能力，增加公司的流动性，但是缺点是会减少非现金类资产的规模，增加机会成本，从而减少公司的投资收益。现金持有量过少，优点是能够增加非现金资产的投资规模，从而提高公司的收益性，但是会降低公司的流动性，减少支付能力。所以，企业要在成本和收益之间权衡，找到一个适合企业的最佳现金持有规模。

国际企业的现金管理与国内企业一样，其目标在于：①迅速有效地控制企业的现金资源；②将企业的现金余额降低到足以维持其正常营运的最低水平。由于国际企业与国内企业在组织结构、经营活动等方面存在许多差异，面临着相对特殊的理财环境，因而其现金管理也有许多不同于国内企业之处。从现金流动的渠道看，国际企业的现金流动包括母公司或总公司与外界企业之间的现金流动、子公司或分公司与外界企业之间的现金流动、子公司或分公司之间的现金流动和母公司或总公司与子公司或分公司之间的现金流动等。现金流动渠道的多样化使得国际企业的现金管理涉及多个国家，面临的国际环境较复杂，表现为：汇率的波动；各国政府可能对现金流动的限制；各国税制存在差异；某些东道国缺乏保障资金流动的便利条件；等等。对国际企业来说，进行现金管理，应充分了解各国对现金流动的限制，以及税收对现金流动的影响，找准机会，充分利用有利的条件，规避不利的条件，以获得现金管理效益的最大化。

综上所述，国际企业现金管理的目标可概括为：

（1）以最少量的现金支持企业在全球范围内的生产经营活动。现金置存过少，将不能应付业务开支；现金置存过多，就会使这些资金无法参与正常的盈利过程而遭受损失。企业现金管理的重要职责之一，就是要在资产的流动性和营利性之间做出抉择。

（2）尽量避免通货膨胀和汇率变动所带来的损失。如果企业持有过多的现金，则这些现金可能因持续通货膨胀而贬值；如果企业置存的是软货币，则将承受汇率变动的风险。因此，币种的选择是国际企业现金管理的一项重要决策。

（3）从整体上提高现金调度、使用和储存的经济效益。由于各国银行存款的利率和短期投资的收益率不同，存放在不同地点或投资于不同证券的现金会产生不同的报酬。因此，国际企业应选择最有利的投放地点和投资形式，最大限度地提高现金收益率，以弥补持有现金的损失。

（二）现金管理策略

国际企业现金管理的策略可以概括为以下几个步骤：

（1）现金预算和计划，即跨国公司分析并预测国外各子公司或分公司的现金流入量和流出量，对现金流进行规划并编制各期间的现金预算表。

（2）判断企业最佳现金持有量，即制定维持正常经营所需的最低现金持有额。

（3）寻求确保现金流入和现金流出同步的方法。

（4）选择合适的货币市场投资工具进行短期投资组合管理，将暂时闲置的现金资源用于短期投资，以获得现金投资收益。

（三）现金管理方法

国际企业进行现金管理的方法有集中现金管理、双边或多边净额结算等。

1. 集中现金管理

目前国际企业的现金管理实践中，集中式的管理模式较为流行。所谓集中式现金管理模式就是在避税地国家及主要货币中心设立全球性或区域性的现金管理中心来决定现金持有形式和币种。该中心负责统一组织、协调各子公司或分公司的现金供给和需求。各分公司及子公司平时仅保留日常经营活动所需的最低现金余额，超过此最低需要的部分，必须转移至现金管理中心的账户，由现金管理中心统一调度和运用。

现金管理中心所在国必须具有以下特点：政治稳定；允许资金自由流入流出；货币坚挺，能迅速兑换成其他货币；有发达的、能提供风险较小的中长期投资机会的资本市场，有活跃的、能提供任何期限的临时投资的货币市场，有包括远期外汇市场在内的有效外汇市场；在税收方面比较宽松，只按收入来源课征所得税，对现金资产不课征资本税；鼓励国际企业的子公司在当地发展；有便捷、高效的通信网络。

集中现金管理有以下优点：

（1）通过集中现金管理，整个国际企业的现金持有量可达到最低，增强了资金利用效率。这是因为在集中现金管理体制下，每个子公司只需为日常的支付而持有现金，无须考虑预防性和投机性的现金需求。这两种现金需求由现金管理中心考虑并持有相应的现金余额。这样，现金管理中心所持有的现金余额低于非集中管理下各子公司独立控制此类现金余额时所需的总和，腾出来的现金就可以进行短期投资，获取利润。

（2）采用集中现金管理，现金管理中心能监控整个国际企业的活动，可以提前发现单个子公司无法发现的问题。

（3）采用集中现金管理，国际企业可以以"总体利益最佳"为指导原则而做出公司运营决策。

（4）采用集中现金管理，能大量增加现金管理中心的现金交易，从而给企业带来更大的收益。

（5）可降低筹资成本。

2. 双边或多边净额结算

国际企业母子公司之间、子公司之间购销商品和劳务的收付款业务很复杂。国际企业可以对内部的收付款采用双边或多边净额结算，从而达到减少资金转移成本和控制外汇风险的日的。这两种结算统称为净额支付系统。

双边净额结算是指交易双方采用某种固定的汇率把双方的交易额抵消结算。

【例8-1】某跨国公司的甲国子公司与乙国子公司之间的两笔业务的结算过程如表8-1、表8-2所示。

表8-1 甲国子公司与乙国子公司之间的收支情况   单位：万美元

现金收款子公司	现金支付子公司		
	甲国子公司	乙国子公司	收款合计
甲国子公司	——	800	800
乙国子公司	600	——	600
收款合计	600	800	1 400

表8-2 甲国子公司与乙国子公司之间的收付款净额   单位：万美元

子公司	收款	付款	收付款净额
甲国子公司	800	600	200
乙国子公司	600	800	-200

对于这两笔业务，乙国子公司支付给甲国子公司200万美元即可。如果不进行净额结算，将有1 400万美元流动，增加了转移成本。

多边净额结算的原理与双边净额结算一致，在此就不再举例。

一般来说，双边或多边净额结算的时间可选择30天、60天或90天，应根据内部交易的具体情况而定。如果交易双方关系较复杂，且各跨国公司分支机构或子公司的金额较大，相关财务管理人员必须了解有关国家对净额结算的政策要求，并利用某些数据模型优化设计净额支付系统。该方法减少了实际资金转移的次数和金额，降低了资金转移成本；此外，该方法也减少了外汇兑换的次数，降低了外汇兑换的交易成本。所以，在实践中净额支付系统被国际企业广泛采用。由于该方法一般是在确定的日期以固定汇率统一进行的，所以国际企业可以充分采用现金集中管理的优势参与外汇风险管理来规避风险，有利于国际企业经营业务进一步规范化、专业化。

二、应收账款管理

应收账款主要是指企业在销售中因采用赊销的方式而推迟收回的销售额。进行应收账款投资既可以给企业带来扩大销售规模、增加收入的好处，也会带来信用成本增加、风险增加的弊端。因此，应收账款的管理目标就是在风险和收益间进行权衡，以找到一个适度的占用规模。在这一点上，国际企业的应收账款管理与国内企业是一样的。所不同的是，国际企业的应收账款由外部和内部两部分组成：前者是指国际企业与外部客户所形成的赊销款；后者是指公司内部转移交易所形成的款项，其管理并不反映公司的赊销政策，而是为了追求公司整体财务资源的最优配置和组合。此外，由于各国商业习惯的不同、金融服务体系能力的差别以及政治风险的不同等因素，国际企业的应收账款管理面临更多的坏账损失风险和外汇交易风险。

（一）外部应收账款管理

1. 确定合理的信用政策

一般来说，信用政策包括信用标准、信用条件和收款政策三个部分。信用标准规定了企业提供赊销的最低条件，以预期的坏账损失率作为代表。信用条件是指客户达到赊销门槛，进行了赊购货物之后，卖方要求支付货款的时间以及买方获取现金折扣的条件。而收账政策是客户违反了信用期限，没有在期限内付款，公司采取的催款措施。总之，国际企业执行赊销政策的目的在于扩大销售、减少存货或在激烈的竞争中保持和开拓市场。值得注意的是，持有一定的应收账款必须有相应的成本支出，这些成本包括因持有应收账款而产生的资金的机会成本、应收账款的管理成本（收集信息费用、收款费用及核算费用等）以及坏账损失成本。因此，企业在制定或修改信用政策时，必须对每一种政策所对应的成本和收益进行比较，确定其利弊。

2. 让销售人员了解公司的信用政策是如何影响公司利润的

在许多公司，营销与财务的目的有时是冲突的。也就是说，销售人员只考虑怎样把产品推销出去，而财务人员则只考虑怎样加速现金流入。进入20世纪90年代后，一种新的应收账款的管理模式就是要让销售人员了解公司的信用政策对公司利润的影响，把销售人员的奖励与收回多少账款结合起来，最终使经理层承受营运资本的机会成本，以确保他们制定出更加经济的赊销、存货和其他营运资本管理政策。例如，雀巢公司通过制定一种内部的标准利率，使每个分公司的经理人员都承担净营运资本的利息费用。这种政策的实施迫使雀巢公司在每个国家的经理人员都严格监控应收账款和存货管理。

3. 汇率变动对信用政策的影响

汇率变动对信用政策的影响体现在计价货币、信用期限及赊销水平上。计价货币直接影响应收账款的实际价值。在跨国销售的情况下，可供选择的货币有三种：出口商货币、进口商货币和第三国货币。为规避外汇交易风险，交易双方对交易货币的选择往往是相反的。进口商希望采用软货币来付款而出口商希望以硬货币来结算。如果双方掌握相同的信息，那么对有关货币之间的汇率变动趋向有着相同的预判，双方则可能会在币种的选择上进行谈判：出口商可能在价格或付款条件方面做出让步以取得硬货币；进口商可能宁愿支付较高的价格或加速付款争取以软货币付款。若双方对货币汇率的变动有相反的预期，则不需要讨价还价。

国际企业应收账款的信用期限是指允许客户延期付款的时间。这期间汇率可能会发生变化，直接影响应收账款的价值。所以，企业在确定信用期限时，必须考虑汇率变动的因素。若购货方资信等级较高，信用期限可长，反之，则短；东道国政局稳定，信用期限可长，反之，可短；企业自身资金宽裕，信用期限可长，反之，可短。

赊销水平也会给企业的风险带来影响。若企业赊销水平较高，那么一旦汇率发生变动，企业就会承担较大的外汇风险。

（二）内部应收账款管理

国际企业进行内部应收账款管理，目的在于平衡收入增长及资金占用之间的关系，寻求公司整体财务资源的最优配置和组合。本书介绍两个方法，即提前或推迟结算及延长贷款期。

提前或推迟结算是指在国际企业内部结算中，改变以商业信用销售商品时的支付期限。它是国际企业内部资金转移最常见、灵活和有效的方法。提前即在信用到期之前支付，推迟即在信用到期之后支付。提前或推迟结算的原则是使资金流动能充分地为公司的综合利益服务。

延长贷款期是指跨国公司迫于某些因素，适当地延长应收账款的收款日期。例如，国际企业所在的东道国，当地通货膨胀率很高，给予的商业贷款往往会导致到期回收的账款贬值而使公司蒙受损失。因此，国际企业可以结合当地的经济及产业环境，适当延长和放宽赊账期。放宽的信用期限能增加销售额，带来增量收益，增加公司利润，但由于当地货币的贬值，所增的利润有可能因此而被抵消，甚至得不偿失。特别是子公司进货用强货币付款，销售用弱货币收款，损失会更加严重。所以，公司是否要延长贷款期，主要是看增量收益和增量成本孰大孰小。如果前者大于后者，则可延长贷款期；如果前者小于后者，延长贷款期就不合算。例如，销货的货款期由 40 天改为 60 天，改后收入增加 6%，但 60 天后当地货币贬值 8%，应收账款到期回收后折成的外币额会因此减少 8%，这就是延长贷款期带来的损失。

三、存货管理

存货是指企业在生产经营过程中为销售或耗用而储存的各种物资，包括原材料、在产品、产成品和包装物等。存货所占用的资金占企业总资产的比重较大，其数额既不能过多也不能过少。过多会增加资金占用成本，过少又可能造成生产短缺。为此，存货管理历来是企业资源配置优化的一个重要内容。而国际企业的存货管理要比一般的国内企业复杂得多，加强存货管理显得尤为重要。

国际企业进行存货管理的目标与国内企业是一致的，那就是在满足正常生产经营的条件下，降低存货的占用量从而提高收益，降低成本。

（一）存货的成本

1. 采购成本

采购成本是指由于购置存货而花费的成本，包括买价、运杂费、保险等。采购成本取决于采购量和单价。采购方不能通过减少采购量来达到降低采购成本的目的，所以当销售方无数量折扣时，采购成本就成为决策中的非相关成本。

2. 订货成本

订货成本是指企业为组织进货而产生的费用，如与材料采购有关的办公费、差旅费、邮资等。订货成本的高低与订货次数与单次订货成本有关。订货次数的多少与每次订货量有关；少量进货则订货次数多，大量进货则订货次数少。单次进货成本如差旅费、邮资等与进货次数成正比例变动，属于变动性成本。另一部分成本与订货次数无关，如专设采购机构的基本开支等，这类成本属于固定性成本。变动成本属于决策的相关成本；固定性成本属于决策的无关成本。

3. 储存成本

储存成本是指因库存存货而付出的成本，主要包括持有存货的机会成本、保存存货的仓储费用、损害存货的损失等。在这些费用中，仓库的折旧费、仓库职工的固定工资属于固定性支出，与存货数量无关，因此在决策中为无关成本；存货占有的机会成本、存货损害的损失与数量有关，所以为相关成本。

4. 缺货成本

缺货成本是指由存货占用不足而使企业遭受的损失，如材料库存不足造成的停工损失，成品供应不足导致延迟发货的信誉损失以及丧失销售机会的损失等。在经济批量模型的假设下，缺货成本不存在。

（二）存货的控制

存货控制的最终目的是找到成本最小的占用量，对存货数量加以控制。

1. 经济批量模型

$$经济批量 = \sqrt{\frac{2 \times 全年需求量 \times 单位订货成本}{单位储存成本}} \qquad (8.8)$$

2. 订货点控制

为了保证不缺货，企业须测算存货数量为多少时应预订下一批材料，以保证在库存消耗完的同时下一批材料到库。

$$安全储存量 = （预计每天最大耗用量 - 平均每天耗用量） \qquad (8.9)$$
$$订货点 = （平均每天耗用量 \times 订货提前天数） + 安全储存量 \qquad (8.10)$$

尽管国际企业的存货管理与国内企业的存货管理在基本原理上是一致的，都要遵循国内企业应用的"经济订货量"原理。但是由于以下原因，国际企业的存货管理要比国内企业复杂得多：第一，如果国际企业的大多数子公司在通货膨胀的环境下从事经营活动，那么，币值变动因素将迫使其改变传统的存货管理策略。第二，如果跨国子公司的存货需要进口，存货的供应受多种不确定因素（如政治动乱、灾害天气以及突发事件）的影响而存在中断的风险。第三，存货进口还要遵守有关国家的外汇管理制度和进出口条例。第四，如果东道国的币值预计将发生贬值，只要存货占用的资金成本低于存货升值，那么子公司将提前增加进口原材料的库存量。总之，由于国际企业跨国经营，所以存货管理必须考虑外汇因素。出于避险的考量，国际企业在海外的子公司或分支机构的存货水平通常相对较高，同时也要付出高成本，在存货水平和实现预定的存货周转率目标等方面更加难以控制。

第五节　外汇风险管理

外汇风险指企业或个人在从事跨国生产经营及金融交易中，其以外币计价的资产或负债因汇率的变化而引起价值的增减所造成的收益或损失。国际企业多为跨国经营，必然要承受外汇风险，所以，外汇风险管理就成为国际财务管理的重要内容。

一、外汇风险的含义

外汇风险也称为汇率风险，是指企业在跨国贸易中由于汇率变动引起的收益的不确定性。汇率变动必然对企业以外币计价的收入及成本产生影响。这种影响是双向的，既可能是有利影响，表现为汇率变动导致的收入增加；也可能是不利影响，表现为汇率变动导致的成本增加。这种汇率变动的不确定性给企业的影响，称为外汇风险。

二、构成外汇风险的因素

构成外汇风险的因素有外币、时间和汇率变动三种。企业在跨国贸易中，如果交易货币为本币，则无论收款时间多长，汇率如何发生变动，均不涉及汇率风险。如果企业结算时采用外币，则收款时间的长短和汇率变动就会带来外汇风险。比如，企业交易时采用外币交易，假设当时就进行收付款，那么汇率在短时间内是无变动的，则不存在外汇风险。反之，如果商品成交以后，结款期离成交期有一定的时间，这个时间段会发生汇率变动，并且时间越长汇率变动的可能性越大，那么就会给企业带来货币兑换后成本上涨或者是收益增加这样的不确定性。所以，外汇风险是在外币、时间和汇率变动同时存在的情况下形成的。

三、外汇风险的类型

外汇风险有三种类型：经济风险、交易风险和会计风险。

（一）经济风险

经济风险又称经营风险，是指币值的变化对国际企业未来非契约性的现金流量的影响，即币值变化对未来销售、价格和成本的影响，反映了汇率变化对预期的税后净现值的影响。例如，当一国货币贬值时，出口商以本国货币兑换的商品外币价格会下降，从而刺激国外消费者进行购买，增加销售量来带来收入上的增长；另外，如果企业生产所采用的原材料及其他要素以进口方式获得，那么本国货币的下降导致进口商品所兑换的价格会上涨，从而使得成本高涨。为此可以看出，汇率的变动对企业的经营效果是有双向的影响的。

对经济风险的管理主要有事前的多元化经营安排和事中的企业经营重构。

1. 多元化经营安排

根据组合投资的原理，企业从事的业务种类越多，涉及的范围越广，分散风险的能力就越强。国际企业可以采用多元化经营来分散经济风险。例如，国际企业可以在全球范围内从事不同行业的生产经营。布局不同行业的生产地、销售地，其原材料的来源也来自不同的国家和地区。而不同国家的汇率波动不同，当某个子公司由汇率变动发生损失时，可能会被其他子公司因汇率变动带来的收益所抵消，分散了整个企业的经济风险。

2. 企业经营重构

企业经营重构是指重新构建受汇率变化严重影响的子公司的业务流程，通过调整业务流程来降低各项目对汇率变化的敏感性，从而降低整个业务的经济风险。国际企业可根据各项目敏感度的差异采取措施调整业务流程，使之达到相对平衡，避免最终利润或现金流量的剧烈波动。

（二）交易风险

交易风险是指在企业以外币计价的各种交易中，由于汇率变动使折算为本币的金额增加或减少的风险。该风险表现为四种情况：在进出口交易中，应收账款和应付账款的收支；在国际借贷中，以外币表示的借贷款的结算；在生产经营活动中，执行以外币表示的加工合同；在跨国兼并中，以外币表示的资产和债务的买进或卖出。

交易风险的管理包括事前防范和事后防范。

事前防范是指企业在跨国经营前就进行防范，即在决策时，在签订交易合同前，就采取措施防范外汇风险。常见的措施有以下几种。

1. 选择适当的货币

在外汇收支中，企业原则上应争取付汇用软货币，收汇用硬货币。可是，企业在选择货币时还应考虑商品贸易的具体情况，要在货币选择及正常平稳交易之间权衡，既要避免因为单纯考虑货币风险而影响商品出口和急需物资的进口，又要防止因选用货币不当而遭受汇率风险损失。此外，在国际借贷中，企业选择计值货币除了考虑货币软硬以外，还应考虑利率高低。通常情况下，硬货币借款利率较低，软货币借款利率较高，两者之间差距很大，借款决策时应计算成本。如果进出口商品采用本国货币计价，则不会受汇率变动的影响，即不存在交易风险。

2. 采用货币保值法

这种方法是指双方在交易谈判时，在合同中订立适当的保值条款，以防止汇率变动带来的风险。在国际收付中，常用的保值条款有：①黄金保值法。它是指在订立合同时，将支付货币的金额按当时的黄金市场价格折合为若干的黄金，到实际支付日，如黄金市场价格上涨，则支付货币的金额相应增加，反之则相应减少。②硬货币保值法。此方法采用合同约定的方式，货款以某种硬货币保值，而以某种软货币结算，并在合同中明确两种货币当时的汇率。到收付货款时，如果用于结算的软货币贬值超过合同规定的幅度，则按结算货币与保值货币的新汇率调整货款金额。③一揽子货币保值法。一揽子货币即多种货币，由于各种货币的汇率有升有降，其综合汇率相对稳定，因此用一揽子货币保值，可以有效地避免和减少风险，把汇率风险限制在一定的幅度内。在国际支付中，特别是对一些长期合同，用包含欧洲货币单位和特别提款权的一揽子货币保值比较普遍。

事后防范是指企业已经签了合约，例如用硬货币签订了进口合同，用软货币签订了出口合同，不能在合同条款上加以弥补进行风险防范，只能采用风险理财措施来分散外汇风险。常见的措施有：远期外汇交易、外汇期权交易、外汇期货交易和外汇掉期交易。此外，企业还可以通过国际货币市场、资本市场进行借款和投资等方法来防范外汇风险。以上几种方法中常见的有远期外汇交易和外汇期权交易。远期外汇交易是指交易双方在签订货币交易合同时，将未来可能发生变动的外汇的币种、数额、汇率和将来交割的时间提前确定下来。到交割日期，双方按合同的规定，进行付款及交割货币的交易。在实践中，国际企业通常与办理远期外汇交易的外汇银行签订一份合同，约定在将来某一时间按合同规定的远期汇率买卖外汇，这样就可避免外汇损失。外汇期权是指持有人在一定时期内按某种价格买进或卖出一定数量外币的权利。当购入期权合同时，如果执行期权比放弃期权成本高，则可放弃这种权利。当卖出期权合同时，不管汇率如何变动，期权持有者的保值成本都不会超过期权的购买价。因此，企业利用外汇期权交易可规避交易风险。

【例8-2】美国某出口商向意大利出口价值100万欧元的商品，预计2个月后收到货款。买方签订出口合同时的汇率为EUR1＝USD1.09，根据此汇率买方应收回货款折合美元为 109 万。如果 2 个月后，欧元对美元的汇率上涨，则买方实际的收入高于 109 万；但是，如果汇率下跌，则出口商到期收回的美元就会低于 109 万。而且汇率下跌幅度越大，损失越大。为避免汇率下跌产生的损失，该出口商在签订出口合同同时，按照当时外汇市场上 2 个月期欧元的远期汇率（EUR1 = USD1.08），与一家美国银行签订合约。2 个月到期时，不管欧元汇率如何变动，买方均按汇率 EUR1 = USD1.08 用收到的 100 万欧元货款向银行换取 108 万美元。这样该出口商的出口收入由不确定性变为确定性，防范了由于汇率变动给收入带来的不确定风险。

【例 8-3】美国某进口商在半年以后要支付 400 万英镑的货款，当时的即期汇率为 GBP1 = USD1.45。6 个月后如果英镑贬值，该进口商可直接在即期外汇市场上买入英镑；如果英镑升值，该进口商就会遭受损失。为了避免外汇风险，该进口商决定买入一笔英镑看涨期权，金额为 400 万英镑，协定价格为 GBP1 = USD1.46，到期日为 6 月 11 日，期权价格为每英镑支付 0.01 美元，期权费总额为 4 万美元。下面分三种情况来分析。

（1）假若 6 月 11 日英镑汇率果然上涨，为 GBP1 = USD1.52，高于协定汇率，该进口商则行使期权，按协定汇率 GBP1 = USD1.46 买入 400 万英镑支付货款。这样，该进口商可避免的损失为 24 万美元 [（1.52 - 1.46）×400]，扣除期权费 4 万美元，可避免损失 20 万美元。

（2）假若 6 月 11 日英镑汇率下跌到 GBP1 = USD1.40，该进口商则可放弃行使期权，而按即期汇率在外汇市场上购买 400 万英镑，可减少损失 20 万美元 [（1.45 - 1.40）×400]，虽然支付 4 万美元的期权费，但仍可降低进口成本 16 万美元。

（3）假若 6 月 11 日英镑汇率与期权协定汇率相等，GBP1 = USD1.46，那么该进口商既可以行使期权也可以放弃期权，两种情况下需支付相同数额的美元去购买 400 万英镑支付的 4 万美元的期权费都不能收回，这时期权费起到保险费的作用。这表明，通过购买英镑看涨期权，该进口商将进口成本控制在了 588 万美元（400×1.46 + 4）以下。

（三）会计风险

会计风险又称为折算风险，是指国际企业将海外子公司以外币表示的财务报表以母公司的货币进行折算，进而编制合并会计报表时，由于汇率变动而使账面数额出现损益。这种损益会影响企业向股东和公众公布的财务报表的数据，可能会招致股价和利润的下跌从而给企业带来筹资方面的障碍。

在实践中，国际企业普遍采用的折算方法为单一汇率法和多种汇率法两种。单一汇率法即现行汇率法。所谓单一汇率法是指用现行汇率对资产负债表各项目进行折算，而用历史汇率对所有者权益项目折算。而多种汇率法也称为货币/非货币项目法，是指将资产负债表划分为货币性项目和非货币性项目，用现行汇率对货币性项目折算，用历史汇率对非货币性项目和所有者权益项目折算。

国际企业进行会计风险管理的常见方法有资产负债平衡法。这种方法是将有风险的资产和有风险的负债做一个平衡。然而要这样做，首先就要确定会计受险额。会计受险额是指随着职能货币的升值和贬值，用报告货币度量的资产和负债也升值或贬值。这些承担会计风险的资产和负债分别称为受险资产和受险负债。由于两者的风险可以相互抵消，所以最终会计风险取决于净受险资产，即受险资产减去受险负债的差额。当差额为零时，不会产生会计风险。

【例8-4】我国某公司在A国设有分支机构，通过对该分支机构资产负债表的分析得知，用现行汇率法，该公司测定的折算风险为1 390万A元（指净受险资产），而用货币/非货币法，净受险资产为20万A元，具体如表8-3所示。

表8-3 某分支机构的相关项目情况   单位：万元

项目	资产负债表数额	用现行汇率法测定的数额	用货币/非货币法测定的数额
资产			
现金	380	380	380
应收账款	570	570	570
存货	540	540	—
固定资产净值	830	830	
合计	2 320		
受险资产		2 320	950
负债和权益			
应付账款	210	210	210
应付票据	190	190	190
长期负债	530	530	530
股东权益	1 390	—	
合计	2 320		
受险负债		930	930
净受险资产		1 390	20

该公司预测A元即将贬值，为避免其折算风险损失，可以采用以下两种资产负债平衡法。

第一，减少A元受险资产。在A元负债不变的情况下，尽量减少A元资产。具体可采取如下措施：将A元现金兑换为人民币；将A元现金购买存货或固定资产（此种做法仅适用于货币/非货币法）；尽快收回应收账款，并兑换为人民币或购买其他资产。

第二，增加A元受险负债。如果保持A元资产不变，可以通过增加A元负债以减少折算风险。但是必须注意的是，在增加A元负债的同时也增加了受险资产（现金），因此必须采取进一步措施。在本例中，如果是采用现行汇率法，应借入等于净受险资产的A元，即1 390万A元。由于这一借款在公司财务报表上同时增加现金（受险资产）和借款（受险负债），净受险资产1 390万A元并没有被抵销，还必须将该受险资产转化为人民币，减少净受险资产。如果是采用货币/非货币法，则可借入现金20万A元，用其购买存货或固定资产，因为在使用货币/非货币法折算时，这些资产不产生折算风险。

运用资产负债表平衡法应注意以下问题：第一，明确资产负债表中各科目、各账户外币的金额，确定总的会计风险差额；第二，根据会计风险的差额性质来调整资产和负债的方向，如果以外币表示的受险负债大于受险资产，就需要增加受险资产，减少受险负债，反之亦然；第三，明确调整方向和规模后，应进一步调整一些账户和科目。通常情况下，采用资产负债表平衡法会在账面上减少财务绩效，为此，国际企业对于科目的调整和种类及数额要具体权衡。

四、外汇风险管理的程序

外汇风险管理应遵循以下程序。

（一）预测外汇汇率变动情况

由于外汇风险产生的根本原因是外汇汇率变动，为此，外汇管理的首要步骤是预测外汇汇率变动的趋势、时间和幅度。在预测前，企业首先要确定适当的预测期。

（二）测算外汇风险的受险额

测算外汇风险受险额就是从数量上确定的企业面临的外汇风险的大小。例如，交易风险可按每一笔交易计算受险额，也可以按全部交易计算受险额。受险额等于结算期限相同的外币债权减去外币债务后的差额。

（三）确定是否采取外汇风险管理措施

企业应根据受险额和预测的汇率变动幅度测算外汇风险损失额，并预测采用某种方法防范风险将产生多少成本，然后将外汇风险管理的成本与效益进行比较。如果前者小于后者，企业应采取措施防范风险。而对于以下两种情况，企业可以不采取任何防范措施：一是预测汇率变动不会使企业发生损失，还能给企业带来收益；二是外汇风险管理的成本大于外汇风险管理的效益。

（四）选择有效的外汇风险管理方法

实行浮动汇率制度以来，各国企业创造了许多规避外汇风险的方法，企业应分析各种方法的优缺点，结合实际情况，选择最佳的避险方法。

（五）实施选定的管理方案

在实施过程中，企业应不断地进行检查，一旦发现问题，及时解决。

五、外汇风险管理政策

国际企业进行外汇管理的最终目的是采取积极有效的措施来降低外汇风险，同时考虑各种措施的成本。目前，外汇风险管理政策主要有以下三种。

（一）保守政策

从理论上讲，在国际经营中，企业可以根据预期的汇率走势做出经营决策以避免外汇风险。在保守政策条件下，企业管理层对外汇风险的态度为厌恶型，不愿意承担任何风险，只愿意确保不会损失才同意交易。在实际中，这种对待外汇风险的态度意味着企业将放弃许多涉及外汇的交易，放弃这些选择的机会成本通常是很高的。因此，绝大多数国际企业认为这种保守政策是不可取的。这种风险规避政策只适用于那些跨国经营业务有限的国际企业。

（二）随意政策

该政策与保守政策完全相反，那就是国际企业根本不考虑外汇风险。在这种情况下，国外子公司被当作独立的企业对待，企业采取随意的态度将汇率偶尔变动而造成的损失看作是企业经营的正常成本而不加以管理。这种做法可节省大笔外汇风险管理费用。假如企业涉及外汇的交易量很小或相对其他交易量来讲并不重要，或者预计汇率变动很小，这种政策在节约成本方面很有优势。因此，该政策适用于以现金结算或只按短期商业信用交易的国际企业。

（三）直接政策

直接政策介于前两种政策之间，如果国际企业计划内涉及外汇的交易在经营中占有重要地位，并且这种交易的现金流入涉及的外国货币与现金流出涉及的货币并不密切相关，最优政策应该是积极管理外汇风险。如果公司已制定了长期的国际经营战略目标，如在国外建立子公司等，那么公司应在整个计划期间，对所有涉及的货币实行外汇风险最优化管理政策。换言之，最佳外汇风险管理政策不仅要考虑公司的综合财务计划过程，还应涉及其他经营和财务政策，如融资、流动资本管理、资本预算、公司内部借贷、股息汇出与转移价格制定、税收规划，以及其他短期和长期财务政策。另外，公司还应该制定明确的程序以解决在外汇风险管理过程中可能出现的各部门间的冲突。

国际企业无论采用什么样的政策，在进行外汇风险管理时，都必须遵循成本效益原则。汇率变动可能会使企业受损，也可能使企业受益，外汇风险管理的目的就是防范外汇风险损失的发生。为防止外汇风险损失，企业往往会产生相应的成本，主要包括：外汇汇率预测，咨询费用，在经营决策时采取外汇风险管理措施付出的代价，以及为了防范外汇风险而在金融市场上进行各种外汇交易、外汇借款等方法所付出的交易费用、借款利息等。外汇风险管理的效益是指采取管理措施使外汇风险损失减少的数额。如果进行外汇风险管理产生的成本大于采取管理措施使外汇风险损失减少的数额，显然是不合算的。也就是说，只有在成本小于收益时，采取外汇风险管理措施才是必要的。

【例8-5】华为集团公司的国际财务战略

华为投资控股有限公司（以下简称"华为"）创立于1987年，是全球领先的ICT基础设施和智能终端提供商。华为有20.7万名员工，遍及170多个国家和地区，为全球30多亿人提供服务。华为在跨国经营过程中，采用了多元化的投资战略，它的业务范围包括ICT基础设施业务、云计算业务、数字能源业务、终端业务、智能汽车解决方案业务，区域范围包括中国区、欧洲中东非洲区、亚太地区、美洲地区及其他地区。2023年华为全年实现收入人民币70 417 400万元，同比增长9.6%。

公司采用多元化的跨国投资战略能有效分散投资风险，但由于涉及区域广、投入金额多，所以存在管理难度大、经营风险高的弊端。为此，公司采用多元化战略所进入的领域应能充分体现自己的竞争优势。截至2023年年底，华为与运营商、合作伙伴一起，累计签署超过3 000个5G行业应用商用合同。第三方测试报告显示，在瑞士、德国、芬兰、荷兰、韩国、沙特等13个国家，华为承建的5G网络用户体验均为最佳。全球700多个城市、267家世界500强企业选择华为作为数字化转型的合作伙伴。华为的政企市场合作伙伴数量超过30 000家，其中销售伙伴超过20 000家，解决方案伙伴超过1 800家，服务与运营伙伴超过6 200家，人才联盟伙伴超过2 000家。

作为跨国公司，多年来华为的筹资来源既有权益筹资也有债务筹资，其中债务筹资占主体。2023年，华为资产负债率为56%，筹资方式主要为借款和发行债券，货币币种既有人民币也有外币，体现了国际化特征。

华为发行的公司债券，如表8-4所示；华为债务筹资情况，如表8-5所示。

表 8-4　华为发行的公司债券

公司债券	发行日期	本金金额/万元	年利率/%	期限
美元债	2015 年 5 月 19 日	100 000	4.125	10 年
美元债	2016 年 5 月 6 日	200 000	4.125	10 年
人民币中期票据	2017 年 2 月 21 日	50 000	4.000	10 年
人民币中期票据	2020 年 3 月 6 日	200 000	3.240	5 年
人民币中期票据	2020 年 3 月 23 日	200 000	3.380	5 年
人民币中期票据	2020 年 4 月 24 日	200 000	3.090	5 年
人民币中期票据	2023 年 1 月 16 日	300 000	3.450	5 年
人民币中期票据	2023 年 2 月 10 日	300 000	3.400	5 年
人民币中期票据	2023 年 3 月 6 日	300 000	3.450	5 年
人民币中期票据	2023 年 4 月 17 日	400 000	3.050	3 年
人民币中期票据	2023 年 8 月 28 日	300 000	2.980	5 年

资料来源：华为 2023 年年度报告。

表 8-5　华为债务筹资情况

（人民币百万元）	利率	年利率	合计	1 年以内	1 年至 5 年	5 年以上
集团内担保借款：						
人民币	浮动利率	3.96%	23	23	—	—
应收账款融资：						
美元	浮动利率	9.06%	8	2	6	—
信用借款：						
人民币	浮动利率	2.80%～3.96%	191 186	404	38 662	152 120
欧元	浮动利率	4.73%～4.94%	8 051	20	4 693	3 338
欧元	浮动利率	5.07%	1	1	—	—
港币	浮动利率	6.00%～6.94%	37 711	6 518	17 668	13 525
沙特里亚尔	浮动利率	2.89%～8.35%	179	179	—	—
巴林第纳尔	浮动利率	5.80%	12	12	—	—
尼日利亚奈拉	固定利率	19.00%	201	201	—	—
巴基斯坦卢比	固定利率	17.12%	37	37	—	—
美元	浮动利率	6.16%	3	3	—	—
小计			237 381	7 375	61 023	168 983
公司债券：						
人民币	固定利率	2.87%～3.65%	46 094	9 152	36 942	—
美元	固定利率	4.00%～4.13%	24 908	174	24 734	—
			71 002	9 326	61 676	—
			308 414	16 726	122 705	168 983

资料来源：华为 2023 年年度报告，截至 2023 年 12 月 31 日。

在流动资金管理方面，华为持续优化资本结构和短期流动性规划及预算和预测体系，用于评估公司中长期资金需求及短期资金缺口，同时采取多种稳健的财务措施，保障公司业务发展的短期需求，包括：保持稳健的资本架构和财务弹性，持有合理的资金存量，获取充分且有承诺的信贷额度，进行有效的资金计划和资金的集中管理。2023年华为流动资产占总资产的比例为69.1%，其中短期投资及现金余额占总资产的比例为37.6%，保持了较好的流动性。

在控制外汇风险方面，华为依据一贯沿袭的外汇风险管理政策建立了一整套外汇管理的流程、操作指导管理体制，包括：第一，自然对冲。匹配销售、采购的货币，以实现本币平衡，尽量降低外汇敞口。第二，财务对冲。当自然对冲无法完全消除外汇敞口时，主要采用外汇远期管理，对货币急速贬值或外汇管制国家的外汇敞口，华为通过多种手段管理此风险，例如汇率保护机制，财务对冲的同时也通过加速回款并及时汇出等方案来减少风险。

在信用管理方面，华为制定和实施了全球统一的信用管理政策、制度、流程、IT系统和风险量化评估工具，并在各个区域和业务单元建立了专门的信用管理组织，在欧洲及亚太地区建立信用能力中心。同时，华为利用风险量化模型评定客户信用等级，确定客户授信额度，量化交易风险，并通过在端到端销售流程的关键环节设置风险管控点，形成了闭环的管理机制。华为信用管理部门定期审视全球信用风险敞口并开发相应IT工具，协助一线监控风险状态及预测可能损失，计提相应的坏账准备。对于已经或可能出险的客户，会启动风险处理机制。2023年华为应收账款占总资产的比例为7.7%，逾期款项占应收账款总额比例为24.3%，其中逾期一年以上的仅占3.5%，应收账款管理效果较好。

思考题：根据上述资料，分析华为集团在跨国经营中的投资、筹资、营运资金管理等方面的战略。

第九章

中小企业财务管理

第一节　中小企业财务管理概述

一、中小企业概述

在当今全球经济版图中，中小型企业构成了一个不容忽视的庞大群体。它们承担着维系社会和谐与推动经济增长的双重使命，因此，世界各国政府无不对此类企业的发展寄予厚望，并采取相应措施以支持其成长。美国将中小企业比喻为经济的中坚支柱；韩国将小型和中型商家誉为推动经济扩张的引擎；日本认为没有中小企业的发展就没有日本的繁荣；中小企业在德国被赋予了"经济的中坚力量"这一显著定位。国内，那些规模较小的企业在经济社会架构与工业布局中同样扮演着关键角色，它们构成了新兴的经济增长核心，代表着最为生机勃勃的生产要素，构成了国家社会安定的根本所在。中国身为发展中的人口大国，正面临着经济尚未充分发展的挑战。中国企业的规模普遍较小，资本积累相对不足，而庞大的人口基数则令劳动密集型的中小型企业在国家的经济体系里占据了至关重要的地位。目前，我国的经济增长与改革进程正稳步推进。无论是构建及优化市场经济体系，还是增强经济构造的调整幅度、达成全面建设较为繁荣社会的宏伟蓝图，这一切均紧密依赖中小企业的积极作用。在经济与社会逐步进步的画卷中，中小型企业正日益显现其不可或缺的地位与效能，它们成为国家经济与社会发展进程中的关键推动者。中小型企业与民营经济保持良好发展态势，其对吸引新增劳动力、激发私人资本投入、调整经济布局、促进生产力提升、保障国家经济稳健持续增长、深化并优化社会主义初级阶段的基本经济体系，发挥着不可或缺的作用。

（一）中小企业的界定

中小型企业与那些规模庞大的企业相比较，其特点在于营业额及资产总和相对较少，员工数量不多，且管理体系较为简化，职责划分并不复杂。中小企业的界定标准分为国际标准与国内标准。

1. 国际标准

国外对中小企业的界定一般是从质和量两方面进行的。前者是定性定义，后者是定量定义。定性定义较准确地反映中小企业的本质特征，主要是从独立的程度、经营的自主性和占有市场份额的大小来界定中小企业。而定量定义主要是从企业的高级财务管理人员数量、营业额和资产额等方面来界定的。跨越国界范畴，部分研究人员基于数据统计的考量，按照企业人员配置的规模，制定了一套用以区分企业规模的标准：凡员工数目介于 1 至 9 名的，被界定为小型微型企业；员工数量为 10~99 人，为小型企业；员工数量为 100~499 人，为中型企业；员工数量为 500 人以上，为大型企业。中小企业的界定标准并非一成不变，其实际情况多变，常常随着时间、地点以及所属行业的不同而有所区别。美国将企业分为小型企业、大型企业两类，并规定员工不超过 100 人的服务业和员工不超过 500 人的制造业为小型企业；依据荷兰的相关规定，企业分类以总资产规模、年度营业净收入以及员工平均数量三个维度为基准，划分为小型、中型以及大型三个等级，若企业在合并报表的基础上，至少达到其中两个限制性条件，则可被划归为对应的类别之中。

2. 国内标准

2011 年 6 月 18 日，工信部、国家统计局、国家发展改革委、财政部共同签署并发布了《关于印发中小企业划型标准规定的通知》，明确了不同行业的分类标准。

（1）农、林、牧、渔业。低于两亿元营业收入，被界定为中小型企业范畴。依营业收入划分，达到 500 万元及以上的归类为中型企业；介于 50 万元至 500 万元的为小型企业；低于 50 万元的则被定义为微型企业。

（2）工业。不足 1 000 名员工或者营业额未达 4 亿元的企业，被界定为中小微型规模。在众多企业中，那些拥有至少 300 名员工以及营业收入不低于 2 000 万元的企业，被划分为中型规模的企业类别；凡员工总数达到 20 名或以上，并且年度营业额不低于 300 万元者，被划分为小型企业类别；其员工数量不超过 20 名，或者年营收不足 300 万元，被界定为微型企业。

（3）建筑业。营业额未达 8 亿元或资产额不超过 8 亿元者，界定为中小规模的企业。年度营业收入不低于 6 000 万元同时资产总额达到或超过 5 000 万元者，被归类为中型规模的企业；达到 300 万元以上的营业收入，并且资产总额也达到 300 万元的标准，方可被划分为小型企业类别；低于 300 万元营业额或者不足 300 万元资产规模，界定为微型企业。

（4）批发业。企业规模界定标准如下：若员工总数不超过 200 名，或者年营业额未达 4 亿元，则该企业被归类为中小微型企业。凡员工数量达到 20 名或者更多，同时年营业额不低于 5 000 万元者，均被划分为中型规模的企业；具备 5 名或更多员工，同时年营业额达到或超过 1 000 万元的企业，被归类为小型规模企业。

（5）交通运输业。低于 1 000 名员工的企业，或营业收入不超过 3 亿元的企业，被归类为中小微型企业。中型企业的界定标准：拥有不少于 300 名员工以及年营业额达到或超过 3 000 万元。

（6）零售业。那些员工数量不超过 300 人或者营业额不到 2 亿元的企业，被定义为中小微型规模。中型企业的界定标准涉及两个关键指标：员工数量和营业额。具体而言，当一家企业的员工总数不低于50人，并且年度营业收入不少于500万元时，该企业便被划分为中型规模。达到或超过10名员工，同时实现100万元及以上营业额者，可被归类为小型企业。规模较小的企业，其员工数量不超过十人，或是年营业额未达百万，被归类为微型企业。

（7）涉及提供夜宿服务的行业与供应食物饮料的服务领域。其规模界定标准如下：凡员工数量不超过300名，或是年营收未达1亿元的企业，均划归为中小微型企业；达到或超过100名员工以及营业收入不低于2 000万元的企业，被划分为中型规模的企业；具备10名或者更多员工，并且年营业额达到或超过100万的企业，被划分为小型企业；规模小于10名员工或者营业收入不超过100万元的，被划分为微型企业。

（8）信息传输业。低于2 000名员工或者营业额未达10亿万元规模的企业被界定为中小微型企业。

（9）软件和信息技术服务业。企业规模可按员工数量及年度收益来划分，员工总数不超过300名，或年度收益不足1亿元，为中小型及微型企业；从业人员在100人以上，并且财务收入达到1 000万元以上，为中型规模的组织机构；员工总数达到10名或者更多，同时年度营业额不低于50万元者，为小型企业；不足10名员工或者营业额不超过50万元的单位为微型企业。

（10）仓储业。在商业领域，企业规模被划分为不同等级，其中，员工数量不超过200名或者年度营业额未达3 000万元的企业，被归类为中小微型的经济实体。

（11）邮政业。从业人员1 000人以下或营业收入3亿元以下的，被界定为中小微型企业。

（12）构建地产项目销售与管理流程。低于20亿元营业额或者不足1亿元资产规模的企业，为中小微型企业；满足营业收入达到或超过1 000万元，并且资产总额不少于5 000万元，为中型规模的企业；达到100万元营业额并且资产额不少于2 000万元，为小型企业；营业额不超过100万元或者总资产未达2 000万元的，为微型企业。

（13）物业管理。低于1 000名员工数或者不超过5 000万元营业额的企业，被归类为中小微型企业；员工数量达到300名或者更多，同时年营业额突破1千万元，为中型企业；其从业人员数不少于100人，同时年营业收入不低于500万元，为小型企业；不足100名员工或营业额未达500万元，为微型企业。

（14）在商业领域，涉及出租以及商务活动的服务性行业。规模不超过300员工的实体，以及资产总额未达到12亿元的企业，为中小微型企业；员工数不少于100人，同时资产总额不低于8 000万元的企业，为中型企业；员工数不少于10名，同时资本总额达到或超过100万元者，为小型企业；员工数量不超过10名或资本总额不超过100万元的实体，为微型企业。

（15）多元化领域，未经明确分类之范畴。不足300名员工的企业为中小微型企业；员工数达到或超过100人的为中型企业；员工数为10~99人，为小型企业；员工数不足10人的为微型企业。

2017 年 12 月，国家统计局根据新国家标准《国民经济行业分类》，在延续 2011 年《关于印发中小企业划型标准规定的通知》的分类原则、方法、结构框架和适用范围的前提下，修订出台了《统计上大中小微型企业划分办法（2017）》，如表 9-1 所示。

表 9-1　统计上大中小微型企业划分标准

行业名称	指标名称	计量单位	大型	中型	小型	微型
农、林、牧、渔业	营业收入(Y)	万元	Y≥20 000	500≤Y<20 000	50≤Y<500	Y<50
工业*	从业人员(X)	人	X≥1 000	300≤X<1 000	20≤X<300	X<20
	营业收入(Y)	万元	Y≥40 000	2 000≤Y<40 000	300≤Y<2 000	Y<300
建筑业	营业收入(Y)	万元	Y≥80 000	6 000≤Y<80 000	300≤Y<6 000	Y<300
	资产总额(Z)	万元	Z≥80 000	5 000≤Z<80 000	300≤Z<5 000	Z<300
批发业	从业人员(X)	人	X≥200	20≤X<200	5≤X<20	X<5
	营业收入(Y)	万元	Y≥40 000	5 000≤Y<40 000	1 000≤Y<5 000	Y<1 000
零售业	从业人员(X)	人	X≥300	50≤X<300	10≤X<50	X<10
	营业收入(Y)	万元	Y≥20 000	500≤Y<20 000	100≤Y<500	Y<100
交通运输业*	从业人员(X)	人	X≥1 000	300≤X<1 000	20≤X<300	X<20
	营业收入(Y)	万元	Y≥30 000	3 000≤Y<30 000	200≤Y<3 000	Y<200
仓储业*	从业人员(X)	人	X≥200	100≤X<200	20≤X<100	X<20
	营业收入(Y)	万元	Y≥30 000	1 000≤Y<30 000	100≤Y<1 000	Y<100
邮政业	从业人员(X)	人	X≥1 000	300≤X<1 000	20≤X<300	X<20
	营业收入(Y)	万元	Y≥30 000	2 000≤Y<30 000	100≤Y<2 000	Y<100
住宿业	从业人员(X)	人	X≥300	100≤X<300	10≤X<100	X<10
	营业收入(Y)	万元	Y≥10 000	2 000≤Y<10 000	100≤Y<2 000	Y<100
餐饮业	从业人员(X)	人	X≥300	100≤X<300	10≤X<100	X<10
	营业收入(Y)	万元	Y≥10 000	2 000≤Y<10 000	100≤Y<2 000	Y<100
信息传输业*	从业人员(X)	人	X≥2 000	100≤X<2 000	10≤X<100	X<10
	营业收入(Y)	万元	Y≥100 000	1 000≤Y<100 000	100≤Y<1 000	Y<100
软件和信息技术服务业	从业人员(X)	人	X≥300	100≤X<300	10≤X<100	X<10
	营业收入(Y)	万元	Y≥10 000	1 000≤Y<10 000	50≤Y<1 000	Y<50
房地产开发经营	营业收入(Y)	万元	Y≥200 000	1 000≤Y<200 000	100≤Y<1 000	Y<100
	资产总额(Z)	万元	Z≥10 000	5 000≤Z<10 000	2 000≤Z<5 000	Z<2 000
物业管理	从业人员(X)	人	X≥1 000	300≤X<1 000	100≤X<300	X<100
	营业收入(Y)	万元	Y≥5 000	1 000≤Y<5 000	500≤Y<1 000	Y<500

表9-1(续)

行业名称	指标名称	计量单位	大型	中型	小型	微型
租赁和商务服务业	从业人员(X)	人	X≥300	100≤X<300	10≤X<100	X<10
	资产总额(Z)	万元	Z≥120 000	8 000≤Z<120 000	100≤Z<8 000	Z<100
其他未列明行业*	从业人员(X)	人	X≥300	100≤X<300	10≤X<100	X<10

注：企业划分指标以现行统计制度为准。①从业人员，是指期末从业人员数，没有期末从业人员数的，采用全年平均人员数代替。②营业收入，工业、建筑业、限额以上批发和零售业、限额以上住宿和餐饮业以及其他设置主营业务收入指标的行业，采用主营业务收入；限额以下批发与零售业企业采用商品销售额代替；限额以下住宿与餐饮业企业采用营业额代替；农、林、牧、渔业企业采用营业总收入代替；其他未设置主营业务收入的行业，采用营业收入指标。③资产总额，采用资产总计代替。

（二）中小企业财务管理的目标与内容

中小企业财务管理是基于其再生产过程中客观存在的财务活动和财务关系而产生的组织、协调、规划与控制活动，目的是确保企业生产经营稳定持续运行，取得合理合法的经济效益，确保企业获得生存与发展，并促进社会的进步与繁荣。企业经济活动包括生产活动和财务活动两个方面，其中，组织企业的财务活动，加强企业财务管理是企业管理的重中之重。只有加强财务管理工作，才能合理安排资金的筹集、投放、使用、收回等财务活动，才能正确处理围绕财务活动的企业与各方面形成的财务关系，促进企业的健康发展。因此，中小企业财务管理同样包括融投资（资金取得与投放）管理、经营收入（资金收回）管理和对经营收益（利润）进行分配的管理等内容。

（三）中小企业的经济特征

遍布广泛的中小企业构成了庞大的群体，它们遍布第一产业、第二产业及第三产业的所有领域，成为支撑我国现代经济结构的基本环节。中小型企业分散于多样化的产业领域，其生产规模及技艺能力各不相同，同时，管理模式与企业架构也多种多样。因此，即便是同一国度，这些企业因地域差异或发展阶段的不同，相互之间也通常缺乏直接的可比性。审视历史长河，可以发现遍及各地的中小型企业尽管身处不同行业，却依旧展现出诸多一致特质。

1. 展现出卓越的弹性管理能力

中小企业在财务管理的层面上，与规模庞大的企业相比，其经营上的灵活性可用"轻舟易调帆"来形容。这类企业能够针对市场的波动快速地调整自身的产业结构，灵活改变生产方针，以应对市场经济环境中的变化。这种特性使得它们展现出较强的适应性，以及在转产上的敏捷性，进而能够更加周到地迎合市场上多样化的需求。中小企业得益于消费构成的多样化及个性化趋势，获得了更为宽广的成长领域。社会经济持续进步，促使职场与日常生活展现出更多灵活性、自主性、独特性、独立性，市场的组织架构及消费者的支出模式将展现出更加丰富多彩的变化。于是，在未来的商海中，企业的存续与壮大不再仅仅依靠标准化的批量供应实力，转而将受到其对多样化需求适应与满足的技能所左右。市场多样化的需求在中小企业中得到更为精准的迎合，其灵活性显然更为突出。

2. 提升职场岗位数量，维护社会和谐安定

对比大型企业，中小型企业往往成为提供就业岗位的更为活跃的源头。低技能劳动岗位在中小型企业中占主导，此类岗位对员工技术要求较为宽松，这不仅为待业者开启了求职之门，减轻了他们的生活困境，还在某种程度上有助于社会的和谐安宁。中小企业还推动了农村发展，其对农村剩余劳动力的吸纳形成了就业岗位，进而提升了农民的经济收益。这一过程有效减轻了农村地区人口密集与土地资源稀缺之间的冲突，巩固了社会的和谐稳定。

3. 担当推动技术与制度革新的核心力量

资金不足、技术基础薄弱等因素长期制约着中小企业的成长，它们始终处在市场竞争的最前沿，面对严峻的生存和竞争挑战，迫使这些企业必须积极寻求创新之路。中小企业在高新技术产业化、市场化方面比大企业做得好，平均周期仅为 1~2 年，而大企业则需 4~5 年。中小企业架构较为简化，其内部组织架构缺乏繁复层次，展现出管理的灵活性。中小企业凭借技术与体制革新的强大推动力，明显超越了大型集团企业，成为国民经济中最充满活力的成分。

4. 激发国家经济扩展的核心引擎

在市场波动面前，中小型企业展现出灵活的调整能力，这种特性使得它们在应对经济架构变革时尤为得心应手。即便面临经济低迷的挑战，这些企业也能催化经济体制的转变过程，助力经济结构的优化，进而激发经济增长的活力。计划经济时代，国内企业模式仅限于国有和集体两种形态。然而，伴随着改革开放的步伐，国家经济体制实现了转型，采纳了市场经济机制。这一转变使得国有经济占据主导地位的同时，也允许多种经济成分共生共荣，从而为中小型企业提供了快速增长的宝贵机遇。

中小型企业构成了国家经济与社会进步的坚实基石，其在维系国民经济持续增长、减轻就业市场的紧张状况、激发私人资本投入、调整经济布局、增强市场竞争活力、推动技术革新、繁荣市场交易、简化民众日常生活以及维护社会安定等方面发挥着不可或缺的角色与功能。推动中小型企业壮大有助于加速社会主义市场经济体系的建设与优化，促进国家经济布局的战略性转变。

二、中小企业的财务特征

身处市场竞争最为激烈的范畴，中小型企业紧密地与市场及消费者相连，持续地在市场活动中扮演着积极角色。它们与市场之间存在着固有的纽带，成为推动市场繁荣和流通活跃的关键动力。中小型企业展现出了对市场动态的高度敏感，其经营战略具备较强的变通性，足以应对各式各样及定制化的市场要求，这一现象凸显了市场在资源分配中扮演的根本性角色。中小型企业壮大之途，催生了不同性质企业间的交流与合作，加速了多元经济要素和谐共进的改革进程，此外，也推动了产业细分化作业与社会化协同作业的实施，从而优化了经济构造的布局。

调整战略促成了运行环境的构建。与大中型企业相比，中小企业除具有较强的经营灵活性，能够增加就业机会，保持社会稳定，是技术和制度创新的主力军，是推动国民经济增长的重要动力等特点外，从财务角度来讲，成长中的中小企业还具有以下

特点。

（一）初始资本投入不足，资金规模相对较小

中小企业在成立时其资本来源主要是由个人投入，由于很难看到发展前途，很难吸引其他资金的投入，所以，很多是由亲戚朋友利用个人积攒的储蓄来进行的投资，因此，启动资金很少，资金规模小。据调查，我国国有大型工业企业的资本有机构成大约是 20 万元/人，中型企业是 10 万元/人，小型企业是 5 万元/人，而乡镇企业是 2 万元/人。

（二）财务状况不稳定，资金积累能力较弱

中小企业规模小、资金缺乏，从而直接导致其财务结构不健全，经营业绩低，财务状况恶化，所以其获利能力低于大型企业，这是中小企业在经营中往往自身积累能力比较弱的一个主要原因。其他方面原因：一是由于中小企业主在利润分配上具有短期性，不注重企业的长远发展，因而对于当年形成的利润绝大部分都进行了分配，很少能够留存在企业形成积累；二是中小企业在计提折旧时只考虑物理损耗，没有考虑到科技进步因素，因而计提的折旧往往较低，到固定资产报废时计提的折旧并不够用来更新固定资产。

（三）融资环境比较不利，发展资金非常短缺

随着金融领域改革与整顿活动逐步加深，曾经对中小型企业成长起到关键性推动的跨地区借贷和民间集资等非标准融资方式，已被严禁实施。在新的资金筹集网络构建完成之前，中小型企业由于内在条件的约束，加上现行体系与政策的双重作用，面临着一个并不乐观的资金获取环境。现行体制下，直接融资的门槛导致中小型企业难以获得发行股票并上市的宝贵机遇，这一管理机制是决定性因素。面对企业债券发行的限制，较小的发行规模成为中小企业难以跨越的门槛，导致通过审批的难度加大。中小企业在间接融资途径上遭遇难题，主要因为企业素质未达标准，缺少专业人才，内部架构动荡，规模经济效应欠佳，经营风险较大，以及信用级别偏低。这些因素使得它们通常难以达到诸如银行这类金融机构设定的信贷标准。银行信贷政策虽然向其倾斜，但程序复杂，费用高昂。同时，财产拍卖、信贷担保、资产估值以及信用评级等体系的完善步伐缓慢，导致中小型企业实际上难以从银行获得贷款，其他融资途径也不顺畅。中小型企业从金融领域所获得的资本，与其在整体经济中占据的比例相比，显得极不对等。这些企业往往只能过分依赖自身的资金来源，结果是发展进程中的资金缺口显著，严重阻碍了它们持续增长的步伐。

（四）财务管理总体水平低，经营活动面临较大风险

中小企业由于人才匮乏，管理人员素质不高，缺乏严密的资金使用计划和内部控制制度，忽视理财和内部管理，所以，财务管理总体水平较低。这主要表现在：第一，很少进行有效的成本管理，使得生产成本居高不下，降低了产品的盈利能力，最终不能为企业的发展提供资金。第二，对尚未收回的款项管理松懈，导致资金的回流遭遇阻碍。中小企业普遍面临资金短缺的状况，一是缺乏严密的信用销售规则，而导致收账周期延长，催款不力，逐步演变成坏账，进一步加剧了这些企业资金链的紧张；二是现金管理存在疏漏，导致资金要么过剩闲置，要么短缺不足。第三，个别中小型企

业认为持有的现金（银行存款）越多越有利，结果导致大量资金处于搁置状态。个别中小型企业运作模式与此背道而驰，它们在资金运用上缺乏合理的规划，大量投资于固定资产，导致面对营运资金缺口时，无力应对，从而深陷财务泥潭。第四，存货控制薄弱，造成资金呆滞，周转失灵，对财产的重视程度低于货币，导致资源流失与严重浪费。中小企业领导者群体中，许多人将现金控制视为关键环节，他们严谨对待财务往来，确保每一笔收支都精确无误，一旦发生错误便迅速采取措施进行纠正，资金的安全存放亦被放在重要位置，以保证企业流动资金的稳定。但是，他们对于原料、中间产品以及固定资产的管控松懈，储存维护不周，即便发生问题亦无追究责任者，导致资源流失与损耗极为严重。

三、中小企业的发展条件

中小企业稳步成长，是完善社会主义市场经济体制的根本基石与不可或缺的条件。内部与外部构成影响中小型企业成长的双重因素，分别代表企业内部的条件和周遭的外在条件。

（一）良好的内部环境

中小企业要想得到迅速发展，就需要具有在市场开发、财务分析、人力资源管理等方面经验丰富的专业人员，设立相应的管理机构，提高经营者的素质，以提高企业的经营管理水平。同时，随着企业经营规模扩张，同外界经济组织联系的多样化、广泛化和复杂化，要加强中小企业的生产、营销、财务、人事等各个方面的管理，总之，只有具备了良好的生产经营能力，才能促进中小企业的发展。具体而言，主要应考虑以下几方面。

（1）生产设备必须与产品的生产要求相契合。这意味着企业所配备的设备应满足既定的产量与质量标准，确保生产流程中各环节协同运作，无缝对接。

（2）精湛的制作技艺。这意味着生产流程整体必须具备前沿性、科学性以及独特的风格。

（3）卓越的技术能力。这意味着产品在制造过程中必须满足既定的设计标准，同时，还应掌握设备保养、创新与升级的技能。

（4）优质的原材料。在确保生产的基本需求得到满足的同时，选取的原材料应当与最终产品的性能标准、品牌形象以及成本预算相契合，以确保原材料的优质来源。

（5）技艺精湛的职工。工作者具备高尚的职业操守、专注的工作热情、卓越的职业技能，以及与生产标准匹配的熟练操作能力。

（6）优秀的质量控制。公司出产的商品需要品质上的极致提升，攀升至同行业公布的领先标准。

（7）精心调整生产架构布局。全程将资金占用降至最低，贯穿企业原材料采购、库存管理、生产制造，以及最终产品销售的各个环节。生产组织架构呈现出紧凑、逻辑性强、且经过精心优化的态势。

（8）良好的扩大再生产能力。企业的资金积累、原材料、厂房设备、技术能力、市场占有、员工素质等方面具备扩大再生产的能力或潜力。

（9）良好的生产环境。企业生产经营活动外部在法规政策、党政主管部门行为、税收政策、金融支持、社会关系等方面具备良好的大环境；内部在生产环境、生产管理、厂区建设等方面具备良好的小环境，并符合国家规定的生产条件和要求。

（二）良好的外部环境

扶持和促进中小企业发展，不仅要解决融资难、贷款难、担保难的问题，而且要为中小企业创造一个公平有序的市场竞争环境和社会服务环境。

（1）优化公司获取资金的氛围。针对信贷融资领域，实施战略以破解中小型企业面临的资金筹集难题；拓展资金筹集途径，火速探究证券市场的另一重要层级，推动股票资本的筹集方式；构筑创新科技企业风险资本注入体系，引导社会中的游资向投资领域流转。

（2）营造一个公正无私的交易氛围。扫除烦琐的工商注册流程，破解企业创立初期的门槛难题，终结多部门重复审批的困境，拆除林立的关卡障碍，以及校正市场准入的不规范自由裁量权。面对市场上混乱不堪的秩序，严重的信用缺失问题以及充斥市场的假冒伪劣商品，亟须我们主动出击，施行有效战略进行整治。

（3）强化小微型和中型公司治理架构的优化。借鉴市场经济成熟国家中小企业的治理智慧，构筑与中国实际情况相契合的中小企业发展战略，优化中小企业的管理体系结构。站在未来发展的视角，逐步协调一致对中小型企业分类的规范，转变现行对中小型企业多部门共管的局面，构建一个集中的中小型企业管理部门，专职负责推动中小型企业成长的相关事宜。

（4）管理部门行为务必恪守规范准则。根除源自不同级别政府机构与职权部门的不规范管理行为；遏制地域护卫倾向及行业庇护举措；推动法律体制革新，严格规范司法行为，确保执行公平裁决。

（5）打造全方位社会服务网络架构。中小型企业之所以能够在特定领域内凸显其竞争力，是因为它们专注于精细化的产品制造。然而，缺少一个完善的社会化服务体系支持，这些企业往往难以维持其专业化的生产模式，导致在激烈的市场角逐中，不少中小型企业不得不黯然退出。针对国内中小企业的发展需要，融合国际上已被验证的宝贵经验，以下服务环节亟须加强：①提供定制化的信息支持，旨在搜集并整理对中小企业至关重要的各类情报，包括但不限于市场动态、技术进展、政策导向以及人才资源等关键信息，在细致分析及深度整合的基础上，向这些企业输出高质量的信息咨询服务。②穿梭于商业实体与科研机构之间，该服务充当着连接的纽带，促进经济体之间的协作活动，同时为产品的国际输出提供桥梁式的协助。③提升中小型企业主的能力层次，辅导其优化管理技能，进而强化经营战略与效能。④针对公司运营状况进行分析与战略引导工作。

第二节 中小企业的融资管理

一、中小企业融资概述

随着社会主义市场经济体制改革的不断深化，中小企业以其灵活的经营机制、多样的经营方式和创新的经营理念，逐步成为中国经济发展的一支生力军，为中国经济的持续高速发展做出了重要贡献。目前，中国中小企业已经超过 3 000 多万家，占全国企业总数的 90% 以上，中小企业在全国工业总产值和实现利税中的比重分别达到 60% 和 50%，并提供了约 75% 的城镇就业机会。尽管中小企业已成为中国经济发展中不可缺少的组成部分，但也面临着资金、技术、人才和信息等方面的困难，一定程度上制约了中小企业的发展。其中，融资难就是一个突出的问题。

（一）中小企业融资的作用

企业为保障生产经营及投资资金的需求，通常会采用各式途径及手段，确保其资金筹集活动既准时又适量，此过程即为融资。

（1）推动公司转型升级，助力打造现代化企业架构。

众多国内中小企业采用家族式管理，在成长至某个程度后，不可避免地遭遇了结构调整与体制改革的挑战，借助公开募集资本或是迎接风险投资，特别是通过股票市场公开交易，激励公司依照当代企业规范构筑和强化其管理体系，转变原有的家族管理模式，提升运营机制至更高层次。

（2）促进企业财务管理的升级，加速融入全球经济的步伐。

众多处于起步阶段的中小型企业，在经历了创业的初步阶段或是创业之后的成长期，往往因为企业内在的先天性短板而受制。企业呈现出理念与现实脱节、技术装备滞后、管理能力缺失、规章制度不完善等一系列问题，这些问题正严重制约着企业的持续成长。借助资本筹措的过程，将强制性地促使企业关注资金的时间价值及其使用成效，同时促使企业深入思考自身质素的好坏与经济收益的多少。企业在筹集资金及资本投入的过程中，必须致力于减轻资本负担，增强负债偿还力，降低财务风险，以此推动理财技能的升级。

（3）助推企业规模拓展，助力其稳健成长。

为了战略扩张的必要，众多中小型企业势必要对外界实施有目标性、有战略性的广泛资本筹集，确保企业得以增强实力、扩大规模。企业的快速扩张，无论是生产还是市场版图的拓宽，单纯依赖自有资金池，往往不足以支撑其激增的需求。企业借助资本筹集，不只是对引入前沿技术、购买尖端设备、创新产品线、拓展生产规模起到关键性作用，其对达成发展规划中的里程碑、产品营销、货币流通、资产管理以及资本运作之间的互惠互利且积极促进的健康循环也具有深远影响。

（二）中小企业融资的要求

在社会主义市场经济体制不断完善的过程中，伴随着金融业务的迅猛增长，资金筹措的成效及其潜在风险日益成为影响中小型企业存续与成长的关键因素。确立资金筹集的规模，挑选适当的资金筹集途径和方法，抓住资金筹集的机遇，剖析资金筹集的架构，减少资金筹集的风险，以及取得资金筹集的回报等，这些既是中小型企业资金筹集决策的核心要素，也是达成资金筹集目标的必备考量要点。为实现融资的目的，在进行融资过程中必须遵循如下要求。

（1）精心策划融资战略，保障资金收益最大化。

中小型企业若要融资，其核心条件在于确保通过融资获得的经营或投资回报超出融资过程中产生的费用、借贷利息、股权收益成本以及不可预知的风险损耗。若此条件不满足，则应考虑放弃筹集资金。

（2）精确估算资本需求，确保在适当的时刻，以恰当的程度迎合运营或投资的具体要求。

在开展生产运营与资本投入的过程中，企业不可避免地需要掌握一定数额的资本。于是，便涉及如何精确界定适宜的资金规模这一议题。资金短缺将阻碍企业日常运营及投资行为的顺畅执行。资本盈余将对资本运用的效率产生负面影响，导致筹措资金的费用上升，同时也会提升企业的财务安全风险。因此，务必依据公司运营管理与资本投入的实际需求，本着一丝不苟、确有必要的准则，来敲定资金筹集的总量。这样做既可确保企业运作与资本运作的无缝衔接，又可避免资金的无效消耗。

（3）精心筛选融资途径与手段，致力于减少资金成本。

企业筹集资金的途径及手段丰富多样，无论选择哪一途径或是采取何种手段进行资本积累，均不可避免地产生相应的资本代价。在申请银行信贷的过程中，不可避免地需要承担贷款利息的支出。股票与债券的发行，不仅涉及发行成本，更有股息与债息的额外开销。将合作参与者投入的资金作为资本，便需对投资者发放回报分红。资金来源的多样性孕育了资本成本的多重性，即便资金出处一致，不同的融资途径亦会导致成本差异。资本成本，作为决定企业融资效率的关键因素，其波动直接关系到融资的成效。于是，在筹集资金之前，务必细致评估不同资金来源的成本，明智地决定融资途径与手段，旨在以最低的资本代价实现最大的资金收益。

（4）构筑先进的企业形象，打造优越的融资声誉。

在某种程度上，市场交易体系实际上依托于信誉体系。故而，企业要想吸引资本注入，无论是通过吸引投资方注资，或是向贷款机构申请贷款，或是采取社会融资方式，必须以积极正面的企业形象及稳固的商业信誉为基础。企业要壮大并拓展投资领域，其路径选择须与国家经济增长方向和社会进步需求相契合，同时确保在经济效益与社会利益上实现双重提升。因此，企业的运营管理能力至关重要。

只有秉承科学性、现代化及国际化的标准，通过优异的运营成果，打造出积极的公众形象，企业才能赢得较高的社会评价。信用是企业开展业务的必要条件，一旦频繁违约，拖欠款项，企业的信誉将随之崩塌，进而使资金筹集之路变得崎岖难行。

（5）重视资本结构的配比均衡，以降低财务筹资的潜在危害。

企业面临的风险在融资方面主要与资金的本质、使用目的、约定的归还时间及产生的收益紧密相关。故而，在资金筹措阶段，探究公司资本需求状况至关重要。依据公司运营的特殊性、市场供需的波动性、资金运用的效益优劣、利率变动的幅度等多重因素，科学设定自有资金与借贷资金、营运资金与技术改造资金、长期资金与短期资金之间的配比，旨在促进公司利益最大化，规避风险，增强资本增值潜力，降低融资过程中的不确定性。

（6）寻觅恰当的资本注入机遇，保障资金筹措活动的圆满完成。

在经济大潮中，各公司需密切关注宏观经济趋势，以及货币与财政政策的最新动态。实时掌握国内外金融市场的利率波动与汇率变化是必不可少的，这有助于预见那些可能影响公司融资的多元要素。基于此，探寻适宜的融资途径并制定精确的融资战略显得尤为重要。

二、中小企业融资的来源渠道

企业资金管理中，筹集资本扮演着开启篇章的关键角色，它构成了财务策划的基石。企业资金获取的途径可归纳为三大流派：①主权资本。主权资本涵盖了投资者注入企业的本金，以及由投资者注入却未构成实收资本的那部分资金，或通过其他途径获得的资本公积，这一切均映射出所有者的权益所在。②内部资金积累。内部资金积累是指从净收益中划拨所构成的留存盈余及未作分配的盈利，这两者均体现了资产持有者的权益。③债务资本。债务资本包括从银行以及各类非银行金融机构筹借的长期资金，以及通过发行长期债券获得的资金。它所体现的是债权人拥有的权利与利益。主权资本和内部资金积累被归类为产权资本，债务资本则被划分到负债资本范畴。

（一）国家财政资金

1999 年，我国创立了旨在促进科技型中小企业创新的专项基金。该基金由科技部负责管理，接受财政部监督，每年划拨 10 亿元人民币以充实基金实力。该基金在本质上属于政府设立的特殊用途资金，主要由中央财政的划拨以及银行储蓄产生的利息构成。该基金成立宗旨并非追求利益最大化，其核心职能是助力科技创新，为规模较小的科技单位提供项目资助，推动其技术革新进程。

（二）金融机构贷款资金

在现阶段，商业银行承担着为中国市场供应信贷资金的核心角色。国内的银行体系涵盖了几大类别，诸如国家直属的商业银行、非国有的商业银行、限定区域或地方的商业银行以及海外资本背景的银行。金融机构对企业提供的各类借款构成了企业信贷资金，在现阶段，这成为我国众多中小型企业获取资金支持的最普遍渠道。

（三）非银行金融机构资金

非银行金融机构资金是指信托投资机构、保险实体、融资租赁实体、证券交易实体以及隶属于企业集团的财务实体和典当行等机构，它们所供应的信贷资本，即为非银行金融机构的资金。涉足金融领域的信托投资机构，其主要业务集中在开展信托、委托以及代理类的资金筹措活动。运营保险业务的机构所提供的金融服务涵盖了短期的信贷业务、长期与中期相结合的资本运作以及证券市场的资本投入等多元化范畴。企业内部的金融事务主要由财务机构负责，该机构专注于处理集团内部各成员间的储蓄、借贷以及资金调拨业务。特殊金融机构，即典当行，专为个体及多数非国有企业性质的中小企业，提供一种短期的资金援助。

（四）民间投入资金

居民持有的高级财务结余，作为一种独立于银行及非银行金融机构的个人资本，构筑了资金来源的一个独特渠道。该资本同样可供企业利用，如接纳直接投资、推出股票、发行债券等多种途径。

（五）企业保留的资金储备

企业内部积累的资金，如累积的固定资产折旧费用、无形资产的分期摊销以及保留的盈利，构成了公司的自留资金。

（六）其他企业资金

公司之间互投资金以及商业信誉的形成，构成了企业资本的一个关键渠道，如接纳直接注入资本、商业信任等形式。

三、中小企业融资的方式

资金筹措途径的核心在于明确资金来源的主体，即在确定资金获取路径的基础上，探究运用何种最为恰当的方法来集聚资本。企业资金的筹集路径构成了其资本获取的起点与取向，而实施的具体手段则描绘了企业融资行为的细节战略。两个对象间的特定联系显而易见。在特定条件下，仅限一种融资途径适用独特的资金筹集手段。然而，在多数情景中，各融资途径的资金可通过多样化的筹集手段获取，并且，某一种筹集手段同样能够匹配众多不同的融资途径。中小型企业获取资金的途径大致可分为以下几类。

1. 吸收直接投资

企业采取一种资本筹集途径，该途径基于"利润同享、风险共担、经营互助、投资共有"的理念，旨在引入国家资本、私人资本、法人资本以及外资，这种方式被称为吸收直接投资。吸收直接投资的方式分为外部直接注入资本、出售股份、保留盈利三种。该模式构成了非股份制企业筹集启动资金的核心途径。

参与直接资本注入的各方均对企业资产拥有主权，作为公司的主人，他们掌握着企业的管理及运营决策权。当企业运营态势良好，收益丰厚之时，投资者根据各自的投入比例均等享受盈利果实。然而，一旦企业面临经营困境，连续遭受亏损，甚至走到破产清算的边缘，投资者们同样需按照其资本投入的占比，在既定的资本范围内对损失负责。

接纳外部资本注入的形式多样化，包括以货币资金的形式、以物质资产的形式、以工业知识产权的形式、以土地使用权益的形式进行投资。企业的资本注入方式，除了遵循国家相关法规之外，必须在公司设立之际，在通过审批的合约和章程里明确细致地予以载明。当股东拟以实体资产、工业产权、非专有技术或土地的使用权益作为投资时，必须进行价值评估，确保资产评估的真实性，避免过高或过低估计资产价值，同时依照法律规定完成资产所有权的变更程序。将工业产权和非专利技术作为投资的价值，通常其上限不应超出企业注册资金的20%。然而，在国家的特定政策指导下，若以高新技术成果形式投资，则该比例可提升至35%。

吸收直接投资的优势体现为：①加速构建起运营和生产的规模体系，从而有效提升公司的核心竞争力。②采纳前沿设备与技术，助力企业生产力跃升。③依据营业实况，对投资者分配回报，财务上的不确定因素相对较低。

吸收直接投资的劣势体现为：①资金成本相对提升。在企业的运营表现优良且盈利水平较高之际，对投资者的回报计算是基于其投入资本的额度以及企业所获得的净收益量来决定的。②控制权易于流失。引入外部直接资本注入，出资者普遍期望获取与资金投入成比例的运营管理权限。一旦其持有的股份比例达到特定标准，便能够实现对公司的全面主导。

采用接纳外部资本注入的方式，公司通常须依照以下流程进行操作。

（1）确定融资规模。企业创立之际，一般会选用引入直接资本注入作为其筹集资金的手段。在开展引资活动前，需依据公司经营领域、产品制造特性、资本投入额度、规定的最低注册资本及贷款融资的可行性等多方面因素，明确适宜的资金筹集额度。

（2）寻求资本注入伙伴。在接纳外部直接资本注入之前，公司需展开一系列的宣传活动，确保投资者对公司的未来发展规划、经营性质及规模大小、盈利潜力以及利润分配方案有深入的认识，从而筛选出契合的合作伙伴。

（3）协商资本投入事项。在寻觅到投资者之后，必须着手商议资金投入的形式、所占股份的比重、资金的额度以及介入经营管理的具体模式。在资金注入的形式选择上，除非企业有特殊需求，通常情况下，尽可能促使投资者以货币形式进行资本注入。

（4）签署投资合同。在明确投资意向和条款后，企业与其投资者需遵循公正与合理的准则，共同商定对实物、工业产权及土地使用权的估值。若双方难以直接达成一致，可求助于双方均认可的、具备相应资质的评估机构来做出价值判断。在投资者明确资金投入的资产估值之后，必须签订一份投资协议或正式合同，以此在法律层面确立参与各方的责任、权益与担当。

（5）确保按期获取资金。依照投资协议所载明的条款，各主体在规定的期限内，通过既定的方式和比例，注资既定金额，从而依照规定程序取得资金。投资者若未能依照既定规则缴纳其承诺的资本额，则须向已全额缴纳资本的股东履行违约赔偿之责。

2. 发行股票

股份制企业为筹集资本而发布的证券即为股票，它代表着投资者持有公司股份的证明，并作为获取红利的凭据。股份是股份有限公司投资人的投资份额，是股东权利和义务的计量单位。股份是股票的实质内容，股票是股份的证券形式。与吸收直接投资相比，股份有限公司可以将其所需筹措的自有资金划分为较小的计价单位，如1元、5元、10元等面值的股票，这就为不同的投资者提供了投资、转让、抵押和继承等便利。归纳起来其具有以下四个主要特征：一是投资的永久性。投资者投资入股后，只要公司在经营存续期间，就不能直接向公司退股，只能通过证券市场进行转让。所以，发行股票筹措的资金是公司的永久性资本。二是收益的风险性。股票的收益包括红利和差价，前者是由公司产生利润后进行的股利分配收益，后者则是低价买入、高价卖出的投机收益。这些收益均与公司的经营业绩、股利政策、持续获利能力等有关，故具有一定的风险性。三是决策的参与性。投资者凭其股票持有权参与企业的经营管理和利润分配，并对企业的经营状况承担有限责任。正因为如此，股东从自己的资本安全性、收益风险性和责任有限性出发，必然要参与公司的经营决策、筹资决策、投资决策和股利分配决策，以维护自己的正当权益。四是转让的市场性。股票持有者通过证券交易所将股票按一定的价格转让给愿意购买该股票的投资者，从中收回投资并取得收益。

股票可以从不同的角度进行分类，主要包括：

（1）按投资主体不同分为国家股、法人股、个人股和外资股。国家股是指有权代表国家投资的政府部门或机构以国有资产投入公司而形成的股份，国家股属于公司的国家资本金。法人股是指法人单位以其依法可支配的资产投入公司而形成的股份，法人股属于法人资本金。个人股是指社会个人或公司内部职工以个人合法财产投入公司而形成的股份，个人股属于个人资本金。外资股是由外币认购和买卖的股票。

（2）根据发行手段的差异，高级财务管理将股票划分为两种类型：一类是注明持有者姓名的记名股票，另一类则是不标注具体持有者信息的无记名股票。特定股票上明确记录持有者名字，并在独立的名册中为其设立条目，此类证券同时配备一份权益指南，被称作记名证券。股票若需易主或传承，必须走完全过户程序。匿名股票是指那些不将持有者名字刻印在证券表面的股份凭证。它的转让、继承无须办理过户手续。

（3）按股票持有人的权益不同分为普通股和优先股。股份有限公司依据法律规定发行的股票，具备管理权限且股息不固定的特性，被称作普通股。股份公司初次发行的股票一般均为普通股。普通股持有者按章程规定履行股东权利和义务，参与或监督企业经营管理，享有获得股息和优先认股的权利，但在公司倒闭破产时，无优先索偿财产分配权。优先股是公司依法发行的给予认购人某种优先权的股票。优先股持有者有优先于普通股分得固定股息的权利，在公司解散、改组和破产时，有优先索取剩余财产的权利，但无权参与公司的经营管理。

此外，我国股票上市的市场分为主板市场、创业板市场、科创板市场、北京证券交易所市场、新三板市场。

主板市场，也称为一板市场，是传统意义上的证券市场，指一个国家或地区的证券发行、上市及交易的主要场所。主板市场突出"大盘蓝筹"特色，重点支持业务模式成熟、经营业绩稳定、规模较大、具有行业代表性的优质企业。中国大陆主板市场的公司在上交所和深交所两个市场上市。主板市场对发行人的营业期限、股本、盈利水平、最低市值等方面的要求标准较高，上市企业多为大型成熟企业，具有较大的资本规模以及稳定的盈利能力，因此被称为"国民经济晴雨表"。

创业板市场适应发展更多依靠创新、创造、创意的大趋势，主要服务成长型创新创业企业，支持传统产业与新技术、新产业、新业态、新模式深度融合。创业板市场注重公司的发展前景与增长潜力，上市标准要低于成熟的主板市场，是一个高风险的市场，更加注重公司的信息披露。

科创板市场是独立于现有主板市场的新设板块，其面向世界科技前沿、经济主战场、国家重大需求，优先支持符合国家战略，拥有关键核心技术，科技创新能力突出，主要依靠核心技术开展生产经营，具有稳定的商业模式，市场认可度高，社会形象良好，具有较强成长性的企业。科创板市场重点支持新一代信息技术、高端装备、新材料、新能源、节能环保以及生物医药等高新技术产业和战略性新兴产业，推动互联网、大数据、云计算、人工智能和制造业深度融合，引领中高端消费，推动质量变革、效率变革、动力变革。

北京证券交易所（简称"北交所"），于2021年9月3日注册成立，是经国务院批准设立的中国第一家公司制证券交易所，受中国证监会监督管理。北京证券交易所聚焦实体经济，主要服务创新型中小企业，重点支持先进制造业和现代服务业等领域的企业，推动传统产业转型升级，培育经济发展新动能，促进经济高质量发展。

新三板市场，即全国中小企业股份转让系统。新三板市场聚焦服务实体经济，主要服务创新型、创业型、成长型中小企业，支持中小企业高质量发展。新三板市场具有准入门槛比较低、挂牌时间比较短、成本低、成长性好、流动性差等特点，是完全独立于上交所和深交所的全国性企业股权交易场所。新三板市场原指2006年中关村科技园区非上市股份有限公司进入代办股份系统进行转让试点，因为挂牌企业均为高科技企业而不同于原转让系统内的退市企业及两网公司，故形象地称之为"新三板"。2013年12月，国务院发布《关于全国中小企业股份转让系统有关问题的决定》，意味着新三板正式扩容至全国，成为全国性的非上市股份有限公司股权交易平台，主要针对的是中小微型企业。

在表9-2中，展现了新三板与主板、中小板、创业板之间的挂牌条件详细对照。

表9-2　新三板与主板、创业板、科创板、北交所挂牌条件对比

市场制度	新三板	主板	创业板	科创板	北交所
上市主体资格	证监会核准的非上市公司	股票公开发行	股票公开发行	股票公开发行	股票公开发行
股东人数要求	可超过200人	不少于200人	不少于200人	不少于200人	不少于200人
存续时间	存续满两年	存续满三年	存续满三年	存续满三年	存续满三年
市值及财务指标要求	1. 最近一年研发投入不低于1 000万元，且最近12个月或挂牌同时定向发行获得专业机构投资者股权投资金额不低于2 000万元； 2. 挂牌时即采取做市交易方式，挂牌同时向不少于4家做市商在内的对象定向发行股票，按挂牌同时定向发行价格计算的市值不低于1亿元；	1. 最近3年净利润均为正，且最近3年净利润累计不低于2亿元，最近一年净利润不低于1亿元，最近3年经营活动产生的现金流量净额累计不低于2亿元或营业收入累计不低于15亿元； 2. 预计市值不低于50亿元，且最近一年净利润为正，最近一年营业收入不低于6亿元	1. 最近两年净利润均为正，累计净利润不低于1亿元，且最近一年净利润不低于6 000万元； 2. 预计市值不低于15亿元，最近一年净利润为正且营业收入不低于4亿元； 3. 预计市值不低于50亿元，且最近一年营业收入不低于3亿元	1. 预计市值不低于人民币10亿元，最近两年净利润均为正且累计净利润不低于人民币5 000万元，或者预计市值不低于人民币10亿元，最近一年净利润为正且营业收入不低于人民币1亿元； 2. 预计市值不低于人民币15亿元，最近一年营业收入不低于人民币2亿元，且最近三年累	1. 预计市值不低于2亿元，最近两年净利润均不低于1 500万元且加权平均净资产收益率平均不低于8%，或者最近一年净利润不低于2 500万元且加权平均净资产收益率不低于8%； 2. 预计市值不低于4亿元，最近两年营业收入平均不低于1亿元，且最近一年营业

表9-2(续)

市场制度	新三板	主板	创业板	科创板	北交所
	3. 最近两年净利润均为正且累计不低于800万元，或者最近一年净利润不低于600万元； 4. 最近两年营业收入平均不低于3 000万元且最近一年营业收入增长率不低于20%，或者最近两年营业收入平均不低于5 000万元且经营活动现金流量净额均为正； 5. 最近一年营业收入不低于3 000万元，且最近两年累计研发投入占最近两年累计营业收入比例不低于5%； 6. 最近两年研发投入累计不低于1 000万元，且最近24个月或挂牌同时定向发行获得专业机构投资者股权投资金额不低于2 000万元； 7. 挂牌时即采取做市交易方式，挂牌同时向不少于4家做市商在内的对象定向发行股票，按挂牌同时定向发行价格计算的市值不低于1亿元	元，最近3年经营活动产生的现金流量净额累计不低于2.5亿元； 3. 预计市值不低于100亿元，且最近一年净利润为正，最近一年营业收入不低于10亿元		计研发投入占最近三年累计营业收入的比例不低于15%； 3. 预计市值不低于人民币20亿元，最近一年营业收入不低于人民币3亿元，且最近三年经营活动产生的现金流量净额累计不低于人民币1亿元； 4. 预计市值不低于人民币30亿元，且最近一年营业收入不低于人民币3亿元； 5. 预计市值不低于人民币40亿元，主要业务或产品需经国家有关部门批准，市场空间大，目前已取得阶段性成果。医药行业企业需至少有一项核心产品获准开展二期临床试验，其他符合科创板定位的企业需具备明显的技术优势并满足相应条件	收入增长率不低于30%，最近一年经营活动产生的现金流量净额为正； 3. 预计市值不低于8亿元，最近一年营业收入不低于2亿元，最近两年研发投入合计占最近两年营业收入合计比例不低于8%； 4. 预计市值不低于15亿元，最近两年研发投入合计不低于5 000万元。最近一年期末净资产不低于5 000万元
股本总额	公司股份总额不低于500万元	公司股份总额不低于5 000万元	公司股份总额不低于3 000万元	公司股份总额不低于3 000万元	公司股份总额不低于3 000万元
其他条件		持续督导期间为股票上市当年剩余时间及其后2个完整会计年度	持续督导期间为股票上市当年剩余时间及其后三个完整会计年度	持续督导期间为股票上市当年剩余时间以及其后3个完整会计年度	持续督导期间为股票上市当年剩余时间及其后3个完整会计年度

发行股票的优点：①无固定利息负担；②无固定到期日，不用到期偿还；③筹资风险小；④有利于提高公司的信誉。

发行股票的缺点：①发行股票受法律、法规以及公司经营状况的制约，发行数量有限；②股票发行手续烦琐，发行时间较长；③资本成本高；④容易分散控制权。

发行股票的目的是公司决定股票发行方式、发行程序、发行条件的前提。其主要目的在于：一是募集资金，设立股份公司；二是追加资金，扩大经营规模；三是吸引资金，分散经营风险；四是筹措资金，扩大公司影响。

企业股份机构在进行股票发行的过程中，必须满足一系列发行的基本要求，获得相应的发行资质，完成所有必备的程序之后，方能正式对外发行股票。

3. 发行债券

债券是社会各类经济主体为筹措负债性资金而向投资人出具的、承诺按一定利率定期支付利息并到期偿还本金的债务凭证。发行债券是企业取得借入资金的重要方式。由于企业将所需借入的资金划分为许多较小的计价单位，如 100 元、500 元、1 000 元等不同票面价值的债券，这就为不同的投资者进行投资提供了方便。债券体现了债券持有人与债券发行人之间的一种债权、债务关系。债券具有以下三个特点：①流动性，债券可以在证券市场上流通转让。②收益性，债券持有人可以定期获得固定的债券利息。③安全性，由于债券发行要进行信用等级评定，而且大多需要担保，所以投资风险较低。债券可由个人或单位购买，可以转让、继承，可作为抵押品，但不能提前兑现。债券持有者与企业之间只是一种借贷关系，持券人可按期获取利息，到期取回本金，但无权参与经营管理，不承担企业经营亏损的责任和义务。

债券一般由面值、价格、利率、还本期限与方式四个基本要素构成。债券面值包括两个内容：币种和票面金额。债券价格是指债券发行时的价格，它可以等于、低于或高于债券的面值，主要取决于资金市场的供求关系、市场利率等变化情况。债券利率是指债券利息与债券面值的比率，分为固定利率与浮动利率，一般为年利率。债券利率直接关系到投资债券的收益，它主要受资金市场的供求关系、银行利率水平、债券的偿还期限、债券的信用等级等影响。债券还本期限与方式必须在票面上注明。前者是指债券发行到归还本金之间的时间，后者是指一次还本还是分期还本等形式。债券还本期限越长，不确定性因素越多，投资风险相对来说越大；反之，则相反。

债券的类型主要有以下几种。

（1）按是否记名，分为记名债券和无记名债券。记名债券是指在票面上注明债权人的姓名或名称，同时在发行的债权人名册上进行登记的债券。如果未予以注明的即为无记名债券。

（2）按有无抵押担保，分为信用债券、抵押债券和担保债券。信用债券是指以债券发行人的信用发行的债券，政府债券均属于信用债券。抵押债券是指以一定的抵押品作抵押而发行的债券。担保债券是指由一定的保证人作担保而发行的债券。

（3）按是否可以转换为股票，分为可转换债券和不可转换债券。可转换债券是指债券持有人可将其兑换成同一公司普通股股票的债券；不能转换成公司股票的债券即为不可转换债券。

（4）按利率不同，分为固定利率债券和浮动利率债券。固定利率债券是指在发行债券时已规定固定利率的债券。浮动利率债券是指其利率可随市场利率做相应调整的债券。

发行债券的优点：①资本成本较低。一般情况下，债券利息要低于股票的股利或股息。②能确保经营控制权。③能发挥财务杠杆作用。④可减少企业应纳税所得额。因为债券利息计入财务费用，在税前利润中抵扣。

发行债券的缺点：①筹资风险高。因为债券利息固定，不管公司经营好坏，都必须按期付息，而且债券的还本期限固定，不管公司有无困难，到期必须还本。②限制条件多而且严格。③筹资金额有限。债券发行累计总额不得超过企业净资产的40%。

4. 信贷融资

企业负债筹资途径中，信贷融资占据核心地位，涉及企业向各类银行以及非银行金融机构筹措的多样化资金。信贷融资是指企业通过签署借款协议，从特定银行或其他非银行金融机构中获得的，必须履行偿还本金及支付利息义务的资金。

信贷融资的优点：①降低资金筹措的成本。在金融战略的比较中，通过银行途径进行贷款的资本投入明显低于通过发行股份筹集资金的成本。②融资时间短。公司向金融机构申请贷款，流程相对便捷，能够在较短的时间内实现资金的集结。③资本筹集展现出调整自如的特性。

贷款筹资的缺点：①较高的财务风险。公司向金融机构申请贷款，须按期偿付利息，待约定期限结束时返还本金。②限制条件多。流动性、安全性以及营利性是银行放贷时关注的三大要素，只有当企业展现出良好的运营状态与卓越的信用等级时，方有机会获得相应贷款。③资金筹措额度受限。④宏观财经状况演变引致金融利率波动的潜在威胁。

自《中华人民共和国中小企业促进法》落地生效以来，金融机构对中小企业的信贷支持显著增强。金融体系在制度架构、管理战略以及操作工具上持续革新，从而推出了一系列新型中小企业信贷融资模式。

（1）融合全面信贷额度。

银行针对合规企业提交的书面授信申请，通过全面评估该企业的各项状况，明确其在特定时间段内所能享有的信用限额，并就此与企业缔结授信协议，此过程即为综合授信。综合授信包括企业主体进行的本币及外币种类贷款、贸易项下融资、票据贴现、汇票承兑、保证担保以及信用证开立等多类型金融业务。综合授信通过后，在规定的期限及限额内，企业得以依据资金的具体需求，分阶段反复利用资金，实现灵活的借还过程。

取得银行综合授信企业的条件：①符合国家产业政策和市场发展要求，内部管理健全，无不良信用记录；②市场开拓能力强、产品适销对路，获利能力较好；③资产负债率处于合理水平，经营性现金流量充足，能确保贷款的偿还；④与银行有较长期的合作关系，并且有与银行贷款额度相匹配的结算往来；⑤企业信用评定等级在规定级别以上。

（2）信用担保贷款。

针对中小企业融资困境，尤其是贷款与担保的难题，我国着手开展了构建全国中小企业信用担保体系的初步试验项目。首批纳入全国中小企业信用担保体系的 104 家试点担保机构分为以下几类：①都市中小企业信用担保机构占据了 59 席；②省级中小企业信用再担保机构有 7 家；③从事中小企业担保业务且满足试点要求的商业担保机构和互助担保机构共计 38 家。全国范围内，首批加入中小企业信用担保体系的银行网点，包括分行与支行在内，总计 229 家。在这些银行中，国有商业银行的比例达到 63%，而股份制银行、地方性商业银行以及城乡信用合作社则占据了余下的 37%。

全国中小企业信用担保体系旨在支持国家产业发展战略，为那些具备产品线、市场潜力以及光明发展前景的中小型企业提供信用担保。这些企业或是以技术为核心推动创新，或是以劳动密集型方式促进城乡就业增长。

各类中小企业所涉及的信用担保主要涵盖了几大类别：为期限较短的银行借款、贷款期限延伸至中长期种类的银行信贷、融资性租赁业务以及其他各类经济合同所提供的担保行为。目前，焦点主要集中于为短期内的流动资金需求所提供的贷款担保。

在挑选中小企业信用担保的相关机构时，可发现其组织形态大致分为几种：一是以企业法人身份出现的中小企业信用担保公司；二是作为事业法人的中小企业信用担保中心；三是属于社团法人的中小企业信用担保协会。

担保程序包括：第一，债务人提交担保申请，债权人签字确认；第二，信誉审查与担保审查；第三，担保机构介入，与债权人签署担保合同或反担保合同；第四，债务人履行合同，按时交纳担保费；第五，合同无法执行时，担保机构承担代偿责任；第六，担保机构执行追索程序。

（3）买方贷款。

企业面临资金短缺的困境时，如果难以找到适当的抵押物或担保人，导致无法获得银行信贷，但其产品市场销路稳定可靠，银行可以依据销售合同，向该产品买方提供相应额度的信贷援助。卖方借助此法，能够自买方处获得一定比例的预先付款，进而缓解面临的资金短缺困境。买方或许会签发一张商业票据，随后卖方携带该票据至金融机构进行折扣兑现。

（4）外汇赚取型信贷。

对于外贸型企业，金融机构会依照出口合同内容，或者依据进口商出示的信用证，发放相应的打包融资贷款。针对那些开设了现钞账户的公司，金融机构能够开展以外汇为抵押的信贷业务。具备外汇收益的企业，能够依托结汇证明文件，从金融机构获得人民币的贷款资格。

（5）票据贴现。

企业收到商业汇票，若在票据未到期前需要资金，可持未到期的商业汇票经过背书后向其开户银行申请贴现。票据贴现是指汇票持有人将未到期的商业汇票交给银行，银行受理后，从票面金额中扣除按银行的贴现率计算确定的贴息，将余额付给贴现企业，作为银行对企业的一种短期贷款。票据贴现的优点：一是不受企业资产规模大小影响；二是比银行贷款手续简便；三是筹资成本低于贷款成本。

（6）基金担保贷款。

基金担保贷款是指由政府出资成立中小企业信用担保基金为中小企业贷款提供担保而形成的贷款模式。我国的中小企业贷款担保基金可根据具体情况采取如下两种运作模式：逐一模式和组合模式。逐一模式是指单个中小企业向担保基金提出贷款担保申请，由担保基金对该企业进行评估，只有通过担保基金评估的中小企业才可获得担保贷款，而且贷款机构提供的每一笔担保贷款都需要经过担保基金的同意，其自身没有权力单方面扩展中小企业的担保贷款额。组合模式是指担保基金先向贷款机构提出一定的关于中小企业能够获得担保贷款的条款，贷款机构可以向满足这些条款的中小企业提供贷款，担保基金对该笔贷款的担保自动生效，但担保机构要求贷款机构定期向其报告这些企业的情况（一般为月报）。

相关企业在运作的过程中应按市场经济合理配置资源的要求，择优用好这笔政策性强而又来之不易的资金。首先，做到四个约束。一是对申请担保的中小企业的约束。相关企业应制定申请担保的基本条件，如产品市场潜力大、经营管理富有效率、企业发展有利于扩大就业、借款投向符合国家政策、技术更新具有行业先进性等。二是对担保程序的约束。相关企业向银行申请借款并经银行初审认可后，再向"基金"申请担保，"基金"投资的企业可以获得优先担保。三是对担保限额的约束。"基金"存入银行后，按银行学原理虽有一定比例的放大，但其毕竟是有限的，只能在一定限度内承担企业不按借款合同还款的风险。相关企业千万不能存有"基金万能"的幻想。四是对"基金"本身的约束。该项基金的扶持对象应是那些市场前景好、发展后劲足、资金回笼快的知识型、科技型、特色型、创造型的具有成长性、营利性的中小企业，不得挪作他用。"基金"应严格按章程规范操作，接受政府委托和政策性银行监管，同时接受出资银行、企业和社会的监督。其次，要保证担保基金有长期稳定的补充资金来源。扶持中小企业是各级政府的长期任务，中小企业信用担保应该作为扶持中小企业的一项长期政策。各级政府出资的中小企业信用担保基金，不能只是一次性的，应该有一个长期的计划，通过长期的担保计划扶持一批又一批中小企业发展，并实现制度化和法治化。

（7）保单质押贷款。

保险公司曾推出一项专门针对投保人的业务，即保单借款服务，此业务通过保单质押的形式开展。当客户遭遇不测或资金紧迫需要中断保险合同时，可以将保单作为抵押品向保险公司申请贷款，以解其一时之困。借款额度取决于保险单的现金价值。获得批准的投保人，在申请贷款时将有机会取得相当于保单现金价值八成的资金支持，该笔贷款的最长期限被限定为半年。鉴于保险产品的收益率与银行业务的利率紧密联系，通常情况下，借款的利率会高于普通银行信贷的利率水平。保单质押贷款是保险公司扩大自身业务范围的一种探索，对中小企业来说不失为一种新的融资渠道和方式。

（8）保单质押贷款。

目前，个别金融机构正积极推广面向个体的典押借款服务，个别典当机构为拓展业务范围，提高操作便捷性，特别增设了网络个人典当借款服务。通过网络平台，借款者能够完成贷款的预约登记、提交申请、偿还债务以及申请延期还款等线上交易活动。

（9）自然人担保贷款。

针对自然人的担保贷款主要用于支持公司运营资本，诸如采购原料、实施技术革新等活动，此贷款未规定最低金额门槛。具有完全民事行为能力、合法居住资格、稳定居住地、正规收入途径以及足够偿还力，并且未出现贷款逾期、欠款、信用卡恶意超支等不良信誉问题及犯罪背景的个人，均有资格作为担保主体。此类个体可通过抵押、权利质押或结合抵押与保证的形式，为企业提供担保服务。

企业借助个人信用作为担保进行贷款的业务模式，不仅实现了银企双方的互利互惠，同时也对我国长期以政府背景或专业信用担保机构为主导的中小企业信贷担保体系进行了重塑。

（10）个人委托贷款。

最近，民生银行、中信银行等商业银行推出了一项个人委托贷款融资业务。它分为两种模式，一种是贷款人和借贷人自行协商贷款利率和贷款用途，由银行提供转账等中介服务；另一种是委托人将资金存入银行，由委托人自行确定贷款金额、期限、利率，银行帮助委托人挑选贷款对象，贷款对象包括自然人和法人，贷款用途不能流入股市，并负责监督贷款的使用和催收。个人委托贷款的利率按照央行的规定，最低可下浮 10%，最高可上浮 30%。银行根据委托贷款金额大小以及业务复杂程度收取一定的手续费和保证金。

个人委托贷款不仅为中小企业增加了一项新的融资品种，而且还为投资者开辟了一种新的投资途径，对改善金融市场环境具有积极的作用。

5. 商业信用

企业在进行商品交易或提供劳务过程中，时常因推迟支付货款或预先收取款项，以及票据的折扣兑现而形成商业信用，这种信用模式属于社会基础信用体系的重要组成部分。延期付款和预收货款是在商品交易中因付款和取货的时间上的差异而产生的信用行为。票据贴现则是转让商业信用的行为。商业信用具有以下三个特点：①商业信用的债权人或债务人都是商品生产者或经营者，债权人即信用的贷出者，在商品赊购行为中，是商品的卖方，在货款预付行为中，是商品的买方。而债务人在商品赊购行为中，是商品的买方；在货款预收行为中，则是商品的卖方。②商业信用的产生，同时包含了商品买卖行为和借贷行为两种性质的经济行为，提供信用的过程就是商品的买卖过程。③商业信用随生产和商品流通规模的扩大以及企业信用程度的提高而发展。

商业信用一般有三种方式。

（1）赊购。

赊购是指企业因赊购材料、商品或接受劳务供应而发生的债务，即应付账款。赊购分一次付款和分期付款两种。企业在取得商品支付货款前，等于筹措到了一笔短期借入资金。赊购的实质是延伸的购买货款支付计划，在此计划下，买方不立刻向卖方支付商品的全部费用，而是先付货款的一小部分（一般称为定金），剩余的部分可拖延至预先约定的时间再支付。

（2）应付票据。

应付票据是指企业根据购销合同，因赊购交易向卖方开出并承兑的商业汇票，从而延期付款而形成的商业信用。商业汇票的付款期限通常为 1~3 个月，最长不得超过6 个月。应付票据在购进商品时签发，因此在兑付货款前企业等于筹措到了一笔短期资金。流动负债中，交易引发的两大类别为应付账款和应付票据。其中，尚未偿还的债务表现为应付账款，而延迟支付的证据则体现为应付票据。

（3）预收账款。

在商务交易中，企业会根据所签订的合约或协商的条款，于商品交付作业启动之前，先行从买方那里收取一定比例或全数的款项，由此建立起的交易信用，被称作预收账款。对于生产周期长、售价高、市场紧缺商品，企业通常向订货人预收货款，从而形成短期借入资金。

商业信用的优点：①融资方便。在商品交易的过程中，一旦寻得买方或卖方，不仅资金的流通难题得以缓解，商品流通的冲突也随之消解，进而使得资金调拨与物品交割的周期大大缩减。商业凭证作为一项实用的信用手段，其在交易中便于流转，并且在关键时候，还能够获得银行的信用加持，这无疑大大提升了其使用的便捷性与时效性。②融资成本低。在商业交易中，信用核心在于一方，无论是商品提供者对买方，或是买方对生产者，所实施的一种无须支付利息或仅需支付微少利息的借贷行为。③限制性条件少。当交易双方达成一致意见，商业信誉便得以建立。

商业信用的缺点：①商品的所有权转移与其价值变现之间出现了临时的断裂，这可能会遮蔽生产与销售间的不平衡状态，进而引发信贷活动的无序扩张。②信用期限短。③交易双方信誉度有可能遭受损害。

6. 吸收创业投资

风险资本，亦称为创业投资，是指金融机构将资金注入那些具备显著成长潜力、有望成为经济飞跃的驱动力及增长源泉的初创公司的行为。这类投资，不论来自专业或业余投资者，均以股权形式，在限定的时间内，为这些企业注入活力。通过管理咨询与辅导，投资者助力这些公司全面发展，直至其成熟。随后，投资者通过公开市场交易或转让等方式撤资，完成资本的增值过程，并启动新的投资周期。

创业投资最先出现于美国，跨越了半个世纪的漫漫求索，它不仅催生了诸如微软、网景、雅虎、戴尔等全球范围内高科技领域的巨头，同时也促进了无数中小企业的蓬勃发展。创业投资在我国最早起步于 1985 年。创业投资具有以下几个特征。

（1）权益性。权益资本投入创业领域，其特性并非债务资金，宗旨在于为那些正处于起步阶段、增长迅速的初创公司，特别是那些尚未公开交易股份的创业实体，提供持续且期限漫长的资金援助。

（2）股权性。创业投资通常通过购买股权方式进行投资，这是一项高度商业性的投资活动。

（3）创新性。创业投资实际上是一种创新精神、技术进步与商业投资运作综合作用的结果，它通过资助创新产品或服务的开发，以获取高额商业利润。

（4）专业性。投资创业活动不只是为创业者注入资本，同时也深度参与公司的运营和管理决策。在投资过程中，各项服务诸如技术指导、管理战略、市场推广以及职员教育训练等均被提供，助力投入资本的企业快速实现增长与价值提升。

（5）风险性。创业投资是一种风险投资。由于创业投资所支持创新的技术、产品等都有较高的回报，但成功率较低，所以通常要承担比较高的风险。

（6）长期性。创业投资者帮助企业成长，最终寻求渠道将投资撤出，以实现资本增值，投资的期限一般较长。其中，创业期的投资通常在 7~10 年内才进入成熟期。

（7）周期性。通过长期与中期持有股票，创业投资机构为被投资实体注入持续成长的资金动力，然而这种资本投入并非永久绑定，亦不追求以股息作为主要利润来源，其宗旨并非涉足日常运营。待被投资实体逐步走向成熟，其股权价值得到提升，创业投资便通过出售股份的方式结束投资周期，利用由此产生的收益展开新一轮资本布局。

中小企业吸收的风险资本，主要来自四个方面的投资者。

（1）天使投资者。在创业之路上，那些最早伸出援手的资金提供者被称作天使投资者。他们在企业的产品尚未完善，业务蓝图还未绘就之际，便注入资本，助力这些新兴企业加速发展壮大。

（2）风险投资公司。风险投资公司大部分通过风险投资基金来进行投资，这些基金一般以有限合伙制为组织形式。

（3）产业附属投资公司。这类投资公司往往是一些非金融性实业公司下属的独立风险投资机构。它们以直接股权投资为主要业务，并通过股权转让获取收益。

（4）金融机构。银行、保险公司等通过向即将上市的风险企业和风险企业的杠杆收购业务提供资金，或直接投资合伙制的风险企业，以期获得更高的回报。

创业投资的产业领域主要是高新技术产业。投资方式按投资性质分，主要有三种：一是直接投资；二是提供贷款或贷款担保；三是投入一部分风险资本购买被投资企业的股权。

风险投资的管理流程涉及四个主要的环节：筛选潜在的投资项目，与目标公司商定并签订相应的合同，对投资对象提供必要的指导帮助，以及最终实现投资的撤出。退出风险资本的三种路径包括：①投资机构将手中股份转售给其他投资个体；②该机构所持有的股份被其他公司吸收合并；③投资对象因营运不力导致破产。企业转型至公众持股实体，风险资本投入此过程，随后风险投资实体将所持股份于股市公开交易，旨在回收资本及获取风险回报，这是风险资本退出的最优战略。打造一个专为中小型科技创新公司设计的独立上市板块，或是调整标准，让这类公司更易于在主板上市，这无疑是推动风险资本形成正向循环，促进国内风险投资领域成长的重要举措。

7. 融资租赁

在租赁交易领域，一项兼具融资与融物特性的业务模式是融资租赁。具体而言，此模式涉及出租方通过资金调配，为承租方购置必要的设备，实现了资本与物资的双重供给。该事务核心涵盖出租者、租用者以及供应商三方，并且由至少两份合同共同搭建而成。依据承租者具体需求及其自主挑选，出租者与供应商签署采购协议，并与承租者签订租赁协议，进而把购置的机器设备租赁给承租者进行使用，租赁期限应当超过两个年度。

租借期内，依照契约条款，租户需逐期偿付出租者相应租费。租赁物品的产权始终归出租者所有，租户在此期间则拥有该物品的使用权。当租借期限到达，租户有权根据协议条款选择保留购买、继续租借或归还物品给出租者。

融资租赁的形式：①直接租赁。直接租赁是指由承租人直接向出租人，即租赁公司、制造商等租入所需要的资产。②转用租赁。转用租赁是指根据承租人要求，出租人将资产从他方租进再转租给承租人使用。③售后租回。售后租回是指承租人将资产出售给出租人，再从出租人处租进使用。通过售后租回，承租人既获得了资产使用权，又能将长期资金转化为流动资金。④补偿租赁。补偿租赁是指将直接租赁和补偿贸易、来料加工等贸易方式结合起来，出租人协助承租人用所租进的设备生产的产品进行出口。⑤杠杆租赁。杠杆租赁是指出租人对较大金额的项目只提供小部分投资，其余大部分则以出租的设备为抵押，向银行等金融机构借款支付，然后出租人将设备的使用权出租给承租人使用。

融资租赁的程序：①选择租赁公司；②提出租赁申请；③选择所需设备；④签订购货协议；⑤签订租赁合同；⑥办理验货手续；⑦分期支付租金。

在对比银行贷款的融资方式时，融资租赁展现出其独特的优点：①产权归属与银行信贷体系中的安排不同。金融实体在信贷行为中，对资金的控制权发生转移，转变为债权人身份，丧失了资产的所有权。在租赁期限内，租赁资产的所有权依然归属于融资租赁方，而租户仅获得该资产的使用权限。租赁融资的手段成功规避了资金的不当调配，它在资本累积的过程中有效遏制了转移资金的行为，展现出显著的管控效力。②信用授予的条件各不相同。金融机构在发放贷款时通常设定条件，要求申请贷款的实体必须拥有一定比例的自有资本。具体而言，该比例需达到所申请贷款总额的三成。与此相对照的是，融资租赁业务并不对此类自有资金的比例做出硬性规定。③财力的回归路径存在差异。金融机构的信贷产品通常采取到期　次性偿还本金及利息的方式，这导致贷款主体常常面临较大的偿债负担。企业通过融资租赁方式，能享受到分期偿还租金的便利，并且每笔租金的金额与支付时点均具备较高的弹性，这极大促进了资金流动的灵活性。④资金借贷通过租赁方式迅速完成，办理流程极为简洁。租赁费用归属为日常运营成本，而非资产投资，这简化了决策过程。租赁企业凭借本身在行业内的专业技能，能够立刻完成收购动作。在自主选用银行信贷进行购置的过程中，资金回笼的周期相应地被大幅度延长。融资租赁的缺点：①资本成本较高。租金一般要高于其他负债筹资的利息。②忽略对设施的现代化改造。资产使用者仅享有使用权限，在租赁期内，企业设备的升级换代被忽视，此举对企业技术装备的升级改造造成了阻碍。

融资活动采取租赁形式，其核心为"资物融合"，表现为出租方根据租用方（融资主体）所指定的物品及其供应厂商，对该物品进行购买并支付相应款项。随后，该物品交由租用方使用，出租方借此获得租金回报。当租赁合约到期时，租用方有权选择保留或归还该物品。

在众多国际融资途径之中，融资租赁作为一种金融手段，其地位仅次于银行信贷。然而，观察国内市场现状，融资租赁的渗透率尚不足 7%，这与发达国家约 30% 的渗透率相比，差距显著。在对比传统信贷模式时，融资租赁所展现的特质与优越性主要体现为以下几点：①有效提升资金运作效率，同时减少融资过程中的潜在风险。中小企业往往面临难题，在获取长期或中期的银行信贷方面遭遇阻碍，这些资金原本旨在支持固定资产的构建与投资。于是，众多公司常常冒险采取流转资金借款方式，实施短期借款长期使用的筹资手段，此举无疑放大了企业资金链断裂的潜在威胁。当金融机构决定不再为企业提供续贷服务，该企业可能会面临资金链中断的风险。企业在偿还旧贷款的同时，必须申请新的借款，导致在偿债期限之内承受了明显的资金紧张。设备租赁在融资领域里，常见的是租期设定为该设备预期使用寿命的一半以上。此类安排有助于显著减少企业再次融资所面临的风险，并且能促进资金效率的最大化利用。

②巧妙设计房租支付方案。在银行定期还款的框架之外，融资租赁的战略能够与企业产品的季节性销售状况以及资金实力等其他经营要素相适应，从而调整租金的偿还安排，展现出高度的灵活性。宽限期本金战略，搭配差异化的还款模式，例如等差或等比偿还，以及非均匀的还款额度，为承租人提供了额外吸引力。除此之外，租金的偿还频率也能够根据需求灵活调整，可以是逐月支付，按季度结算，甚至每隔半年进行一次大额支付。③获得进项税额，实现增值税的全链条抵扣，降低增值税税负和现金流出。财政部、国家税务总局于 2016 年 3 月 23 日下发的《关于全面推开营业税改征增值税试点的通知》（财税〔2016〕36 号）中，将融资租赁行业增值税税率划分为三种：不动产融资租赁按 11% 征收；有形动产融资租赁按 17% 征收；融资性售后回租视同贷款，按 6% 征收。这就意味着相比于银行结算的各期利息全额计入财务费用的会计处理，融资租赁方式下的融资费用，即租金部分的利息支出，可取得增值税专用发票，用于增值税抵扣。④盘活存量资产，改善财务报表结构。融资租赁可分为直租方式和售后回租方式。直租是由承租人指定设备并指定第三方供应商，由出租人向第三方供应付款的方式，直租是一种融资用于固定资产投资购买新设备的行为。售后回租是承租人将自有设备销售转让给出租人（租赁物件并不发生实际的占用转移），然后再向出租人租用并按期偿付租金的融资租赁方式。售后回租是企业改善财务状况和获取流动资金的一种有效方式。⑤促进技改，可满足加速折旧的需求。当承租人有足够的应税资源即需要进行所得税筹划时，通过以融资租赁的方式进行技改融资，可以获得加速折旧的利益，达到延迟纳税的目的。

8. 技术创新基金

技术创新基金的主要职能是吸引地方政府、各类企业和致力于科技创新的投资实体及金融单位，共同为中小型企业注入资本，从而逐步构建起适应社会主义市场经济规律、专门扶持中小型企业进行技术革新的投资新体系。技术创新基金旨在提供非营利性支持，助力中小企业在技术创新项目中不断提升，强化它们的创新动能。

技术创新基金专注于资助在中国境内完成注册手续的各类中小型企业，主要是那些与国家产业技术发展方向一致、正处于产业化起步阶段、承担较高投资风险、展现出显著创新能力及市场竞争力的项目和企业。这些项目和企业不仅预期能够带来显著的经济收益，还具备良好的社会效益前景，有望催生新的行业领域。

根据中小企业和项目的不同特点，技术创新基金主要有以下三种支持方式。

（1）贷款贴息。对于达到一定标准，具备显著成效和规模化的创新计划，金融机构通常实施一种政策，即通过贴息手段辅助其获取银行贷款，进而促进生产规模的进一步扩张。通常情况下，技术创新基金的补贴幅度为贷款本金年利率一半至一倍之间，补贴金额上限设定为 100 万元，而对于部分特别重大的项目，则补贴上限可提高至 200 万元。

（2）无偿资助。技术创新基金旨在为中小型企业在其产品创新和技术研发的初步试验阶段提供必需的资助，并且支持科研工作者携带其研究成果创办实体，以促进这些成果的商业化转化。资金援助额度通常限定在 100 万元以内，特定关键项目的上限可达 200 万元，但企业必须确保拥有至少相等数额的自筹资本作为配套资金。

（3）投入资本金。对于一些起始条件优越、创新含量丰富、创新程度高并且潜在创新能力显著、预估投产后市场反响强烈、极有可能催生新产业领域的项目，技术创新基金将实施资本注入的资助战略。本金投入的核心宗旨是吸引其他资本参与，其额度通常控制在公司注册资金的五分之一以内。依照法律规定，该资本可进行合法转让，或通过协作经营的手段，在规定的时限内合法地回收投入资金。

各项满足创新基金资助标准的计划，需由相关企业遵循既定申请程序提交必要的文档资料。这些文档需得到推荐机构的认可与推荐，并在推荐函中明确表达支持立场。那些寻求利息补贴的企业需要额外提交相关金融机构的贷款确认函。

9. BOT

建设—经营—转让模式，简称 BOT，其内涵为政府以合同形式赋予特定实体以工程构建、商业运作及最终移交的权利。

在特定时段内，私营实体（涵盖外资企业）获得一种特殊的经营权，允许其筹集资金用于构建及管理某些关键公共服务设施。同时，这些实体被授权通过向消费者征收服务费用或销售商品的方式，偿还债务，收回资本投入，并获得盈利。当授权使用期满时，相应的公共设施将无条件地转让给国家管理机构。

在国际资本运作中，BOT 模式作为一种高级财务战略，不仅涵盖了建设、管理与最终移交的环节，更是项目资金筹措的手段。BOT 项目贷款实质上是以项目自身的信誉作担保的筹资方式，它与企业贷款模式形成鲜明对比。在采取项目融资途径筹集资金的过程中，金融机构须依赖项目自身的资产及收益，以实现贷款本金连同利息的偿还。在此种资金筹措途径之下，相较于企业自身的融资，金融机构所面临的风险更为显著。一旦项目不幸失利，金融机构有可能无法追回贷款本金及利息，这就导致项目的组织结构通常较为繁杂。构筑如此繁杂的结构体系，必须投入大量的事前准备，而这些准备工作往往伴随着较高的初始成本。在 BOT 项目运作过程中，不论是政府机构还是项目实体的投资者，均会以不同形式为项目注入一定量的援助。银行对于这些政府或项目实体投资者的追偿权，仅受限于他们所提供的援助范围内，不得无限制地追求偿还。因此，针对 BOT 项目的资金筹措通常表现为一种限定追索权的融资模式。鉴于 BOT 项目独享有限追索权属性，项目公司所承担的债务不会体现在股东们的资产负债表之中，这一特性使得股东们有动力为建设项目调集更多资本，因此，BOT 模式被广泛采用。

10. PPP 模式

PPP 模式即"Public-Private-Partnership"，也称 PPP 融资。它是指在构筑城市基础建设的宏伟蓝图过程中，政府机构与私人性质的团体基于特许权协议，携手构建的一种互助协作的伙伴关系。双方通过签订契约，对各自的权利与责任进行界定，旨在保证合作项目能够顺畅推进，进而创造出比单打独斗更加丰硕的成果，实现共赢。

在 PPP 模式下，政府将特定职责通过特许经营权的手段让渡给社会实体，诸如企业等，从而与社会实体构建起一种利益共享的合作架构。

PPP 模式通过构建共享、共同承担风险、全面协作的伙伴模式，减轻了国家财政的压力，同时降低了社会投资者所面临的风险。PPP 模式比较适用于公益性较强的废弃物处理或其中的某一环节，如有害废弃物处理和生活垃圾的焚烧处理与填埋处置环节。在探索合作机制的过程中，挑选适宜的协作项目以及审慎评估政府介入的方式、步骤、途径、规模及其深度，成为一项令人深感纠结且充满探讨价值的话题。

在探索 PPP 概念的多样化形态中，可将广义 PPP 归纳为三种主要类型：服务外包、经营特许以及资产私有化。PPP 模式的项目通常涉及政府资金的注入，私人企业承担项目内特定功能的执行，诸如专注于施工建设，或是接受政府委托对设施进行管理维护以及供应某些公共服务，借此依靠政府支付获取盈利。在 PPP 模式的外包项目中，私营领域所肩负的风险较小，个别项目采取授权经营模式，要求私人资本投入部分乃至全部资金，与此同时，构建特定合作框架，实现与政府部门共同承担风险及分配盈利的模式。项目收益的实际状况将决定公共机构是否向特许企业征收特定费用或提供相应补偿，此举旨在调和私人盈利与项目公益性的均衡，迫使公共部门在两者间巧妙地找到平衡点。因此，特许经营项目的成败在很大程度上受制于政府相关部门的管理能力。通过构建高效的监管体系，使得特许经营项目得以充分挖掘合作双方的独有优势，进而降低整个项目在建设与运营过程中的成本投入，显著增强公共服务的整体水平。资产权益在项目终结时划归公有领域，由此，通常涉及使用权与所有权的转移仪式，意味着在契约期限届满时，私营领域须将项目的使用权或许可权转交至公有领域。在 PPP 模式下的私有化项目中，私人企业承担项目资本投入的职责，接受政府监督，通过向服务对象收取费用，逐步回收成本并获取盈利。在私有化模式的 PPP 项目中，所有权益恒久性地归属私人领域，且此类项目不享有追索权的限制，因此私人部门在这类 PPP 项目中承担的风险最大。

在发达国家，PPP 模式的应用范围很广泛，既可以用于基础设施的投资建设（如水厂、电厂），也可以用于很多非营利性设施的建设（如监狱、学校等）。

PPP 模式的主要优点：将市场机制引入基础设施的投融资。不是所有城市基础设施项目都是可以商业化运作的，应该说大多数基础设施是不能商业化的。政府不能认为，通过市场机制运作基础设施项目等于政府全部退出投资领域。在基础设施市场化过程中，政府将不得不继续向基础设施投入一定的资金。对政府来说，在 PPP 项目中的投入要小于传统方式的投入，两者之间的差值是政府采用 PPP 方式的收益。

（1）缩减额外支出以规避超支现象。在项目启动阶段，私营企业与政府携手合作，共同筛选项目、开展可行性分析以及基础设施和资金筹措等相关建设步骤，确保了项目在技术及财务层面的可靠性，进而压缩了项目前期准备时间，有效减少了项目成本。PPP 模式规定，收益的获取需待项目落成且获得官方许可投入使用之际，私营企业方可行使收益权。此种模式促进了工程效率的提升与建设成本的缩减，同时有效地减免了工程完成阶段的风险及资金链断裂的潜在威胁。研究指出，在常规融资途径之上，PPP 项目通常可以为官方财政节省大约17%的支出，同时能确保工程建设的期限，不出现延误。

（2）转变政府角色，有助于缓解财政压力。PPP 模式使政府从琐碎的政务活动中抽离，转变了身份，不再仅仅作为基础设施及公共服务输出的主体，而是扮演起监督者的新角色，确保服务质量的同时，减轻了财政压力。

（3）加速了资金投入实体的多样化进程。私营企业的参与，为政府部门带来了充裕的资金流与专业技能，进而推动投资与融资体系的革新变革。私营企业介入工程不仅激发项目设计、施工及设施维护等多个环节的创新，还促进办事效率的显著提升，并且有助于最优管理战略与经验的广泛传播。

（4）官方机构与私人企业互为补充，各展所长。政府机关凭借其公共服务职能，民营企业依靠其经营特长，填补彼此的短板。两个实体能够构建起对彼此有益的长期战略，得以利用最高效的成本结构，向大众提供卓越的服务品质。

（5）构建多方参与的项目联合体，形成战略性合作同盟，在调和各方利益诉求方面扮演至关重要的角色。

（6）风险配置显示出均衡的合理性。在项目启动阶段，PPP 模式便能够完成风险的预先分配，这一点与 BOT 等其他模式有显著区别。政府介入分担部分风险，优化了风险分配的均衡性，减轻了建设方和投资者的风险负担，这样的调整有效降低了资金筹措的难度，并相应提升了项目融资顺利完成的概率。在承担风险的同时，政府掌握着特定的管理权限。

（7）广泛适用于众多领域。PPP 模式冲破了多项限制，使私企可以参与公共设施建设项目。PPP 模式的适用性延伸至城市供暖以及其他市政服务领域，包括但不限于道路、轨道交通、航空港、医疗中心以及教育机构的建设与运营。

PPP 模式中，政府承担着构建战略和设计蓝图的职能，却把具体的政策贯彻和实施任务委托给了基层社区以及私人企业。此举不仅缓解了连年累积的公共财政压力，而且有效整合了社区与民众的活力，使之参与到公共事务的处理之中，增强了公民的责任感和社会归属感，显著提升了资源分配效率以及项目施工与管理的绩效。

11. 境外融资

境外的中小企业在当地筹措资金时需要注意以下几个方面。

（1）了解所在国或地区融资方面的相关法律、法规。身处境外的中小型企业在当地筹措资金时，首要任务是掌握当地关于资金融通的法律条文与规章政策。美国出台了一系列旨在促进中小型企业成长的法律，包括但不限于中小型企业促进法、中小型企业投资鼓励法、中小型企业经济扶持法、中小型企业技术更新助推法、小型企业投资奖励条令以及小型企业开发中心设立法等一连串法案和规章。中小企业融资服务的强化构成了这些法律条文的核心组成部分。在韩国，特定的银行法规明文指出，必须成立专注于服务中小企业的金融机构，即中小企业银行与国民银行，它们被指定专门处理中小企业的金融事务。中小企业立法在全球范围内备受关注，除了在美韩两国之外，诸如日本、英国、德国等多个国家同样对此倾注了大量关注。这些国家通过法律手段，在金融贷款领域为中小企业提供了坚强的法律后盾与实质性的援助。为遏制中小型企业连续破产的浪潮，日本通过立法，确立了微型企业信用保障法规与应对企业破产的融资战略，明文指出由中小型商业金融库以及国际金融库为资金流转陷入困境的企业提供利率优惠的贷款支持。

（2）探索当地政府部门颁布的若干条规定，这是中小企业在境外融资应注意的第二个问题。例如，部分国家的执政机构极其重视在中小企业面临退出市场时提供的金融支持，确保了服务的连贯性，实现了从开业到退出的全程陪伴。例如，美国专门设立了用于破产结算的资金池，以最大限度地降低企业破产对于债务人、权益人以及社会整体产生的负面影响，全力以赴地确保各方合法权益得到妥善的处置，促进企业顺畅地完成市场退出流程。

（3）探究援助社会架构下金融援助的功能机制。国际上的金融援助与社会帮扶架构，着重优化一系列涵盖面向中小型企业的服务中心、指导机构、顾问企业、审计事务所、法律咨询机构、资产评估组织、财务策划评估机构、税务代理实体等多元化的社会中介机构，以及为中小型企业提供贷款评价、信息查询、管理顾问、技术交流等核心服务的专业化社会化服务体系。在德国存在一群专为中小型企业提供支持的中介组织，其中，德国中小企业联合总会（ZDH）便是其中之一。德国中小企业联合总会涵盖55家地方小型企业分支以及52个国家级行业组织，这些组织与中小型企业发展紧密相关。德国中小企业联合总会担任着82.4万家中小型企业的代言者。这个组织与诸多中介机构携手，为这些企业打造信息交流的桥梁，并提出专业建议。此外，它们还负责对这些企业提出的贷款申请进行精准鉴定与细致评估。得益于德国政府的扶持，一系列中介机构向中小型企业提供了直接的援助，诸如在1995年，它们为这些企业提供了2 600笔信贷保证业务。

（4）力求获得地方政府在税收方面的减免优惠。据了解，一般情况下，国外中小企业的赋税总水平，往往占增加值的15%～30%。在德国，中小企业享有很多税收优惠，如德国对大部分中小手工业企业免征营业税，等等。

（5）争取政府信贷支持。在创业初期、技术革新以及产品输出的关键阶段，中小型企业都面临巨大的资金压力，外国政府通常通过为这些企业提供信贷保证、降低信贷成本或直接提供具有优惠条件的贷款等手段，实施资金支持政策。在美国，中小企业贷款的推动通常借助担保机制，这一机制由中小企业实施，以此吸引金融机构对中小型企业实施信贷投放。在常规状况下，针对不超过75万美元的借款，该机构承诺贷款总额的75%作为保证；针对贷款额度达到10万美元的融资项目，该机构实施80%比例的保证担保。日本构建了名为"信用保证协会"及"小企业信用公库"的金融担保机构，为中小型企业向私人银行申请贷款提供必要的担保。

（6）全力争取地方政府的政策支持。在境外成立小型或中型企业，在众多挑战中，资金筹集的难题尤为凸显，令它们在起跑线上就落后一步。在此种状况下，力求取得地方管理机构在政策方面的支持，显得尤为关键。观察全球状况，可以发现一个普遍现象，那就是在中小企业获取的外部资金中，政府资助通常占据大约十分之一的比重。因此，对于境外的中小企业来说，获取所在地政府的政策支持就显得尤为重要。

（7）勇于向当地政府积极申请财务补助。身处境外的中小型企业，应该勇于向当地政府积极申请财务补助。中小企业所获得的财政援助主要涵盖促进就业的奖励、研发活动的资助以及对出口业务的扶持。税收减免的普及性特征与之形成鲜明对比，此项政策的核心宗旨在于起到导向作用，并且其涉及的资金额度相对较小。在法国，就业岗位的增添通常与政府的资助紧密相连，对于中小型企业，每创造一份新的工作职位，便可以从国库中获得一笔资助作为奖励。针对在3年期限内招聘6位及以上新员工的中小型企业，法国政府将为每名新增员工提供一笔不菲的资助。

（8）争取获得政府资金的援助至关重要。外国政府为促进中小型企业在当地经济与社会进步的特定领域内发挥更大的职能，常常采取成立专门的财政资助基金手段，提供必要的财经援助，境外中小型企业应充分利用这些援助。

（9）探寻那些致力于为中小型企业提供金融服务的特定机构。境外中小型企业面对资金筹集的挑战，务必洞察时机，筛选出那些与自身实力相匹配，专门致力于为中小型企业提供金融支持的机构。

（10）利用"二板"股票市场。许多地区为了高效应对中小型企业面临的直接资金筹集挑战，纷纷尝试新路径，积极研究创立独立于主板之外的股票交易板块。这一战略旨在为那些尤其是以科技为核心的中小型企业，开辟一条直接的资金获取渠道。

（11）追求专业担保服务之路。在欧美的实践中，通常是由官方机构负责设立保证性质的资金池。政府常常充当资金担保的提供者，其资金要么完全出自他们之手，要么占据核心部分，唯一区别在于资金来源于中央金库还是地方财政金库。境外中小企业应充分利用这些担保，壮大自身实力。

四、中小企业的融资战略

企业融资战略是根据企业内外部环境的状况和趋势，对企业融资的目标、结构、渠道和方式等进行长期和系统的谋划，旨在为企业战略的实施和提高企业的长期竞争力提供可靠的资金保证，并不断提高企业融资效益。融资战略不是具体的资金筹措实施计划，而是为适应未来环境和企业战略的要求，对企业融资的重要方面所持的一种长期的、系统的构想。融资战略的直接目的不是使企业达到短期资金成本的最低化，而是确保企业长期资金来源的可靠性和灵活性，并以此为基础不断降低企业长期的资金成本。

与具体的融资方式决策不同，企业融资战略是对各种融资方法做出的选择，是决定企业融资效益最重要的因素，也是企业具体融资方法选择和运用的依据。根据这些融资问题可以归纳出融资战略决策的具体内容。

（一）融资战略的目标

融资战略的目标是企业在一定战略时期内融资要达到的总要求。它指明企业融资奋斗和努力的方向，明确今后一个时期融资的总任务。融资战略的目标系统必须与企业战略及其他子战略的要求相协调，设立一个合理的综合目标体系，作为融资战略决策的基本依据和方向。如满足资金需要目标包括：维持生产经营活动的资金需要，保证企业发展的资金需要和应付临时资金短缺的需要；扩大和保持现有融资渠道目标以实现资金来源的多样化；降低资金成本目标；降低融资风险目标等。

（二）融资规模战略

在大型企业中，筹集资金的宗旨在于打造最优的资本组合，其核心目标为降低资金成本至最低点，并同时提升企业价值至巅峰。中小企业融资的核心宗旨是直接保障其日常运营和业务拓展的资金需求。资金短缺会制约生产的扩展，相反，资金过量则可能引起效率下降，引发资源的不合理消耗。中小企业在筹集资金方面遭遇诸多难题，导致当面临较为宽松的融资机会时，经营者往往会进入一种误区，即"韩信点兵，多多益善"的逻辑陷阱。不当的资本运用，或是对于资金需求的无谓夸大，会将原本积极的举措转化为灾难性的后果，导致企业陷入沉重的负债困境，从而严重削弱其吸引投资及获取盈利的能力。企业在筹措资金的决策过程中，须依据资金需求的具体情况、自身的现实条件，以及筹措资金的难易程度和成本高低，审慎考量并适度行动，从而明确适宜的融资规模。

首先，要对企业的资金使用有长远的规划。只有对企业的资金使用有长远的规划，才能够明确企业未来需要多少资金。现金预算是企业进行资金规划的一个良好工具，而企业的现金预算又是建立在企业的销售预算、生产预算的基础之上的，因此，中小企业应该在生产经营中建立起科学的预算制度。

其次，要考虑企业的负债水平。过高的负债会加大企业的财务风险。由于大部分中小企业不具备发行股票的条件，吸收直接投资也仅限于那些市场前景非常看好的企业，所以，负债筹资是中小企业的主要筹资方式。负债筹资的最大缺陷就是会加大企业的财务风险。一旦企业的市场销售出现困境，就会面临不能偿还债务的危机。因此，企业确定筹资规模时一定要注意企业的负债水平。

再次，要考虑企业的市场规模。企业的市场规模直接影响企业的生产规模，所以，企业不能无节制地扩大自己的市场规模。不少企业在市场前景看好时往往会犯下高估市场规模的错误，从而造成筹资规模过大，使得筹集到的资金没有完全发挥作用，却仍然要承担筹资成本。

最后，企业还可通过对企业财务报表的分析，判断企业的财务状况与经营管理状况，从而确定合理的融资规模。由于这种方法比较复杂，需要有较高的分析技能，因而一般是由企业的财务经理来完成这个工作。

（三）融资成本战略

融资成本是指中小企业的融资分析和确定筹集资金的成本。资金的运用代价即融资成本，其涵盖了资金筹措过程中发生的费用以及资金实际运用的开销。在筹资途径与方法方面，小型、中型公司与大公司相比，缺乏更多的选择性。然而，这并不意味着这些企业必须无条件地接受任何可得资金。鉴于中小型企业面临风险时抵御能力不足，对每一笔资金的运用必须进行细致的评估。企业在审视运营需求的同时，还需全面考量资金成本、融资的风险程度以及投资的回报等多重要素，将资金的来源与运用作为一个整体进行考量，深入研究资金成本与投资回报之间的关系，以防出现决策上的偏差，即在融资决策中应该考虑资金的使用成本与使用资金的效益性。

（四）融资结构战略

企业资金的筹措构成中，不同渠道资本所占的比重，构成了所谓的资本筹措组合架构。由于中小企业融资困难，往往忽视资本结构问题，要么负债比率过高而加大了破产成本，要么权益资本过高而增加了资本成本。根据融资结构理论，企业存在一个最优的资本结构可使其资金成本最低，中小企业应尽可能确定一个合理的资本结构，并尽量根据该资本结构来融资。企业的资本结构一般由权益资本和债务资本组成，权益资本的资本成本高，但融资风险低；债务资本的资本成本相对较低，但融资风险高。权益资本与债务资本的比例不同，对企业所有者的权益会产生不同的影响。

中小型企业如何调配资本，将直接影响到其选择的融资方式和规模。流动资产和非流动资产是决定企业总资产的两大部分，对此人们已有一定的认识。资产在流动类别中展现为两种不同的存在形式：一种其总量随着营业活动的增减而上下浮动的资产，这便是人们常说的临时性流动资产；另外一种是持续保有恒定状态的流动资产，这类资产仿若固定资产一般，被称作永久性流动资产。遵循结构配比准则，中小型企业对于固定资产及长期占用的流动资产的资金需求，适宜通过中长期融资途径进行资金的筹集。季节更替、周期波动及不确定性因素均会对企业的运营资金需求产生影响，此时，企业倾向于采取临时性资金融通手段来满足这种需求，以短期借款作为主要的解决办法。中小企业特别需要注重资本结构中融资与投资比例的协调性。研究发现，在众多中小企业财务崩溃的案例里，资金筹集问题并非唯一导火索。实际上，大量案例源于管理者对于不同资金属性的无知，错误地将临时资本投入到了需要长期资金支持的项目之中。

扩充资本涉及提升资金的整体持有额度，旨在迎合生产运营的资金需求。在维持资金总体使用量不变的基础上，存量融资战略通过优化资金配置布局，促进资金流动速度，力求规避不恰当的资金配置，从而提升每单位资金的使用效能，满足企业日益增长的生产与管理需求。中小企业的融资途径中，增量与存量资金的融合，彰显了其资金筹集与资本投入之间的本质联系。毕竟，所谓的存量融资，实质上是资金配置的一种形式，直接隶属于投资的领域。诸如企业若及时运用出租、转售或让渡等战略对闲置资产实施资本回收，不但能规避资源浪费与资金停滞的风险，还能增强长期资金周转效率，缓解融资负担的沉重压力。

（五）融资时机战略

融资时机是指企业应在何时进行融资的战略决策。首先，融资是为了用资，融资的时机取决于中小企业环境变化所提供的投资机会出现的时间，何时进行融资取决于投资的时机。过早融资会造成资金的闲置，过迟融资则可能丧失有利的投资机会。其次，企业外部融资环境也随着时间、地点、条件的不同而处于不断的变化之中。这些变化往往导致融资成本时高时低，融资难易程度时大时小等状况。因此，企业若能抓住环境变化提供的有利时机进行融资，必将能够比较容易地获得成本较低的资金。所以，企业融资的时机取决于外部融资环境的变化。

（六）融资渠道与方式的战略

资金获取路径关乎企业资金来源的界定，获取资金的具体手段则关乎企业融资模式的明确。融资渠道与融资方式之间往往存在着一定的对应关系，不能截然分开。以下主要从内部融资战略和外部融资战略两方面进行分析。

内部融资是指中小企业从内部开辟资金来源，筹措所需资金。这一战略主要的资金来源包括留存盈余和利益留成，具体包括从利润中提取形成的一般盈余公积金和公益金等；从销售收入中回收的折旧、摊销等无须用现金支付的费用；资金占用减少，周转速度加快所形成的资金节约等。其中，最后一条似乎不属于一般意义上的融资，因此在研究融资时往往也被忽视，但是，它们可以使企业以更少的资金做同样甚至是更多的事，因此成为企业长期资金的重要来源。由于中小企业外部融资渠道不多，比如商业银行普遍歧视中小企业尤其是民营中小企业，而且债券市场不发达，上市融资可能性微乎其微，因此内部融资在一定情况下成为中小企业融资的唯一选择。

外部融资战略是指中小企业从外部取得发展资金，包括银行贷款、债券、股票等。外部融资对中小企业来说很困难：一是商业银行的贷款条件苛刻，对中小企业尤其如此；二是我国目前还没有真正的企业债券市场；三是在目前阶段我国中小企业上市融资机会微乎其微，而允许或说服他人入股也不是容易的事情。但随着我国资本市场逐渐发展，中小企业从外部融资的形势越来越乐观，现在中小企业应注意加强这方面的研究，以充分利用即将到来的融资机会。另外，中小企业应搞好和银行的关系，研究银行借贷的条款，重点熟悉非银行金融机构，以扩大融资渠道，增加融资的可能性。

第三节　中小企业的投资管理

投资管理就是对企业的投资行为可行性及其对企业经营活动的影响等进行科学的研究，帮助企业的经营者进行科学的投资决策。

一、中小企业投资的特点

与大企业投资相比，中小企业投资具有以下特点：

（1）投资风险大。市场竞争中，中小型企业面临着变幻莫测的氛围，它们的生产与管理充满了未知数，由此导致投资的选择也伴随着极高的风险系数。资金规模设限之下，中小型企业无力将资本分散注入众多项目中，常将注意力集中于单一投资标的，导致投资风险集中，从而使得中小企业的投资风险相应放大。

（2）投资行为走向两个极端。一部分中小型企业可能走上过度投资的道路，而另一部分则可能遭遇投资不充分的问题。面对崭新的资金注入机遇，中小型企业往往在资金获取上显得较为轻松，此时它们常常失去了应有的沉着，转而倾向于扩大投资规模，有时这种行为甚至会导致投资的过度膨胀。面对资金不足的困境，众多中小型企业倾向于通过贷款手段来筹集投资资金，然而，这种做法往往受限于贷款额度，导致投资额度未能达到预期。

二、中小企业投资环境分析

投资环境，又称投资气候，涵盖了一个特定区域或经济实体在特定时间段内，对资本投入过程产生作用的各类要素与状况的整合体系。它具有系统综合性、客观存在性、绝对差异性、动态性和相对性等基本特征。构成投资氛围的元素众多，它们共同编织成一个盘根错节的体系，该体系几乎囊括了一个区域全部的方方面面，包括具象的诸如自然资源、基础建设等要素，以及抽象的如社会意识形态、政策法规、当地习俗风情、资讯流动等诸多维度。这些因素之间相互关联、相互作用、相互影响和相互制约。投资氛围作为客观实在，其存在早于具体投资动作。

决定投资者收益的因素，在于其投资决策的制定、投资方向的确定以及投资规模的规划，这些环节共同作用，产生影响力。近年来，我国中小企业面临的投资环境包括以下几个方面。

（一）面临不公平的政策环境

20 世纪 80 年代初期，国家对以中小企业为主的乡镇企业的发展给予了许多优惠政策，随着改革的推进，这些政策逐步取消了。新的历史条件下，中小企业不但很少得到政策优惠，反而面临着一些不公平的政策。

（1）在"抓大放小"政策的诱导下，一些地方采取了"抓大弃小"的做法。个别地方政府对于组建当地的大型企业集团很感兴趣，而比较忽视中小企业的发展。

（2）融资条件不平等。一些地方的金融机构对不同所有制（不同规模）的企业实行不同的贷款条件，非国有的、非集体的企业贷款条件要比国有的或集体的企业的贷款条件严格，中小企业的贷款条件要比大企业严格，一些个体私营的中小企业甚至没有资格得到金融机构的贷款。一些地方对个体私营中小企业的发展漠不关心而热衷于公有性质的企业的发展。随着银行商业化改革的推进和投资风险约束机制的建立，在银行采取"授权授信"措施之后，县市行已经没有多大的贷款权力，这加大了分布于广大农村的乡镇企业获得长期或短期贷款的难度。

（二）面临不规范的竞争秩序环境

中小企业遭遇的非正规竞争格局主要体现在以下几个层面：

（1）在众多区域，中小型企业正面临着一个普遍现象，即陷入了低层次激烈的市场角逐。面对激烈的市场竞争，中小企业纷纷降低价格以争夺份额。在低价格市场竞争中，为了保持既定的盈利标准，部分公司不得不削减成本，导致工艺和产品标准被相应地降低。

（2）规模庞大的公司借助其经济实力，以低于成本价的战略抛售商品，目的在于将中小型企业竞争对手逐出市场。面对不公平的竞争环境，众多中小型企业正遭遇生存挑战。

（三）面临生产技术和管理水平不高的环境

我国中小企业的生产技术和管理水平不高，原因包括以下几项：

（1）部分中小企业经营者素质较差。

（2）部分中小企业的发展进程遇到人才短缺这一关键阻碍。中小型企业面临社会认知误差的挑战，往往难以吸引必需的专业人才。国内劳动力的交易领域进展缓慢，未能跟上经济增长的步伐，进而制约了人力资源在不同地域以及公私中小企业间的迁徙，这一状况构成了中小企业面临人才不足的一项关键因素。部分中小企业受限于管理人才与技术研发人才的不足，仍旧固守着过时的管理模式，有的甚至仍旧采用家族式的管理方式。这些企业难以采用尖端的制造技术，进而导致企业缺乏生机与活力，经济效益难以提升，市场竞争能力相应薄弱。

（3）缺乏获得市场信息和技术的渠道。除开高新技术产业中的中小型企业这一群体，其他中小型企业普遍面临一个问题，那就是它们往往难以获取市场资讯和技术资源，这一缺陷广泛存在。市场情报的缺席让决策者面临挑战，难以在恰当的时刻制定出恰当的商业战略；同时，技术层面的不足导致其产品常常局限于模仿的初级阶段，未能及时实现产品的更新迭代。

（四）处于一个社会化服务水平尚未充分发展的社会状况

中小企业处于相对弱势地位，需要多样化的支持，诸如来自政府部门、专业组织以及中介机构的支持，包括但不限于技术支持、人才培育、信息互通、财务审查和法律咨询等多个领域的专业服务。此外，众多中小型企业普遍缺乏规范的经营管理、战略规划、组织架构、财务体系、生产运营、销售推广及广告宣传战略，迫切需要政府与相关机构提供指导，以实现规范化发展。资产规模较小的中型及小型企业，因资源有限，常受限于发展空间。部分企业从事生产或销售假冒伪劣产品，这种行为严重损害了中小企业的整体声誉。因此，社会大众对它们的观感普遍较差，进而影响了公众舆论。这样的情形使得政府推出的信贷支持和税收减免等优惠措施，往往难以向中小企业倾斜，这对于营造公正的竞争环境显然是不利的。官方在为中小型企业提供支持的理念方面存在不足。在小型和中型商业实体中，由于缺乏或根本不存在指定人员来处理政府部门所需填写的各类报表、文件和统计数据，这些企业往往遭受政府的负面评价。

（五）面临法律体系不完善、法律法规不健全的环境

法律体系不完善、法律法规不健全是我国市场经济体制改革的一大难点，亦是中小企业投资环境欠佳的一个主要方面。

（六）面临信用缺失、社会公信力低的环境

信用缺失降低了资源的配置效率从而降低了中小企业的投资效率；另外，中小企业经营管理水平低、市场竞争能力弱、经营机制不健全、信用危机等也在一定程度上限制了中小企业的投资。

整合上述论点，显而易见地揭示出一个充满悖论的现象：一方面，自改革开放的历程启动以来，中小型企业实现了显著的成长；另一方面，中小企业由于规模小、实力弱，因此，在"抓大"的同时，"放小"是当前管理机构亟待解决的一项任务。

三、中小企业的投资方式

1. 直接投资

直接投资，也叫生产性投资，是指把资金直接投放于生产经营性资产，以便获取利润的投资，如购置设备、兴建厂房、开办商店等。直接投资的目的除了获利之外，还包括扩大生产规模，增加市场占有率等。

（1）直接投资的特点。

①对企业的长远发展具有影响。由于直接投资的目的除了获利之外，还有增加企业的产量和销售量，从而扩大市场份额，提高自己的竞争地位。因此，企业的直接投资和企业的长远发展战略是联系在一起的。企业为了提高产品质量，就会采用更先进的生产工艺和生产设备；企业要通过规模化来降低企业产品的生产成本，就会对生产效率更高的设备进行投资。因此，对直接投资的决策，关系到企业长远的发展，甚至影响到企业的命运。

②投资大、周期长。企业的直接投资金额一般都较大，其考虑的是长期利益。另外，企业购买的固定资产要经过很长时间才能收回成本，因此企业直接投资的周期也是很长的。

③投资风险大。企业直接投资面临着很多不确定的因素，比如，需要增加多少流动资金、能够生产多少产品、产品的销售价格是多少都是未知的。因此，直接投资能否取得理想的效果主要取决于对未来各方面预测是否准确，而预测是无法做到百分之百准确的。因此，所有这些不确定的因素使得直接投资面临很大的风险。

④投资的流动性差。企业的直接投资主要是对厂房、机器、设备进行投资，这些资产单位价值较大，且难以应用于其他场合，因此一旦购入就很难出售，即便能够出

售，其价格也往往是大打折扣。因此，直接投资流动性差。

（2）中小企业进行直接投资的主要原则。

①要明确自己的优势和劣势。企业的直接投资是一项周期长、风险较大的投资。直接投资能否成功，不仅关系到企业能否通过投资获利，而且关系到企业的长远发展，甚至关系到企业的生存。因为企业的直接投资是通过生产新的产品，或者扩大原有产品的产量而获利，因此，企业的直接投资往往是和企业的市场竞争联系在一起的，而市场竞争反过来又对企业的投资能否成功具有重要影响。因此，中小企业在进行直接投资时，必须了解自己的优势和劣势。

②要和企业自身的能力相适应。企业在进行直接投资决策时应该对影响其成功与否的各种因素进行广泛而深入的分析，看企业自身各方面的能力能否承担这一投资。企业尤其应该关注以下几个方面的能力。

第一，企业主营业务发展水平。企业主营业务的发展水平决定企业的投资方向和投资规模，即决定是应该扩大原有的生产规模，还是应该采取多元化扩张战略，对其他市场领域进行投资，以获得新的利润增长点。企业主营业务的发展水平对于企业的市场竞争力具有决定性的作用，也是企业发展壮大的关键。因此，中小企业在进行投资决策时应该明确企业主营业务发展水平处于一个什么样的竞争位置。

第二，资本实力。企业直接投资的特点之一就是投资量大，因此在进行直接投资时，企业的资本实力是必须考虑的因素。评估公司资本实力，不能仅着眼于起始阶段投入的资金，更应涵盖运营过程中不断补充的流动资金需求。组织获取资金的途径分为自主累积以及向外界寻求资本支持两大类。企业内在的财富积累，既涵盖了目前所拥有的资产，亦延伸至未来预期的收益情形。当公司面临自有资金短缺的状况，不得不求助于借款途径，在此情形下，务必综合考虑公司的资金筹集实力、财务架构、筹集资金的顺畅程度以及承担风险的可行性等关键要素。

第三，人力资源水平。企业的直接投资，无论是扩大原有市场领域，还是通过投资进入新的生产领域，都意味着企业规模的扩张。随着企业规模的扩张，企业的人才结构就必须做出调整。为了扩大原有的生产规模，就需要配备合适的生产管理人才；为了把提高产量而增加的产品销售出去，就必须配备合适的市场营销人才。如果企业是通过投资进入新的市场领域，则需要能适应新环境、应对新挑战的企业家。另外，探索新领域，持续创新，引领并满足市场动态的科研工作者不可或缺。对新批量生产的操作，迫切需要一批技术娴熟的工人队伍来胜任。因此，企业的人力资源水平是企业在投资决策时必须考虑的因素之一。

第四，营销能力。营销技巧、分销途径、市场敏感度以及客户服务品质共同构成了营销实力的多元要素。企业的营销实力对企业拓展生产规模起到决定性作用，同样，它对企业在新领域的稳固立足、市场份额的扩张亦产生深远影响，因此，营销实力成为评估企业是否能够实施外部扩展的关键标准。因为对于任何的直接投资，都需要将生产的产品销售出去，以获得收入。而生产的产品能否顺利销售出去，就取决于企业的市场营销能力。因此，无论是扩大原有市场领域，还是通过投资进入新的生产领域，都必须考虑企业的营销能力。

第五，管理控制能力。企业的直接投资，意味着企业生产规模的扩大，意味着企业人员的增加，有时还意味着企业组织结构的复杂化，这就给企业的管理控制能力提出了更高的要求。在作出投资决策前，企业须对自身的管理调控实力进行细致评估，涵盖组织构建、战略决定、信息处理、资源分配、成本管理，以及管理层级架构等多个构成要素。评估的成效构成了内在增长的根本，同时，它也是衡量面对新兴业务领域中所遇挑战能否泰然处之，并且获取优异商业绩效的关键标准，它还进一步影响着拓展发展的决策制定。

2. 间接投资

投资的一种形式，即间接投资，亦称为证券投资，涉及将资本注入金融资产之中，目的在于获得股息或利息形式的收益。这种资本配置方式包括购置政府发行债券、企业发行债券以及企业股票等金融产品，其主要目的是获取利润。中小企业采用的间接投资方式主要有如下几种。

（1）投资金融企业，创立或参股银行及保险公司。当前，不少中小企业的投资者正扮演着民生银行、华夏银行等股份制商业银行以及城市商业银行和地方性发展银行的战略投资者角色。此项投资代表着实质性的产业资本投入。

（2）将资金注入股票、债券类别，其中涵盖国债在内的各类金融工具。我国每年的股权与债权投资额高达数千亿，其资金源头大部分是中小型企业。这种资本投入带有一定的"过渡投资"特性。对于资金的提供者而言，资金的投入动作业已终结，完成了从货币到资本的转换过程。然而，在资金需求者的视角中，实质性的投资过程或许还未真正启动。

（3）在产权交易领域进行资本部署，借助买卖产权以及实施企业间的兼并与收购，以提升产业实力。众多中小型企业借助加入国企的结构调整与收购合并，无须开展新的建设项目，便促成了资本及产业实力的双重增长。

投资模式各异，但上述三种战略均不涉及实体资产的投资操作。从宏观经济视角审视，这些方法既不属于纯粹的投资活动，亦非典型的储蓄行为，呈现出一种独特的"中性"特质，其中有的方式更接近储蓄的行为模式。

四、中小企业的投资战略

企业的投资战略在特定战略期内，关乎着投资的目的、数额、途径与把握投资的最佳时刻等关键议题，构成企业核心的决策环节。企业的核心战略理念着重于培育并强化其长远的市场竞争优势，因此，在进行资本配置时，关键在于提升企业未来的市场竞争潜力。企业的盈利要得到保障，必须提升其市场竞争力度。缺乏投资资本的妥善搭配，公司战略执行将遭遇重重困难。在波动不定的逆境里，中小型企业能否立足与兴盛，极大程度上取决于它们是否能够透过投资资金的战略选择，不断地刷新自我发展的动能。因此，投资战略的制定必须郑重考虑，遵循科学的原则、方法、步骤与程序。

1. 中小企业制定投资战略的基本原则

制定投资战略对于投资管理而言，扮演着不可或缺的角色，故而强化投资管理的过程，务必离不开精心策划且合乎理性的投资战略的构筑。构筑投资战略的过程中，中小型企业须谨记以下关键原则。

（1）全局性原则。在挑选投资途径的过程中，中小型企业应当立足于整体视野，确保所选方向符合企业整体战略发展的蓝图。企业在制定投资战略的过程中，必须同时对经营战略的挑选给予关注，并且要对企业内部构造及外围条件的变化保持高度敏感和重视，基于对商业氛围与公司实力的全面评估，拟定公司的资本投向战略。中小企业在制定投资战略时，决策的枢纽应当是企业的最高管理层，而非仅仅囿于财务部门。

（2）长远发展性原则。中小型企业必须聚焦未来发展的广阔视角，以此作为决策投资战略的基准。中小型企业通常正处于孵化与上升阶段，此时，这些公司从其产品销售战略到管理架构均未达到成熟状态。此外，由于规模相对较小，这些实体的风险抵御力也受到了制约。因此，中小企业在做出投资时，必须遵循长远发展性原则。

（3）要符合国家的产业政策。各公司在成长过程中不可避免地会受到国家行业政策的引导与制约。国家精心策划的产业规划，是基于深入的市场研究与分析，以及周密的逻辑推敲而制定的。所以，中小型企业大可参照这些政策方向，将其作为导航自身投资抉择的航标。

（4）适合市场的实际需求。市场是企业发展壮大的根基所在，其生产经营的各个环节均与市场紧密相连。产品的制造方向由市场需求来决定，若市场上对某产品无需求，那么该产品就无法为企业带来盈利。产品制造的成本受到市场需求的影响，若生产成本超出市场可接受的范围，则企业将面临亏损。市场需求决定企业产品的生产规模，一旦生产量超出市场吸纳能力，企业运营便将面临困境。市场的需求是多样的，也是变化的，今年还是非常受欢迎的产品，明年就可能被市场打入冷宫。企业面对生产性投资时，必须认识其漫长的周期特性。在决定投资的具体领域与规模时，企业务必要实施全面且彻底的市场调研及未来预测工作，这对于准确估算生产成本而言至关重要。不顾市场需求的投资，多半会以失败而告终。

2. 中小企业的投资战略

企业战略是指企业为了适应未来环境的变化，寻求长期生存和稳定发展而制定的总体性和长远性的谋划。它是对企业整体发展的谋划，具有全局性的特征；是对企业长期发展的谋划，关系到企业的未来发展方向、发展道路和发展行动等；是对企业基本性问题的谋划。企业在制定投资战略时，需将其视为核心战略之一，确保在发展的定位、预定达标层次以及关键应对措施上，与整体战略保持同步，进而保证整体战略目标的有效达成。企业的终极投资追求在于促成正向增长，而这种增长的达成，依赖企业全局的战略规划。故在构筑企业投资战略时，企业务必以全局战略为基准。企业的投资战略必须构筑于整体战略所设定的界限之中，涉及资金投入的方向定位、关键投资领域、资金的筹措与配置方式以及具体的投资计划与实施管理等多个层面的细致规划。企业的投资战略，实际上是对整体战略在资本运作领域的细化与实施。

依据不同的标准及目的，企业在投资战略上展现出多样的类型划分：根据投资战略的本质及其进展方向，投资战略可以分为扩张型、稳健型以及收缩型三类投资战略；根据资金配置的方向性特点，投资战略可以分为专注于特定领域的专业化投资战略与分散风险的多元化投资战略；根据投资对象的产业属性，投资战略可以分为资金密集型、技术密集型和劳动密集型三种投资战略。各类投资战略针对的是处于各种成长阶段和类别的公司。选取投资战略对于中小型企业而言，是一项必须深思熟虑的决策，涉及诸多内外约束条件。诸如产业的独有属性、市场潜在的机遇与挑战、企业成长的具体阶段、已有的资本投入量级及其配置、内部的管理与运营现状，都是企业决策时不可或缺的考量要素。例如，扩张型战略是成长期的中小企业最常用、最热衷的战略选择，因为这是中小企业实现成长的最直接、最有效的方式。中小企业的投资战略分为市场渗透战略、市场开发战略和产品开发战略。在经济低速增长时期，资源短缺背景下，撤退性质的战略常被采纳。当企业面临深刻的管理难题，商品销售不畅，财务状况每况愈下，加之政府对特定商品的管制政策出台，以及企业规模不匹配导致无法在有利的市场位置立足时，此类战略显得尤为必要。执行对象能够是生产流程、确定的产品线或者专门的制造技术。采取此种资本运作战略，其核心特征包括：从现有业务领域中提取资本，降低生产规模，削减研发开支，精简销售团队，并通过处置专利及业务单元以实现资本的回收。中小企业的投资战略主要包括如下几个方面。

（1）选择合适的投资方向。由于中小企业一般处在孕育期，经济实力较弱，而中小企业要想成为实力强大的大企业就必须走积极扩张的道路。中小企业面对投资决策时，退缩或保守的战略并非明智之选。相反，它们应当采纳一种积极进取的投资战略，致力于通过高效的市场拓展手段，提升产品的市场占比率。此举将为企业的产能扩张和实力增强奠定坚实的基石。另外，在扩张的过程中，应该对包括原材料、主要配件和能源供应在内的资源供应情况、人力资源和社会关系资源情况予以关注。针对技术密集型企业，必须优先考虑技术革新战略，通过持续的技术优化和生产技艺的提升，达到扩充生产规模的目的。但是这种投资战略应该要考虑到社会总体经济的发展情况和企业市场规模的发展情况。在经济气候低迷的背景下，企业的市场扩展受限，发展空间随之紧缩，产品若失去市场竞争优势，难免导致亏损。面对资源和人才的不足，企业须毅然选择退缩战略，探寻更具潜力的投资方向。

（2）选择合适的投资行业。在投资领域，挑选何种行业将直接影响公司未来的持续扩展。分析行业在社会经济中的地位，包括三个方面：行业的产值、纳税总额、吸收劳动力的数量分别在全国工业产值、财政收入和就业总量中所占的比重；行业的现状和未来对整个社会经济及其他行业发展的影响程度；行业处于什么样的生命周期。另外，还要对行业的竞争程度进行分析，看其属于完全竞争、垄断竞争、寡头垄断还是完全垄断。

（3）考虑企业的资金成本和资本报酬率。企业的资金成本是企业在进行投资时的一项重要支出，也是在进行投资决策时往往容易被忽视的因素。中小型企业面临的融资障碍导致了它们的资本费用明显超出大型企业的财务成本。中小企业在筹集资金的过程中已经承担了沉重的成本，因而在进行投资决策时，不可避免地要将这一因素纳入考量范畴。另外，企业在进行投资决策时还应该考虑企业的资本报酬率。资本报酬率就是企业的总体收益和企业的全部资本的比值。这里的资本既包括企业的自有资本，又包括企业从外部筹集的资本，在数值上等于企业的资产总额。企业的资本报酬率对于企业投资项目的决策具有重要意义。任何企业在选择投资方案时，都应该选择那些投资收益率高于企业的资本报酬率的投资项目，而投资报酬率低于企业的资本报酬率的投资项目只会降低企业的收益水平，这显然是不可取的。

五、中小企业的投资空间

投资空间的选择在一定程度上决定了投资的效益。在市场供求关系发生变化、买方市场逐渐形成的情况下，市场容量似乎已经饱和。现在，中小企业投资面临的主要问题之一就是如何选择投资空间。关注中小企业投资空间，对于更好地引导投资，促进经济持续发展，具有重要意义。从目前我国的宏观经济形势和国家统计局有关研究结果看，现阶段适合我国中小企业的投资空间有以下几种。

1. 传统产业开发空间

一提起传统产业，人们就会认为那是没有发展前途的行业。其实传统产业和新经济的划分是在全世界范围内进行的，传统产业在发达国家已经成了夕阳产业，但是传统产业在中国仍将大有可为。

在发达国家，信息、网络等产业被称作"新经济"，是因为它们的确是这些国家当前经济增长的主要源泉和支柱。西方发达国家的"传统产业"经历了几十年甚至上百年的发展，人们对传统产业的产品，如住房、汽车等的消费已经达到了很高的程度，经济增长因需求的制约而陷入了相对的停滞。信息、网络等新技术的出现，为发达国家经济的发展创造了新的市场需求，带动了整个经济的增长。

但是，我国经济起飞的时间还不是很长，经济基础还很薄弱，许多产业刚刚发展。对于发达国家来说是"旧经济"的那些产业，对我们来说还大多是新兴产业。比如，汽车业显然还是我们的新经济；家电产品一方面看上去在城市里越来越难卖，但另一方面，几亿农村人口还因就业不足、收入水平低而无法全面进入家电消费市场。因此，传统产业在相当长时间内仍是我国需要大力发展的行业。所以，传统产业是中小企业的根据地，也是未来中小企业的主战场。随着国有经济在一般竞争领域的逐步退出，中小企业在这些领域的比重会进一步提高，中小企业将成为传统产业的主力军。

2. 高新技术产业创业空间

目前，世界已进入知识经济时代，高新技术产业是经济发展的带头兵。尽管中小企业多分布在传统产业，但是有些起点高的中小企业已开始涉足高新技术产业，并取得了很大的成就，成为我国经济增长中一支不可忽视的力量。投资高新技术产业，是中小企业提高投资水平、增加投资效益的重要途径。

虽然中小企业由于资金规模有限、技术人才缺乏，造成技术改造和产品开发能力弱，但是中小企业在技术创新方面也具有一定的优势。首先，中小企业创新的热情高。因为中小企业面临着巨大的生存压力，只有不断创新，才能在激烈的竞争中生存下来。为了在市场竞争中站稳脚跟并持续发展，中小企业十分重视技术创新和技术进步的新动向，所以，中小企业在创新方面的动力显得更加强烈。其次，中小企业有着快速的决策机制，有着快速的内部沟通机制，能够迅速地根据需求的变化进行创新。最后，中小企业中员工的贡献能够很容易被识别，员工容易受到激励。因此员工勇于承担风险，其研究开发效率也比较高。比如，美国中小企业的创新成果为每百万雇员322项，大企业则为225项。中小企业的创新率在仪器、化工和高技术行业更高。

3. 国有经济退出领域空间

目前，我国经济体制改革不断深入。国有企业出于体制上的原因，除了在少数几个具有战略意义的行业依靠国家政策的扶持处于垄断地位以外，在大部分领域都逐渐退出。国有经济有进有退，有所为有所不为，是国有经济实施战略性调整和改组的重要原则。国家控制的产业将从普通市场竞争领域实施战略性的撤资，这一举动预期将成为接下来数年我国经济结构调整的关键行动之一。

4. 市场空隙领域空间

国外一位著名的企业家曾经提出过一种"圆圈理论"，他把大企业占有的销售市场比作大圆圈，把中小企业占有的销售市场比作小圆圈。所谓"圆圈理论"就是认为在无数的大圆圈和小圆圈之间，必然存在一些空隙，即仍有一部分尚未被占领的市场，这就是所谓的市场空隙。一般来说，这种市场空隙领域市场规模较小，都是对大企业来说生产价值不大的产品，因为不会给大企业带来丰厚的利润，因此大企业不会进入，甚至不少中小企业也不屑于进入该领域。另外，这些市场空隙领域隐蔽性很强，因为人们平时的目光往往集中在圆圈里面尤其是大圆圈里面的市场，往往容易忽视这些市场空隙。因此，在市场空隙领域竞争力很小，有时甚至没有竞争力。

市场上充斥着众多高价位、需求旺盛、普遍适用且频繁购置的商品，这些商品主要被大型企业垄断。大型企业依靠大规模的生产手段，通过生产和销售的战略规模效应以实现盈利，这样的优势是中小型企业所无法比拟的。也就是说，中小企业进入大圆圈的领域是不太现实的。对于小圆圈领域，虽然竞争对手不是那么可怕，但竞争者的数量巨大，也使得中小企业进入有不小的难度。而这些圆圈之间的空隙领域，是中小企业不可多得的商业良机。

5. 农村地区差别空间

目前大多数企业把注意力过分集中于大中城市，无视或低估农村市场，这是没有读懂市场的表现。实际上，农村市场潜力巨大。近年农村购买力增长速度可能还高于城市，沿海发达地区农村消费水平甚至高于内地一些城市的平均消费水平。而且在农村地区投资经营成本低。一方面，农村地价大大低于城市；另一方面，农村地区劳动力成本也大大低于城市。不过我国农村地域辽阔，各地区发展水平参差不齐，这就需要企业在选择投资区域时予以区别对待。

6. 农业产业化投资空间

以农副产品加工为核心，打造以农户家庭为原料产地的生产模式，拓展国内外市场，构建涵盖种植、养殖、加工直至销售的连贯产业链，便是农业产业化的实质所在。我国是一个农业大国，有将近80%的人口是农民，但是我国农业产业化的水平和发达国家有很大的差距。近年来，国家实施了系列扶持政策，促进了国内农业产业化的进程。这催生了众多投身于农产品深加工的厂商，其中不少已成功将产品销往海外发达国家。农业制成品深加工产业对资本需求较低，技术要求并不复杂，构成中小企业理想的投资领域。

7. 大中型企业专业化配套协作空间

目前，随着经济的发展，社会的分工越来越细，企业之间的分工也越来越细。目前全球正处于经济全球化的阶段，经济全球化的一个重要特征就是生产的国际分工更加细化。在经济全球化的进程中，大企业在世界范围内寻找丰富的资源和便宜的劳动力进行生产，在一个国家内部市场上也是如此。大企业不仅仅是出于劳动力成本的考虑，有时是为了便于管理和控制，在很多方面和中小企业建立了紧密的生产加工协作关系。就专业化配套方面看，大企业的发展可以给中小企业带来投资机遇，汽车、家电、机械、食品等行业大企业的发展，都会给中小企业带来不少的投资良机。

8. 国际市场分工空间

说起国际市场，不少人会觉得那是国际上的大企业才能涉足的地方，其实不然。我国的中小企业虽然在科技开发、品牌的知名度方面和国际大企业具有很大的差距，但是我国的劳动力成本远远低于发达国家，因此在国际市场上，我国劳动密集型产品有一定的竞争力。任何一个国家，不仅需要汽车、飞机、电脑等高科技的产品，也需要一些劳动密集型产品。对于这些劳动密集型产品，我国的中小企业完全可以有所作为。

9. 打造某些垄断行业的价值延长链空间

特定领域，国家政策的导向使得若干巨头企业得以把控市场，诸如通信、邮政、轨道交通、航空运输、石油化工以及金融保险等行业均呈现此类格局。这些企业规模庞大，价值链相对较短。中小企业可以在这个企业的价值延长链上进行投资，比如，银行贷款的资产评估服务业等。在加入全球贸易体系之后，体制变革的不断深入为中小型企业提供了更宽广的投资天地。数据表明，在我国企业经营的众多领域，即存在的 80 个行业之中，对外开放允许外资涉足的大致有 60 个行业，而开放给国内私营企业参与的则大约为 40 个行业，可见市场拓展潜力依旧广阔。

第四节　中小企业财务发展战略

一、中小企业财务发展的基本思路

（一）良好的资本结构

企业的资本结构涉及权益资本和负债资本的配置，以及这两者之间的比例。良好的资本结构为企业发展创造了良好的信用潜力。

优化资本结构，就是企业应在权益资本和债务资本之间确定一个合适的比例，使负债水平始终保持在一个合理的水平，不能超过自身的承受能力。负债经营的临界点是全部资金的息税前利润等于负债利息。在达到临界点之前，提高负债将使股东获得更多的财务杠杆利益。一旦超过临界点，加大负债比率会成为财务危机的前兆。同时，中小企业在资本结构上要追求配比性，中小企业的资本运用决定融资的类型和数量。

1. 影响资本结构的因素

（1）各种融资方式的资本成本。筹资途径上的差异会导致各自承担的资本费用亦随之相异。通常情况下，权益资本所承担的成本高于债务资本所承担的成本，然而负债过度将会提升偿还本金及利息的财务风险。于是，在考虑资本的成本与财务风险之间，必须进行周密的平衡，确保权益资本和债务资本的配比适当。

（2）企业经营风险的程度。如果企业本身经营风险很大，一般不适宜举债经营，这样会加剧总风险。

（3）企业所有者和经营者的态度。为了避免公司的控制权落入他人手中，所有者一般会采用债务融资的方式来追加资本。但是，作为经营者来说，一般不愿意承担过大的财务风险，他们会尽可能降低债务融资的比例。

（4）贷款银行的态度。企业在确定资本结构并付诸实施前，都需要向贷款银行咨询，只有在征得银行同意后，才有可能进行大额借款。

（5）企业销售状况和获利能力。企业销售稳定和盈利良好，就能较多地负担固定的财务费用。但获利水平高的企业，往往不通过债务增资，因为它们可以利用较多的留存收益来满足资金的需要。

（6）企业的现金流量状况。在商业运营中，现金流量的规模与清偿负债的能力呈正比。简而言之，现金流越充沛，承担债务的能力越显著。所以，现金流量在运用财务杠杆方面发挥着至关重要的作用。

（7）税收因素。负债产生的利息，在计缴所得税之前就已经扣除，相反，股权分配的红利，则在纳税之后进行分配。所以，企业所得税税率越高和利润越大，举债经营的好处就越多。

2. 优化资本结构的原则

为了实现资本结构的优化，企业在融资过程中应遵循以下原则。

（1）融资成本适宜原则。审慎评估不同资本的成本及其融资所涉风险，在此基础上，精心挑选融资路径与手段，旨在确保以恰到好处的资本代价，实现更高的收益回报。

（2）融资时机有利原则。公司需考量自身的实力与需求，抓住最适合的融资机会，旨在削减资本投入，同时降低财务风险。

（3）适度融资规模原则。为保障生产运作及资本投入的顺畅进行，同时避免资金的不必要耗费，企业需遵循合理性与必要性原则，精确设定筹资金额，确保既能满足经营与投资需求，又不至于导致资金过剩。

（4）融资比例合理原则。公司需依据其运营和生产的特定属性、资本流动效率的优劣、利率变动的幅度等，恰当地调整自有资本与借款资本、长期资本与短期资本之间的比例，目的是降低资金筹措的风险。

（5）融资组合最佳原则。筹集资金的混合体涵盖了对资金总量的设定、成本预算、资金来源的占比分配、风险预估、财务杠杆的操作以及金融政策的运用等多个方面。例如，实施一种战略，将长短期限相融合，以应对借贷的时间跨度。

总之，优化资本结构，可以创造良好的外部信用潜力。企业发展离不开资金投入，其中负债占相当大的比例，中小企业尤其如此。中小企业应合理安排资本结构，在企业创立地区根据其规模筹集必要的资本，或在资本有限的情况下，选择所能达到的投资规模，同时充分利用职工内部集资，为企业的资本规模扩大提供稳定可靠的资金来源。在日常经营中，中小企业应努力加强内部管理，切实抓好市场开拓工作，扩大销售，降低成本，提高企业盈利能力。中小企业实现的税后利润应尽可能积累下来，以充实自有资本。这样，既保持了合理的资本结构，又有利于树立企业形象，取得银行的信任。

（二）营运资金的良性循环

营运资金的良性循环为企业生产经营的扩大提供保障。中小企业在面对大型企业时，因其外部融资途径有限以及内部资金调配空间不足，强化对运营资金的管控就变得格外关键。中小型企业面对的资金流动必须保持高效，其资本配置须得当，同时应具备敏锐的时间管理与资本调配技巧，确保资本运作在面临风险和意外状况时展现出足够的韧性和应变能力。因此，中小企业在改善资本结构的同时，在资金运用上要维持一定的付现能力，以保证日常资金周转灵活，以提高资金的营运能力。这就要求中小企业除了加强现金流量预算、应收账款、实物资产和成本控制以外，还要做到如下两个方面：使资金来源和资金运用得到有效配合；保持合理的资产结构。

（三）优越的理财环境

优越的理财环境为企业发展提供了条件。优越的理财环境主要包括如下几个方面。

1. 完备的会计记录是其核心组成部分

会计信息是获取公司信息的主要渠道。会计信息反映的是公司经营活动的成果和财务状况。企业要想做好财务管理工作，首先要有完善的会计资料。会计资料是对企业经营成果、财务状况的记录和反映，是企业进行经营决策的依据。

2. 拥有胜任本职工作的会计人员

确保会计资料的真实性与完整性，依赖于称职的财会专业人员。财务专业人士须具备卓越的会计核算能力，并且对企业运营的各个层面有所洞察，精准把握各项详细数据。财务专业人士还要构建涉及生产成本、资本运作以及营业成果的详尽资料库，按时收集、编排并记录各类信息，确保随时可调取以供查阅。财务管理工作对精确及时的信息有着严苛的要求，唯有如此，方能助力管理层获得关键数据。这些数据支撑着管理决策的精准度，赋予决策者以高效且可靠的信息，进而引导其做出明智的选择。

3. 具有合格的财务管理人员

规模较大的公司不仅需要会计职员，也需要称职的财务管理专家。企业的经营活动仅由会计负责记录，而财务管理的专业高手则是财务经理。

4. 具有良好的管理环境

在财务这一敏感部门，"忠诚度"成为用人的重要标志。良好的管理环境才能留住高水平的财务人员。

5. 具有适合理财工作的管理制度

构建了与企业理财职能相匹配的内控体系后，财务机构不要监控财务的收支动态，审视财务指数的实际达成，才能有效监控企业的运营活动，实现产品成本的有效压缩和企业利润的增长。此外，该机制还支撑企业所有者对财务执行有效的监督，同时辅助管理层在经营战略上制定科学的决策。

6. 经营者具备基本的理财知识

经营者具备基本的理财知识非常重要。掌握财务管理的精髓，要求较高的专业素养，一旦管理者拥有了初步的理财常识，便能够与财务主管开展顺畅的交流。小型企业若缺乏财务经理，其经营者必须掌握必要的理财技能，以防陷入财务基础失误的困境。

二、中小企业发展的财务战略安排

（一）合理选择财务政策

就企业而言，财务政策是企业在国家财务政策的指导下，根据企业的总体目标和现实要求所制定或选择的一套自主的理财行动指南，是用来调节和控制企业财务行为的重要工具。其基本目标是配合企业经营政策，调整企业财务活动和协调企业财务关系，提高企业财务效率。从财务政策的内容上看，财务政策主要包括风险管理政策、信用管理政策、融资管理政策、营运资金管理政策、投资管理政策和股利管理政策等；从财务政策的表现形式上看，财务政策是一套自主的、灵活的内部财务制度。财务政策的选择决定着企业财务资源配置和利用的基本取向和行为方式，影响着企业财务管理的效率，是实现整个企业经营政策和财务目标的重要保障，也是规范和优化公司理财行为、提高企业理财效率的重要基础。因此，企业必须科学地选择财务政策，规范和优化企业财务行为，从而提高财务管理效率。

但是财务政策的选择不是随心所欲的，而是要受多种因素的制约。不同的财务政策会受到不同因素的约束。但一般来说，每一种财务政策都会受到经济波动周期、企业发展阶段、企业增长方式、企业财务战略以及心理因素和预期的制约。而且由于资金短缺是中小企业最大的特点，因此其财务政策的选择应充分考虑资金补偿。具体来说，中小企业财务政策的选择应从如下几个方面着手。

（1）要坚持以资本收益最大化为中心的财务政策思想，并与经济运行周期相配合。在经济复苏阶段，增加厂房设备，采用融资租赁，建立存货，开发新产品，增加劳动力；在经济繁荣阶段，实行举债经营，扩充厂房设备，继续建立存货，提高产品价格，开展营销策划，增加劳动力；在经济衰退阶段，停止扩张，出售多余的厂房设备，停产不利产品，停止长期采购，削减存货，减少雇员；在经济萧条阶段，最好在经济处于低谷时期，建立投资标准，保持市场份额，压缩管理费用，放弃次要的财务利益，削减存货，减少雇员。所以，企业理财人员要跟踪时局的变化，对不同的经济发展阶段做出恰当的反应，关注经济形势和经济政策，深刻领会国家经济政策特别是产业政策、投资政策的变化对企业财务活动可能造成的影响。

（2）企业财务政策思想必须着眼于企业未来长期稳定的发展，具有防范未来风险的意识。首先，企业财务政策目标必须考虑到企业发展规模、发展方向和未来可能遇到的风险，并根据环境的变化及时地做出调整，以保持其旺盛的生命力。其次，企业应当分析所处的发展阶段，采取相应的财务政策。在初创期，现金需求量大，需要大规模举债经营，因而存在着很大的财务风险，股利政策一般是非现金股利政策。在扩张期，虽然现金需求量也大，但以较低幅度增长，有规则的风险仍然很高，股利政策一般可以考虑适当的现金股利政策。在稳定期，现金需求量有所减少，一些企业可能有较多的现金结余，有规则的财务风险降低，股利政策一般是现金股利政策。在衰退期，现金需求量持续减少，有规则的财务风险降低，股利政策一般采用高现金股利政策，直到发生亏损。

（3）调整企业财务投资政策，加大基础项目的投资力度。企业的发展取决于资源配置能力和效率，而资源配置能力和效率的提高取决于基础项目的发展。虽然基础项目在短期内已带来较大的财务利益，但它为长期发展提供了重要条件。所以，企业在财务投资的规模和方向上，要实现基础项目相对于经济增长的超前发展。

（4）加大财务制度创新力度。创新企业财务制度，既可以对追求短期数量增长的冲动形成约束，又可以强化集约经营与技术创新的行为取向。以收益最大化和本金扩大化为目标的财务资源配置，可以限制高投入、低产出对资源的耗用，使企业经营集约化、高效率得以实现。

（5）财务政策的选择还必须考虑心理与预期因素。财务行为涉及人们对未来的预测或预期。预测或预期是决策者对未来的一种判断，其中隐藏着心理因素。例如，决策者依据现实价格进行决策，预期这一心理因素表现为现实价格在未来将保持不变，但事实上价格是完全可能变化的。预期的存在，判断失误就不可避免，未来的不确定性也就随之产生，预期涉及的时间越长，不确定性就越大。而对未来判断的失误，会使人们在心理上产生一种盲目乐观或悲观的情绪反应。在这种情绪的影响下，判断失误进一步强化，财务行为的非理性化进一步加强。在企业财务景气时，人们受乐观情绪的支配，过高地估计财务收益，过低地估计财务成本，持续增加资本投入，从而创造出更大的、虚假的资本需求，随着财务资源投入的不断增加，财务景气的背后正孕育着财务危机；相反，在企业面临财务危机时，人们受悲观情绪的支配，持续减少财务资源的投入，过分抑制资本需求，财务资源投入不断削减，从而使财务危机由潜在演变成现实。所以，企业在选择财务政策时要考虑到这一因素。

（二）增强企业的负债能力

中小型公司获取资金支持，大体上依靠金融机构的贷款，因而提升这些实体的负债能力显得尤为关键。

1. 熟悉银行的有关政策

中小企业的经营者要想取得银行的贷款，就必须充分了解银行的相关贷款政策，做到知己知彼，百战不殆。企业应主要了解银行的如下政策：贷款种类、借款人的条件、借款人的义务、对借款人的限制、银行贷款的利率和偿还方式、贷款的程序和手续。

2. 改善企业经营情况

贷款机构对中小型企业融资常常持保守态度，其中不仅包含了金融机构的成见因素，同时也涉及这些企业本身条件的不足，特别是中小型企业整体实力相对薄弱的问题。金融机构在放贷过程中，首要关注的是债务人是否能够准时返还本金及利息。企业的稳健运营，构成了其准时支付本金与利息的根本保障。中小型企业若欲增强融资实力，势必要对现行的经营状况进行优化革新。中小企业可以从如下几方面来改善自己的经营状况。

（1）提高企业的盈利水平。金融机构在审批企业信贷申请时，关键评估因素是盈利能力。企业的负债最终须依赖其盈利得以清偿，盈利的多寡直接决定了偿还贷款的期限是否得以满足。当公司收益丰厚且展现出光明的发展潜力时，其往往能在较为优越的条款中成功申请到贷款。维持盈利的稳定性对于中小型企业而言，不仅需要实现较高收益，而且收益的持久性同样不容忽视。中小企业面对市场风险时，其抵御能力相对较弱，经济波动对其影响更为显著，导致盈利状况随之大幅波动。鉴于此，维持经营活动的稳定性对这些企业至关重要。

（2）改善企业的财务状况。银行的关切点之一，在于审视企业资金运作的具体情况。企业若财务状况堪忧，即便其盈利能力出众，亦难以维持长久的盈利态势。

（3）提高企业的自身管理水平。银行关心的不仅是企业现在的经营状况，而且是企业未来的经营状况，因为贷款是在未来偿还的。管理混乱的企业是没有良好的发展前景的。因此，是否具有良好的管理水平也是银行进行贷款申请审查时关注的一个方面。不少中小企业因为规模较小，经营者往往忽视企业的内部管理。这不仅对企业的长期发展不利，也对企业进行外部融资时的形象不利。因此，中小企业经营者需要招聘一批德才兼备的人才，尤其是高级管理人才，以提高企业的整体管理水平和发展后劲。

3. 提高企业信誉

企业的信誉也是银行决定是否对企业贷款的一个重要因素。中小企业为了获得银行的青睐，应该注重企业的诚信建设，努力做到以下几点：

（1）遵循诚实信用、公平竞争的原则，依法开展生产经营活动，自觉接受工商行政管理部门的监督管理。

（2）依法建账，确保会计资料真实完整。中小企业要严格按照国家统一的会计制度进行会计核算，不得账外设账；不得授意、指使、强令会计人员违法办理会计事项，禁止一切弄虚作假的行为；会计结算规范，会计报表真实可信，资产实在，无抽离现金或其他弄虚作假行为。

（3）加强财务管理，建立财务预决算制度。中小企业要以现金流量为重点，对生产经营各个环节实施预算管理，严格限制无预算资金的支出，最大限度地减少资金占用，保证按期如数偿还银行贷款，在银行等金融机构中建立良好的信用形象。

（4）加强质量管理。质量标识、产品与服务的质量、诚信是企业的根本，中小企业须摒弃生产假冒产品、散布欺诈广告等低端促销战略，构建具备核心竞争优势的商品与服务体系，以实现企业的持续繁荣。

（5）遵纪守法。中小型企业须严格遵守国家的法律法规，确保按时且全额上交应付的税款。银行在考察企业时，一般会了解企业过去的信誉状况，尤其注重企业是否有偷税漏税等违法行为。若有这些行为，将会遭到税务机关的严厉处罚，给企业带来灾难性的后果，从而威胁到银行贷款的安全。

（6）树立自己的品牌。品牌是企业重要的无形资产，树立品牌不仅有利于企业开拓市场，也是企业诚信的一个标识。中小企业由于规模小，大部分企业没有建立起真正意义上的品牌，这应当引起中小企业经营者的重视。

（7）积极参与社会公益事业。中小企业应在社会事务中扮演积极角色，重视企业的社会责任感，以此提升其在社会中的声望；投身于各类社会事务，提升公司的声誉，优化公司的公众形象，进而增强公司的信誉度。独具慧眼的中小企业领导者须将个人社会形象置于至关重要的位置。

（三）内部职工集资，扩大资本规模

企业内部职工集资是指企业为了自身的经营，在本单位内部职工中以债券、内部股等形式筹集资金的借贷行为，是企业较为直接、较为常用也较为迅速简便的一种融资方式，但一定要严格遵守金融监管机构的相关规定。内部职工集资不仅能够增强企业职工的凝聚力，而且又为企业发展过程中资本规模的扩大提供了新的途径。

中小企业采用内部职工集资方式获得投资很常见。中小企业与其员工之间的联系，犹如被一根线牵引的蚂蚱，命运相连，休戚与共。因此，在中小企业主意图扩展业务规模或面临资金流转不畅的困境时，向内部员工筹集资金往往能够获得积极的响应与援助。内部职工集资的本质是将资本筹措的手法转向员工，通过承诺提供超出常规的收益作为回报，实质上，这样的操作无异于将利润的一部分以红利的形式分配给了参与集资的员工。中小型企业采取向员工筹集资金的方式，能够享受到以下益处：①摆脱了银行贷款所附加的各种条件，使得资金的使用变得更加灵活自主。②当员工将资金出借给雇主，双方的纽带便愈发紧密相连。

【例9-1】王某是四川省某市的一家农民饭店——花园饭店的经理。该饭店是花园村村民集资200万元创办的。王某接手饭店后，打破"铁饭碗"，建立完善的责任制，把职工的固定工资改为半浮动形式，按工种、楼面、职责、收入、费用等计算工资，确定超额奖、节约奖、卫生奖等，以此调动职工的积极性。几年下来，饭店赚了钱，积累了可观的利润。但此时，花园饭店正面临周围数家人饭店的激烈竞争。于是，王某对职工说："我们店只有走改造之路，才能在竞争中不被淘汰。改造设备需要资金。我们是农民饭店，不像那些国有饭店，有国家撑腰。为了我们的饭店和大伙的前途，我建议，今年的奖金不分了，用作改造设备资金。"按合同承包，分得最多的是经理本人，经理自己提出不拿奖金，大家也都不好意思分奖金了。王某用这高明的一招，把分给职工的奖金全变成了集资款，迅速实现了改造原有设备的计划，使饭店的规格和形象都提高了一个档次。后来，当借款盖成的几层楼的饭店运营时，由于没有空调，利润平平。这时，王某果断地在职工中又一次集资100多万元，为饭店安装了最先进的中央空调。由此，饭店终于摆脱了困境，第二年便获得盈利81万元。

目前有一些中小企业主不愿吸收比如内部职工集资等形式的直接投资，因为：①吸收直接投资的资金成本较高。由于投资者要分享企业收益，因此，资金成本通常较高，特别是企业经营状况好和盈利较强时更是如此。②吸收直接投资容易分散企业的控制权。采用吸收直接投资的方式筹集资金，投资者一般都会要求获得与投资数量相适应的经营管理权，这是接受外来投资的代价之一。如果外来投资较多，则投资者会有相当大的管理权，甚至会对企业实行完全控制，这是吸收直接投资的不利因素。

【例9-2】欧普兰科技公司（Flomerics）的融资案例

Flomerics集团股份有限公司是一家开发计算"流体动力学"（computational fluid dynamics，CFD）软件的公司，其产品用于电子产品的设计过程。公司于1989年年初获得MTI公司30万英镑的风险资本。中途，该公司进行了第二轮融资，并于1995年年底在伦敦AIM上市，市场价值高达330万英镑。Flomerics公司的上市，为MTI带来了30%的内部收益率（IRR）。以下是该公司获得风险投资的全过程。

1. 背景介绍

Flomerics的两位创建者大卫与哈维早在20世纪70年代就曾经合作共同研究CFD工业技术的商业化潜力。

在电子产品的设计中，必须精确把握电子系统的冷却要求，否则，产品在工作过程中将会因为不能及时散热而导致损坏。长期以来，只能在原型产品研制阶段由专业 CFD 工程师通过复杂的软件来测算出产品的冷却要求，但这不仅十分费时，而且价格昂贵。随着 20 世纪 80 年代电子工业行业竞争的升级，热量问题变得越来越重要。鉴于此，大卫与哈维共同创建了 Flomerics 公司，开发在原型产品研制之前模拟热量交换的 CFD 软件。一开始，公司采用合伙的形式。后来，为了完成最终产品开发，使公司获得茁壮成长，两位创建者认为引入风险资本是最好的途径。

2. 具体过程

大卫与哈维开始寻求第一次的风险资本融资。在投资建议书中，他们估计公司至少需要 25 万英镑。他们接触了一些风险资本家，其中有一家是 MTI 管理公司。经过一番考察，他们选定了 MTI。1989 年 2 月，MTI 决定向 Flomerics 投资 30 万英镑。这样，MTI 获得了 Flomerics 62.5% 的股权份额，而两位创建者则拥有公司其余 37.5% 的份额。

MTI 认为 Flomerics 项目将实现商业化，并获取利润。MTI 的项目负责人亿觅·理查德森为 Flomerics 做了许多工作，其中包括在新公司中采用财务报告系统以及为公司提供管理支援等。

Flomerics 的第一个产品 Flotherm1.2 版本于 1989 年 9 月面世，其目标顾客是电子工程师，主要应用于远程通信与计算机领域，但也可以用于国防与航空电子工业、电子消费产品以及交通运输工业。Flomerics 的第二个产品 Flovent 也于 1990 年年初发布，其目标市场是采暖、通风和空调（HVAC）市场，用于空气循环流程分析。Flomerics 的所有早期产品都在为下一阶段开发精确测量产品做准备。

Flotherm 首先在英国市场进行推广，但随后又发现，只有打入美国市场，才有可能获得显著的销售增长。于是，在 MTI 的协助下，1990 年 Flomerics 在美国建立了一个分支机构。在此后的几年中，Flomerics 有大约 50% 的销售收入来源于美国。

为了继续进行产品开发，Flomerics 决定再次寻求现金融资，并于 1992 年年底发售了认股权证。MTI 为此再次投入了 25 万英镑，Flomerics 的雇员则认购了 17 万英镑。这样，MTI 拥有的公司份额减少到了 58%。这次筹资使得 Flomerics 大大加强了其在美国的经营力量，也加大了其在远东地区的影响。很快，Flotherm 被美欧大多数的主要电子商采用，获得了巨大成功。Flomerics 也因此而开始赢得大量利润。1992 年的一份调查报告显示，Flomerics 的热量分析软件的潜在市场需求额每年达 5 000 万到 1 亿美元，而且这个市场主要是由 Flomerics 的产品自己创造出来的。

1993 年 Flomerics 在美国开设了第二家分支机构，以期创造更大的收益。同时，德国和法国的分支机构也建立起来。对于其他的主要市场，Flomerics 是通过当地的分销商进行扩张的。

3. 投资的撤出与回报

随着 MTI 10 年固定经营期限的临近，MTI 开始寻求撤出投资的机会。如果可能的话，Flomerics 的管理层希望能保持公司的独立性与自主经营。由于资本规模太小，公司不能在伦敦交易所上市。于是，MTI 与 Flomerics 的管理层都决定让公司在伦敦交易所的二板市场 AIM 上市。这样，MTI 可以在 AIM 撤出其投资，Flomerics 也能够在维持其独立性的同时获得充足的发展资金，双方的目标都将同时实现。由于 MTI 在首轮投资之后就为 Flomerics 引入了财务报告系统，Flomerics 的运作已经符合了 AIM 的要求，它可以免除昂贵的财务报告审计。仅此一项 MTI 就为 Flomerics 节省了一笔巨额开支。

Flomerics 公司于 1995 年 12 月 6 日上市，市值高达 330 万英镑，MTI 的内部收益率也高达 30%。这时，MTI 出售了它所持有股份的 25%，其余的 75% 也在 1996 年的另一次销售中套现。

要求：根据以上背景资料，分析 Flomerics 公司的融资。

【案例分析要点提示】

根据以上背景，可以总结出风险投资中的几个要点：

第一，风险资本家价值附加服务的重要性。

报告正文以及前面的案例均已强调，风险资本家的价值附加服务对于风险企业的顺利成长十分重要。在本例中，MTI 的价值附加中有两项特别突出：

首先，MTI 在首轮投资之后就为 Flomerics 引入了财务报告系统，不但使得 Flomerics 能够及时在 AIM 上市，也为 Flomerics 节省了一笔巨额的财务报告审计开支。

一般来说，企业家创业并不能预测以后可能发生的事情，但风险资本家却由于长期参与建设新企业而对此有所了解。本例中的 MTI 从投资一开始就为 Flomerics 日后上市做好了准备。

其次，在 MTI 的协助下，Flomerics 在美国设立了分支机构，而该机构为它带来了大约 50% 的销售收入。高新科技企业将其产品推向世界市场是当今世界经济发展的客观要求。单凭风险企业自己的力量与资源是不可能走向国际的，但风险资本家凭借其关系网络却能够协助风险企业做到这一点。

第二，首次公开上市是最受投融资双方欢迎的投资撤出方式。

风险资本家撤出其投资的途径主要有三：首次公开上市、第三方出售与企业回购。一般来说，首次公开上市是最受投融资双方欢迎的方式。风险企业通过公开上市将获得最高的市场价值。此外，对于管理人员，企业可以维持其独立性，并且日后可以继续从公开市场获得融资。不过，由于各国有关法规的限定，上市发起人一般不能在公司上市的时候就把所持公司股票全部出售。因此，风险资本家通常需要继续参与风险企业的事务直到股票最终售出或分配给投资者。

在本例中，Flomerics 的管理层希望能保持公司的独立性与自主经营。Flomerics 在 AIM 上市，即使 MTI 可以在 AIM 撤出其投资，Flomerics 也能够在维持其独立性的同时获得充足的发展资金，双方的目的都将同时实现。

第三，二板市场为风险投资的撤出开辟了重要渠道。

风险投资的对象主要是新建的，具有广阔发展前景的中小企业。而在投资对象发展至成熟阶段时，风险资本必须撤出。如前所述，公开上市是最受投融资双方欢迎的撤出方式。但是，为了保护股市投资者的利益，各国股票交易所一般都对上市公司设定了各种严格的审查要求，如资本规模、公司历史、盈利时期等。而风险投资中的中小企业却大多不能满足这些要求。为此，各国纷纷建立二板市场，专门为这些具备增长潜力的企业提供服务。

在本例中，Flomerics 的资本规模太小，不能在伦敦交易所上市。但是，伦敦交易所的二板市场 AIM 则为 Flomerics 提供了上市的理想市场。

第五节 中小企业财务治理与财务控制

国内众多中小型企业被高额利润所迷惑，忽视了风险的存在，这导致企业在信用销售上失去控制，积聚了庞大的应收账款。同时，因为对企业财务管理不够重视，以及缺乏有效的回收措施，一旦买方未能如期履行付款义务，企业的资金流转即刻陷入困境。众多中小型企业对于市场的预测过于乐观，结果是库存积存严重，使得这些存货难以在短时间内转换成现金，进而占据大量资金。中小型企业对于国家金融政策的诸多要素，例如利率和汇率，缺乏应有的关注与重视，企业面临的财务困境，皆因这些举措而急剧加剧。

中小型企业中，财务管理及控制方面的议题，更应当得到重视与聚焦。构建一套标准化的管理体系，是降低管理开支，增强公司运作效率的关键。我国中小企业的财务治理与财务控制不受重视，存在着诸多问题，我们可以从以下几个方面来完善。

一、中小企业财务治理

1. 明确财务治理目标

财务治理主要处理的是财务关系，因此财务治理的目标是协调利益相关者之间的权、责、利关系，合理配置剩余索取权和控制权（财权），促使利益相关者利益最大化，为顺利实现企业目标提供基础。目前不少人认为中小企业财务治理的目标是利润最大化。然而这一目标一方面未能考虑企业资金的时间价值和风险价值，可能导致企业财务决策短期行为；另一方面未能考虑中小企业不同阶段的产权变化。在中小企业创业阶段，所有者与经营者大都合二为一，财务治理的主体（业主）追求自身利益最大化成为必然。但随着企业的发展，必然要吸收外部资金，此时企业就成为一个多边契约关系的总和：股东、债权人、经理层和雇员等。因此，不能简单地将中小企业的财务治理目标定位为利润最大化，而应该将不同类型中小企业财务治理的目标与其产权结构相匹配，为中小企业的财务制度安排和具体的财务管理活动提供参考。

2. 完善内部财务治理结构

中小企业如果采用现代公司制，即使规模很小，也存在建立健全法人治理结构的问题。其宗旨就是构建现代公众公司的权力分配与行使关系。对于中小企业公司权力的分配尤其是财务控制权制度的安排是法人治理结构的核心。从理论上说，中小公司董事会及成员的职责、任务和功能与大型公司没有多大区别，但大公司的董事会主要是通过对公司经营活动的报告的读取和资料的分析来决策和监督的，而中小企业的董事由于更加贴近企业，也更容易了解经营信息，通常董事会成员会更加积极主动地影响企业的经营行为，期望为公司创造价值。中小型企业完善治理结构的关键，在于强化董事会功能。作为决策核心的董事会，肩负着引领企业总经理及高层管理团队的重任，其必须整体上拥有指导能力，同时将企业的战略方向贯穿日常决策流程。

3. 强化外部监督机制

相较于国有企业设有专门的纪检委以及上市公司构建的监事会，中小企业在外部监管体系方面显得相对脆弱。这种情况下，经营者往往采取"任人唯亲"的办法加以解决。但是，其结果是企业的运行效率较低，人员业务水平低下。只有寻找出中小企业治理主体缺乏治理动力的原因，建立健全中小企业的激励约束机制，充分调动治理主体的积极性，才是解决问题的关键所在。

二、中小企业财务控制

财务控制作为企业内部控制的基本组成部分受到理论界和实务界广泛重视。虽然目前还没有统一认识，但对其研究一直受到追捧。在提到财务控制时，人们通常会使用下面三个含义中的一个：一是内部控制中会计控制的同义语；二是从财务角度进行管理控制；三是对财务问题的控制。我们认为，财务控制的本质和意义是从财务角度进行管理控制。如果要为财务控制下一个定义，可以表述为：企业管理通过财务手段衡量和矫正企业经营管理活动，使之按计划进行，确保企业战略与财务有关的战略计划得以实现的过程。中小企业可根据其财务特征，从以下几方面加强财务控制。

1. 营运资金控制

追求企业资金流转的最优化，构成了财务管控的核心宗旨。由于资金的使用周转牵涉企业内部的方方面面，企业经营者应该转变观念，认识到管好、用好、控制好资金不单是财务部门的职责，而是关系到企业的各个部门、各个生产环节的大事。为此，首先，要使资金来源和资金运用得到有效配合，要合理分配流动资金与固定资金以产生最佳经济效果；其次，在资金运用上要维持一定的付现能力，应重视应收账款、存货的管理，以保证日常资金周转灵活；最后，要充分预测资金回收和支付的时间，如应收账款什么时间可收回，什么时间应进货等，都要做到心中有数，否则就容易造成收支失衡、资金拮据。

2. 资本结构控制

中小企业受企业规模的限制，承受财务风险的能力比较低，因此，形成合理的资本结构，确定合理的负债比例尤为重要。负债过多，一旦情况发生变化，就会造成资金周转困难；负债过少，又会限制企业的长期发展。企业的长期发展需要外来资金和自有资金的相互配合，既要借债，又不能借得太多，以形成合理的资本结构。

3. 财务风险控制

对于财务风险的控制从形成原因来看是由于企业负债经营，存在到期不能偿还债务的风险。提升财务管理中对风险的把控，需着手以下几个关键环节。

（1）加强对筹资风险的防范。首先，充分利用自有资金；其次，优化资本结构，使债务资本和自有资本比例适当，形成总风险最低的融资组合；再次，长、短期债务资本的布局要合理，避免债务资本的还本付息期过于集中；最后，分散融资渠道，最大限度地利用应付账款和应付票据及预收账款等商业信用手段。

（2）加强对投资风险的防范。它包括：①做好投资可行性分析；②制订严格的投资计划，对投资回收进行科学的评估和风险论证，避免投资不当产生损失；③系统规划投资取向，对不同品种、不同行业或部门、不同期限的投资形成最佳组合，把收益性、风险性、可持续性统一起来。

（3）加强对资金回收风险的防范。它包括：①完善应收账款的回收机制以规避风险，加强对客户的信誉评估，针对不同的客户制定不同的信用期间和信用额度；②权衡现销和赊销之间的利弊，定期编制账龄分析表，对应收账款回收情况进行监督；③谋划好存货适时销售变现，可通过安全储备、合理订销等措施优化管理。

（4）加强收益分配风险的防范。处理好企业长远发展需求与近期利益的关系，制定合理的收益留存和利润分配政策，保证现金流入与流出的合理匹配。

总之，财务风险可能是由负债规模过大、筹资方式选择不当、信用交易战略不当或负债结构不当造成的，降低和防范财务风险对策可归纳为：拓展中小企业的筹资渠道；建立健全信用体系担保体系；提高盈利能力，加强内源筹资；降低资产负债率；选择有利的利率。

4. 财务档案控制

众多中小型企业常常忽视日常的记录工作，导致无法展现完备的财务资料，这种情况无疑会为自我评价、资金筹措、战略制定以及预算规划等财务管理活动造成极大的障碍。在当代企业运营中，高效地执行财务管理显得尤为关键，而这依赖于完备的财务数据资料。这些资料不仅有助于管理者审视历史业绩，更是预见未来发展的关键所在。

5. 完善内部控制制度

建立组织内部控制机制，保证财务管理作用的有效发挥，包括多方面的制度建设：①建立内部牵制机制，对具体业务进行分工，不能由一个部门或一个人完成一项业务的全过程，必须由其他部门或人员参与，并且与之衔接的部门能自动地对前面已完成工作进行正确性检查。这种制约包括上下级之间的互相制约、相关部门之间的相互制约。在内部牵制中，必须采取分工轮换制，这样才能更好地达到牵制的效果。工作轮换制是指根据不同岗位在管理系统中的重要程度，明确规定并严格控制每一个员工在某一岗位的履职时间。对关键岗位频繁轮换，次要的岗位可少一些，从轮换中发现存在的问题，揭示制度的缺陷、管理的缺陷。②建立授权批准制度，应该对企业内部部门或职员处理经济业务的权限加以控制。单位内部某个职员在处理经济业务时，必须经过授权批准，否则就不能进行。③实行全面预算控制，企业编制的预算必须体现其经营管理目标，按照"谁花钱，谁编制"的原则来编制，并明确责权。预算在执行中应当允许经过授权批准对预算进行调整，以使预算更加切合实际，应当及时或定期反馈预算执行情况。④健全实物资产控制制度：一是应严格规范实物资产的接触人员，如限制接近现金、存货等，以减少资产的损失；二是定期进行财产清查，做到账实相符。

【例9-3】张老板经营着一家小型的瓶子加工厂。他于两年前租赁了一条价值80万元的汽水瓶子生产线，每年需交租金20万元。两年后市场发生了很大的变化，消费者对易拉罐装的汽水需求量大幅增加，而汽水瓶子产量大幅下降。如果张老板此前不是采用租赁，而是借钱买下汽水瓶子生产线，那么他就不得不再购进一条易拉罐生产线，而原来购进的瓶子生产线就得闲置。这样，张老板将遭受巨大的损失。但是，由于他采用的是租赁融资，他就可以停止租赁，而按合同规定，只需付违约金10万元。这样，他的损失就要小得多。于是，他又租赁了一条价值140万元的易拉罐生产线，以适应市场的需要。

上例中的张老板显然是从租赁中得到了好处。一般而言，租赁融资对小企业有以下几点好处：

（1）借助租赁方式，公司得以规避一次性高额的设备购置费用，仅需定期缴纳相对微薄的租借费用，即可享有特定资产的使用权。

（2）在市场竞争白热化的背景下，机械设备与产品迅速迭代，更新频率不断加快。当新一轮的产品与设备登场，若旧有设备的价值未能彻底回收，企业便会面临严重的经济损失。

（3）初创期的小型公司普遍面临资金紧张的困境，同时贷款途径亦不顺畅。在这种情况下，独立购置所有设备或许既不经济也不现实，因此采取租赁融资手段成为一项适宜的决策。

（4）租赁融资有避税的作用。我国财务制度规定，租金作为费用在交所得税之前可以扣除，从而能享受税收上的优惠。

当然，租赁融资也有缺点，如：租金较高，租金总额往往要超出设备买价许多；在承租企业财务困难时期，固定的租金支付也会构成一项沉重的负担；另外，租赁融资难以改良资产，未经出租人同意，承租人不得随意改良设备。

第十章

非营利组织财务管理

第一节　非营利组织概述

一、非营利组织的概念

非营利组织形式多样，种类繁多，所以很多人对此存在模糊的认识。与非营利组织相关的术语有慈善组织、志愿组织、非政府组织、免税组织等，但这些术语往往只强调非营利组织的某个方面。那么，如何来界定非营利组织呢？

非营利组织（non-profit organizations，NPO），是独立于政府体系和市场体系之外的，不具有物质产品生产和国家事务管理职能，主要以精神产品或各种服务形式向社会和人民提供服务，不以营利为目的，资产供应者不图回报，其剩余资产不存在明确的所有者权益的单位。在大多数情况下，非营利组织是营利性的，至少有部分资金来源于政府以外的私人捐款。非营利组织的存在出于各种不同的目的，大多数是为了推广其成员所信仰的政治理念，或实现其社会目标。常见的非营利组织主要包括学校、医院、慈善机构、宗教机构、合作团体、社区组织、市民俱乐部以及许多其他组织。

这些非营利组织雇用了数以万计的工作人员，并且为公众提供各种重要的服务，所以，保持它们的高效运营是非常必要的。为了保证经营效率，这些非营利组织同样需要财务管理的技巧。这些管理技巧与营利组织相类似，但是有一个重要的区别，非营利组织没有股东，所以，它们的目标不是股东财富的最大化，而是向社会提供服务。

二、非营利组织的种类

非营利组织存在于社会的各个领域。按照非营利组织提供服务的种类，一般有以下的类型：

（1）教育组织，是向社会提供教育服务的非营利组织，包括幼儿园、中小学、高等院校等。

（2）医疗组织，是向社会提供医疗保健服务的非营利组织，包括医院、急救站和保健康复机构等。

（3）科学研究组织，是向社会提供科学研究成果的非营利组织，包括研究所、研究院和科技服务机构等。

（4）文化体育组织，是向社会提供文化和体育服务的非营利组织，包括图书馆、博物馆、体育馆和体育协会等。

（5）福利组织，是向社会提供福利服务的非营利组织，包括福利院、孤儿院和社会救助机构等。

（6）咨询服务组织，是向社会提供咨询、中介服务的非营利组织，包括非营利的法律咨询机构、非营利的就业中介机构和非营利的就业管理中心等。

（7）传媒组织，是向社会提供各种社会信息服务的非营利组织，包括电视台、广播电台、报社、杂志社等。

三、非营利组织的特征

非营利组织的特征包括以下几个方面。

（一）不存在利润指标

在企业财务管理活动中，利润指标能为衡量企业绩效提供标准，是企业提供量化分析的方法之一，使企业的分权管理成为可能，也便于进行不同组织之间的比较。然而，非营利组织是不以获取利润为目的，为社会公益服务的组织。在非营利组织财务管理活动中通常缺少利润这一指标，这使得管理的系统性受到不同程度损害：如管理人员经常难以就各种目标的相对重要性程度达成一致意见；对于一定的投入能在多大程度上帮助组织实现自己的目标也难以确定；分权管理的操作难度加大，许多决策不宜下放给中下层管理人员；不同非营利组织之间也无法进行绩效的对比。

（二）享有税法与其他法律上的优惠政策

大多数的非营利组织都可以享受一定的税收优惠政策，它们可以免交收入所得税、财产税或销售税。如果企业和个人向非营利组织捐赠或购买这类组织的债券，那么这些公众可以获得一定的减免税。

（三）顾客不是主要的资金来源

企业通过销售产品和服务，从顾客那里获得主要的资金来源。如果产品不适销，不能满足市场的需要，那么企业会出现入不敷出的情况，严重的将导致企业破产。非营利组织则不是完全依靠市场来维持生存和发展的，有些非营利组织资金的主要来源是销售收入，如地方医院主要通过向病人收取医疗费和药费来维持经营；私立学校的主要收入是学生缴纳的学费；研究机构通过与外界进行项目研究合作来获得经费。这些非营利组织通常被称为"顾客支持型组织"，它们能否生存并得以发展仍然取决于市场。

其他的非营利组织收入的主要来源则不是服务收费，它们被称为"公众支持型组织"。在这种情况下，顾客所接受的服务与其向组织提供资源的多少之间没有直接的联系，例如希望工程、春蕾计划、慈善总会等。

（四）责、权、利不是十分明确

对企业而言，出于责任会计责、权、利管理的需要，企业内部管理通常可以划分为许多的责任中心，对每一个责任中心都明确其职责，并赋予相应的利益。而对于非营利组织而言，由于不存在利润指标，对各部门的职责履行情况难于考核评价，因而对于各部门的责、权、利也就无法十分明确。

（五）通常都是服务型组织

大多数非营利性组织都是专门提供服务的。从管理控制的角度来看，生产并销售有形产品的企业要比服务性组织具有一定的优势。首先，有形产品可以提前生产并储备起来，等待客户前来购买，但服务却不可以提前生产，客户一般是适时消费的。其次，服务组织一般是劳动密集型的，这类组织的管理要比技术密集型组织的管理困难得多。再次，对于有形产品来说，无论生产前还是销售后，其数量都是易于把握和控制的，服务却不行。最后，通常有形产品的质量是可以测量出来的，而且在出厂前可以进行检测。如果质量有缺陷，工厂可以将它视为次品，停止向市场销售，但服务质量却无法提前检测，最多只能在向顾客提供的过程中给予监督，并且服务质量的判断一般具有很强的主观色彩，因为不存在客观的检测工具和标准。

（六）不排斥营利精神和商业行为

美国经济发展的实践证明，非营利组织的有效经营管理，恰恰需要引入营利精神和商业行为。

首先，政府部门和公益组织的服务对象往往是不可划分的社会整体。在实施政策计划和公益活动时，目标人群的利益也应作为考虑因素。由于营利性的管理和某些商业手段对提高服务质量大有帮助，因此营利性的管理和某些商业手段完全可以用于非营利组织针对特定人群的服务。

其次，仅靠政府预算拨款和慈善机构的捐赠资金毕竟有限，且发放时间不定，完全依靠这些资金建设公益事业的计划，往往会力不从心。自谋财源，开发营利项目以弥补公益性支出，已成为非营利组织发展的普遍趋势。

第二节　非营利组织财务管理的特征和原则

一、非营利组织财务管理的概念

非营利组织财务管理是指非营利组织的财务活动以及处理非营利组织与政府、资源提供者、债权人等各方面财务关系的一项经济管理工作。

（一）非营利组织的财务活动

非营利组织的财务活动包括资金流入和资金流出两个环节。

（1）资金流入是非营利组织取得财务资源的过程，有一定的资金流入，是非营利组织存在的基础。不同类型的非营利组织有不同的资金来源渠道，主要包括财政拨款、出资人出资、服务收费、社会捐赠等形式。

（2）资金流出是非营利组织运用财务资源的过程，非营利组织通过资金流出实现其社会公益活动的目的。非营利组织的资金流出包括提供服务的各项业务支出、资产购置和损耗、各项投资等形式。

（二）非营利组织的财务关系

在非营利组织的财务活动中，也体现着非营利组织与各有关方面的财务关系。非营利组织的财务关系可概括为以下几个方面。

（1）非营利组织与政府部门、社会监督机构之间的财务关系。非营利组织承担着广泛的受托责任，其财务资源来源于社会，必须接受政府部门和社会监督机构的财务监督。

（2）非营利组织与资金提供者之间的财务关系。资金提供者主要有非营利组织的拨款人、捐赠人、缴费人等，这样就形成了所属关系或委托代理关系。

（3）非营利组织与债权人之间的财务关系。非营利组织为了弥补资金的不足，在日常的运营活动中就会产生一定的负债，这样非营利组织与债权人之间就形成了一种债务与债权的财务关系。

（4）非营利组织与服务对象之间的财务关系。非营利组织必须按照自身宗旨，免费或者按规定收费为服务对象据供优质的服务，因此非营利组织与服务对象之间是一种服务关系。

（5）非营利组织内部各部门之间的财务关系。非营利组织内部各部门之间的资金往来是一种内部结算关系，同时非营利组织与其员工之间是劳动雇佣条件下的劳动报酬分配关系。

二、非营利组织财务管理的特征

（一）经费来源的无偿性

非营利组织的资金来源，主要依靠国家财政，由财政部门通过预算向单位分配资金。财政分配的无偿性，决定了各非营利组织获得的经费也具有无偿性。而且非营利组织作为国家职能的承担者，不以营利为目的。它们为社会提供的服务往往是低价的甚至是免费的，它们的各种消耗很难通过自身的经营活动进行补偿。这在客观上也决定了它们完成各项事业任务所需经费必须由国家无偿供给。虽然也有少数的非营利组织以服务收费等方式从社会取得资金，而不由国家财政拨款，但它们的经费来源同样具有无偿性。

（二）经费使用方式上的限制性

非营利组织的出资者（资金的供给者）提供的资金原则上被称为基金，基金的特征是要按出资者的意愿完成一定的任务，实现社会效益。非营利组织的财务管理首先表现为基金管理，要能反映各项基金按预算应用的结果。非营利组织的出资者不要求投资回报和投资回收，但要求按法律规定或出资者的意愿把基金用在指定用途上，即要求基金有限制性。非营利组织的基金具有严格的具体用途，不能移作他用。非营利组织基金的限制性体现了非营利组织出资者的权利。为此，非营利组织财务管理要按不同的项目核算基金的使用情况，尽管对各项基金不一定要分别按有关的资产、负债、收入、支出等项目进行管理，但必须提供各项基金的收支节余情况，以便考核各项基金的使用效果。

（三）经费使用中的政策性

非营利组织作为国家职能的承担者，其从事的各项活动对社会主义物质文明和精神文明建设有举足轻重的影响，与国家的社会主义现代化建设和人民群众的物质文化生活密切相关。同时，非营利组织的经费主要由财政拨款，所以非营利组织的财务活动体现着国家的财政方针政策，体现着国家支持什么、反对什么、鼓励什么、限制什么，体现政府的意图。它们的一收一支，都有明确规定，都带有极强的政策性。因此，各非营利组织在办理各项收支业务时，要严格执行有关的收支范围和收支标准，严格执行各项财务规章制度及财经纪律，依法理财，合理有效地使用每一项资金，以保证各项事业的顺利开展。

（四）以预算管理为中心

预算管理是非营利组织财务管理的工作中心。各类非营利组织每年年初都要根据事业发展计划和单位工作任务安排编制单位年度预算，并按一定程序报请有关部门审批。审批之后，非营利组织预算就成了财政部门管理各非营利组织财务收支活动的依据。财政部门一方面根据非营利组织预算向其拨付经费，另一方面，又通过预算管理，将非营利组织的各项财务收支纳入预算，统一核算，统一管理。从非营利组织角度来看，各非营利组织预算经有关部门审批之后，同样成了本单位办理财务收支及其他各项财务活动的重要依据，非营利组织各项财务收支都要按预算执行，其他各项财务管理工作也主要是围绕非营利组织预算来展开。因此，预算是非营利组织财务管理的中心，在各非营利组织财务管理中起着主导作用。要提高非营利组织财务管理的工作质量，必须切实加强对预算的管理。

（五）涉及范围的广泛性

作为管理社会公共事务、协调社会公共利益关系、实现国家职能的组织，非营利组织遍布全国城乡，它们的活动关系着经济的发展、社会的进步，与政府意图的实现密切相关，与广大人民群众的生产生活密切相关。如学校、医院、艺术团体等非营利组织的活动，直接为人民生产、生活提供服务，直接关系到广大人民群众的衣食住行、生老病死。非营利组织的财务管理是为非营利组织开展各项业务活动服务的，所以，非营利组织财务管理的范围也非常广泛，不仅深入到全国城乡的每个角落，还深入到非营利组织活动的方方面面。这就要求各非营利组织切实加强对财务活动的管理和监督，财务工作者要本着认真负责的态度，将财务工作做深做细，办好每一项收支业务，用好国家的每一分钱，切切实实地把国家的方针、政策及政府的意图落实到每一个角落。

（六）类型多样化

非营利组织种类繁多，类型复杂。从所有制来看，既有全民所有制的，又有集体所有制的；从业务活动性质来看，既有生产性的又有非生产性的，既有服务性质的，也有社会福利性质的；从经费来源看，有的由国家财政全额拨款，有的部分拨款，还有的不拨款；从提供公共产品及公共服务的方式来看，有的是免费的，有的是付费的。不同的非营利组织，性质不同，业务特点不同，财务收支状况也有较大差异。相应地，对财务管理提出的要求也就不同，预算的编制、资金的安排、财务成果的分配也不一样。因此，在非营利组织财务管理的工作中，应坚持实事求是的原则，在严格执行国家统一的财务制度的前提下，根据非营利组织的实际情况和实际需要，因地制宜地制定一套符合非营利组织实际的类型，有选择地采用不同的方法进行管理，并且要求非营利组织的财务管理工作要切实可行，不能脱离实际搞"一刀切"，不能生搬硬套地进行统一模式管理。

总之，非营利组织财务管理是非营利组织管理的一个重要组成部分，是根据财务制度及财经法规，按照财务管理的原则，对非营利组织有关资金的筹集、分配及使用所引起的财务活动进行计划、组织、协调、控制，并处理财务关系的一项综合性的经济管理工作。

三、非营利组织财务管理的目标

非营利组织财务管理的目标是非营利组织财务活动希望实现的结果，是评价非营利组织财务活动合理性的基本标准。

非营利组织财务管理的总目标应该是合理取得并运用资金，发挥资金的最大使用效率，实现社会效益最大化。

非营利组织为实现社会效益最大化的总目标，必须要做到以下几点：　是非营利组织提供的服务可以是有偿服务；二是非营利组织需要加强财务控制，降低费用支出；三是非营利组织要进行财务管理，必须讲求资金的使用效率。

四、非营利组织财务管理的要求

（一）建立健全财务制度，规范非营利组织的财务行为

财务制度是非营利组织财务管理的基本依据和行为规范。建立健全财务制度是非营利组织财务管理的重要任务之一。建立健全财务制度有利于保证国家有关方针、政策的贯彻执行，有利于使各项财务活动有法可依、有章可循，实现财务管理的规范化、法治化。财务制度主要包括预算决算制度、收入管理制度、开支标准制度、资金管理制度、财产物资管理制度、财务分析和财务监督制度等。地方各级财政部门和非营利组织的上级主管部门可根据国家有关财务制度规定，结合本地的实际情况，制定本地区、本部门的财务制度。财务制度的制定，必须以国家有关法律、法规和有关方针、政策为依据，紧密结合非营利组织财务管理的客观实际，按照国家关于财务制度的统一规定和要求进行。

（二）加强单位预算管理，保证事业计划和工作任务的完成

单位预算，是非营利组织完成各项事业计划和工作任务的保证，是非营利组织财务管理工作的重点。加强单位预算管理，有利于国家有关方针、政策的贯彻执行；有利于优化财政资源配置，合理安排和使用各项资金，提高资金使用效益；有利于促进各项事业的发展。科学合理地编制单位预算，并严格按照批准的预算执行，是非营利组织预算管理的中心工作，只有做好预算编制、执行工作，才能保证事业计划和行政工作任务的顺利完成。

（三）加强收支管理，提高资金使用效益

非营利组织收支管理，是单位预算顺利完成的重要保证。加强收支管理，有利于单位依法组织收入，合理安排支出，有效地使用各项资金，提高资金使用效益，保证

单位预算顺利完成。非营利组织单位收入管理，主要是对收入项目、标准以及收入进度等进行的管理。非营利组织的支出管理，主要是对支出项目、范围、标准等多方面的内容进行的管理。

（四）加强国有资产管理，防止国有资产流失

国有资产是非营利组织开展业务活动和完成行政工作任务的物质基础。加强国有资产管理是非营利组织财务管理的重要内容。加强国有资产管理，能够保证国有资产的安全、完整，防止国有资产流失，提高国有资产利用效率，充分发挥国有资产在促进事业发展和行政工作任务完成中的作用。

（五）加强财务分析和财务监督，如实反映单位财务状况

财务分析和财务监督是非营利组织财务管理的一项重要任务。加强财务分析和财务监督，有利于保证单位认真执行国家有关方针、政策和财务制度，维护财经纪律；有利于保证非营利组织业务工作和财务收支计划顺利完成；有利于及时、准确地反映非营利组织财务活动状况，掌握财务活动的特点和规律，为财务决策提供科学、可靠的依据。

五、非营利组织财务管理的原则

（一）依法理财的原则

依法理财是非营利组织财务管理应遵循的最基本的原则。在社会主义市场经济条件下，一切经济活动都必须在法律规定的范围内运行，财务活动也不例外。非营利组织财务管理必须牢固地树立法治意识，坚持依法理财的原则，使各项财务管理工作在法治轨道上运行。首先，要大力加强非营利组织财务管理制度的建设，逐步形成一套科学、规范、系统的财务制度体系；其次，在具体的财务管理工作中，既要认真贯彻执行各项财务制度，做到有法必依，又要做到财务制度贯彻情况的监督检查，做到执法必严，违法必究。

（二）勤俭节约的原则

勤俭节约是非营利组织财务管理必须长期遵循的基本原则。非营利组织开展业务活动所需要的资金很大一部分来自政府预算，其资金耗费基本上是一种消费性的支出。所以，非营利组织财务管理必须坚持勤俭节约的方针，有效地使用各项资金，反对铺张浪费，将勤俭节约措施落实到资金筹集、分配和使用的每一个环节。坚持勤俭节约的原则，还必须注意优化资源配置，调整支出结构，提高资金使用效率，防止因效益问题造成的资金浪费。

（三）量力而行和尽力而为相结合的原则

在非营利组织中，各项事业发展和资金供给不足的矛盾是长期存在的。缓解这个矛盾的有效途径，就是要坚持量力而行和尽力而为相结合的原则。量力而行，就是要尊重客观经济规律，从财政经济状况的实际出发，充分考虑财力的实际情况，去办那些经过努力可以办到的事，而不能违反客观经济规律，凭主观意志办事，勉强去办难以做好的事情。尽力而为，就是要在现行财力许可的范围内，充分发挥人的主观能动性，区分轻重缓急，合理安排使用各项资金，努力挖掘各方面的潜力，发挥有效资金的最大效益，把那些能够办好的事情办好。量力而行和尽力而为应该是辩证的统一关系。

（四）社会效益与经济效益相统一的原则

非营利组织以生产精神产品和从事社会公益活动为主，它的一切活动都必须把社会效益放在第一位，增进社会福利。在讲究社会效益的同时，非营利组织财务管理还必须讲究经济效益，既要避免片面强调社会效益而忽视经济效益，又要反对单纯追求经济效益而忽视社会效益，要把社会效益和经济效益有机地结合起来。

第三节　非营利组织财务管理的内容

非营利组织财务管理研究的是资金的分配、筹集、使用及经费支出是否符合预算，是否有利于促进各项事业发展和国家政权建设，是否有利于社会财产的充分利用等问题。具体来说，非营利组织财务管理包括以下主要内容。

一、单位预算管理

非营利组织的资金收支活动是通过预算来安排的，单位预算管理是非营利组织财务管理的核心内容。非营利组织预算是国家预算的基础，是国家财政部门和非营利组织之间预算资金缴拨的依据，也是非营利组织开展各项财务活动的基本依据，财务管理贯穿预算编制和执行的全过程。

（一）非营利组织单位预算的概念

单位预算是非营利组织根据行政任务和事业发展计划，运用价值形式编制的年度财务收支计划，是单位完成事业计划和行政任务的财力保证，也是非营利组织财务管理工作的基本依据。单位预算管理是非营利组织财务管理的中心工作，主要包括收入预算、支出预算的编制、审批、执行和调整的管理。

非营利组织因为不以营利为目的，所以没有足够的收入。但一些非营利组织单位在为社会提供公益性的服务活动时，要依法取得收入，这就使得非营利组织单位多少有些收入。由于非营利组织单位活动内容各异，业务状况不一，所以各单位收入差别较大，有的单位收不抵支，政府需要无偿拨付一定的资金，保证它们的业务活动能正常开展；有的单位收大于支，按规定要上缴政府预算。所以，非营利组织单位预算与各级政府预算之间存在着资金拨付缴纳关系。

（二）非营利组织单位预算的意义

非营利组织单位预算是国家预算的重要组成部分，集中反映了预算年度内非营利组织的资金收支规模、业务活动范围和方向。从形式上看，非营利组织预算是按一定标准将非营利组织收入和支出分门别类地列入特定的表格，这不仅表明了非营利组织是如何使用其经费的，也表明了各项收入是从何种来源筹措的。非营利组织预算成了反映非营利组织活动的一面镜子。从实际经济内容看，非营利组织预算的编制是国家对公共收支的计划安排，它的执行是公共收入的筹措和使用过程，反映着以政府为主体的非营利组织介入经济社会生活的范围、规模和程度。加强非营利组织预算的管理，不仅对保证公共事业计划和行政任务的完成有重要作用，而且对财政预算的顺利执行也有十分重要的意义。

（三）非营利组织单位预算的内容

非营利组织的单位预算主要是指各级各类国有事业单位以及接受国家经常性资助的非国有事业单位、社会团体和中介组织等的单位预算。目前非营利组织的单位预算内容是按照国有事业单位预算内容执行的。

1. 事业单位的收入预算

事业单位的收入预算，分为财政补助收入和非财政补助收入两个部分。内容包括财政补助收入、上级补助收入、事业收入、经营收入、附属单位上缴收入、其他收入和拨入专款收入等。

财政补助收入是指事业单位按核定的预算和经费从财政部门取得的各类预算经费。

上级补助收入是指事业单位从主管部门和上级单位取得的非财政补助收入。

事业收入是指事业单位开展专业业务活动及其辅助活动取得的收入。其中，按照国家有关规定应当上缴财政预算的资金和应当缴入财政专户的预算外资金，不计入事业收入；从财政专户核拨的预算外资金和部分经核准不上缴财政专户管理的预算外资金计入事业收入。

经营收入是指事业单位在专业业务活动及其辅助活动之外开展非独立核算经营活动取得的收入。

附属单位上缴收入是指事业单位附属独立核算单位按照有关规定上缴的收入。

其他收入是指上述规定范围以外的各项收入，包括投资收益、利息收入、捐赠收入等。

拨入专款收入是指国家投资的事业单位用于固定资产新建、改建、改扩建工程的拨款收入。

2. 事业单位的支出预算

事业单位的支出预算，包括事业支出、经营支出、基本建设支出、对附属单位补助支出和上缴上级支出等项内容。

事业支出是指事业单位开展专业业务活动及其辅助活动发生的支出，包括基本工资、补助工资、其他工资、职工福利费、社会保障费、助学金、公务费、设备购置费、修缮费、业务费和其他费用。

经营支出是指事业单位在专业业务活动及其辅助活动之外开展非独立核算经营活动发生的支出，包括单位为开展经营活动支付给职工个人的工资福利性开支和维持经营活动开支的公务费、业务费、设备购置费、维修费等。

基本建设支出是指事业单位列入基本建设计划、用国家基本建设资金或自筹资金安排的基建支出。

对附属单位补助支出是指事业单位用财政补助收入之外的资金对附属单位补助发生的支出。

上缴上级支出是指实行收入上缴办法的事业单位按照规定的定额或者比例上缴上级单位的支出。

二、收入管理

非营利组织要履行管理社会公共事务的职责，就必须要有一定的财力保证。除公共财政提供全部或部分经费来源外，非营利组织还必须根据自己的条件，积极合理组织收入，提高自我发展的能力，保证公共事业任务的顺利完成。

（一）非营利组织收入的概念

非营利组织收入，是指非营利组织为开展业务活动以及其他活动依法通过各种方式取得的可自主支配的非偿还性资金。非营利组织的收入主要包括财政补助收入、事业收入、经营收入、上级补助收入、附属单位上缴收入和其他收入。非营利组织所取得的上述各项收入，必须全部纳入单位预算统一核算、统一管理。

（二）非营利组织收入的内容

1. 非营利组织财政补助收入的管理

非营利组织的财政补助收入，是指非营利组织直接从财政部门取得的或通过主管部门从财政部门取得的各类事业经费，包括经常性经费和专项资金。必须明确的是，财政补助收入中不包括财政对非营利组织的基本建设投资。《事业单位财务规则》规定，国家对非营利组织的基本建设投资的财务管理按国家有关规定办理。

财政对非营利组织的经费供给根据公共财政的原则和单位的创收能力，划分为三种类型：第一类，对于只提供公共产品，其产品无法由市场供需调节，不能成为商品进入市场的公益型事业单位，由政府财政全额拨付经费，如图书馆、博物馆、考古队、地震办、党史办、地志办、统计调查队等；第二类，对于虽属于社会公益事业，但具有社会需要和个人需要双重性质，提供的产品具有混合公共产品的性质，在开展业务时可向个人收取一定的补偿费用，但其收费收入不能抵偿其正常的事业支出的半公益型事业单位、非营利性社会中介组织，由财政实行定额补贴，如教育、体育、文艺团体、电台、无线电视、科研单位部门、行业协会、商会等；第三类，对于属于社会公益型与经营型融合为一体的事业单位，其事业收入或经营收入完全可抵偿单位正常支出的，财政停止对其正常拨款，并以自收自支单位形式进行管理。

财政预算安排用于非营利组织的拨款主要有：教育事业费、文体广播事业费、科学事业费、农林水利气象等部门的事业费、卫生经费、工业交通等部门的事业费、流通部门事业费、抚恤和社会福利救济费。

2. 非营利组织事业收入的管理

事业收入是非营利组织重要的资金来源，是非营利组织为了弥补国家拨款不足所收取的补偿性收入。事业收入涉及面广，政策性强，并随着事业单位改革的深化，其所占比重越来越大。加强事业收入管理，对于正确处理国家、单位、个人三者利益关系，实现合理负担，促进公共事业的发展，具有重要意义。以下就事业收入的有关内容进行阐述。

（1）事业收入的具体内容。

事业收入，是指非营利组织通过开展专业业务活动及其辅助活动取得的收入。专业业务活动，也称为"主营业务活动"，是指非营利组织根据本单位的专业特点所从事或开展的主要业务活动，如文艺团体的演出活动、科研院所的科研活动、学校的教学活动、医院的医疗保健活动等。辅助活动是指与专业业务活动相关、直接为专业业务活动服务的活动，如非营利组织的行政管理活动、后勤服务活动及其他有关活动。非营利组织开展上述活动所需资金，除了财政预算无偿补助以外，一般可以按照规定向服务对象收取一定的费用，用于补偿部分费用耗费。其中，按照国家有关规定应上缴财政预算的资金和上缴财政专户的预算外资金，不作为事业收入；根据经批准的经费使用计划从财政专户核拨的预算外资金，构成非营利组织单位的事业收入。

由于非营利组织的类型较多，专业业务活动又各有特点，因此不同类型的非营利组织的事业收入的具体内容各不相同。它主要包括：文化事业单位的事业收入、科学事业单位的事业收入、高等学校和中等专业学校的事业收入、中小学校的事业收入、广播电视事业单位的事业收入、体育事业单位的事业收入、文物事业单位的事业收入、计划生育事业单位的事业收入。

（2）事业收入管理的基本要求。

首先，要充分利用现有条件组织事业收入，促进事业的发展。随着我国社会主义市场经济体制的建立，随着经济的发展和经济体制改革所导致的社会结构的变化，社会公共事务日趋丰富繁杂。一方面，公共事业发展与经济发展、人们对物质文化生活的需要相适应、相协调，已成为推进社会进步的重要条件；另一方面，人们对公共管理或公共产品无论从数量上还是质量上都提出了越来越高的要求。因此，各项公共事业要获得较快发展，除了财政预算不断增加投入、积极给予支持以外，有条件的非营利组织应当按照市场经济的客观要求和国家的规定，根据自身的专业特点，努力发挥自身优势，充分利用人才、技术、设备等条件，拓宽服务范围，依法积极创造各项收入，不断扩大财源，提高经费自给率，增强自我发展能力，促进公共事业的较快发展。

其次，保证事业收入的合法性与合理性。在非营利组织各项事业收入的管理中，要特别强调收入的合法性与合理性，必须严格执行国家有关法律、法规和规章制度，将收入管理纳入法治化管理的轨道。合法性，就是要依法组织事业收入。对于各项事业性的收费项目，国家规定了统一的收费政策和管理制度，非营利组织必须严格遵守；制定和调整收费项目、收费标准必须按照规定程序报经国家有关部门批准，非经批准不得乱收费，收费时必须使用中央或省财政部门统一印制或监制的票据。合理性，就是在坚持社会效益的前提下，本着补偿合理费用支出的原则，根据提供的技术成本、服务内容、受益程度、事业发展需要和付费对象的经济承受能力等因素制定收费标准。

再次，必须将社会公共利益放在首位。维护和追求社会公共利益，是公共组织运行的宗旨。非营利组织在组织收入活动的过程中，必须始终将社会公共利益放在首位，必须有利于公共事业的发展，有利于丰富人民群众的物质文化生活，有利于社会主义精神文明建设。同时，非营利组织的事业收入中，有些收入项目应该按照市场经济的一般规律运作，讲求经济效益。因此，非营利组织要把社会公共利益的实现与经济效益统一起来，在实现社会公共利益的同时获得较好的经济效益，绝不能单纯为了追求经济效益而忽视社会公共利益。

最后，必须严格执行预算外管理资金的规定。非营利组织取得的属于预算外资金性质的收入，应严格按照规定进行管理，凡应上缴财政专户的，应当及时、足额上缴财政专户；只有经财政部门核准可以不上缴财政专户的预算外资金，才能作为单位收入并按照规定使用。对于应上缴财政专户的预算外资金，不能直接作为事业收入处理，应缴入同级财政专户，待同级财政拨付本单位使用时，才能计入事业收入。留给单位使用的预算外资金，可以直接计入事业收入。

3. 非营利组织经营收入的管理

（1）经营收入的概念和特征。

经营收入，是指事业单位在专业业务活动及其辅助活动之外开展非独立核算经营活动所取得的收入。经营收入必须同时具备两个特征：首先，经营收入是在专业业务活动及辅助活动之外，开展经营活动所取得的收入；其次，经营收入是非独立核算的单位开展经营活动所取得的收入。

（2）经营收入管理的要求。

首先，要正确处理主营业务与附营业务的关系。非营利组织履行职责主要是通过开展主营业务，也就是根据本单位专业特点开展专业业务活动而完成的。其经营活动则属于附营业务，是为主营业务服务的，目的在于为主营业务的健康发展创造良好的经济基础。因此，非营利组织在人力、物力、财力等资源的安排上，首先应当保证开展专业业务活动的需要，不应影响正常事业计划的完成。在此前提之下，可以合理地配置和有效利用单位所拥有的各种资源，按照规定开展经营活动，增加单位的收入。

其次，划清经营收入和事业收入的界限。非营利组织开展的业务活动主体是专业业务活动。专业业务活动一般属于公益性活动，具有非营利的特点，而经营活动一般属于营利性活动，因此，事业收入与经营收入属于两种不同性质的收入，要划清事业收入与经营收入的界限。两类活动原则上应分别核算，以正确反映非营利组织的业务活动和经营活动的经济成果。非营利组织开展的经营活动应当尽可能参照企业财务制度进行独立核算，只有那些经营活动规模较小、不能或无法进行独立核算的，才纳入经营收入中核算。

再次，经营收入要纳入非政府组织预算的管理。为了全面反映经营收入状况，对经营活动全过程实行有效的财务管理，按有关规定，单位的经营收入要全部纳入单位预算统一核算、统一管理。非营利组织要严格遵守国家规定，加强对经营收入的管理，杜绝私分瞒报收入、私设"小金库"、乱支滥用等现象。

最后，要领取营业执照，按规定的审批程序办理报批手续。根据国家有关规定，非营利组织从事经营活动，由该单位申请登记，经登记主管机关核准，领取营业执照，在核准登记的经营范围内依法从事经营活动。在非营利组织的经营活动中，将非经营性资产转为经营性资产，要经主管部门审查核实，并由同级国有资产管理部门批准；一次性转为经营性资产的价值量数额巨大的，还须报财政部门批准。

在非营利组织的经营收入中，属于非独立核算经营活动取得的经营收入要直接纳入单位预算进行核算，经营投资分得的利润和债券投资形成的利息，则作为非营利组织的投资收益纳入单位预算进行核算。

4. 非营利组织上级补助收入、附属单位上缴收入和其他收入的管理

上级补助收入，是指非营利组织从主管部门或上级单位取得的非财政补助收入。具体而言，就是非营利组织的主管部门或上级单位用财政补助收入之外的收入，如自身组织的收入和集中下级单位的收入拨给非营利组织的资金。对上级补助收入，要纳入非营利组织预算统一管理，按照主管部门或上级单位的要求进行管理，并按指定用途安排使用，并且必须划清上级补助收入和财政补助收入的界限，不能将主管部门或上级单位转拨的财政补助收入混同于上级补助收入。

附属单位上缴收入，是指非营利组织的附属独立核算单位按规定标准和比例上缴的收入，包括附属非政府组织上缴的收入和附属企业上缴的利润等。非营利组织附属的独立核算单位实行企业化管理，执行《企业财务通则》，以其收入补偿其耗费之后，应向所属单位上缴利润。非营利组织应当规范同附属单位的分配关系，特别是同附属企业的分配关系，要尽可能采取经济手段，以产权关系为纽带，明晰同附属单位的分配关系。上缴利润的方式可由非营利组织与所属独立核算的单位事先确定上缴比例，也可采取承包方式。尤其要注意的是，这些独立核算的单位在开展经营活动中，将国有非经营性资产转为经营性资产，因此在税前应按照财政部有关规定，从成本中上缴国有资产使用费。另外，附属单位归还非营利组织垫付的水费、电费、采暖费、工资等各种费用，非营利组织应当冲减相应的支出，不能作为上缴收入处理。

其他收入，主要包括：利息收入，指单位存款利息，非营利组织的存款利息收入既包括财政拨款和上级补助未用部分暂存银行取得的收入，又包括事业收入、经营收入和附属单位上缴收入存入银行取得的收入；捐赠收入，指社会团体、个人等对公共组织的赞助和捐赠收入；投资收益，指非营利组织的对外投资所取得的收入。对这类收入应按照有关的规定，分别进行管理。

三、支出管理

非营利组织支出，是指非营利组织开展业务及其他活动发生的资金耗费和损失。非营利组织的支出既要保证事业发展的需要，又要遵守各项财政财务制度，精打细算，厉行节约，使各项支出发挥最大的效果。非营利组织支出包括事业支出、经营支出、自筹基本建设支出、对附属单位补助支出和上缴上级支出。

（一）事业支出管理

事业支出，是指非营利组织开展专业业务活动及其辅助活动发生的支出。事业支出是事业单位的主要支出，按照规定，事业单位获得的财政补助收入、上级补助收入、事业收入和其他收入都应用于事业支出。事业支出具有非补偿性特征。事业支出是非营利组织支出的主要部分，反映着公共事业发展的资金规模和支出水平，因此，非营利组织在安排支出时应优先安排和保证事业支出，重点抓好事业支出的管理。

1. 量入为出，统筹安排各项事业支出

非营利组织的事业支出预算是财政部门、主管部门根据事业特点、事业发展计划、非营利组织收支状况以及国家财政政策和财力核定的，在一定程度上体现了非营利组织的发展重点和规模。非营利组织应坚持"量入为出，以求平衡"的原则，严格按照批准的支出预算执行，根据预算确定的支出项目、内容分别制定人员经费、公务费、业务费等的开支标准，统筹安排各项支出。

2. 加强经济核算，提高资金的使用效益

实行经济核算，是加强支出管理、降低劳动消耗、提高资金使用效益的有效手段。非营利组织开展业务活动，虽然是以维护和实现公共利益为宗旨，不以营利为目的，但在其运作过程中，要耗费社会资源。因此，应树立成本费用意识和投入产出意识，在注重社会效益的同时，注重经济效益，并根据自身业务特点，建立经济核算制度，做到少投入、多产出。在经济核算中，应区别不同性质的支出，实施不同的核算办法：

对属于行政性开支的，按照规定的开支范围和标准办理支出；对属于业务性开支的，对资金投入与业务成果及其相关关系进行核算，通过运用成本费用核算手段，合理安排和节约使用资源，降低费用消耗，提高投入产出的效果。

3. 正确界定事业支出的范围，如实反映事业发展规模和支出水平

事业支出与经营支出的界限，在支出核算和管理上最容易发生混淆，而非营利组织中存在着经营性支出在事业支出中列支、经营支出与事业支出界限不清的现象，不能准确反映事业规模和经营成果。因此，非营利组织应当正确界定事业支出的范围，严格划分事业支出与经营支出的界限，凡是直接用于经营活动的费用，应当直接在经营支出中反映；已在事业支出中统一垫支的各项费用，应如数归还；难以划清的费用，应当按照规定的比例合理分摊，在经营支出中列支，冲减事业支出。

4. 按照专款专用的原则，加强专项资金支出管理

非营利组织从财政部门和主管部门取得的有指定项目和用途并且要求单独核算的专项资金，应当按照要求专款专用，单独核算，并定期向财政部门或者主管部门报送专项资金使用情况。项目完成后，应当报送专项资金支出决算表和资金使用效果的文字报告，接受财政部门或者主管部门的检查、验收。

（二）经营支出管理

经营支出，是指非营利组织在专业业务活动及其辅助活动之外开展非独立核算经营活动发生的支出。

非营利组织对经营支出管理时，首先要分清开展的经营活动是独立核算的还是非独立核算的。按照财务制度的规定，独立核算的经营活动发生的支出不纳入非营利组织经营支出的范围，非独立核算的经营活动所发生的支出，才纳入经营支出范围。非营利组织应根据经营支出的特点加强管理。

1. 正确归集实际发生的费用

为了正确反映非营利组织经营支出的实际情况，在经营活动中，应当正确归集实际发生的各项费用。直接用于经营活动消耗的材料、工资等费用，应当按照实际发生数直接计入经营支出；在事业支出中统一开支而又难以划清的费用，应当按照规定的比例合理分摊；经营活动占用单位的房屋、设备等固定资产，应当参照企业的折旧制度提取修购基金，所提取的修购基金应当集中用于非营利组织固定资产的维修和购置。

2. 实行经营支出与经营收入相配比的原则

非营利组织开展非独立核算经营活动的主要目的是通过充分利用单位现有的资源，向社会提供有偿服务或产品，获得更多的资金支持公共事业的发展。为了全面真实反映非营利组织生产经营过程的效率和收益情况，应实行经营支出与经营收入相配比的原则，在正确归结经营支出费用的基础上，将经营支出与同期经营收入对应核算，以反映单位经营收益的真实情况。

3. 实行成本核算，提高经济效益

非营利组织开展经营活动，是以获得经济收益来补充公共事业发展所需要的资金。为此，非营利组织在开展经营活动中，为提高资金使用效率，应当核算成本，采取切实可行的措施，努力改善经营管理，降低费用消耗，以尽可能少的消耗获得尽可能多的经济成果，提高经济效益。

（三） 自筹基本建设支出管理

自筹基本建设支出，是指非营利组织用财政补助收入以外的资金安排基本建设发生的支出。自筹基本建设支出在性质上属于建设性支出，它反映的是结转到基本建设支出的数额，这点与非营利组织其他支出不同。对自筹基本建设支出的管理应注意以下内容：

首先，要明确资金来源渠道。财政补助收入是财政部门按照批准的单位预算核定给非营利组织用于事业正常发展的财政资金。按照国家的规定，财政补助收入不能用于安排自筹基本建设，非营利组织的自筹基本建设只能用非财政补助收入进行安排。在安排自筹基本建设支出时，非营利组织要统筹考虑单位各项收入情况，要在保证事业正常发展的资金需要和单位预算收支平衡的基础上，根据需要与可能来安排自筹基本建设。

其次，应严格按照规定的程序报批。自筹基本建设虽然在资金来源上与国家计划内批准的基本建设支出有所不同，但是，在基本建设项目的报批程序上，国家的规定是一致的，即只有经国家计划部门批准列入基本建设计划后才能实施。同时，事业单位动用除财政补助收入以外的资金安排基本建设时，必须要报经财政部门批准，核定的自筹基本建设资金纳入基本建设财务管理。

（四） 对附属单位补助支出和上缴上级支出的管理

附属单位，一般是指非营利组织所属独立核算的单位，如高等学校附属的中学、小学，科学院附属的研究所等。对附属单位补助支出，是指非营利组织用财政补助收入之外的收入，如从各附属单位集中的资金、接受捐赠的资金等，对附属单位补助发生的支出。非营利组织转拨财政部门拨入的各类事业费，不能列入对附属单位补助支出中。

上缴上级支出，是指实行收入上缴办法的非营利组织按照规定的定额或者比例上缴上级单位的支出。一般情况下，大多数非营利组织收入有限，而且很不稳定，其收入应当全部用于本单位的事业发展，不实行收入上缴办法。只有极少数非营利组织因占有较多的国有资产，得到国家特殊政策，以及收支归集配比不清等原因，取得较多收入，且超出其正常支出较多，国家规定这类非营利组织可以实行收入上缴办法，由此而发生的支出，反映在该单位的上缴上级支出中。

对附属单位补助支出和上缴上级支出都属于调剂性支出，不同于事业支出和经营支出，属于非营利组织本身的正常支出。对这类支出应当分情况进行管理：对属于补助性质支出的，应按照规定的标准和资金渠道列支，并用于规定的受补助单位；对属于上缴性质的支出，应按核定的定额或收入的一定比例上缴给上级单位。

四、结余管理

结余是单位在一定期间内各项收入与支出相抵后的余额。在事业单位中，结余主要包括事业结余和经营结余。

（1）事业结余，是指事业单位各项基本业务活动及辅助活动的收支结余。

（2）经营结余，是指事业单位经营活动的收支结余。

事业单位应当按规定提取专用基金，缴纳所得税以后的结余，于年末全部转为事业基金。

非营利组织不以营利为目的，其收支差额不具有经营成果的性质，只表示收入在以后结存的情况，所以不设"利润"账户，而设"结余"账户；与此相联系，非营利组织的出资人不要求投资回报和投资回收，其所投入的资金不具有投资性质，但要按规定用途使用，所以不设"所有者权益"账户，而设"基金"账户。与企业的所有者权益和利润要素相区别，基金和结余是非营利组织财务管理中特有的财务管理要素，其核算内容和处理程序都具有自己的特点。

五、非营利组织资产管理

（一）非营利组织资产的概念及特征

非营利组织资产，是指非营利组织占有或者使用的能以货币计量的经济资源，包括各种财产、债权和其他权利等。从非营利组织资产这一概念可以看出，其具有如下特征：

（1）资产必须是一种经济资源。这种经济资源具有为非营利组织开展业务及其他活动提供或创造客观条件的某种经济权利或经济潜能。换言之，这种经济资源必须有用，具有使用价值，能够为非营利组织创造社会效益和经济效益。只有具备这种条件的经济资源才能够作为资产存在或者得到确认。

（2）资产必须能够用货币来计量。在市场经济条件下，非营利组织为开展业务及其他活动，所拥有的各种经济资源，如房屋、设备、仪器、材料、燃料、低值易耗品等有形资产，其实物形态各不相同，所采用的计量方式多种多样，如重量、长度、容积等，但都可以用货币来计量。货币计量成为非营利组织会计核算和财务管理的一个基本前提。

（3）资产必须为非营利组织所占用或者使用。一项资产如果被确认为一个非营利组织的资产，这个非营利组织必须对其拥有占有权或者使用权。就非营利组织而言，其占有或者使用的资产基本上是国家通过不同方式拨入形成的，属于国家所有。非营利组织自行组织收入形成的资产，也应当属于国有资产。非营利组织对资产只有占有权或者使用权，而没有所有权。因此，非营利组织不能以其所占有的全部资产对单位的债务承担责任，非营利组织的资产报废或者产权转让事项，应当按规定报经国有资产管理部门批准后进行。

（二）非营利组织资产的构成

为了便于加强资产的管理，需要根据非营利组织资产的性质和特点对资产进行科学的分类。非营利组织的资产可以分为流动资产、固定资产、无形资产和对外投资。

（三）非营利组织资产管理的原则

1. 建立科学的资产管理体系和管理办法

（1）要根据非营利组织开展业务活动的规律，建立适合单位特点的资产管理制度，保证资产运作的正常运行，满足事业发展的客观要求。

（2）要建立健全内部稽核制度、内部监督制度和内部控制制度，保证资产的安全、完整，防止国有资产的流失。

（3）要建立和落实资产管理责任制，充分调动广大群众管理国有资产的积极性，增强责任感和主人翁意识。

2. 以公共利益为中心，科学合理地运用各项资产，提高其使用效益

非营利组织资金运动的根本目的是为公共利益服务，因此，公共组织资产的运用必须紧紧围绕单位业务活动的需要，进行科学合理的安排。同时，还要加强内部各项消耗的管理，制定科学合理的消耗定额，在保证业务活动正常需要的前提下，千方百计地控制支出，努力实现以较少的消耗，取得较大的效果，促进资金使用效益的提高。

3. 注重国有资产的保值增值

非营利组织在开展业务活动、执行计划的过程中，应消除非营利组织属于纯消耗部门这一传统观念，逐步提高对国有资产保值增值的意识。要及时合理地提取单位的修购基金，部分合乎条件的非营利组织还应逐步建立固定资产折旧制度。同时，在保证完成事业计划的业务活动、兼顾各方利益的前提下，努力增收节支，增加财务收入，以实现国有资产的保值增值。

（四）非营利组织资产管理的基本要求

1. 必须保证非营利组织工作任务的完成和事业计划的实现

非营利组织拥有一定数量的物资设备等物质条件，才能进行各项工作，开展各项业务活动，并且只有尽可能地应用现代化科学技术设备和新型材料，才能不断提高工作效率和业务技术水平。资产是非营利组织完成工作任务和计划的财力保证。只有加强资产管理，做到按计划购建、合理储备、及时供给、充分利用、妥善维护保养，才能使非营利组织所必需的物质技术需要得到确切的保证。

2. 必须保证单位资产具有足够的流动性

非营利组织在统筹安排各项资产的占用量时，必须保证单位资产具有足够的流动性，即必须保证具有可以随时用于支付或在短期内可以变现的资产。这不仅是为了满足日常支付的正常需要，对实行成本管理的非营利组织来讲，也是其能够随时偿付短期债务的要求。

3. 必须有利于提高资产的利用效率

非营利组织安排各项资产占用量时，既要保证资产的流动性，又要保证事业计划的实现；同时，还要贯彻勤俭节约的方针，解决资产供与求的矛盾。这就需要提高资产的利用效率，要科学地组织、合理地使用资产，充分挖掘资产的潜力，提高工作效率。

4. 必须保证资产的安全、完整

非营利组织的资产，是物资生产部门的人民群众辛勤劳动的成果，属于国有资产。国家的物质财富，在非营利组织的业务活动过程中发挥着重要的作用。为了保护资产的安全完整，必须对资产取得、使用各个环节进行控制、管理、监督，认真推行资产管理的经济责任制度，使资产的管理做到物物有账、账账相符、账卡相符、账物相符。要根据不同资产的特点，采用不同的日常管理办法。

六、非营利组织的负债管理

负债是非营利组织财务活动中客观存在的一种经济现象，负债管理是非营利组织财务管理的一项重要内容。加强负债管理，对于维护公共组织各单位财务及经济活动的正常进行，促进非营利组织的发展及工作任务的完成，都具有重要的意义。

（一）非营利组织的负债的定义及特征

负债是个广义的概念。它泛指某一特定主体由于过去的交易或事项由现在承担，并且需要牺牲将来利益的各种债务。《企业会计准则》对负债所做的定义："负债是企业所承担的能以货币计量，需要以资产或劳务偿还的债务。"

非营利组织在性质上的非营利性和组织形式上的多样性，决定了其负债形式与营利组织有显著的区别。由于主体的特殊性，非营利组织负债具有如下特征：

（1）公共组织负债的相当一部分不是由经济活动产生，而是来源于其特殊的行政职能。例如，各种行政事业性收费、各项罚没收入等，应该按规定上缴国库。

（2）非营利组织负债的强制性责任，除了来自法律、合同文件等要求之外，还来自行政要求。例如，应缴财政预算的资金、应缴财政专户的预算外资金，按财政规定必须上缴国库。

（3）非营利组织是用未来的收入而不是单位的资产对债权人承担责任。

（4）非营利组织的负债主要表现为结算性质的负债，包括应付票据、应付账款、预收账款、应交税费等，一般没有融资性质的负债。

非营利组织负债主要包括应缴款项、应付款项、预收款项、暂存款项、借入款项五种类型。

（二）非营利组织的负债管理的要求

加强负债管理，对于提高非营利组织财务管理的效率，保证其业务活动的正常运行，具有重要意义。

1. 保持适度的负债规模

非营利组织主要依靠财政拨款开展业务活动，负债不是其主要的资金来源。例如借入款项，只是为了解决非营利组织业务周转资金短缺，或者由于某些经济活动而发生。由于非营利组织的业务活动不以营利为目的，其偿债能力就很有限，因而其借款规模不能过大，必须控制在适度范围内，以免增加债务负担，影响正常业务活动的开展。

至于适度的负债规模如何确定，目前尚无统一的量化标准，一般以不影响非营利组织的正常活动为衡量标准。

2. 分门别类，加强管理

如前所述，非营利组织有多种负债形式，并且各种负债的性质、特征也不相同。所以，各负债项目应有专人负责，分门别类地加以管理。对应缴款项，应按规定及时、足额上缴，切勿截留、坐支和挪用；对应付、预收和暂存款项，应及时结算，不得挪用；对借入款项，则应提高使用效率，并按期归还。

3. 划清界线，及时清理

要划清各种负债与非营利组织其他资金的界限。例如，不能将应缴款项、预收款和暂存款作为收入核算，也不能将应属于收入的款项或应缴款项列入暂存款项核算。

对于往来款项，如应付款项、预收款项、暂存款项，应及时与对方单位结清，不能长期挂账；对于借入款项，应及时偿还；对于应缴款项，则应根据国家有关规定，按时缴纳。

七、非营利组织的净资产管理

净资产是国家为兴办、维持或发展某些社会部门（如行政机构、社会团体等）而建立的以价值量表现的物质基础来源。非营利组织正是凭借这部分物质基础得以开展各项业务活动并顺利完成各项工作的。

（一）非营利组织的净资产的概念

非营利组织的净资产，是指资产减去负债的差额。其计算公式为：

$$净资产＝资产－负债 \tag{10.1}$$

非营利组织的净资产，一般具有以下特征：

第一，净资产具有非偿还性。净资产是非营利组织无偿占有的经济资源，具有非偿还性。

第二，净资产是国家、非营利组织之间的一种权益分配。净资产体现了资产所有者以及资产占有者、使用者依法享有的权益。非营利组织净资产既体现了国家所有者的权益，又体现了非营利组织占有者和使用者的权益。

（二）非营利组织净资产的管理

非营利组织净资产的形态主要表现为事业基金，是非营利组织一项重要的储备资金，既可用于弥补非营利组织年度收支差额，又可用于对外投资，因此必须加强对事业基金的管理。

1. 事业基金的概念

事业基金，是指非营利组织拥有的非限定用途的净资产，包括一般基金和投资基金两部分。一般基金，是指非营利组织历年结余分配后形成的用于弥补以后年度收支差额的资金。投资基金，是指非营利组织以固定资产、材料等实物，以及货币资金和无形资产对外投资所占用的资金。当非营利组织出现年度收支失衡时，可用一般基金来弥补其差额。通常，一般基金要不断地滚存积累，不过，它只能用于弥补单位以后年度收支差额，而不能用于其他支出。投资基金则不同，它是能够给非营利组织带来经济效益的资金储备，既可投资于固定资产等实物形态，也可用于证券、无形资产投资。由于它主要用于对外投资，因此，不能直接用于非营利组织内部支出，也不能弥补年度收支差额。

2. 事业基金的管理要求

事业基金中的一般基金和投资基金性质、作用不同，因此，对一般基金和投资基金应当分别管理。具体管理要求如下。

（1）要统筹安排一般基金。

由于一般基金是非营利组织的一项重要储备基金，是主要根据非营利组织业务发展需要积累的。因此，一般基金在管理时应当量入为出，统筹安排，合理使用。当年度的收入大于支出时，结余为正数，应在节余分配中按一定比例转增一般基金；当支出大于收入时，结余为负数，则需要以前年度一般基金弥补其收支差额；另外，非营利组织在确定年初预算时，如果支出预算出现赤字，也可以直接用一般基金弥补。

（2）确保投资基金的保值增值。

投资基金是非营利组织对外投资所占用的资金，能够为其带来经济效益，当进行对外投资时，应当首先保证对外投资的安全与完整，防止资产的流失，然后才追求投资效益。当非营利组织增加对外投资时，则应根据资产原价和作价差额，及时调增投资基金；如果要收回对外投资或者投资发生损失时，则要相应调减投资基金，使投资基金与非营利组织发生的对外投资相一致。

在上述管理内容中，其中资产、负债、基金是单位财务状况的静态表现，也是资产负债表的要素；收入、支出、结余是财务收支的动态表现，也是收入支出情况表的要素。通过这六项财务管理要素，就可以从静态上和动态上系统地揭示单位的财务状况和收支情况。

非营利组织财务管理的对象，既包括政府财政资金的集中和分配，也包括行政单位财政资金和事业单位业务资金的取得和运用。非营利组织财务管理，既反映非物质生产部门的财政资金、业务资金的活动，也反映物质生产部门的缴款以及对经济建设和经营单位的拨款。资金来源和用途的广泛性，资金活动不具有完全的周转性，是非营利组织财务管理对象的特点。

【例10-1】云南省人民政府发行全国首单省级公办高校专项债券

2018年8月，云南省人民政府发行省级公办高等学校专项债券第一期（专项债券第五期），发行规模为10亿元，发行期限为5年，中标利率3.78%。省级高等学校专项债券是财政部推进项目收益与融资自求平衡的地方政府专项债券的又一创新品种，也是继土地储备、政府收费公路、棚户区改造及轨道交通专项债后，全国首单省级公办高等学校专项债券。10亿元高校专项债券募集资金中，8.4亿元用于云南财经大学安宁校区一期子项目2建设，1.6亿元用于云南财经职业学院建设。据悉，该债券被评为AAA等级，5年期的专项债券利息按年支付，发行后可按规定在全国银行间债券市场和证券交易所债券市场上市流通，债券到期后一次性偿还本金。该类专项债券进一步丰富了地方政府债券品种，对于完善政府债券发行机制、提升地方政府债券市场化程度、吸引更多社会资本投资地方政府债券起到推进作用。

案例来源：云南网，https://yn.yunnan.cn/system/2018/08/15/030045395.shtml.

【例10-2】中国乡村发展基金会财务管理相关条例

一、基金会简介

1989年，中国乡村发展基金会（原中国扶贫基金会）在党中央、国务院的领导下，在李先念、陈俊生和项南等老一辈革命家的亲切关怀下正式成立。三十五年来，几代基金会人持续努力，辛勤耕耘，薪火相传，使机构资源、事业从无到有，由小到大，今天已发展成为年度筹资、支出均超过10亿元，拥有200多名朝气蓬勃员工队伍，在乡村发展领域规模大、影响力强的全国性社会组织。

党的二十大以来，中国乡村发展基金会继续坚持"转型促发展，升级助振兴"的工作定位，在农业农村部、民政部领导支持下，认真贯彻落实党中央"三农"工作各项部署，以"助力乡村发展，促进共同富裕"为使命，主动求新求变，持续推进机构转型。中国乡村发展基金会面向欠发达地区，聚焦低收入群体，针对乡村低收入群体的实际需求，在产业发展、人才发展、乡村建设、乡村社会事业和社会动员等方面推进项目转型升级，优化升级"百美村庄""善品公社"等已有品牌项目，创新研发农机社会化服务、富民车间、新长城科技小院助力计划、乡村工匠赋能计划等乡村发展类项目，着力推进乡村可持续发展。中国乡村发展基金会积极响应共建"一带一路"倡议，秉持大爱无疆、民心相通的理念和需求导向、尊重当地的原则，继续瞄准消除贫困、零饥饿、健康福祉、优质教育、清洁饮水、体面工作6项联合国可持续发展目标，在缅甸、尼泊尔、埃塞俄比亚等20多个国家开展国际减贫合作项目，让这些国家的民众切身感受到来自中国人民的深厚情谊，助力构建人类命运共同体。截至2023年年底，中国乡村发展基金会累计接受社会各界捐赠资金和物资117.12亿元，受益人口和灾区民众7 318.21万人次。

二、中国乡村发展基金会的财产管理与使用条例

第三十条 本基金会的收入来源于：

（一）组织募捐的收入；

（二）自然人、法人或其他组织自愿捐赠；

（三）投资收益；

（四）其他合法收入。

本基金会组织募捐、接受捐赠，应当遵守法律法规，符合章程规定的宗旨和公益活动的业务范围。

第三十一条 本基金会依照《中华人民共和国慈善法》、国务院《基金会管理条例》等有关规定，设立人民币账户和外汇账户，实行独立核算。按照科学、合法、公开的原则对资金的募集和使用进行管理。

第三十二条 本基金会组织公开募捐时，应当向社会公布募得资金后拟开展的公益活动和资金的详细使用计划。重大募捐活动应当报日常管理单位和登记管理机关备案。

本基金会组织募捐，不得以任何形式进行摊派及变相摊派。

第三十三条 本基金会的财产及其他收入属于公共财产，受法律保护，任何单位、个人不得侵占、私分、挪用。

第三十四条 本基金会根据章程规定的宗旨和公益活动的业务范围使用财产；捐赠协议明确了具体使用方式的捐赠，根据捐赠协议的约定使用。

接受捐赠的物资无法用于符合本基金会宗旨的用途时，基金会可以依法拍卖或者变卖，所得收入用于捐赠。

第三十五条 本基金会财产主要用于：

（一）实施本基金会章程规定的公益事业支出；

（二）公益资助项目的管理费用支出；

（三）本基金会工作人员工资福利和行政办公支出。

第三十六条 本基金会的重大募捐、投资活动

本基金会的重大募捐活动是指：

（一）依据国家法律规定经审批的募捐活动；

（二）预计金额在5 000万元以上的募捐活动；

（三）理事会认为对本基金会影响重大的其他募捐活动。

本基金会的重大投资活动是指：

（一）年度投资计划；

（二）中等以上风险、且单笔金额高于本基金会上年度末总资产10%的保值增值资产管理产品。

第三十七条 本基金会按照合法、安全、有效的原则实现基金的保值、增值。

第三十八条 本基金会每年用于从事章程规定的公益事业支出，不低于上一年募捐总收入的70%。

本基金会年度管理费用支出不超过当年总支出的10%。

第三十九条 本基金会开展公益资助项目，应当向社会公开所开展的公益资助项目种类以及申请、评审程序。

第四十条 捐赠人有权向本基金会查询捐赠财产的使用、管理情况，并提出意见和建议。对于捐赠人的查询，基金会应当及时如实答复。

本基金会违反捐赠协议使用捐赠财产的，捐赠人有权要求基金会遵守捐赠协议或者向人民法院申请撤销捐赠行为、解除捐赠协议。

第四十一条 本基金会可以与受助人签订协议，约定资助方式、资助数额以及资金用途和使用方式。

本基金会有权对资助的使用情况进行监督。受助人未按协议约定使用资助或者有其他违反协议情形的，本基金会有权解除资助协议。

第四十二条 本基金会应当执行国家统一的会计制度，依法进行会计核算、建立健全内部会计监督制度，保证会计资料合法、真实、准确、完整。

本基金会接受税务、会计主管部门依法实施的税务监督和会计监督。

第四十三条 本基金会配备具有专业资格的会计人员。会计不得兼出纳。会计人员调动工作或离职时，必须与接管人员办清交接手续。

第四十四条 本基金会每年1月1日至12月31日为业务及会计年度，每年3月31日前，理事会对下列事项进行审定：

（一）上年度业务报告及经费收支决算；

（二）本年度业务计划及经费收支预算；

（三）财产清册（包括当年度捐赠者名册及有关资料）。

第四十五条 本基金会进行年检、换届、更换法定代表人以及清算，应当进行财务审计。

第四十六条 本基金会按照《基金会管理条例》规定接受登记管理机关组织的年度检查。

第四十七条 本基金会通过登记管理机关的年度检查后，将年度工作报告在登记管理机关指定的媒体上公布，接受社会公众的查询、监督。

三、终止及剩余财产的处理条例

第四十八条 本基金会有以下情形之一，应当终止：

（一）完成章程规定的宗旨的；

（二）无法按照章程规定的宗旨继续从事公益活动的；

（三）基金会发生分立、合并的；

（四）自行解散的。

第四十九条 本基金会终止，应在理事会表决通过后 15 日内，报业务主管单位审查同意。经业务主管单位审查同意后 15 日内，向登记管理机关申请注销登记。

第五十条 本基金会办理注销登记前，应当在登记管理机关、业务主管单位的指导下成立清算组织，完成清算工作。

本基金会应当自清算结束之日起 15 日内向登记管理机关办理注销登记；在清算期间不开展清算以外的活动。

第五十一条 本基金会注销后的剩余财产，应当在业务主管单位和登记管理机关的监督下，通过以下方式用于公益目的：

继续履行已经签订的资助项目合同。

无法按照上述方式处理的，由登记管理机关组织捐赠给与本基金会性质、宗旨相同的社会公益组织，并向社会公告。

案例来源：中国乡村发展基金会官网，http://www.cfpa.org.cn/about/constitution.aspx.

【例 10-3】中国红十字基金会财务管理案例

中国红十字基金会（简称"中国红基会"）是由中国红十字会总会主管、经民政部登记注册的具有独立法人地位的全国性公募基金会，宗旨是弘扬人道、博爱、奉献的红十字精神，致力于改善人的生存与发展状况，保护人的生命与健康，促进世界和平与社会进步。中国红基会包括红十字天使计划（中国红基会推动的重点公益项目）、博爱助学计划项目、救灾赈灾项目以及其他项目。

一、中国红基会资金管理情况

1. 资金收入情况分析

从表 10-1 与图 10-1 可以看出，中国红基会在 2006—2013 年收入总量比较大，但是收入不稳定，波动幅度大，收入最高年份为收入最低年份的 16.4 倍。2006—2013 年年收入总量呈上升趋势。这 8 年间出现的两个峰值，主要是受重大自然灾害的影响：第一个峰值也是最高峰值，出现在 2008 年，是上年收入总额的 9.3 倍；2010 年出现第二个峰值，是上年收入总额的 2.4 倍。除去这两年，2006—2013 年中国红基会的年收入总额相对平稳。

表 10-1　中国红基会 2006—2013 年的资金收入情况　　　　单位：万元

项目	2006 年	2007 年	2008 年	2009 年	2010 年	2011 年	2012 年	2013 年
捐赠收入	9 422	16 499	153 797	19 464	53 797	16 668	11 719	14 715
政府补助收入	0	0	0	5 000	5 000	4 143	8 857	8 000
其他收入	43	192	1 880	680	2 413	2 725	2 823	2 196
收入合计	9 465	16 691	155 677	25 144	61 210	23 536	23 399	24 911

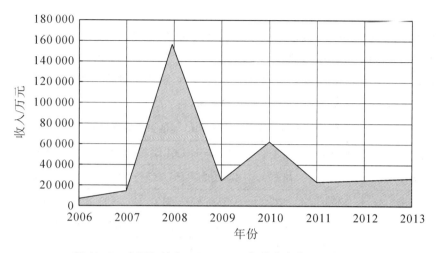

图 10-1 中国红基会 2006—2013 年的资金收入总量趋势

2. 资金收入结构分析

从表 10-2 与图 10-2 可以看出，中国红基会在 2006—2013 年的收入来源中有捐赠收入、政府补助收入和其他收入，2006—2008 年捐赠收入达到 98% 以上。2009 年以后由于政府开始补助，资金收入结构改善，捐赠收入比重下降。由此可以看出，中国红基会对政府资助的依赖性增强，由于中国红基会没有自创收入，如果其对政府资助依赖性太强，就很容易使自己陷入资金困境。

表 10-2 中国红基会 2006—2013 年的资金收入结构　　单位:%

项目	2006 年	2007 年	2008 年	2009 年	2010 年	2011 年	2012 年	2013 年
捐赠收入	99.55	98.85	98.79	77.41	87.89	70.82	50.08	59.07
政府补助收入	0.00	0.00	0.00	19.89	8.17	17.60	37.86	32.11
其他收入	0.45	1.15	1.21	2.70	3.94	11.58	12.06	8.82
收入合计	100	100	100	100	100	100	100	100

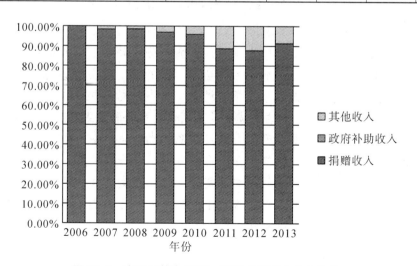

图 10-2 中国红基会 2006—2013 年的资金收入结构

3. 资金支出情况分析

从表 10-3 和图 10-3 可以看出，中国红基会的年度资金支出大体上随着资金收入的变动而变动。2007—2009 年度资金支出呈上升趋势，其中 2009 年支出上涨波动幅度较大，资金主要用于汶川地震灾后重建以及一些大型公益项目的开展。2010—2013 年度受资金收入的影响资金支出呈现波动下降趋势。

表 10-3　中国红基会 2007—2013 年的资金支出情况　　　　单位：万元

项目	2007 年	2008 年	2009 年	2010 年	2011 年	2012 年	2013 年
业务活动成本	9 874	73 222	444 102	64 745	30 909	31 294	28 262
管理费用	340	497	577	818	907	914	1 075
筹资费用	17	19	21	91	62	145	101
其他费用	1 232	119	0	0	0	0	2
费用合计	11 463	73 857	444 700	65 654	31 878	32 353	29 440

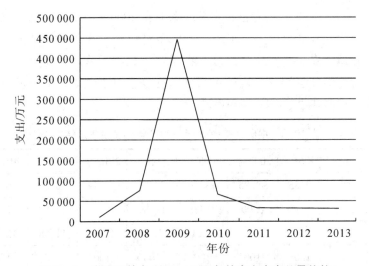

图 10-3　中国红基会 2007—2013 年的资金支出总量趋势

4. 资金支出结构分析

从表 10-4 和图 10-4 的具体情况来看，业务活动成本即公益性事业支出占总支出比例较高，反映出中国红基会执行公益事业的效率较高，因此，该指标呈上涨趋势，说明中国红基会产生的社会效益也在不断提高。此外，该机构工作人员工资、福利和行政办公管理等费用的组成，所占总支出的比例代表非营利组织基金财产的使用效率，该机构的这部分费用所占比重呈现了先缩减后增加的趋势。该项费用的支出总量可以伴随经济的发展而适度增加，但其所占比重呈现不断增长的趋势，难免让社会公众对其内部资金流动产生怀疑，这说明机构的基金、财产的使用效率需要加强和提高。筹资费用和其他费用受其他因素影响所占比重大幅下降，所占比重相对较小，这样有利于该机构发挥其更大的社会作用和公益奉献。

表 10-4　中国红基会 2007—2013 年的资金支出结构　　　　单位:%

项目	2007 年	2008 年	2009 年	2010 年	2011 年	2012 年	2013 年
业务活动成本	86.14	99.14	99.87	98.62	96.93	96.73	96.00
管理费用	2.96	0.67	0.13	1.25	2.84	2.83	3.65
筹资费用	0.15	0.03	0	0.13	0.23	0.44	0.34
其他费用	10.75	0.16	0	0	0	0	0.01
费用合计	100.00	100.00	100.00	100.00	100.00	100.00	100.00

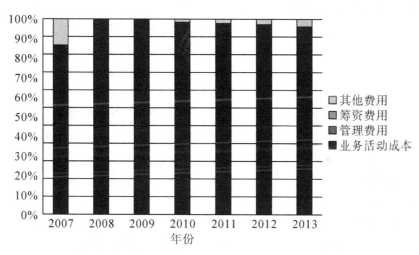

图 10-4　中国红基会 2007—2013 年的资金支出结构

二、中国红基会资金管理存在的问题

1. 收入结构单一

从以上资金收入情况分析来看,该机构收入结构单一,其形式主要有捐赠收入、政府补助收入和其他收入,其中以捐赠为主要形式。

2. 透明化程度低

一是该机构没有信息披露的压力,政府主管部门也没有强制规定;二是没有信息披露的动力,披露了信息也不会得到什么好处;三是没有信息披露的能力,信息的收集、整理、发布,需要有相关的人员和技术支持,中国红基会人员匮乏,特别是民选的资金管理人员就更少,因此只披露最基本的信息,甚至不披露。

3. 公信力下降

公信力是社会组织的生命线,是中国红基会的一项重要无形资产,在募集资金过程中具有不可替代的作用。在公募基金会资金的基本来源中,公众、企业法人和非企业法人等社会成员是主体。因而,获得社会认可、树立良好形象是中国红基会能否顺利募集资金的关键因素,而资金的良好运作又是维持慈善事业健康发展的最基本因素。所以,公信力的加强与维护不可忽视。

因为某负面事件,中国红基会曾被推向了舆论的风口浪尖。虽然该负面事件后被证实确属谣言,但作为全国最具声望和资历的公募协会,中国红基会的公信力受到挑战,引发的社会信任危机也不可避免地对中国慈善行业产生了恶劣影响,阻碍了中国慈善事业的发展。

4. 内部管理混乱

中国红基会的内部管理主要表现在对专款专物的管理上。一方面，物资管理比较松弛，对接收捐赠扶贫救灾物资的质量和数量把关不严。在接收物资过程中，没有做到逐一开箱检查点验，导致部分物资装箱的数量、名称与外包装标注不符，有的捐赠物资还存在掺杂废旧、残次品物资现象。另一方面，捐赠物资出入库管理松懈。受人员、仓储条件的限制，存在救灾物资出入库没有审批手续、没有详细的出入库清单、库存物资不清的问题，甚至还有部分捐赠物资接收后不登记、不开捐赠票据、不入账，个别物品去向不明，造成结果账实不符、库存不清的情况。此外，中国红基会也未做到专款专物专用，导致捐赠财物滞留数量大，不能发挥其应有的作用。有的捐赠救灾物资没有及时运达灾区，滞留堆积于仓库，有的已过保质期。因此，以上种种原因影响了中国红十字事业的发展。

5. 自创收入能力匮乏

非营利组织的自创收入主要包括业务收入、经营收入和投资收益。业务收入是指非营利组织为实现其社会效益而开展业务活动所取得的收入，这是自创收入的基本形式。经营收入是指其在实现社会效益的业务活动之外开展经营活动所取得的收入。投资收入是指通过投资所获取的资金，在运用于实现其社会使命的具体项目之前，通过资本运作方式进行投资，获取投资收益，其目的在于实现资金的保值与增值。中国红基会属于非营利组织，运行机制不完善、高素质专业人才匮乏、业务拓展的能力不强，行业协会的发展受到影响。中国红基会的福利待遇一般比较低，对高素质专业人才没有吸引力。因此，资金短缺和人才匮乏导致组织的能力欠缺，进而导致该机构自创收入能力较差。

三、中国红基会资金管理的解决措施

1. 建立和完善社会化宣传机制

红十字事业是一项需要动员全社会及广大人民群众参与、造福人类的伟大事业，其宣传仅靠红十字会本身是远远不够的，必须建立和完善社会化宣传机制，借助社会力量开展全方位的宣传，提高中国红基会的社会知晓率、支持率和参与率。在宣传的过程中，要完善以弘扬"人道、博爱、奉献"红十字精神为主线，以特色活动、品牌宣传、红十字运动基本知识传播、重大自然灾害和突发公共事件救助等宣传活动为重点的宣传格局。此外，要充分发挥新闻媒体的宣传导向作用，及时报道中国红基会志愿者开展活动的情况，加大对中国红基会志愿服务活动和志愿者先进典型的宣传力度，提高中国红基会的社会知名度、信誉度，扩大中国红基会工作影响，营造红十字事业发展的良好社会环境，争取更多的资金来源。

2. 加强透明化进度

中国红十字总会发布的《关于贯彻落实"两公开两透明"承诺的通知》提出，将按照"资金募集透明、资金管理透明、资金使用透明、资金增值透明"的原则，力争在两年内实现全国红十字会系统信息公开的制度化、规范化，捐赠人可隔日在红会网站上查询款物信息。《中华人民共和国红十字会法》应增加信息透明有关规定，出台类似《公益慈善捐助信息公开指引》的法规，做到有法有规可依。此外，对捐赠的事项应多渠道进行公开。公开不仅侧重捐款人，还要考虑社会其他方面；不仅偏重资金审计、财务报告和项目管理，还要考虑机构运营的总体情况；不仅要在机构官网、基金会中心网以及政府管理部门指定的媒体上披露信息，还要在更多的媒体，特别是网络媒体上公开信息。最重要的是，公开要让捐款人了解其合法性、执行性、诚信性、自律性和有效性。在尊重和保护捐赠人、受赠人合法隐私权益及个人意愿的基础上，通过红十字会官网和其他媒体，对财务报告、审计报告和项目执行等各种信息进行披露，保障社会公众特别是捐赠者的知情权、监督权和参与权。

3. 提高社会公信力

充分发挥电视、广播、报纸、网络等媒体的作用，强化媒体资源建设，完善中国红基会新闻发布机制。根据宣传受众不同特点，丰富适应性强、感染力大的宣传形式，搞好宣传品的开发、制作，开展创新性宣传，增强宣传效果。提高红十字基金会的社会公信力。

4. 加强内部管理

（1）完善现行捐赠法规制度。

补充符合慈善事业特殊性的、具有可操作性条款，更加规范物资捐赠过程的接收、管理、分配、拨付、处理等环节。

（2）健全财物管理内控制度。

健全财物管理内控制度，有利于规避财物管理风险，促使内部人员严格遵守相关的法律法规，在财务管理上，会计员与出纳员要分设两人各负其责。在财产物资管理上，物资记账员与仓库保管员也要分设两人负责。各自职责权限应当明确，并相互分离、相互制约。

（3）强化管理。

领导要重视财务和物资管理，在人力上给予支持。捐赠资金应及时按笔开票入账。捐赠物资不仅要及时登记入账，还要在保管现场清理分类、挂牌，要标注捐赠人、时间、品名、数量、保管期限等，保证账实相符。解决因人力不足使资金和物资不能及时认证和清理的问题，确保每一笔善款及物资收入和使用都严格规范、透明有效，提高中国红基会的社会公信力。

（4）强化责任。

社会各界捐赠资金和物资都属于慈善款项，必须专款专用。中国红基会每年应召开专题宣传会议，明确任务与责任，严肃财经纪律，增强各职能部门的守法意识。对因客观因素形成的账实不符，要在事后查漏补缺，避免不必要的损失和浪费。对因主观因素形成的截留挪用，有意设置账外资金的人员，建议对主要责任者追究责任。

案例来源：百度文库，http://wenku.baidu.com/view/282f86f1a0016c175e0e4874.html.

附录 1 复利终值系数表

r	1	2	3	4	5	6	7	8	9	10
1%	1.010 00	1.020 10	1.030 30	1.040 60	1.051 01	1.061 52	1.072 14	1.082 86	1.093 69	1.104 62
2%	1.020 00	1.040 40	1.061 21	1.082 43	1.104 08	1.126 16	1.148 69	1.171 66	1.195 09	1.218 99
3%	1.030 00	1.060 90	1.092 73	1.125 51	1.159 27	1.194 05	1.229 87	1.266 77	1.304 77	1.343 92
4%	1.040 00	1.081 60	1.124 86	1.169 86	1.216 65	1.265 32	1.315 93	1.368 57	1.423 31	1.480 24
5%	1.050 00	1.102 50	1.157 63	1.215 51	1.276 28	1.340 10	1.407 10	1.477 46	1.551 33	1.628 89
6%	1.060 00	1.123 60	1.191 02	1.262 48	1.338 23	1.418 52	1.503 63	1.593 85	1.689 48	1.790 85
7%	1.070 00	1.144 90	1.225 04	1.310 80	1.402 55	1.500 73	1.605 78	1.718 19	1.838 46	1.967 15
8%	1.080 00	1.166 40	1.259 71	1.360 49	1.469 33	1.586 87	1.713 82	1.850 93	1.999 00	2.158 92
9%	1.090 00	1.188 10	1.295 03	1.411 58	1.538 62	1.677 10	1.828 04	1.992 56	2.171 89	2.367 36
10%	1.100 00	1.210 00	1.331 00	1.464 10	1.610 51	1.771 56	1.948 72	2.143 59	2.357 95	2.593 74
12%	1.120 00	1.254 40	1.404 93	1.573 52	1.762 34	1.973 82	2.210 68	2.475 96	2.773 08	3.105 85
14%	1.140 00	1.299 60	1.481 54	1.688 96	1.925 41	2.194 97	2.502 27	2.852 59	3.251 95	3.707 22
16%	1.160 00	1.345 60	1.560 90	1.810 64	2.100 34	2.436 40	2.826 22	3.278 41	3.802 96	4.411 44
18%	1.180 00	1.392 40	1.643 03	1.938 78	2.287 76	2.699 55	3.185 47	3.758 86	4.435 45	5.233 84
20%	1.200 00	1.440 00	1.728 00	2.073 60	2.488 32	2.985 98	3.583 18	4.299 82	5.159 78	6.191 74
24%	1.240 00	1.537 60	1.906 62	2.364 21	2.931 63	3.635 22	4.507 67	5.589 51	6.930 99	8.594 43
28%	1.280 00	1.638 40	2.097 15	2.684 35	3.435 97	4.398 05	5.629 50	7.205 76	9.223 37	11.805 9
32%	1.320 00	1.742 40	2.299 97	3.035 96	4.007 46	5.289 85	6.982 61	9.217 04	12.166 5	16.059 8
36%	1.360 00	1.849 60	2.515 46	3.421 02	4.652 95	6.327 52	8.605 43	11.703 4	15.916 6	21.646 6
40%	1.400 00	1.960 00	2.744 00	3.841 60	5.378 24	7.529 54	10.541 4	14.757 9	20.661 0	28.925 5
50%	1.500 00	2.250 00	3.375 00	5.062 50	7.593 75	11.390 6	17.085 9	25.628 9	38.443 4	57.665 0

r	11	12	13	14	15	16	17	18	19	20
1%	1.115 67	1.126 83	1.138 09	1.149 47	1.160 97	1.172 58	1.184 30	1.196 15	1.208 11	1.220 19
2%	1.243 37	1.268 24	1.293 61	1.319 48	1.345 87	1.372 79	1.400 24	1.428 25	1.456 81	1.485 95
3%	1.384 23	1.425 76	1.468 53	1.512 59	1.557 97	1.604 71	1.652 85	1.702 43	1.753 51	1.806 11
4%	1.539 45	1.601 03	1.665 07	1.731 68	1.800 94	1.872 98	1.947 90	2.025 82	2.106 85	2.191 12
5%	1.710 34	1.795 86	1.885 65	1.979 93	2.078 93	2.182 87	2.292 02	2.406 62	2.526 95	2.653 30
6%	1.898 30	2.012 20	2.132 93	2.260 90	2.396 56	2.540 35	2.692 77	2.854 34	3.025 60	3.207 14
7%	2.104 85	2.252 19	2.409 85	2.578 53	2.759 03	2.952 16	3.158 82	3.379 93	3.616 53	3.869 68
8%	2.331 64	2.518 17	2.719 62	2.937 19	3.172 17	3.425 94	3.700 02	3.996 02	4.315 70	4.660 96
9%	2.580 43	2.812 66	3.065 80	3.341 73	3.642 48	3.970 31	4.327 63	4.717 12	5.141 66	5.604 41
10%	2.853 12	3.138 43	3.452 27	3.797 50	4.177 25	4.594 97	5.054 47	5.559 92	6.115 91	6.727 50
12%	3.478 55	3.895 98	4.363 49	4.887 11	5.473 57	6.130 39	6.866 04	7.689 97	8.512 76	9.646 29
14%	4.226 23	4.817 90	5.492 41	6.261 35	7.137 94	8.137 25	9.276 46	10.575 2	12.055 7	13.743 5
16%	5.117 26	5.936 03	6.885 79	7.987 52	9.265 52	10.748 0	12.467 7	14.462 5	16.776 5	19.460 8
18%	6.175 93	7.287 59	8.599 36	10.147 2	11.973 7	14.129 0	16.672 2	19.673 2	23.214 4	27.393 0
20%	7.430 08	8.916 10	10.699 3	12.839 2	15.407 0	18.488 4	22.186 1	26.623 3	31.948 0	38.337 6
24%	10.657 1	13.214 8	16.386 3	20.319 1	25.195 6	31.242 6	38.740 8	48.038 6	59.567 9	73.864 1
28%	15.111 6	19.342 8	24.758 8	31.691 3	40.564 8	51.923 0	66.461 4	85.070 6	108.890	139.380
32%	21.198 9	27.982 5	36.937 0	48.756 8	64.359 0	84.953 8	112.139	148.024	195.391	257.916
36%	29.439 3	40.037 5	54.451 0	74.053 4	100.713	136.969	186.278	253.338	344.540	468.574
40%	40.495 7	56.693 9	79.371 5	111.120	155.568	217.795	304.913	426.879	597.630	836.683
50%	86.497 6	129.746	194.620	291.929	437.894	656.841	985.261	1 477.89	2 216.84	3 325.26

n

附录一 复利终值系数表

n

r	21	22	23	24	25	26	27	28	29	30
1%	1.232 39	1.244 72	1.257 16	1.269 73	1.282 43	1.295 26	1.308 21	1.321 29	1.334 50	1.347 85
2%	1.515 67	1.545 98	1.576 90	1.608 44	1.640 61	1.673 42	1.706 89	1.741 02	1.775 84	1.811 36
3%	1.860 29	1.916 10	1.973 59	2.032 79	2.093 78	2.156 59	2.221 29	2.287 93	2.356 57	2.427 26
4%	2.278 77	2.369 92	2.464 72	2.563 30	2.665 84	2.772 47	2.883 37	2.998 70	3.118 65	3.243 40
5%	2.785 96	2.925 26	3.071 52	3.225 10	3.386 35	3.555 67	3.733 46	3.920 13	4.116 14	4.321 94
6%	3.399 56	3.603 54	3.819 75	4.048 93	4.291 87	4.549 38	4.822 35	5.111 69	5.418 39	5.743 49
7%	4.140 56	4.430 40	4.740 53	5.072 37	5.427 43	5.807 35	6.213 87	6.648 84	7.114 26	7.612 26
8%	5.033 83	5.436 54	5.871 46	6.341 18	6.848 48	7.396 35	7.988 06	8.627 11	9.317 27	10.062 7
9%	6.108 81	6.658 60	7.257 87	7.911 08	8.623 08	9.399 16	10.245 1	11.167 1	12.172 2	13.267 7
10%	7.400 25	8.140 27	8.954 30	9.849 73	10.834 7	11.918 2	13.110 0	14.421 0	15.863 1	17.449 4
12%	10.803 9	12.100 3	13.552 3	15.178 6	17.000 1	19.040 1	21.324 9	23.883 9	26.749 9	29.959 9
14%	15.667 6	17.861 0	20.361 6	23.212 2	26.461 9	30.166 6	34.389 9	39.204 5	44.693 1	50.950 2
16%	22.574 5	26.186 4	30.376 2	35.236 4	40.874 2	47.414 1	55.000 4	63.800 4	74.008 5	85.849 9
18%	32.323 8	38.142 1	45.007 6	53.109 0	62.668 6	73.949 0	87.259 8	102.967	121.501	143.371
20%	46.005 1	55.206 1	66.247 4	79.496 8	95.396 2	114.475	137.371	164.845	197.814	237.376
24%	91.591 5	113.574	140.831	174.631	216.542	268.512	332.955	412.864	511.952	634.820
28%	178.406	228.360	292.300	374.144	478.905	612.998	784.638	1 004.34	1 285.55	1 645.50
32%	340.449	449.394	593.199	783.023	1 033.59	1 364.34	1 800.93	2 377.22	3 137.94	4 142.07
36%	637.261	866.674	1 178.68	1 603.00	2 180.08	2 964.91	4 032.28	5 483.90	7 458.10	10 143.0
40%	1 171.36	1 639.90	2 295.86	3 214.20	4 499.88	6 299.83	8 819.76	12 347.7	17 286.7	24 201.4
50%	4 987.89	7 481.83	11 222.7	16 834.1	25 251.2	37 876.8	56 815.1	85 222.7	127 834	191 751

附录 2　复利现值系数表

r \ n	1	2	3	4	5	6	7	8	9	10
1%	0.990 10	0.980 30	0.970 59	0.960 98	0.951 47	0.942 05	0.932 72	0.923 48	0.914 34	0.905 29
2%	0.980 39	0.961 17	0.942 32	0.923 85	0.905 73	0.887 97	0.870 56	0.853 49	0.836 76	0.820 35
3%	0.970 87	0.942 60	0.915 14	0.883 49	0.862 61	0.837 48	0.813 09	0.789 41	0.766 42	0.744 09
4%	0.961 54	0.924 56	0.889 00	0.854 80	0.821 93	0.790 31	0.759 92	0.730 69	0.702 59	0.675 56
5%	0.952 38	0.907 03	0.863 84	0.822 70	0.783 53	0.746 22	0.710 68	0.676 84	0.644 61	0.613 91
6%	0.943 40	0.890 00	0.839 62	0.792 09	0.747 26	0.704 96	0.665 06	0.627 41	0.591 90	0.558 39
7%	0.934 58	0.873 44	0.816 30	0.762 90	0.712 99	0.666 34	0.622 75	0.582 01	0.543 93	0.508 35
8%	0.925 93	0.857 34	0.793 83	0.735 03	0.680 58	0.630 17	0.583 49	0.540 27	0.500 25	0.463 19
9%	0.917 43	0.841 68	0.772 18	0.708 43	0.649 93	0.596 27	0.547 03	0.501 87	0.460 43	0.422 41
10%	0.909 09	0.826 45	0.751 31	0.683 01	0.620 92	0.564 47	0.513 16	0.466 51	0.424 10	0.385 54
12%	0.892 86	0.797 19	0.711 78	0.635 52	0.567 43	0.506 63	0.452 35	0.403 88	0.360 61	0.321 97
14%	0.877 19	0.769 47	0.674 97	0.592 08	0.519 37	0.455 59	0.399 64	0.350 56	0.307 51	0.269 74
16%	0.862 07	0.743 16	0.640 66	0.552 29	0.476 11	0.410 44	0.353 83	0.305 03	0.262 95	0.226 68
18%	0.847 46	0.718 18	0.608 63	0.515 79	0.437 11	0.370 43	0.313 93	0.266 04	0.225 46	0.191 06
20%	0.833 33	0.694 44	0.578 70	0.482 25	0.401 88	0.334 90	0.279 08	0.232 57	0.193 81	0.161 51
22%	0.819 67	0.671 86	0.550 71	0.451 40	0.370 00	0.303 28	0.248 59	0.203 76	0.167 02	0.136 90
24%	0.806 45	0.650 36	0.524 49	0.422 97	0.341 11	0.275 09	0.221 84	0.178 91	0.144 28	0.116 35
26%	0.793 65	0.629 88	0.499 91	0.396 75	0.314 88	0.249 91	0.198 34	0.157 41	0.124 93	0.099 15
28%	0.781 25	0.610 35	0.476 84	0.372 53	0.291 04	0.227 37	0.177 64	0.138 78	0.108 42	0.084 70
30%	0.769 23	0.591 72	0.455 17	0.350 13	0.269 33	0.207 18	0.159 37	0.122 59	0.094 30	0.072 54
35%	0.740 74	0.548 70	0.406 44	0.301 07	0.223 01	0.165 20	0.122 37	0.090 64	0.067 14	0.049 74
40%	0.714 29	0.510 20	0.364 43	0.260 31	0.185 93	0.132 81	0.094 86	0.067 76	0.048 40	0.034 57
50%	0.666 67	0.444 44	0.296 30	0.197 53	0.131 69	0.087 79	0.058 53	0.039 02	0.026 01	0.017 34

r	11	12	13	14	15	16	17	18	19	20
1%	0.896 32	0.887 45	0.878 66	0.869 96	0.861 35	0.852 82	0.844 38	0.836 02	0.827 74	0.819 54
2%	0.804 26	0.788 49	0.773 03	0.757 88	0.743 01	0.728 45	0.714 16	0.700 16	0.686 43	0.672 97
3%	0.722 42	0.701 38	0.680 95	0.661 12	0.641 86	0.623 17	0.605 02	0.587 39	0.570 29	0.553 68
4%	0.649 58	0.624 60	0.600 57	0.577 48	0.555 26	0.533 91	0.513 37	0.493 63	0.474 64	0.456 39
5%	0.584 68	0.556 84	0.530 32	0.505 07	0.481 02	0.458 11	0.436 30	0.415 52	0.395 73	0.376 89
6%	0.526 79	0.496 97	0.468 84	0.442 30	0.417 27	0.393 65	0.371 36	0.350 34	0.330 51	0.311 80
7%	0.475 09	0.444 01	0.414 96	0.387 82	0.362 45	0.338 73	0.316 57	0.295 86	0.276 51	0.258 42
8%	0.428 88	0.397 11	0.367 70	0.340 46	0.315 24	0.291 89	0.270 27	0.250 25	0.231 71	0.214 55
9%	0.387 53	0.355 53	0.326 18	0.299 25	0.274 54	0.251 87	0.231 07	0.211 99	0.194 49	0.178 43
10%	0.350 49	0.318 63	0.289 66	0.263 33	0.239 39	0.217 63	0.197 84	0.179 86	0.163 51	0.148 64
12%	0.287 48	0.256 68	0.229 17	0.204 62	0.182 70	0.163 12	0.145 64	0.130 04	0.116 11	0.103 67
14%	0.236 62	0.207 56	0.182 07	0.159 71	0.140 10	0.122 89	0.107 80	0.094 56	0.082 95	0.072 76
16%	0.195 42	0.168 46	0.145 23	0.125 20	0.107 93	0.093 04	0.080 21	0.069 14	0.059 61	0.051 39
18%	0.161 92	0.137 22	0.116 29	0.098 55	0.083 52	0.070 78	0.059 98	0.050 83	0.043 08	0.036 51
20%	0.134 59	0.112 16	0.093 46	0.077 89	0.064 91	0.054 09	0.045 07	0.037 56	0.031 30	0.026 08
22%	0.112 21	0.091 98	0.075 39	0.061 80	0.050 65	0.041 52	0.034 03	0.027 89	0.022 86	0.018 74
24%	0.093 83	0.075 67	0.061 03	0.049 21	0.039 69	0.032 01	0.025 81	0.020 82	0.016 79	0.013 54
26%	0.078 69	0.062 45	0.049 57	0.039 34	0.031 22	0.024 78	0.019 67	0.015 61	0.012 39	0.009 83
28%	0.066 17	0.051 70	0.040 39	0.031 55	0.024 65	0.019 26	0.015 05	0.011 75	0.009 18	0.007 17
30%	0.055 80	0.042 92	0.033 02	0.025 40	0.019 54	0.015 03	0.011 56	0.008 89	0.006 84	0.005 26
35%	0.036 84	0.027 29	0.020 21	0.014 97	0.011 09	0.008 22	0.006 09	0.004 51	0.003 34	0.002 47
40%	0.024 69	0.017 64	0.012 60	0.009 00	0.006 43	0.004 59	0.003 28	0.002 34	0.001 67	0.001 20
50%	0.011 56	0.007 71	0.005 14	0.003 43	0.002 28	0.001 52	0.001 01	0.000 68	0.000 45	0.000 30

n

r	21	22	23	24	25	26	27	28	29	30
1%	0.811 43	0.803 40	0.795 44	0.787 57	0.779 77	0.772 05	0.764 40	0.756 84	0.749 34	0.741 92
2%	0.659 78	0.646 84	0.634 16	0.621 72	0.609 53	0.597 58	0.585 86	0.574 37	0.563 11	0.552 07
3%	0.537 55	0.521 89	0.506 69	0.491 93	0.477 61	0.463 69	0.450 19	0.437 08	0.424 35	0.411 99
4%	0.438 83	0.421 96	0.405 73	0.390 12	0.375 12	0.360 69	0.346 82	0.333 48	0.320 65	0.308 32
5%	0.358 94	0.341 85	0.325 57	0.310 07	0.295 30	0.281 24	0.267 85	0.255 09	0.242 95	0.231 38
6%	0.294 16	0.277 51	0.261 80	0.246 98	0.233 00	0.219 81	0.207 37	0.195 63	0.184 56	0.174 11
7%	0.241 51	0.225 71	0.210 95	0.197 15	0.184 25	0.172 20	0.160 93	0.150 40	0.140 56	0.131 37
8%	0.198 66	0.183 94	0.170 32	0.157 70	0.146 02	0.135 20	0.125 19	0.115 91	0.107 33	0.099 38
9%	0.163 70	0.150 18	0.137 78	0.126 40	0.115 97	0.106 39	0.097 61	0.089 55	0.082 15	0.075 37
10%	0.135 13	0.122 85	0.111 68	0.101 53	0.092 30	0.083 91	0.076 28	0.069 34	0.063 04	0.057 31
12%	0.092 56	0.082 64	0.073 79	0.065 88	0.058 22	0.052 52	0.046 89	0.041 87	0.037 38	0.033 38
14%	0.063 83	0.055 99	0.049 11	0.043 08	0.037 79	0.033 15	0.029 08	0.025 51	0.022 37	0.019 63
16%	0.044 30	0.038 19	0.032 92	0.028 38	0.024 47	0.021 09	0.018 18	0.015 67	0.013 51	0.011 65
18%	0.030 94	0.026 22	0.022 22	0.018 83	0.015 96	0.013 52	0.011 46	0.009 71	0.008 23	0.006 97
20%	0.021 74	0.018 11	0.015 09	0.012 58	0.010 48	0.008 74	0.007 28	0.006 07	0.005 06	0.004 21
22%	0.015 36	0.012 59	0.010 32	0.008 46	0.006 93	0.005 68	0.004 66	0.003 82	0.003 13	0.002 57
24%	0.010 92	0.008 80	0.007 10	0.005 73	0.004 62	0.003 72	0.003 00	0.002 42	0.001 95	0.001 58
26%	0.007 80	0.006 19	0.004 91	0.003 90	0.003 10	0.002 46	0.001 95	0.001 55	0.001 23	0.000 97
28%	0.005 61	0.004 38	0.003 42	0.002 57	0.002 09	0.001 63	0.001 27	0.001 00	0.000 78	0.000 61
30%	0.004 05	0.003 11	0.002 39	0.001 84	0.001 42	0.001 09	0.000 84	0.000 65	0.000 50	0.000 38
35%	0.001 83	0.001 36	0.001 01	0.000 74	0.000 55	0.000 41	0.000 30	0.000 22	0.000 17	0.000 12
40%	0.000 85	0.000 61	0.000 44	0.000 31	0.000 22	0.000 16	0.000 11	0.000 08	0.000 06	0.000 04
50%	0.000 20	0.000 13	0.000 09	0.000 06	0.000 04	0.000 03	0.000 02	0.000 01	0.000 01	0.000 01

附录 2 复利现值系数表

附录 3　年金终值系数表

n

r	1	2	3	4	5	6	7	8	9	10
1%	1.000 00	2.010 00	3.030 10	4.060 40	5.101 01	6.152 02	7.213 54	8.285 67	9.368 53	10.462 2
2%	1.000 00	2.020 00	3.060 40	4.121 61	5.204 04	6.308 12	7.434 28	8.582 97	9.754 63	10.949 7
3%	1.000 00	2.030 00	3.090 90	4.183 63	5.309 14	6.468 41	7.662 46	8.892 34	10.159 1	11.463 9
4%	1.000 00	2.040 00	3.121 60	4.246 46	5.416 32	6.632 98	7.898 29	9.214 23	10.582 8	12.006 1
5%	1.000 00	2.050 00	3.152 50	4.310 12	5.525 63	6.801 91	8.142 01	9.549 11	11.026 6	12.577 9
6%	1.000 00	2.060 00	3.183 60	4.374 62	5.637 09	6.975 32	8.393 84	9.897 47	11.491 3	13.180 8
7%	1.000 00	2.070 00	3.214 90	4.439 94	9.750 74	7.153 29	8.654 02	10.259 8	11.978 0	13.816 4
8%	1.000 00	2.080 00	3.246 40	4.506 11	5.866 60	7.335 93	8.922 80	10.636 6	12.487 6	14.486 6
9%	1.000 00	2.090 00	3.278 10	4.573 13	5.984 71	7.523 33	9.200 43	11.028 5	13.021 0	15.192 9
10%	1.000 00	2.100 00	3.310 00	4.641 00	6.105 10	7.715 61	9.487 17	11.435 9	13.579 5	15.937 4
12%	1.000 00	2.120 00	3.374 40	4.779 33	6.352 85	8.115 19	10.089 0	12.299 7	14.775 7	17.548 7
14%	1.000 00	2.140 00	3.439 60	4.921 14	6.610 10	8.535 52	10.730 5	13.232 8	16.085 3	19.337 3
16%	1.000 00	2.160 00	3.505 60	5.066 50	6.877 14	8.977 48	11.413 9	14.240 1	17.518 5	21.321 5
18%	1.000 00	2.180 00	3.572 40	5.215 43	7.154 21	9.441 97	12.141 5	15.327 0	19.085 9	23.521 3
20%	1.000 00	2.200 00	3.640 00	5.368 00	7.441 60	9.929 92	12.915 9	16.499 1	20.798 9	25.957 8
22%	1.000 00	2.220 00	3.708 40	5.524 25	7.739 58	10.442 3	13.739 6	17.762 3	22.670 0	28.657 4
24%	1.000 00	2.240 00	3.777 60	5.684 22	8.048 44	10.980 1	14.615 3	19.122 9	24.712 5	31.643 4
26%	1.000 00	2.260 00	3.847 60	5.847 98	8.368 45	11.544 2	15.545 8	20.587 6	26.940 4	34.944 9
28%	1.000 00	2.280 00	3.918 40	6.015 55	8.699 91	12.135 9	16.533 9	22.163 4	29.369 2	38.592 6
30%	1.000 00	2.300 00	3.990 00	6.187 00	9.043 10	12.756 0	17.582 8	23.857 7	32.015 0	42.619 5
35%	1.000 00	2.350 00	4.172 50	6.632 88	9.954 38	14.438 4	20.491 9	28.664 0	39.696 4	54.590 2
40%	1.000 00	2.400 00	4.360 00	7.104 00	10.945 6	16.323 8	23.853 4	34.394 7	49.152 6	69.813 7
50%	1.000 00	2.500 00	4.750 00	8.125 00	13.187 5	20.781 3	32.171 9	49.257 8	74.886 7	113.330

r						n					
	11	12	13	14	15	16	17	18	19	20
1%	11.566 8	12.682 5	13.809 3	14.947 4	16.096 9	17.257 9	18.430 4	19.614 7	20.810 9	22.019 0
2%	12.168 7	13.412 1	14.680 3	15.973 9	17.293 4	18.639 3	20.012 1	21.412 3	22.840 6	24.297 4
3%	12.807 8	14.192 0	15.617 8	17.086 3	18.598 9	20.156 9	21.761 6	23.414 4	25.116 9	26.870 4
4%	13.486 4	15.025 8	16.626 8	18.291 9	20.023 6	21.824 5	23.697 5	25.645 4	27.671 2	29.778 1
5%	14.206 8	15.917 1	17.713 0	19.598 6	21.578 6	23.657 5	25.840 4	28.132 4	30.539 0	33.066 0
6%	14.971 6	16.869 9	18.882 1	21.015 1	23.276 0	25.672 5	28.212 9	30.905 6	33.760 0	36.785 6
7%	15.783 6	17.888 5	20.140 6	22.550 5	25.129 0	27.888 1	30.840 2	33.999 0	37.379 0	40.995 5
8%	16.645 5	18.977 1	21.495 3	24.214 9	27.152 1	30.324 3	33.750 2	37.450 2	41.446 3	45.762 0
9%	17.560 3	20.140 7	22.953 4	26.019 2	29.360 9	33.003 4	36.973 7	41.301 3	46.018 5	51.160 1
10%	18.531 2	21.384 3	24.522 7	27.975 0	31.772 5	35.949 7	40.544 7	45.599 2	51.159 1	57.275 0
12%	20.654 6	24.133 1	28.029 1	32.392 6	37.279 7	42.753 3	48.883 7	55.749 7	63.439 7	72.052 4
14%	23.044 5	27.270 7	32.088 7	37.581 1	43.842 4	50.980 4	59.117 6	68.394 1	78.969 2	91.024 9
16%	25.732 9	30.850 2	36.786 2	43.675 2	51.659 5	60.925 0	71.673 0	84.140 7	98.603 2	115.380
18%	28.755 1	34.931 1	42.218 7	50.813 0	60.965 3	72.939 0	87.068 0	103.740	123.414	146.628
20%	32.150 4	39.580 5	48.496 6	59.195 9	72.035 1	87.442 1	105.931	128.117	154.740	186.688
22%	35.962 0	44.873 7	55.745 9	69.010 0	85.192 2	104.935	129.020	158.405	194.254	237.989
24%	40.237 9	50.895 0	64.109 7	80.496 1	100.815	126.011	157.253	195.994	244.033	303.601
26%	45.030 6	57.738 6	73.750 6	93.925 8	119.347	151.377	191.735	242.585	306.658	387.389
28%	50.398 5	65.510 0	84.852 9	109.612	141.303	181.868	233.791	300.252	385.323	494.213
30%	56.405 3	74.327 0	97.625 0	127.913	167.286	218.472	285.014	371.518	483.973	630.165
35%	74.696 7	101.841	138.485	187.954	254.738	344.897	466.611	630.925	852.748	1 152.21
40%	98.739 1	139.235	195.929	275.300	386.420	541.988	759.784	1 064.70	1 491.53	2 089.21
50%	170.995	257.493	387.239	581.859	873.788	1 311.68	1 968.52	2 953.78	4 431.68	6 648.51

n

r	21	22	23	24	25	26	27	28	29	30
1%	23.239 2	24.471 6	25.716 3	26.973 5	28.243 2	29.525 6	30.820 9	32.129 1	33.450 4	34.784 9
2%	25.783 3	27.299 0	28.845 0	30.421 9	32.030 3	33.670 9	35.344 3	37.051 2	38.792 2	40.568 1
3%	28.676 5	30.536 8	32.452 9	34.426 5	36.459 3	38.553 0	40.709 6	42.930 9	45.218 9	47.575 4
4%	31.969 2	34.248 0	36.617 9	39.082 6	41.645 9	44.311 7	47.084 2	49.967 6	52.966 3	56.084 9
5%	35.719 3	38.505 2	41.430 5	44.502 0	47.727 1	51.113 5	54.669 1	58.402 6	62.322 7	66.438 8
6%	39.992 7	43.392 3	46.995 8	50.815 6	54.864 5	59.156 4	63.705 8	68.528 1	73.639 8	79.058 2
7%	44.865 2	49.005 7	53.436 1	58.176 7	63.249 0	68.676 5	74.483 8	80.697 7	87.346 5	94.460 8
8%	50.422 9	55.456 8	60.893 3	66.764 8	73.105 9	79.954 4	87.350 8	95.338 8	103.966	113.283
9%	56.764 5	62.873 3	69.531 9	76.789 8	84.700 9	93.324 0	102.723	112.968	124.135	136.308
10%	64.002 5	71.402 7	79.543 0	88.497 3	98.347 1	109.182	121.100	134.210	148.631	164.494
12%	81.698 7	92.502 6	104.603	118.155	133.334	150.334	169.374	190.699	214.583	241.333
14%	104.768	120.436	138.297	158.659	181.871	208.333	238.499	272.889	312.094	356.787
16%	134.841	157.415	183.601	213.978	249.214	290.088	337.502	392.503	456.303	530.312
18%	174.021	206.345	244.487	289.494	342.603	405.272	479.221	566.481	669.447	790.948
20%	225.026	271.031	326.237	392.484	471.981	567.377	681.853	819.223	984.068	1 181.88
22%	291.347	356.443	435.861	532.750	650.955	795.165	971.102	1 185.74	1 447.61	1 767.08
24%	377.465	469.056	582.630	723.461	898.092	1 114.63	1 383.15	1 716.10	2 128.96	2 640.92
26%	489.110	617.278	778.771	982.251	1 238.64	1 561.68	1 968.72	2 481.59	3 127.80	3 942.03
28%	633.593	811.999	1 040.36	1 332.66	1 706.80	2 185.71	2 789.71	3 583.34	4 587.68	5 873.23
30%	820.215	1 067.28	1 388.46	1 806.00	2 348.80	3 054.44	3 971.78	5 164.31	6 714.60	8 729.99
35%	1 556.48	2 102.25	2 839.04	3 833.71	5 176.50	6 989.28	9 436.53	12 740.3	17 200.4	23 221.6
40%	2 925.89	4 097.24	5 737.14	8 033.00	11 247.2	15 747.1	22 046.9	30 866.7	43 214.3	60 501.1
50%	9 973.77	14 961.7	22 443.5	33 666.2	50 500.3	75 751.5	113 628	170 443	255 666	383 500

附录 4 年金现值系数表

r	1	2	3	4	5	6	7	8	9	10
1%	0.990 10	1.970 40	2.940 99	3.901 97	4.853 43	5.795 48	6.728 19	7.651 68	8.566 02	9.471 30
2%	0.980 39	1.941 56	2.883 88	3.807 73	4.713 46	5.601 43	6.471 99	7.325 48	8.162 24	8.982 59
3%	0.970 87	1.913 47	2.828 61	3.717 10	4.579 71	5.417 19	6.230 28	7.019 69	7.786 11	8.530 20
4%	0.961 54	1.886 09	2.775 09	3.629 90	4.451 82	5.242 14	6.002 06	6.732 74	7.435 33	8.110 90
5%	0.952 38	1.859 41	2.723 25	3.545 95	4.329 48	5.075 69	5.786 37	6.463 21	7.107 82	7.721 73
6%	0.943 40	1.833 39	2.673 01	3.465 11	4.212 36	4.917 32	5.582 38	6.209 79	6.801 69	7.360 09
7%	0.934 58	1.808 02	2.624 32	3.387 21	4.100 20	4.766 54	5.389 29	5.971 30	6.515 23	7.023 58
8%	0.925 93	1.783 26	2.577 10	3.312 13	3.992 71	4.622 88	5.206 37	5.746 64	6.246 89	6.710 08
9%	0.917 43	1.759 11	2.531 29	3.239 72	3.889 65	4.485 92	5.032 95	5.534 82	5.995 25	6.417 66
10%	0.909 09	1.735 54	2.486 85	3.169 87	3.790 79	4.355 26	4.868 42	5.334 93	5.759 02	6.144 57
12%	0.892 86	1.690 05	2.401 83	3.037 35	3.604 78	4.111 41	4.563 76	4.967 64	5.328 25	5.650 22
14%	0.877 19	1.646 66	2.321 63	2.913 71	3.433 08	3.888 67	4.288 30	4.638 86	4.946 37	5.216 12
16%	0.862 07	1.605 23	2.245 89	2.798 18	3.274 29	3.684 74	4.038 57	4.343 59	4.606 54	4.833 23
18%	0.847 46	1.565 64	2.174 27	2.690 06	3.127 17	3.497 60	3.811 53	4.077 57	4.303 02	4.494 09
20%	0.833 33	1.527 78	2.106 48	2.588 73	2.990 61	3.325 51	3.604 59	3.837 16	4.030 97	4.192 47
22%	0.819 67	1.491 53	2.042 24	2.493 64	2.863 64	3.166 92	3.415 51	3.619 27	3.786 28	3.923 18
24%	0.806 45	1.456 82	1.981 30	2.404 28	2.745 38	3.020 47	3.242 32	3.421 22	3.565 50	3.681 86
26%	0.793 65	1.423 53	1.923 44	2.320 19	2.635 07	2.884 97	3.083 31	3.240 73	3.365 66	3.464 81
28%	0.781 25	1.391 60	1.868 44	2.240 97	2.532 01	2.759 38	2.937 02	3.075 79	3.184 21	3.268 92
30%	0.769 23	1.360 95	1.816 11	2.166 24	2.435 57	2.642 75	2.802 11	2.924 70	3.019 00	3.091 54
35%	0.740 74	1.289 44	1.695 88	1.996 95	2.219 96	2.385 16	2.507 52	2.598 17	2.665 31	2.715 04
40%	0.714 29	1.224 49	1.588 92	1.849 23	2.035 16	2.167 97	2.262 84	2.330 60	2.379 00	2.413 57
50%	0.666 67	1.111 11	1.407 41	1.604 94	1.736 63	1.824 42	1.882 94	1.921 96	1.947 98	1.965 32

n

附录 4 （续 1）

r \ n	11	12	13	14	15	16	17	18	19	20
1%	10.367 6	11.255 1	12.133 7	13.003 7	13.865 1	14.717 9	15.562 3	16.398 3	17.226 0	18.045 6
2%	9.786 85	10.575 3	11.348 4	12.106 2	12.849 3	13.577 7	14.291 9	14.992 0	15.678 5	16.351 4
3%	9.252 62	9.954 00	10.635 0	11.296 1	11.937 9	12.561 1	13.166 1	13.753 5	14.323 8	14.877 5
4%	8.760 48	9.385 07	9.985 65	10.563 1	11.118 4	11.652 3	12.165 7	12.659 3	13.133 9	13.590 3
5%	8.306 41	8.863 25	9.393 57	9.898 64	10.379 7	10.837 8	11.274 1	11.689 6	12.085 3	12.462 2
6%	7.886 87	8.383 84	8.852 68	9.294 98	9.712 25	10.105 9	10.477 3	10.827 6	11.158 1	11.469 9
7%	7.498 67	7.942 69	8.357 65	8.745 47	9.107 91	9.446 65	9.763 22	10.059 1	10.335 6	10.594 0
8%	7.138 96	7.536 08	7.903 78	8.244 24	8.559 48	8.851 37	9.121 64	9.371 89	9.603 60	9.818 15
9%	6.805 19	7.160 73	7.486 90	7.786 15	8.060 69	8.312 56	8.543 63	8.755 63	8.950 11	9.128 55
10%	6.495 06	6.813 69	7.103 36	7.366 69	7.606 08	7.823 71	8.021 55	8.201 41	8.364 92	8.513 56
12%	5.937 70	6.194 37	6.423 55	6.628 17	6.810 86	6.973 99	7.119 63	7.249 67	7.365 78	7.469 44
14%	5.452 73	5.660 29	5.842 36	6.002 07	6.142 17	6.265 06	6.372 86	6.467 42	6.550 37	6.623 13
16%	5.028 64	5.197 11	5.342 33	5.467 53	5.575 46	5.668 50	5.748 70	5.817 85	5.877 46	5.928 84
18%	4.656 01	4.793 22	4.909 51	5.008 06	5.091 58	5.162 35	5.222 33	5.273 16	5.316 24	5.352 75
20%	4.327 06	4.439 22	4.532 68	4.610 57	4.675 47	4.729 56	4.774 63	4.812 19	4.843 50	4.869 58
22%	4.035 40	4.127 37	4.202 77	4.264 56	4.315 22	4.356 73	4.390 77	4.418 66	4.441 52	4.460 27
24%	3.775 69	3.851 36	3.912 39	3.961 60	4.001 29	4.033 30	4.059 11	4.079 93	4.096 72	4.110 26
26%	3.543 50	3.605 95	3.655 52	3.694 85	3.726 07	3.750 85	3.770 52	3.786 13	3.798 51	3.808 34
28%	3.335 09	3.386 79	3.427 18	3.458 73	3.483 39	3.502 65	3.517 69	3.529 45	3.538 63	3.545 80
30%	3.147 34	3.190 26	3.223 28	3.248 67	3.268 21	3.283 24	3.294 80	3.303 69	3.310 53	3.315 79
35%	2.751 88	2.779 17	2.799 39	2.814 36	2.825 45	2.833 67	2.839 75	2.844 26	2.847 60	2.850 08
40%	2.438 26	2.455 90	2.468 50	2.477 50	2.483 93	2.488 52	2.491 80	2.494 14	2.495 82	2.497 01
50%	1.976 88	1.984 59	1.989 72	1.993 15	1.995 43	1.996 96	1.997 97	1.998 65	1.999 10	1.999 40

n

r	21	22	23	24	25	26	27	28	29	30
1%	18.857 0	19.660 4	20.455 8	21.243 4	22.023 2	22.795 2	23.559 6	24.316 4	25.065 8	25.807 7
2%	17.011 2	17.658 0	18.292 2	18.913 9	19.523 5	20.121 0	20.706 9	21.281 3	21.844 4	22.396 5
3%	15.415 0	15.936 9	16.443 6	16.935 5	17.413 1	17.876 8	18.327 0	18.764 1	19.188 5	19.600 4
4%	14.029 2	14.451 1	14.856 8	15.247 0	15.622 1	15.982 8	16.329 6	16.663 1	16.983 7	17.292 0
5%	12.821 2	13.163 0	13.488 6	13.798 6	14.093 9	14.375 2	14.643 0	14.898 1	15.141 1	15.372 5
6%	11.764 1	12.041 6	12.303 4	12.550 4	12.783 4	13.003 2	13.310 5	13.406 2	13.590 7	13.764 8
7%	10.835 5	11.061 2	11.272 2	11.469 3	11.653 6	11.825 8	11.986 7	12.137 1	12.277 7	12.409 0
8%	10.016 8	10.200 7	10.371 1	10.528 8	10.674 8	10.810 0	10.935 2	11.051 1	11.158 4	11.257 8
9%	9.292 24	9.442 43	9.580 21	9.706 61	9.822 58	9.928 97	10.026 6	10.116 1	10.198 3	10.273 7
10%	8.648 69	8.771 54	8.883 22	8.984 74	9.077 04	9.160 95	9.237 22	9.306 57	9.369 61	9.426 91
12%	7.562 00	7.644 65	7.718 43	7.784 32	7.843 14	7.895 66	7.942 55	7.984 42	8.021 81	8.055 18
14%	6.686 96	6.742 94	6.792 06	6.835 14	6.872 93	6.906 08	6.935 15	6.960 66	6.983 04	7.002 66
16%	5.973 14	6.011 33	6.044 25	6.072 63	6.097 09	6.118 18	6.136 36	6.152 04	6.165 55	6.177 20
18%	5.383 68	5.409 90	5.432 12	5.450 95	5.466 91	5.480 43	5.491 89	5.501 60	5.509 83	5.516 81
20%	4.891 32	4.909 43	4.924 53	4.937 10	4.947 59	4.956 32	4.963 60	4.969 67	4.574 92	4.978 94
22%	4.475 63	4.488 22	4.498 54	4.507 00	4.513 93	4.519 62	4.524 28	4.528 10	4.531 23	4.533 79
24%	4.121 17	4.129 98	4.137 08	4.142 81	4.147 43	4.151 15	4.154 15	4.156 57	4.158 53	4.160 10
26%	3.816 15	3.822 34	3.827 25	3.831 5	3.834 25	3.836 70	3.838 65	3.840 20	3.841 43	3.842 40
28%	3.551 41	3.555 79	3.559 21	3.561 88	3.563 97	3.565 60	3.566 88	3.567 87	3.568 65	3.569 26
30%	3.319 84	3.322 96	3.325 35	3.327 9	3.328 61	3.329 70	3.330 54	3.331 18	3.331 68	3.332 06
35%	2.851 91	2.853 27	2.854 27	2.855 02	2.855 57	2.855 98	2.856 28	2.856 50	2.856 67	2.856 79
40%	2.497 87	2.498 48	2.498 91	2.499 22	2.499 44	2.499 60	2.499 72	2.499 80	2.499 86	2.499 90
50%	1.999 60	1.999 73	1.999 82	1.999 88	1.999 92	1.999 95	1.999 96	1.999 98	1.999 98	1.999 99